- 二十一世纪“双一流”建设系列精品规划教材
- 宁夏回族自治区"十三五"重点建设专业—— 经济与贸易专业（群）资助



# 国际贸易学

## （第二版）

## GUOJI MAOYIXUE

主　编　尹忠明
副主编　李东坤　龚静

西南财经大学出版社
中国·成都

**图书在版编目(CIP)数据**

国际贸易学/尹忠明主编 .—2 版.—成都:西南财经大学出版社,2018. 11

ISBN 978-7-5504-3808-8

Ⅰ.①国…　Ⅱ.①尹…　Ⅲ.①国际贸易—高等学校—教材　Ⅳ.①F74

中国版本图书馆 CIP 数据核字(2018)第 254549 号

**国际贸易学(第二版)**

主编　尹忠明

副主编　李东坤　龚静

责任编辑:金欣蕾

封面设计:墨创文化　张姗姗

责任印制:朱曼丽

| | |
|---|---|
| 出版发行 | 西南财经大学出版社(四川省成都市光华村街 55 号) |
| 网　　址 | http://www. bookcj. com |
| 电子邮件 | bookcj@ foxmail. com |
| 邮政编码 | 610074 |
| 电　　话 | 028-87353785　87352368 |
| 照　　排 | 四川胜翔数码印务设计有限公司 |
| 印　　刷 | 郫县犀浦印刷厂 |
| 成品尺寸 | 185mm×260mm |
| 印　　张 | 17 |
| 字　　数 | 385 千字 |
| 版　　次 | 2018 年 11 月第 2 版 |
| 印　　次 | 2018 年 11 月第 1 次印刷 |
| 印　　数 | 1—2000 册 |
| 书　　号 | ISBN 978-7-5504-3808-8 |
| 定　　价 | 38. 00 元 |

# 再版前言

《国际贸易学》是为适应我国加入世界贸易组织的新形势，根据不同层次高等院校学生和广大企事业单位人员的迫切需要而编写的。本书重点对关税和非关税壁垒、管理出口贸易的政策与措施、世界贸易组织、国际贸易救济措施、国际贸易术语、国际贸易合同的商订与履行、国际贸易运输与保险、国际贸易结算、国际贸易融资、国际无形贸易、电子商务和国际贸易争端的解决的国际贸易理论、政策和实务问题进行了全面、深入的阐述。本书内容充实，逻辑结构合理，使用了大量最新的数据和资料。

本书由西南财经大学经济学博士、国际商学院教授尹忠明主持编写。其他编写人员是邓敏、彭爱华、张嫦、朱宇、黄铮、王清、杨平、庞平和张勤等。

本书的出版得到西南财经大学出版社的大力支持。在此，我们谨表示衷心地感谢！

编者

2018 年 11 月

# 目 录

# 第一章
# 导论

国际贸易是在国际分工和世界市场形成的基础上产生的，并在当代条件下获得了迅速的发展。本章扼要介绍国际贸易的含义、分类和有关基本概念，国际贸易产生的基础以及国际贸易的方式。

## 第一节　国际贸易及其分类

### 一、国际贸易与对外贸易（International Trade & Foreign Trade）

国际贸易又称世界贸易，是指世界各国之间商品、劳务和技术的交换活动。国际贸易是世界各国相互之间劳动分工的表现形式，它反映了各国在经济上的相互依赖关系。

从一个国家的角度来看，它同其他国家所进行的商品交换活动被称为对外贸易。而一些海岛国家，如英国、日本等的对外贸易常被称为海外贸易（Oversea Trade）。

国际贸易内容广泛，性质复杂，可从不同角度加以分类。

### 二、进口贸易、出口贸易和过境贸易（Import Trade，Export Trade & Transit Trade）

这三种贸易方式以商品流向作为划分标准。

进口贸易是指一国向他国购进商品用于国内生产或非生产性消费的全部贸易性业务。

出口贸易是指一国向他国出售、提供其生产和加工的有形商品和无形商品。

过境贸易是指外国商品途经本国，而最终销售地为第三国的贸易，也称通过贸易。

### 三、有形贸易和无形贸易（Tangible Goods Trade & Intangible Goods Trade）

有形贸易和无形贸易以商品的形态作为划分标准。

有形贸易是指实物商品的进出口。由于国际贸易中的有形商品种类繁多，为便于统计、贸易管理和征税，联合国秘书处于1950年起草、出版了《国际贸易标准分类》（*Standard International Trade Classification*，简称SITC），并经历了多次修订。根据1974年修订本，有形商品共有10大类（见表1-1）、63章、233组、786个分组和1 924个基本项目。每种商品都有一个5位数的目录编号。

1988年国际上正式实施一个名为《协调商品名称和编码制度》（*Harmonized Commodity Description and Coping System*，简称H·S编码）的商品编码制度。它将商品划分为三个层次：第一层次为章，共96章；第二层次为子目，共1 019个子目；第三层次为税目，有1 241个税目。目前，日益增多的国家的海关开始采用H·S编码。它的广泛采用，标志着一个国际认可的统一的海关"语言"的产生，有助于清除各国海关之间不必要的分歧，简化国际性关税及贸易谈判，使国际贸易统计数据更具可比性，从而更科学、更准确地对世界贸易情况进行分析和比较。我国海关自1992年起采用H·S编码制度。

表1-1　　有形商品的分类

| 类别 | 有形商品 | |
|---|---|---|
| （0） | 食品和主要供食用的活动物 | 初级产品 |
| （1） | 饮料和烟草 | |
| （2） | 燃料以外的非食用原料 | |
| （3） | 矿物燃料、润滑油及有关原料 | |
| （4） | 动植物油、脂及蜡 | |
| （5） | 化学品及有关制品 | 制成品 |
| （6） | 按原料分类的制成品 | |
| （7） | 机械及运输设备 | |
| （8） | 杂项制品 | |
| （9） | 没有分类的其他商品 | |

无形贸易又称服务贸易（Trade in Services），是指非实物商品的进出口，如运输、保险、金融、国际旅游、技术转让、劳务输出输入等。它主要包括与商品进出口有关的一切从属费用的收支，如运费、保险费、加工费、装卸费等；与商品进出口无关的其他收支，如国际旅游费、外交人员费用、侨民汇款、专利费；国外投资汇回的股息、红利、租金、利润以及公司或个人在国外服务的收入；等等。

有形贸易要结关，其金额显示在一国的海关统计上；无形贸易则不经过海关办理手续，其金额不反映在海关统计上，但反映在一国国际收支平衡表上。

### 四、易货贸易和现汇贸易（Batter Trade & Spot Exchange Trade）

易货贸易和现汇贸易以清偿工具作为划分标准。

易货贸易又称换货贸易，是指一国与他国间互换货物的贸易方式。其特点在于进出口直接联系，以货易货，进出口基本平衡，可以不用现汇支付。采用此种方式能帮助一些外汇短缺的国家克服支付困难。在当代各国间经济相互依赖关系加深的条件下，有支付能力的国家有时也采用这种贸易方式。

现汇贸易又称自由结汇贸易（Free-Liquidation Trade），是指以国际通用货币作为清偿手段的商品交易活动。能够充当这种国际支付手段的货币，必须是具有可偿付性、可接受性、可转让性及可兑换性的自由兑换货币，如美元、英镑、日元、欧元等。

### 五、有证贸易和无证贸易（Documentary Trade & Electronic Data Interchange，EDI）

这两种贸易方式以贸易交换过程是否使用单证等商业文件作为划分标准。

有证贸易是指在国际商品买卖中，通过单证等商业文件的交接进行结算支付的一种贸易方式。在国际贸易结算中常见的结算单据有：汇票、发票、提单、装箱单、产地证明书、动植物卫生检疫证明书、品质证明书等。由于交易双方相距很远，大多不易做到“一手交钱一手交货”，在交易中单据就成为双方各自履行义务、享受权利的重要依据。

无证贸易又称“无纸交易”，亦即电子数据交换，是指一种将贸易、运输、保险、海关等行业信息通过电子信息系统来实现各有关部门间的数据交换，利用计算机按国际统一规定进行商务处理的新方法。采用此项技术，可以将原料采购与生产制造、订货与库存、市场需求与销售，以及银行、运输和保险等各项业务有机地联结起来，融先进技术与科学管理为一体，提高对外贸易的竞争能力。目前，EDI 技术在国际贸易中已获得广泛使用，美国、日本和新加坡等国则是较早推广 EDI 的国家。未来国际贸易的先决条件是：谁拥有 EDI 手段，谁就取得成为国际贸易伙伴的资格，EDI 已成为未来贸易的通行证。为适应未来国际贸易发展的潮流，我国已开始采用和推广 EDI 技术。

### 六、直接贸易、间接贸易和转口贸易（Direct Trade，Indirect Trade & Entrepot Trade）

这三种贸易方式以贸易关系作为划分标准。

直接贸易是指生产国与消费国直接买卖商品的行为。

间接贸易是指生产国与消费国通过第三国转手进行商品买卖的行为。在此情况下，每一次活动至少有一方不是生产国或者消费国。

转口贸易是指商品进口以后未经加工又出口的活动。间接贸易至少有第三方介入，而间接贸易对于第三国来说就是转口贸易。

商品从生产国到消费国的过程有无第三国实际地介入买卖，是区分直接贸易和间接贸易的标准，而不论产品是否经过第三国国境。即使从商品生产国直接地运送货物到消费国，但只要两者之间并未直接发生交易关系，而是由第三国向生产国买进再向消费国卖出，就仍是间接贸易。中国香港是全球最大的转口贸易港。

### 七、双边贸易和多边贸易（Bilateral Trade & Multilateral Trade）

双边贸易和多边贸易以贸易参与国数目的多少作为划分标准。

双边贸易既泛指两个国家之间的贸易往来，又指两个国家之间相互保持收支平衡的贸易，即两国都以本国的出口支付来自对方的进口，贸易支付在双边的基础上进行。

多边贸易是指三个或三个以上国家作为一个整体，相互间保持贸易收支平衡的贸易。在这种贸易往来中，各国都可以用对某些国家的顺差支付对另一些国家的逆差，以实现整个贸易的平衡。多边贸易能得以顺利进行的前提条件是多边支付。

### 八、水平贸易和垂直贸易（Horizontal Trade & Vertical Trade）

水平贸易和垂直贸易以参与国经济发展水平不同作为划分标准。

水平贸易是指经济发展水平差异较小的或经济发展水平比较接近的国家之间开展的商品交换活动，如经济发达国家之间、发展中国家之间以及区域性国家或一体化组织内的国际贸易。

垂直贸易是指经济发展水平差异较大的国家之间进行的商品交换活动。这两类国家在国际分工之中所处的地位因其经济发展水平差异而相差甚远，其贸易政策、特点和商品都表现出与水平贸易之间的较大差别。南北贸易就是这种贸易形式。

## 第二节　有关国际贸易的基本概念

### 一、总贸易与专门贸易（General Trade & Special Trade）

总贸易是指以国境为标准划分的进出口贸易。凡进入本国国境的商品，不论是否免税，一律列入总进口；凡离开本国国境的商品则一律列为总出口。前者包括从国外进口的供个人消费和生产使用的货物、进入保税工厂加工改制的进口货物、进入保税工厂和自由贸易区的进口货物；后者包括本国货物的出口、从保税仓库和自由贸易区出口的货物。总进口额加总出口额就是一国的总贸易额。采用此种标准的国家和地区有90多个，其中包括美国、日本、加拿大、澳大利亚和中国等。

专门贸易则指的是以关境为标准来划分的进出口贸易。当外国货物进入国境后，如果暂时存放在保税仓库而不进入关境的，一律不列为进口。只有从外国进入关境的商品以及从保税仓库进入关境的商品，才列为进口，称为专门进口。对于从国内运出关境的本国产品以及进口后未经加工又出关境的复出口商品，则列为出口，称为专门出口。专门进口额与专门出口额构成一国的专门贸易额。目前，采用专门贸易统计方法的国家有德国、意大利、瑞士和法国等80多个国家和地区。

### 二、对外贸易额、对外贸易量和对外贸易差额（Value of Foreign Trade，Quantity of Foreign Trade & Balance of Foreign Trade）

对外贸易额是以本国货币或以国际通用的美元所表示的一国（或地区，下同）一定时期内出口贸易额与进口贸易额的总和。它是反映一国对外贸易规模的重要指标之一。而国际贸易总额则由于一国的出口就是他国的进口，所以应该是各国出口额的总和，而不是各国进口额和出口额的总和。从理论上讲，各国贸易额之和应等于国际贸易额的两倍。但因各国都偏向于夸大本国进口额而少算本国的出口额，所以都倾向于按离岸价格（FOB，即装运港船上交货价）计算出口贸易额，按到岸价格（CIF，即成本加运费和保险费）计算进口贸易额，导致世界出口总额小于世界进口总额的现象发生。

对外贸易量是以数量、重量、长度、面积或容积等实物计量单位表示或反映的一国对外贸易规模。它剔除了价格变动因素对贸易额带来的扭曲影响，更准确地反映实际贸易规模及其变动。但由于实物计量单位无法在不同商品间进行加总，于是，为了反映一国的贸易总量规模及其变动情况，只能以一定时期（基期）的不变价格为标准来计算各个时期（报告期）的对外贸易量。具体的公式为：

$$对外贸易量=\frac{进出口额}{进出口价格指数}$$

$$价格指数=\frac{报告期价格}{基期价格}\times 100$$

对外贸易差额则是指一定时期内一国出口总额与进口总额之间的差额。若出口总额大于进口总额，称为贸易出超（Trade Surplus）或贸易顺差（Favourable Balance of Trade）；反之，若出口总额小于进口总额，则称为贸易入超（Trade Deficit）或贸易逆差（Unfavourable Balance of Trade）。该指标是衡量一国对外贸易状况乃至整个国民经济状况的重要指标。2009—2018 年 1—3 月中国进出口总体情况见表 1-2。

**表 1-2　　2009—2018 年 1—3 月中国进出口总体情况**　　金额单位：亿美元

| 年份 | 进出口 | | 出口 | | 进口 | | 差额 |
|---|---|---|---|---|---|---|---|
| | 总额 | 增速（%） | 总额 | 增速（%） | 总额 | 增速（%） | |
| 2009 | 22 075.4 | -13.9 | 12 016.1 | -16.0 | 10 059.2 | -11.2 | 1 956.9 |
| 2010 | 29 740.0 | 34.7 | 15 777.5 | 31.3 | 13 962.2 | 38.8 | 1 815.1 |
| 2011 | 36 418.6 | 22.5 | 18 983.8 | 20.3 | 17 434.8 | 24.9 | 1 549.0 |
| 2012 | 38 671.2 | 6.2 | 20 487.1 | 7.9 | 18 184.1 | 4.3 | 2 303.1 |
| 2013 | 41 589.9 | 7.5 | 22 090.0 | 7.8 | 19 499.9 | 7.2 | 2 590.1 |
| 2014 | 43 015.3 | 3.4 | 23 422.9 | 6.0 | 19 592.3 | 0.4 | 3 830.6 |
| 2015 | 39 569.0 | -8.0 | 22 749.5 | -2.9 | 16 819.5 | -14.2 | 5 930.0 |
| 2016 | 36 855.7 | -6.8 | 20 981.5 | -7.7 | 15 874.2 | -5.5 | 5 107.3 |
| 2017 | 41 045.0 | 11.4 | 22 635.2 | 7.9 | 18 409.8 | 15.9 | 4 225.4 |
| 2018.1—3 | 10 421.5 | 16.3 | 5 452.7 | 14.1 | 4 968.8 | 18.9 | 483.9 |

资料来源：根据《中国海关统计》各相关年份整理而成。

## 三、对外贸易商品结构与国际贸易商品结构（Composition of Foreign Trade & Composition of International Trade）

对外贸易商品结构是指一定时期内，一国进出口贸易总额中各类商品所占的比重或其构成。

国际贸易商品结构则是指在一定时期内，在国际贸易额中各类商品所占的比重或其构成。

它们可以分别反映出一国或各国的经济发展水平、产业结构状况和科技发展水平。

为便于分析比较，世界各国和联合国都以联合国《国际贸易标准分类》公布对外贸易和国际贸易商品结构。2009—2018 年 1—3 月中国出口商品结构见表 1-3，2009—2018 年 1—3 月中国进口商品结构见表 1-4。

**表 1-3　　2009—2018 年 1—3 月中国出口商品结构**　　金额单位：亿美元

| | 2009 年 | 2010 年 | 2011 年 | 2012 年 | 2013 年 | 2014 年 | 2015 年 | 2016 年 | 2017 年 | 2018 年 1—3 月 |
|---|---|---|---|---|---|---|---|---|---|---|
| **总值** | **12 016.1** | **15 777.5** | **18 983.8** | **20 487.1** | **22 090** | **23 422.9** | **22 749.5** | **20 981.5** | **22 635.2** | **5 452.7** |
| 初级产品 | 631.1 | 816.9 | 1 005.5 | 1 005.6 | 1 072.8 | 1 127.1 | 1 039.8 | 1 050.7 | 1 177.1 | 302.6 |
| 食品及活动物 | 326.3 | 411.5 | 504.9 | 520.7 | 557.3 | 589.2 | 581.6 | 610.5 | 626.4 | 147.3 |
| 饮料及烟类 | 16.4 | 19.1 | 22.8 | 25.9 | 26.1 | 28.8 | 33.1 | 35.4 | 34.7 | 6.3 |
| 非食用原料 | 81.5 | 116.0 | 149.8 | 143.4 | 145.7 | 158.3 | 139.2 | 130.8 | 154.4 | 40.9 |
| 矿物燃料、润滑油及有关原料 | 230.7 | 266.7 | 322.7 | 310.1 | 337.9 | 344.5 | 279.4 | 268.4 | 353.5 | 105.7 |
| 动、植物油脂及蜡 | 3.2 | 3.6 | 5.3 | 5.4 | 5.8 | 6.2 | 6.4 | 5.6 | 8.1 | 2.5 |
| 工业制成品 | 11 385.0 | 14 960.7 | 17 978.4 | 19 481.6 | 21 027.4 | 22 300.4 | 21 709.7 | 19 930.8 | 21 458.1 | 5 150.1 |
| 化学品及有关产品 | 620.2 | 875.7 | 1 147.9 | 1 135.7 | 1 196.6 | 1 345.9 | 1 296.0 | 1 218.9 | 1 413.3 | 385.1 |
| 按原料分类的制成品 | 1 848.2 | 2 491.1 | 3 195.6 | 3 341.5 | 3 606.5 | 4 003.8 | 3 913.1 | 3 512.0 | 3 680.5 | 887.7 |
| 机械及运输设备 | 5 902.7 | 7 802.7 | 9 017.7 | 9 643.6 | 10 392.5 | 10 706.3 | 10 594.5 | 9 845.1 | 10 829.1 | 2 692.6 |
| 杂项制品 | 2 997.5 | 3 776.5 | 4 593.7 | 5 346.6 | 5 814.5 | 6 221.7 | 5 881.5 | 5 296.2 | 5 477.7 | 1 174.4 |
| 未分类的其他商品 | 16.5 | 14.7 | 23.4 | 14.2 | 17.3 | 22.7 | 24.6 | 58.6 | 57.6 | 10.3 |

资料来源：参见 2018 年《中国对外贸易形势春季报告》。

**表 1-4　　2009—2018 年 1—3 月中国进口商品结构**　　金额单位：亿美元

| | 2009 年 | 2010 年 | 2011 年 | 2012 年 | 2013 年 | 2014 年 | 2015 年 | 2016 年 | 2017 年 | 2018 年 1—3 月 |
|---|---|---|---|---|---|---|---|---|---|---|
| **总值** | **10 059.2** | **13 962.5** | **17 434.8** | **18 184.1** | **19 499.9** | **19 592.3** | **16 819.5** | **15 874.2** | **18 409.8** | **4 968.8** |
| 初级产品 | 2 898.0 | 4 338.5 | 6 042.7 | 6 349.3 | 6 576.0 | 6 474.4 | 4 730.1 | 4 401.6 | 5 770.6 | 1 642.1 |
| 食品及活动物 | 148.3 | 215.7 | 287.7 | 352.6 | 417.0 | 468.2 | 505.0 | 491.4 | 542.9 | 151.5 |
| 饮料及烟类 | 19.5 | 24.3 | 36.8 | 44.0 | 45.1 | 52.2 | 57.7 | 60.9 | 70.3 | 19.2 |
| 非食用原料 | 1 413.5 | 2 121.1 | 2 849.2 | 2 696.6 | 2 861.4 | 2 701.1 | 2 104.6 | 2 019.1 | 2 602.3 | 669.5 |
| 矿物燃料、润滑油及有关原料 | 1 240.4 | 1 890.0 | 2 757.8 | 3 130.8 | 3 149.1 | 3 167.9 | 1 988.0 | 1 762.8 | 2 478.4 | 784.6 |
| 动、植物油脂及蜡 | 76.4 | 87.4 | 111.1 | 125.3 | 103.4 | 84.9 | 74.8 | 67.3 | 76.8 | 17.3 |
| 工业制成品 | 7 161.2 | 9 624.0 | 11 392.1 | 11 834.7 | 12 926.9 | 13 128.5 | 12 089.4 | 11 472.6 | 12 639.2 | 3 326.7 |
| 化学品及有关产品 | 1 120.9 | 1 497.0 | 1 811.1 | 1 792.9 | 1 903.0 | 1 933.7 | 1 713.2 | 1 640.1 | 1 937.4 | 525.5 |

表1-4(续)

| | 2009 年 | 2010 年 | 2011 年 | 2012 年 | 2013 年 | 2014 年 | 2015 年 | 2016 年 | 2017 年 | 2018 年<br>1—3 月 |
|---|---|---|---|---|---|---|---|---|---|---|
| 按原料分类的制成品 | 1 077.4 | 1 312.8 | 1 503.0 | 1 462.6 | 1 482.9 | 1 724.2 | 1 333.2 | 1 218.5 | 1 350.7 | 360.9 |
| 机械及运输设备 | 4 078.0 | 5 494.2 | 6 305.7 | 6 259.4 | 7 103.5 | 7 244.5 | 6 834.2 | 6 579.4 | 7 348.5 | 1 900.1 |
| 杂项制品 | 851.9 | 1 135.6 | 1 277.2 | 1 362.2 | 1 390.1 | 1 398.4 | 1 347.4 | 1 260.1 | 1 341.7 | 334.8 |
| 未分类的其他商品 | 33.1 | 184.4 | 495.1 | 687.7 | 1 047.4 | 827.6 | 861.3 | 774.5 | 660.8 | 205.5 |

资料来源：参见 2018 年《中国对外贸易形势春季报告》。

### 四、对外贸易地理分布与国际贸易地理分布（Geographical Distribution of Foreign Trade & Geographical Distribution of International Trade）

对外贸易地理分布又称为对外贸易地理方向（Direction of Foreign Trade）或国别结构，是指一国进出口贸易总额的国别和地区分布。它指明一国出口商品的去向和进口商品的来源，从而反映出一国与不同国家和地区的经济贸易联系的程度，在有的情况下也可表示一国的外贸地位。而经济互补性、国际分工的形式与贸易政策是影响一国对外贸易地理分布的主要因素。2009—2018 年 1—3 月中国出口分国别（地区）情况见表 1-5，2009—2018 年 1—3 月中国进口分国别（地区）情况见表 1-6。

**表 1-5　　2009—2018 年 1—3 月中国出口分国别（地区）**　　金额单位：亿美元

| | 2009 年 | 2010 年 | 2011 年 | 2012 年 | 2013 年 | 2014 年 | 2015 年 | 2016 年 | 2017 年 | 2018 年<br>1—3 月 |
|---|---|---|---|---|---|---|---|---|---|---|
| **总值** | **12 016.1** | **15 777.5** | **18 983.8** | **20 487.1** | **22 090.0** | **23 422.9** | **22 749.5** | **20 981.5** | **22 635.2** | **5 452.7** |
| 亚洲 | 5 686.5 | 7 319.5 | 8 990.4 | 10 068.1 | 11 347.1 | 11 883.8 | 11 408.5 | 10 422.8 | 10 963.5 | 2 668.2 |
| 日本 | 978.7 | 1 210.4 | 1 482.7 | 1 516.2 | 1 502.8 | 1 494.5 | 1 356.7 | 1 292.6 | 1 373.2 | 344.4 |
| 韩国 | 536.7 | 687.7 | 829.2 | 876.8 | 911.8 | 1 003.5 | 1 013.0 | 937.1 | 1 027.5 | 248.2 |
| 中国香港 | 1 662.3 | 2 183.0 | 2 679.8 | 3 234.3 | 3 847.9 | 3 631.6 | 3 308.4 | 2 877.2 | 2 793.5 | 649.9 |
| 中国台湾 | 205.0 | 296.7 | 351.1 | 367.8 | 406.4 | 462.8 | 449.0 | 403.7 | 439.9 | 108.8 |
| 东盟* | 1 062.6 | 1 381.6 | 1 700.7 | 2 042.5 | 2 440.7 | 2 718.2 | 2 774.9 | 2 559.9 | 2 791.2 | 707.6 |
| 新加坡 | 300.5 | 323.5 | 355.7 | 407.4 | 458.6 | 488.4 | 520.1 | 444.8 | 450.2 | 115.1 |
| 非洲 | 477.3 | 599.6 | 730.8 | 853.1 | 928.1 | 1 061.5 | 1 086.7 | 922.2 | 947.4 | 227.4 |
| 欧洲 | 2 646.5 | 3 551.9 | 4 135.7 | 3 964.0 | 4 057.7 | 4 388.9 | 4 033.4 | 3 896.7 | 4 290.6 | 1 042.4 |
| 欧盟** | 2 373.2 | 3 125.6 | 3 575.2 | 3 352.6 | 3 389.8 | 3 709.0 | 3 558.8 | 3 390.5 | 3 720.4 | 901.5 |
| 英国 | 312.8 | 387.7 | 441.2 | 463.0 | 509.5 | 571.4 | 595.8 | 556.9 | 567.2 | 116.2 |
| 德国 | 499.2 | 680.5 | 764.0 | 692.1 | 673.5 | 727.2 | 691.6 | 652.1 | 711.4 | 174.2 |
| 法国 | 214.6 | 276.5 | 300.0 | 269.0 | 267.2 | 287.1 | 267.5 | 246.6 | 276.7 | 68.7 |
| 意大利 | 202.4 | 311.4 | 336.9 | 256.5 | 257.6 | 287.6 | 278.4 | 263.6 | 291.7 | 74.7 |

表1-5(续)

| | 2009 年 | 2010 年 | 2011 年 | 2012 年 | 2013 年 | 2014 年 | 2015 年 | 2016 年 | 2017 年 | 2018 年<br>1—3 月 |
|---|---|---|---|---|---|---|---|---|---|---|
| 荷兰 | 366.8 | 497.0 | 595.0 | 589.0 | 603.2 | 649.3 | 594.6 | 574.5 | 671.4 | 162.0 |
| 俄罗斯 | 175.2 | 296.1 | 389.0 | 440.6 | 495.9 | 536.8 | 347.8 | 373.3 | 429.0 | 102.8 |
| 拉丁美洲 | 570.9 | 918.0 | 1 217.2 | 1 352.2 | 1 342.7 | 1 362.6 | 1 322.2 | 1 138.6 | 1 308.3 | 317.7 |
| 北美洲 | 2 385.5 | 3 058.4 | 3 500.8 | 3 801.1 | 3 978.4 | 4 262.8 | 4 393.3 | 4 126.3 | 4 612.7 | 1 069.8 |
| 加拿大 | 176.7 | 222.2 | 252.7 | 281.2 | 292.2 | 300.1 | 294.3 | 273.1 | 313.8 | 70.0 |
| 美国 | 2 208.0 | 2 832.9 | 3 244.5 | 3 517.8 | 3 684.3 | 3 960.9 | 4 095.4 | 3 850.8 | 4 297.5 | 999.1 |
| 大洋洲 | 249.3 | 330.2 | 408.9 | 448.7 | 446.2 | 465.5 | 505.4 | 475.1 | 512.6 | 127.1 |
| 澳大利亚 | 206.4 | 272.2 | 339.1 | 377.3 | 375.6 | 391.2 | 403.2 | 372.9 | 414.4 | 100.5 |

注：* 东盟：文莱、缅甸、柬埔寨、印度尼西亚、老挝、马来西亚、菲律宾、新加坡、泰国、越南。

** 欧盟：比利时、丹麦、英国、德国、法国、爱尔兰、意大利、卢森堡、荷兰、希腊、葡萄牙、西班牙、奥地利、芬兰、瑞典、塞浦路斯、匈牙利、马耳他、波兰、爱沙尼亚、拉脱维亚、立陶宛、斯洛文尼亚、捷克、斯洛伐克、保加利亚、罗马尼亚、克罗地亚。

资料来源：参见 2018 年《中国对外贸易形势春季报告》。

**表 1-6　　2009—2018 年 1—3 月中国进口分国别（地区）**　　金额单位：亿美元

| | 2009 年 | 2010 年 | 2011 年 | 2012 年 | 2013 年 | 2014 年 | 2015 年 | 2016 年 | 2017 年 | 2018 年<br>1—3 月 |
|---|---|---|---|---|---|---|---|---|---|---|
| **总值** | **10 059.2** | **13 962.5** | **17 434.8** | **18 184.1** | **19 499.9** | **19 592.3** | **16 819.5** | **15 874.2** | **18 409.8** | **4 968.8** |
| 亚洲 | 6 035.2 | 8 349.6 | 10 040.8 | 10 382.9 | 10 901.7 | 10 856.0 | 9 547.8 | 9 058.4 | 10 293.7 | 2 725.3 |
| 日本 | 1 309.1 | 1 767.4 | 1 945.6 | 1 778.3 | 1 622.8 | 1 630.0 | 1 429.9 | 1 455.3 | 1 656.5 | 412.9 |
| 韩国 | 1 025.5 | 1 383.5 | 1 627.1 | 1 687.4 | 1 830.7 | 1 901.9 | 1 745.2 | 1 588.7 | 1 775.1 | 472.6 |
| 中国香港 | 87.0 | 122.6 | 154.9 | 178.8 | 162.2 | 129.0 | 127.7 | 168.5 | 73.2 | 16.2 |
| 中国台湾 | 857.2 | 1 157.4 | 1 249.1 | 1 322.0 | 1 566.4 | 1 520.3 | 1 433.1 | 1 392.2 | 1 553.9 | 400.4 |
| 东盟* | 1 067.5 | 1 547.0 | 1 930.2 | 1 958.9 | 1 995.4 | 2 083.1 | 1 946.8 | 1 962.2 | 2 357.0 | 628.9 |
| 新加坡 | 178.0 | 247.3 | 281.4 | 285.3 | 300.5 | 308.0 | 275.6 | 259.5 | 342.2 | 82.2 |
| 非洲 | 433.3 | 670.9 | 932.4 | 1 132.5 | 1 174.3 | 1 157.8 | 703.7 | 569.0 | 752.6 | 235.9 |
| 欧洲 | 1 620.4 | 2 178.7 | 2 871.7 | 2 866.9 | 3 241.9 | 3 363.6 | 2 932.1 | 2 877.0 | 3 268.3 | 900.0 |
| 欧盟** | 1 277.7 | 1 684.2 | 2 112.4 | 2 121.5 | 2 200.6 | 2 442.6 | 2 088.8 | 2 079.7 | 2 448.7 | 635.2 |
| 英国 | 78.8 | 113.1 | 145.6 | 168.1 | 190.9 | 237.4 | 189.4 | 186.5 | 223.1 | 55.8 |
| 德国 | 557.2 | 742.6 | 927.4 | 919.2 | 942.0 | 1 050.3 | 876.2 | 969.5 | 251.9 | |
| 法国 | 130.0 | 171.1 | 220.6 | 241.2 | 231.1 | 270.9 | 246.6 | 224.8 | 267.9 | 63.4 |
| 意大利 | 110.1 | 140.1 | 175.8 | 160.7 | 175.8 | 193.0 | 168.5 | 167.0 | 204.3 | 50.1 |
| 荷兰 | 51.2 | 64.8 | 86.6 | 87.0 | 98.3 | 93.5 | 87.9 | 97.9 | 112.4 | 33.5 |

表1-6(续)

| | 2009 年 | 2010 年 | 2011 年 | 2012 年 | 2013 年 | 2014 年 | 2015 年 | 2016 年 | 2017 年 | 2018 年 1—3 月 |
|---|---|---|---|---|---|---|---|---|---|---|
| 俄罗斯 | 212.3 | 259.2 | 403.7 | 441.6 | 396.2 | 416.4 | 332.8 | 322.3 | 412.0 | 127.8 |
| 拉丁美洲 | 647.7 | 918.4 | 1 196.7 | 1 260.7 | 1 273.0 | 1 273.0 | 1 043.3 | 1 027.0 | 1 270.2 | 335.4 |
| 北美洲 | 895.6 | 1 170.8 | 1 443.5 | 1 561.7 | 1 778.7 | 1 842.9 | 1 750.8 | 1 528.1 | 1 744.5 | 477.2 |
| 加拿大 | 120.5 | 149.2 | 221.7 | 232.1 | 252.2 | 252.2 | 262.5 | 183.1 | 203.7 | 60.0 |
| 美国 | 774.6 | 1 021.0 | 1 221.3 | 1 329.0 | 1 525.8 | 1 590.1 | 1 487.4 | 1 344.0 | 1 539.4 | 416.7 |
| 大洋洲 | 426.6 | 660.2 | 889.3 | 916.7 | 1 085.6 | 1 096.2 | 830.3 | 803.8 | 1 076.7 | 294.3 |
| 澳大利亚 | 394.9 | 611.2 | 826.7 | 846.2 | 988.2 | 977.7 | 736.4 | 706.7 | 948.2 | 254.8 |

注：* 东盟：文莱、缅甸、柬埔寨、印度尼西亚、老挝、马来西亚、菲律宾、新加坡、泰国、越南。

** 欧盟：比利时、丹麦、英国、德国、法国、爱尔兰、意大利、卢森堡、荷兰、希腊、葡萄牙、西班牙、奥地利、芬兰、瑞典、塞浦路斯、匈牙利、马耳他、波兰、爱沙尼亚、拉脱维亚、立陶宛、斯洛文尼亚、捷克、斯洛伐克、保加利亚、罗马尼亚、克罗地亚。

资料来源：参见 2018 年《中国对外贸易形势春季报告》。

国际贸易地理分布又称国际贸易地理方向（Direction of International Trade），用以表明国际贸易额在不同地区和国家的分布情况。它反映了各国、各地区或国家集团在国际贸易中的地位。2017 年主要经济体对外货物贸易额见表 1-7。

**表 1-7　　2017 年主要经济体对外货物贸易额**　　金额单位：亿美元

| 经济体 | 总额 | 同比增长率（%） | 出口额 | 同比增长率（%） | 进口额 | 同比增长率（%） | 余额 | 同比增长率（%） |
|---|---|---|---|---|---|---|---|---|
| 中国 | 41 106.41 | 11.55 | 22 701.60 | 8.23 | 18 404.82 | 15.94 | 4 296.78 | -15.74 |
| 美国 | 39 562.48 | 7.82 | 15 467.62 | 5.97 | 24 094.87 | 9.05 | -8 627.25 | 15.04 |
| 德国 | 26 156.62 | 9.25 | 14 485.40 | 8.13 | 11 670.30 | 10.67 | 2 816.02 | -1.24 |
| 日本 | 13 693.61 | 9.36 | 6 981.59 | 8.23 | 6 712.02 | 10.57 | 269.57 | -29.12 |
| 荷兰 | 12 257.12 | 14.31 | 6 525.05 | 14.63 | 5 732.07 | 13.94 | 792.98 | 19.89 |
| 法国 | 11 588.85 | 7.93 | 5 349.79 | 6.79 | 6 239.06 | 8.93 | -889.27 | 23.85 |
| 中国香港 | 11 401.80 | 7.15 | 5 502.72 | 6.49 | 5 899.08 | 7.78 | -396.36 | 29.53 |
| 英国 | 10 891.08 | 4.23 | 4 449.59 | 8.83 | 6 441.49 | 1.27 | -1 991.90 | -12.32 |
| 韩国 | 10 521.72 | 16.71 | 5 736.94 | 15.79 | 4 784.78 | 17.83 | 952.16 | 6.49 |
| 意大利 | 9 584.96 | 10.72 | 5 063.03 | 9.74 | 4 521.93 | 11.84 | 541.10 | -5.19 |
| 加拿大 | 8 532.06 | 7.63 | 4 207.15 | 7.91 | 4 324.91 | 7.35 | -117.76 | -9.42 |
| 墨西哥 | 8 416.24 | 10.60 | 4 094.94 | 9.52 | 4 321.30 | 11.64 | -226.36 | 72.01 |
| 比利时 | 8 299.96 | 8.77 | 4 282.36 | 8.20 | 4 017.60 | 9.39 | 264.76 | -7.20 |
| 印度 | 7 454.17 | 19.54 | 2 991.93 | 13.31 | 4 462.24 | 24.11 | -1 470.31 | 53.96 |

表1-7(续)

| 经济体 | 总额 | 同比增长率(%) | 出口额 | 同比增长率(%) | 进口额 | 同比增长率(%) | 余额 | 同比增长率(%) |
|---|---|---|---|---|---|---|---|---|
| 新加坡 | 7 009.24 | 14.35 | 3 732.35 | 13.13 | 3 276.89 | 15.77 | 455.46 | -2.82 |
| 西班牙 | 6 663.15 | 11.69 | 3 184.52 | 10.81 | 3 478.63 | 12.50 | -294.11 | 34.85 |
| 俄罗斯 | 5 909.04 | 24.86 | 3 531.16 | 25.29 | 2 377.88 | 24.23 | 1 153.28 | 27.55 |
| 中国台湾 | 5 768.80 | 18.32 | 3 173.81 | 23.44 | 2 594.99 | 12.65 | 578.82 | 115.74 |
| 瑞士 | 5 684.47 | -0.48 | 2 996.05 | -1.13 | 2 688.42 | 0.26 | 307.63 | -11.85 |
| 波兰 | 4 608.09 | 15.26 | 2 306.51 | 13.90 | 2 301.58 | 16.66 | 4.93 | -90.56 |
| 泰国 | 4 594.57 | 12.22 | 2 366.94 | 10.78 | 2 227.63 | 13.78 | 139.31 | -22.09 |
| 澳大利亚 | 4 519.60 | 19.15 | 2 306.79 | 21.37 | 2 212.81 | 16.93 | 93.98 | 500.00 |
| 越南 | 4 264.57 | 21.49 | 2 146.53 | 21.42 | 2 118.04 | 21.57 | 28.49 | 11.29 |
| 土耳其 | 3 908.47 | 14.60 | 1 570.55 | 10.18 | 2 337.92 | 17.77 | -767.37 | 37.10 |
| 巴西 | 3 752.49 | 16.25 | 2 177.84 | 17.57 | 1 574.65 | 14.48 | 603.19 | 26.51 |
| 奥地利 | 3 423.15 | 10.63 | 1 672.22 | 9.74 | 1 750.93 | 11.50 | -78.71 | 68.91 |
| 捷克 | 3 421.02 | 12.16 | 1 801.55 | 10.65 | 1 619.47 | 13.89 | 182.08 | -11.74 |
| 瑞典 | 3 068.41 | 9.68 | 1 531.32 | 9.80 | 1 537.09 | 9.57 | -5.77 | -29.63 |
| 爱尔兰 | 2 192.59 | 7.75 | 1 349.71 | 5.36 | 842.88 | 11.82 | 506.83 | -3.90 |
| 丹麦 | 1 954.99 | 8.17 | 1 025.40 | 7.73 | 929.59 | 8.65 | 95.81 | -0.41 |
| 挪威 | 1 847.29 | 16.14 | 1 019.76 | 16.73 | 827.53 | 15.40 | 192.23 | 22.83 |

资料来源：根据世界贸易组织 2017 年的公布数据整理而成。

## 五、贸易条件（Terms of Trade）

贸易条件又称进出口比价或交换比价，是指一个国家在一定时期内出口商品价格与进口商品价格之间的对比关系。用以反映该国的对外贸易状况，一般用贸易条件系数来表示，即：

$$贸易条件系数=\frac{出口价格指数}{进口价格指数}\times 100$$

如果某国此系数大于 100，则表明出口价格比进口价格相对上涨，意味着每出口一单位商品能换回的进口商品数量比以往增加，贸易条件得到改善；如果该系数小于 100，则意味着贸易条件恶化。

## 六、对外贸易依存度、出口贸易依存度、进口贸易依存度（Degree of Dependence on Foreign Trade，Export Trade & Import Trade）和外贸贡献度

对外贸易依存度又称对外贸易比率，是指一国进出口总额与其国内生产总值之比，即：

$$外贸依存度 = \frac{进出口总额}{国内生产总值}$$

它既表明了一国经济依赖于外贸的程度，又在一定程度上反映了一国的经济发展水平以及参与国际经济的程度。随着国际分工的扩大与深化，各国的外贸依存度均有不同程度的提高。但在总体上，经济发达国家的外贸依存度高于发展中国家，小国高于大国。2001 年部分国家贸易依存度比较见表 1-8。

**表 1-8　　2001 年部分国家贸易依存度比较**

| 国别 | 贸易额占 GDP 的比重（%） | 贸易额占商品 GDP 的比重（%） |
|---|---|---|
| 中国 | 44 | 66. 3 |
| 美国 | 19 | 68. 1 |
| 日本 | 18. 2 | 61. 7 |
| 德国 | 57. 6 | 106. 2 |
| 法国 | 49. 4 | 148. 9 |
| 英国 | 42. 5 | 102. 6 |
| 意大利 | 43. 5 | 123. 9 |
| 韩国 | 69. 1 | 102. 7 |
| 墨西哥 | 54. 2 | 143. 8 |
| 印度尼西亚 | 60. 1 | 95. 5 |

资料来源：参见《世界发展指标 2003》。

出口贸易依存度是指一国出口总额与国内生产总值之比。

进口贸易依存度是指一国进口总额与国内生产总值之比。

外贸贡献度是指一国通过外贸实现的国内生产总值占全部国内生产总值的比例。它反映了外贸对一国国内生产总值的直接贡献。

**七、出口导向与进口替代**（Export-Lead & Import Substitution）

出口导向是指一国通过引进外资和国外先进技术来发展本国工业，以制成品替代初级产品的出口，通过出口贸易的增长，带动整个国家经济的发展。在实施此项战略的初期，替代行业宜于选择投资少、见效快、技术要求低、劳动密集程度高的行业。

进口替代是指一国通过引进先进技术和设备，发展国内不能生产或质量不过关的产品的生产，实现国产化，以国产制成品替代进口制成品。实施进口替代战略后，进口商品结构中制成品尤其是消费品的比例下降，但原材料、机器设备的进口会上升。同时，随着替代工业的发展，对原材料、机器元件的需求扩大，对外汇的需求亦同比增长。

## 第三节 国际贸易方式

所谓贸易方式，指的是不同国家的当事人在不同的营业地进行货物买卖所采取的方法和商品流通渠道。国际贸易方式除逐笔售定外，还有包销、经销与代理、招标与投标、拍卖、寄售与展卖、商品交易所与国际博览会等传统贸易方式和新兴贸易方式等。

### 一、包销、经销与代理

（一）包销（Exclusive Sales）

1. 包销的含义

包销指的是出口商通过包销协议（Exclusive Sales Agreement），在一定期限和范围内，将某种或某类出口商品的经营权单独给予包销商；包销商在约定的期限和地区范围内享有独家经营权或专营权。包销是一种特殊的买卖关系，买卖双方都受专买权和专卖权的约束。前者指包销商根据包销协议购货，不得采购或经营其他来源的该类商品；后者指出口商将指定的商品在规定期限和地区范围内给予包销商独家销售的权利，而不得向该区域内的消费者直接售货。

2. 包销协议

包销协议是出口商与包销商规定双方的权利和义务，并确立双方法律关系的契约。其主要内容包括：包销商品的品种与地区、包销协议有效期的起讫时间、包销期间的最低销售数量与金额、包销双方当事人的权利与义务、包销商品的价格条件和付款方式、撤约和续约的办法等。

3. 包销的利弊

在国际货物买卖中，采用包销方式的优点在于：①在国际市场竞争日趋激烈的情况下，通过专营权的给予，可调动包销商的积极性，充分利用其分销渠道和营销能力，提高出口产品的国际竞争力，巩固、扩大市场份额；②可避免分散经营所造成的自相竞争的矛盾；③有助于出口商或卖方有计划地安排生产，组织货源，并可根据市场需要均衡供货，稳定销量和售价。其不足之处在于：①若包销商选择有误，或市场行情有变，就有可能出现包而不销或利用其独家经营的优势操纵市场、压价销售，给出口商带来不利影响；②由于受专卖权的约束，出口商在一定期限和范围内只能同包销商进行交易，限制了与其他客户发展业务往来，所以缺乏一定的灵活性；③包销商需自己承担货款及其他营销费用的支付，并自负盈亏和承担风险。

（二）经销（Distribution）

1. 经销的含义

经销指的是国外出口商授权经销商（Distributor）或进口商在一定地区销售指定商品。在经销业务中，双方当事人之间仍然是买卖合同所确定的买卖关系。在此方式下，经销商可根据经销协议在购货方面享受一些优惠待遇。与包销不同的是，双方不受专营权的约束，即出口商可以同时在同一地区内选择多个经销商，分别同他们签订经销协议，授予其在一定地区销售指定商品的权利。经销商可以同时在同一地区内选择多个出口商，签订经销协议后销售其指定商品。

2. 经销协议

经销协议是出口商同经销商订立的确立双方法律关系的契约。其主要内容包括：经销商品的范围、经销地区、经销数量或金额、作价方法、经销商的其他义务和经销期限等。此外，还应规定不可抗力及仲裁条款等一般交易条件。

3. 经销的利弊

采用经销方式，出口商通常要在价格、支付条件等方面给予经销商一定的优惠。这可以调动经销商的积极性，利用其分销渠道为推销出口商品服务，有时，还可要求经销商提供售后服务和开展市场营销调研活动等。但如果经销商选择不当，其经营能力不佳或资信不好，则会使出口商作茧自缚，达不到稳固市场、扩大销售的目的。

（三）代理（Agency）

1. 代理的含义与特点

代理是指出口商（即委托人，Principal）与国外进口商（即代理人，Agent）签订代理协议，委托后者在规定的时间和地区内代销出口商品。代理不同于其他贸易方式，它具有下述特点：①出口商与代理人之间不是买卖关系，而是委托与被委托关系。货物在代理人售出之前，其所有权始终属于出口商。②代理人销售商品所得货款全部交归出口商，代理人只按代理协议的有关规定向出口商索取佣金。③除非代理协议另有规定，否则代理人无权将代理权转授给其他人，亦不能擅自对外签约。代理人必须毫无保留地向委托人传递所掌握的商品信息，以便后者确定是否与有关买主签订合同。



2. 代理的种类

代理根据委托人授权的大小，可分为总代理（General Agent）、独家代理（Exclusive Agent 或 Sole Agent）和一般代理（Agent）。总代理是委托人在指定地区的全权代表，他有权代表委托人从事一般商务活动和某些非商务性的活动。

独家代理是在指定地区和期限内单独代表委托人行为从事代理协议中规定的有关业务的代理人。委托人在该地区内，不能委托其他代理人。

一般代理又称佣金代理（Commission Agent），是指在同一地区和期限内委托人可同时委托几个代理人代表委托人行为，代理人不享有独家经营权。代理人按协议规定的办法向委托人计收佣金。

3. 代理协议

代理协议是载明委托人和代理人之间权利与义务的法律文件。其主要内容有：代理商品和地区、代理人的权利与义务、委托人的权利与义务、佣金的支付和代理费用的偿付条款等。当然，不同种类的代理合同的具体内容存在差异。如一般代理协议中通常不规定拟销商品的数量，也没有专营权条款；独家代理协议则必须对专营权的有关条件加以明确规定。

## 二、招标与投标

### （一）招标（Invitation to Tender）与投标（Submission of Tender）的含义

招标与投标是一种贸易方式的两个不可分离的方面，常用于大宗物资采购、工程项目兴建、仪器设备引进、矿产能源开发、交通运输投资、劳务的引进输出等。它包括招标、投标和开标三个环节。

1. 招标

招标是指招标人发出招标通知，说明拟采购的商品名称、品种、规格、数量、交货期及其他条件，邀请投标人在规定的时间、地点按照一定的程序进行投标的行为。招标的形式有：

（1）公开招标，即完全竞争式招标，是指招标人通过国内外报纸、电视、电台以及有关媒体刊登招标广告，让所有合法的投标者都有机会参加投标，招标人择优选择投标者。这是目前国际承包工程最主要的成交方式。

（2）邀请招标，即有限竞争式招标，是指招标人有选择地邀请一些他认为资信最佳、经验最丰富的较大承包商参加投标。其优点是可保证合同有效履行，但容易失去在技术上和报价上有竞争力的投标者。

（3）议标，又称谈判标、协商标、委托信任标和议价标，即非竞争式招标，是指招标人不公开发布招标公告，只根据以往的业务关系和信息资料，向少数客户发出招标通知。它大多被用于购买技术要求高的专业性设备或成套设备。应邀参加投标的企业通常是经验丰富，技术装备优良，在该行业中享有一定声誉的企业。

2. 投标

投标是指投标人应招标人的邀请，按照招标的要求和条件，在规定的时间内向招标人递价，争取中标的行为。

3. 开标（Opening of Tender）

开标是指招标人开启各投标人寄交的投标文件并加以比较，选择出最佳交易条件的投标人作为交易对象。一般来说，招标人总是选择报价最优者作为交易对象，即在招标购买商品时，选择报价最低的投标人；反之，则选择报价最高的投标人。可有时候招标人出于非经济因素的考虑，也可能选择报价不是最优的投标人作为交易伙伴。

### （二）招标与投标的利弊

招标与投标是一种对招标人较有利对投标人较不利的贸易方式。这是因为：

（1）一家招标、数家投标，使招标人在选择交易条件和交易伙伴方面有较大的回旋余地。

（2）从性质上讲，招标相当于一个无约束力的询盘，而投标则相当于一个有约束力的发盘，即招标人不因招标而承担必须选定投标人成交的义务，而投标人在中标之后，就必须与招标人成交。

（3）成交与否以招标人是否满意收到的投标为准，并由他单方面确定，投标人没有讨价还价的机会。

（4）数名投标人竞争同一笔交易，因不了解竞争对手所报价格等条件，往往将价格报得过高（在招标销售中）或过低（在招标采购中），有利于招标人优价买卖有关货物。

## 三、拍卖、寄售与展卖

### （一）拍卖（Auction）

1. 拍卖的含义与特点

拍卖是由专营拍卖业务的拍卖行接受货主的委托，在规定的时间和场所，按照一定的章程和规则，以公开叫价竞购或“密封出价”的方法，把货物卖给出价最高的买主的一种现货交易方式。国际货物的拍卖方式有以下特点：①拍卖一般都是在拍卖中心或拍卖行的统一组织下进行；②拍卖具有自己独特的法规；③拍卖是一种公开竞买的现货交易。

国际上用拍卖方式进行买卖的商品大多数是一些品质不易标准化、易腐坏且不宜久存的商品，或历史上有拍卖习惯的商品，如烟草、茶叶、皮毛、艺术品、古董等。

2. 拍卖的种类

根据出价方式的不同，可将拍卖分为以下三种：

（1）增价拍卖，是指由拍卖人宣布预定的最低售价，然后由买主竞相加价，直到出价最高时，由拍卖人接受并以击槌动作宣告达成交易。

（2）减价拍卖，又称荷兰式拍卖（Dutch Auction），是指拍卖人宣布商品的最高售价，无人接受就逐步降低叫价，直到有买主认购为止。

（3）密封递价拍卖（Sealed Bid），又称招标式拍卖，是指拍卖人事先公布自己或有关专家对拍卖商品的估价，购买人用密封信件把出价邮寄给拍卖人。拍卖人定期开封，选择出价最高者成交。

### （二）寄售（Consignment）

1. 寄售的含义

寄售指的是出口商或寄售人（委托人）先将拟销售的货物运往国外寄售地，委托当地代销人（被委托人）按照双方议定的条件代为销售的方式。在此方式下，双方当事人的关系是一种委托与被委托的关系，而不是买卖关系。其最大的特点是商品先出运后出售，而其他贸易方式则相反。

2. 寄售协议

寄售协议是寄售人和代销人之间为了开展寄售业务就双方的权利、义务和有关寄售的条件和办法签订的书面协议。其主要内容包括：①寄售商品的作价方法。方法大致有四种，即规定最低限价、随行就市、销售前征得寄售人同意和规定结算价格。②佣金。佣金率直接关系到双方的利益，佣金多以汇付方式支付。③货款的收付。一般由代销商扣除佣金及代垫费用后付给寄售人。

3. 寄售方式的利弊

寄售方式的优点表现在：对寄售人来说，有利于开拓市场和扩大销路，掌握有利的推销时机；对代销人来讲，不需垫付资金，也不承担风险，可调动那些有推销能力、经营作风好、资金不足的客户的积极性；对买主来讲，是看货成交，大大节省交易时间，减少了风险和费用，十分便利。

其不足之处是：寄售人承担的贸易风险大，资金周转期长，收汇不安全。因此，只有对滞销货、试销商品或货款总额较小的商品，才适宜采用寄售方式；而对于金额较大的畅销货，则应选用其他贸易方式成交。

（三）展卖（Fairs and Sales）

展卖是最古老的交易方式之一，也是国际贸易中一种行之有效的习惯做法。它是利用展览会和博览会以及其他交易会形式，对商品实行展销结合，以销为主的贸易方式。

展卖的方式主要有两种：一种是将货物通过签约方式买断给国外客户，双方是买卖关系，由客户在国外举办或参加展览会，货价有所优惠，货款可在展卖后或定期结算；另一种是由双方合作，展卖时货物所有权不变，价格由货物所有者决定，国外客户承担运输、保险、劳务及其他费用，货物出售后收取一定手续费作为补偿。

### 四、商品交易所与国际博览会

（一）商品交易所（Commodity Exchange）

1. 商品交易所的含义

商品交易所是设在世界主要商业中心进行大宗商品买卖的固定场所。它是一种有组织的国际市场，只限于其正式会员或经纪人在场内进行交易。商品交易所交易的商品主要是初级产品，其中最主要的是有色金属、粮食、油料、食品和纺织原料等。目前世界上最著名的商品交易所主要有：芝加哥商品交易所、纽约商品交易所、伦敦金属交易所、香港期货交易所、东京工业品交易所等。

2. 商品交易所的交易种类

按照货物或合同交割的时间划分，商品交易所的交易分为现货交易和期货交易。

（1）现货交易（Spot Trading），即交易者通过交易所实买实卖，交易达成后立即进行商品的交割。交易所对交易提供场所、标准合同、解决纠纷等方面的服务。

（2）期货交易（Futures Trading），是指在商品（期货）交易所内，按一定规章制度进行的期货合同的买卖。它具有转移价格风险、形成权威性价格、调控价格水平和提高营销效率、稳定经济效益等功能。

期货交易的种类十分繁杂，按其目的不同，可分为以转移价格风险为目的的套期保值交易（又称对冲交易，Hedging）和以获取盈利为目的的投机交易。前者是指利用现货市场与期货市场同时进行两个数量相等而方向相反的买卖；后者则是指在期货市场通过买进期货合约（买空）或卖出期货合约（卖空），以赚取差价利润的行为。

目前世界上最活跃的期货交易主要包括农产品期货交易、金属期货交易、金融期货中的外汇期货交易、股票价格指数期货交易和利率期货交易等。

（二）国际博览会（International Fairs）

国际博览会是指在一定地点定期举办、由一国或多国联合组办、邀请各国商人参加交易的国际集市。它不仅为买卖双方提供了交易方便，而且越来越多地作为产品介绍和广告宣传借以打开销路，以及作为新产品、新工艺介绍借以进行技术交流的一种重要方式被广泛运用。

国际博览会按展销商品的类别可分为综合性博览会和专业性博览会。前者如米兰、莱比锡、巴黎等地举办的国际博览会，各种商品均可参加展出和交易；后者如科隆博览会等只限某种专业性商品参展和交易。

我国于1985年1月建立了隶属于中国国际贸易促进委员会的中国国际贸易中心，同年11月，亚太地区第四届国际贸易博览会在该中心举行。

## 五、加工装配贸易

### （一）加工装配贸易（Processing with Customer's Materials）的含义与特点

加工装配贸易是指利用国外客户提供的原材料、零部件，或按照国外客户提供的图纸或样品进行加工装配生产，产品一般用于外销的贸易方式。

加工装配贸易又称对外加工贸易，包括来料加工和来件装配。它具有以下特点：①与进出口紧密结合。加工装配贸易主要是进口原料、零部件，出口劳务。而劳务出口的货币表现是工缴费。②加工方无须承担成品销售的风险，也不用筹措外汇资金。委托人接受所有加工装配合格的成品，并支付给加工方约定的工缴费。③加工方对来料、来件不拥有所有权，只有使用权。若对来料、来件使用不当、管理不善，或在加工装配时超过正常损耗，加工方要承担责任。

### （二）加工装配贸易协议

委托人与加工方所签订的载明双方权利、责任与义务的加工装配贸易协议的主要内容包括：规定委托人来料、来件的时间、地点和数量，确定工缴费的计算方法，规定原料消耗定量和合理次废品率，加工成品的质量、交货时间和数量的规定，工缴费的支付方式等。

加工装配贸易对双方当事人都有利有弊。但对广大的发展中国家来讲，该贸易方式仍是其走向国际市场的一条行之有效的途径。1998年，我国加工装配贸易出口1 044.7亿美元，比1997年增长4.9%，在1 837.6亿美元出口总额中所占比重达56.9%。加工装配贸易增长是拉动当年出口增长的主要力量。

## 六、补偿贸易

补偿贸易指的是进口商不使用现汇，而是使用买卖双方议定的某种商品或劳务偿还全部或部分进口货款的贸易方式。根据偿还货款产品性质的不同，可将补偿贸易分为三种：

（1）直接产品补偿（Direct Product Compensation），又称产品返销（Product Buy Back）或有关产品补偿（Resultant Products Compensation），即一方进口国外的设备和技术后，用这些设备和技术生产的产品来分期偿还价款。

（2）间接产品补偿（Indirect Product Compensation），又称产品互购（Counter Purchase）或非有关产品补偿（Non-resultant Product Compensation），即一方进口国外的设备和技术后，不使用这些设备和技术生产的产品，而是使用其他产品或劳务偿还价款。

（3）混合补偿（Mixed Compensation），这是上述两种补偿方式的综合利用，指进口方同时使用直接产品和间接产品偿付同一笔进口价款。两者的比例由双方议定。

# 第二章
# 关税及非关税壁垒

世界上没有绝对“自由”的贸易。为了实现国内经济增长目标，达到保护国内幼稚工业等目的，几乎所有的国家和地区要采取各种措施对进口进行管制。这些措施都会使进口商品成本上升、价格提高、竞争力削弱，从而起到阻碍商品进口的作用。进口管制的措施可分为两类：一类是关税措施，另一类是非关税措施。非关税措施又可分为两大类：一类是进口国直接对进口商品的金额和数量做出规定；另一类是进口国未直接规定进口商品的金额和数量，而是对进口商品制定种种严格的条例，间接地影响和限制商品的进口。

## 第一节 关税及其分类



### 一、关税概况

(一) 关税、海关与关境

关税（Customs Duties 或 Tariff）是指进出口商品经过一国关境时，由政府设置的海关（Customs House）向其进出口商所征的税收。进出口商品征税后，成本和价格上升，竞争力削弱。因此，关税实际上起到了阻碍商品进入的作用，所以，人们又把关税叫作关税壁垒（Tariff Barrier 或 Tariff Wall）。

关税的征收很早就出现了。古希腊在爱琴海、黑海两岸一带的属地对来往的进口货物按值征收1%~5%的税收；古罗马时代对通过其海港、桥梁等的货物征收2.5%的税收；在古代中国，统治者也设立“关卡”，对过往的货物征税。

真正意义上的关税是在资本主义产生后形成的。英国在1640年建立了统一的国境关税，成为近代关税制度的开端。法国在1660年开始废除内地关税，到1791年完成。随后，比利时、荷兰都相继设立统一的国境关税，这种制度一直沿用至今。

关税的征收是由海关执行的。海关是一个国家设立在其国境上的行政管理机构，其任务是根据国家有关政策和规章对进出口货物、货币等进行监督管理。其具体职责是：对进出口货物征收关税、查禁走私、临时保管通关货物、统计进出口商品等。

海关征收关税的领域叫关境。一般说来，关境和国境是一致的。随着各国经济开放度的提高和经济一体化程度的加深，关境和国境也出现了相背离的情况：有些国家在其国境内设有自由贸易区、自由港、出口加工区等经济特区，商品进出这些区域是免税的，此时关境小于国境；有些国家相互结成关税同盟（Customs Union），对内取消关税，对外实行统一关税，此时关境大于国境。

（二）关税的特征

（1）强制性、无偿性和预定性。关税是国家税收的一种，与其他税收一样，具有强制性、无偿性和预定性。强制性是指税收是凭借法律的规定，由国家的管理部门强制征收，而不是自愿缴纳。无偿性是指征收的关税无偿作为国家财政收入，国家无须付出任何代价，无须给予任何补偿。预定性是指国家事先明确规定征税的税率、方法等有关事项，在一定时期内保持稳定，不得随意更改。

（2）关税是一种间接税。关税是海关对进出口货物所征的税，其税负的直接负担者是进出口商，但进出口商把这部分税额作为成本加在货价上，然后在出售商品时就转嫁给了购买者。所以，关税属于间接税。

（3）关税的征收主体是进出口商人，即由本国进出口商支付关税税额。

（4）关税的征收客体是进出口货物，不管货主是谁，也不管该货物售后是否获利，凡进出关境均需纳税。

（三）关税的作用与影响

关税政策是一国对外经贸政策的重要体现，对一国的对外贸易和国民经济都会产生重大影响。

1. 增加国家财政收入

关税设立的最初目的是获得财政收入，所以又称为财政关税（Revenue Tariff）。随着社会经济的发展，财政关税的意义已大为降低，现在各国已把关税作为限制外国商品进口、保护国内产业和国内市场的一种手段。但对经济落后的国家来说，财政关税仍是其财政收入的一个重要来源。

2. 保护国内产业与市场

重商主义者最早认识到关税的保护作用。他们强调采用高的进口关税来阻碍外国商品的进口，以达到保护国内幼稚工业的目的。与财政关税相对应，这种以保护为主、收入为辅的关税又称为保护关税（Protective Tariff）。保护关税限制了外国商品的进入，尤其是高关税可以大大减少有关商品的进口数量，减少竞争，从而达到保护国内同类产业或相关产业的生产与市场。

3. 调节作用

一个国家可以通过调整关税结构来调整进出口商品结构。在海关税则中，国家可以通过调高某项产品的进口税率达到减少进口数量的目的，或是通过调低某项产品的进口税率来达到扩大进口数量的目的。国家还可以通过调整关税税率来调节贸易差额。在贸易出现逆差时，国家提高关税税率可以减少进口，进而减小贸易逆差。

当然，关税也有消极作用。由于对进出口商品征收关税，提高了价格，国内消费者受到了损失；从整个世界来看，由于征税，减少了进出口流量，不利于国际贸易的开展；关税虽然有保护本国生产的作用，但如果征税过高，保护过度，会使国内有关企业养成依赖性，产品缺乏国际竞争能力。

## 二、关税的分类

关税的种类繁多，按不同的标准可以把关税分为许多不同类别。

（一）按征收的对象分类

1. 进口税（Import Duties）

进口税是进口国家的海关在外国商品输入时，根据海关税则向本国进口商所征收的关税。进口税是最主要的关税税种，我们所说的关税就是针对进口税而言的。它一般是在外国货物直接进入本国关境或国境时征收，或者外国货物由自由港、自由贸易区或海关保税仓库等提出运往进口国的国内市场销售，在办理海关手续时根据海关税则征收。进口税在限制外国商品进口、保护国内生产和市场方面具有很明显的作用。一般而言，税率越高，其保护程度越强。但进口国家并不对所有的商品都一律征收高关税，通常对工业制成品的进口征收较高的关税，对半制成品的进口税率次之，而对原材料的进口税率最低甚至免税。现在，征收进口税还常常被用作与贸易对手谈判的筹码。

2. 出口税（Export Duties）

出口税是出口国家的海关对本国商品输往外国时对出口商所征收的关税。本国商品在征收出口税以后，会造成价格上升，在世界市场上竞争能力减弱，所以大部分国家一般对绝大多数商品都不征收出口税，只有一些发展中国家对少数商品征税。征收出口税主要有下列目的：①增加财政收入，这主要适用于某些出口竞争力特别强的商品，税率一般不高，比如泰国对大米的出口征收较低的出口税；②保护本国稀有资源，限制跨国公司大量收购；③保证国内生产正常进行；④保证国内正常供应，满足国内市场需求。

3. 过境税（Transit Duties）

过境税是一国对通过其关境的外国货物所征收的关税。过境税是资本主义发展初期，交通运输业不很发达的产物。随着交通运输竞争的日趋激烈和财政关税意义的降低，各国都相继取消了过境税。1947 年签署的《关税与贸易总协定》规定："缔约国对通过其领土的过境运输可以要求在适当的海关报关。但是，除了遵守应适用的海关法令条例以外，这种来自或前往其他缔约国领土的过境运输，不应受到不必要的耽延或限制，并应对它免征关税、过境税或有关过境的其他费用。但运输费用以及相当于因过境而支出的行政费用或提供服务成本的费用，不在此限。"

（二）按照征税的计算方法分类

1. 从量税（Specific Duty）

从量税是以货物的计量单位如重量、数件、长度、体积等为标准计征的关税。用公式表示如下：

$$从量税额=商品数量\times每单位从量税$$

各国在征收从量税时以重量为单位最为常见。各国对于重量的计算方法各有不同，常见的有以下三种：

（1）毛重（Gross Weight）法，即以包括商品内外包装在内的全部重量作为计税依据进行征税的方法。

（2）半毛重（Semi-gross Weight）法，即以商品总重量减去外包装后的重量作为计税依据进行征税的方法。这种方法又可分为两种：一种是实际半毛重法，即从商品总重量中扣除外包装的实际重量后再计算征税的方法；一种是法定半毛重法，即从商品总重量中扣除外包装的法定重量后再计算征税的方法。

（3）净重（Net Weight）法，即以商品总重量扣除内外包装后的重量作为计税依据进行征税的方法。这种方法也可分为两种：一种是实际净重法，即从商品总重量中扣除内外包装的实际重量后再计算征税的方法；一种是法定净重法，即从商品总重量中扣除内外包装的法定重量后再计算征税的方法。

由于从量税只与商品的量有关，而与商品的价格和品质无关，因而其既可以避免繁杂的手续，节约征税成本，还可以防止进口商谎报价格。但从量税也有明显的缺点：对等级、品质及价格有差异的货物，按同一税率征收，税负不合理；而且税率固定，当物价下跌时，保护作用增大，当物价上涨时，保护作用减小，失去了市场的价格功用。所以当今世界大多数国家都不采用从量税，而采用从价税。

2. 从价税（Ad Valorem Duty）

从价税是按照进口商品的价格标准计征一定比例的关税。其税率表现为货物价格的百分率，用公式表示如下：

$$从价税额=商品总值\times从价税率$$

从价税与商品价格有直接关系。它与商品价格高低成正比关系，其税额随着商品价格的变动而变化。如商品价格下跌而税率不变，则税额相应减少，关税保护作用会有所下降；商品价格上涨而税率不变，则税额相应增加，关税保护作用会有所上升。

一般说来，从价税有以下几个优点：①合理性。从价税跟商品价格密切相关，商品价格主要跟商品的品质、价值相关。价值高的货物多交税，价值低的货物少交税。②公平性。税额与价格成正比，随价格涨落而变化。③可比性。从价税便于各国间进行关税税率高低的比较。

从价税有一个主要的问题，就是进口商品完税价格（Duty Paid Value）怎样确定。完税价格是经海关审定后作为计征关税依据的货物价格。完税价格的认定称为海关估价（Customs Value），是进口货物的价格经货主或申报人向海关申报后，海关按本国关税法令规定的内容审查，估定其完税价格。

由于完税价格的确定对货物纳税额有直接关系，而估价方法各国又不相同，所以有些国家可以采用高估完税价格的方法来限制商品进口。为了统一各国的海关估价方法，世界贸易组织《海关估价协议》确立了以下六种海关估价方法：

（1）货物本身的成交价格。

这是海关估价的最主要方法。成交价格是货物出口到进口方时实际支付或应付的价格（如发票价格）。根据《海关估价协议》第8条规定，下列费用可加到进口商为进口货物实际支付或应付的价格中：除购货佣金之外的佣金和经济费；包装和集装箱的成本和收费；各种辅助工作，如由买方以免费或减价形式提供用于进口货物生产的商品（材料、部件、工具、燃料等）及服务（设计、计划等）；专利费和许可费；由于转售或使用进口商品给卖方带来的收益；假如以到岸价进行海关估价，运输、保险及进口地点有关的收费。《海关估价协议》也明确规定，能够从实际支付价格或应付价格中区分出来的费用或成本，不得加入海关估价。

（2）相同货物的成交价格。

如果不能按照上述成交价格确定进口货物的完税价格，则应以相同货物的成交价格作为完税价格。

（3）类似货物的成交价格。

如不能以上述（1）或（2）的方法确定完税价格，则应以类似货物的成交价格来确定完税价格。《海关估价协议》第15条第2款确立了“判断相同货物或类似货物的规则”，规定如下：

相同货物：在所有方面包括相同的物理特点、质量和信誉都一样的货物，被认为是相同货物。

类似货物：在构成、材料和特点方面与被估价货物极为相似的货物，与被估价货物具备同样效用、在商品上可以互换的货物。

此外，某货物要被认为是被估价货物的相同或类似产品，该货物必须与被估价货物在同一国家生产，而且由同一生产商生产。

（4）扣除法价格。

扣除法价格是指应税的进口商品在其国内市场的单位销售价格，或与其相同或类似商品在其国内市场的单位销售价格，扣除相关的利润、关税和国内税、运输费和保险费，以及在进口时生产的其他费用后的价格。

（5）推算法价格。

推算法价格是指被估价货物的生产成本，加上“利润和相当于反映在该出口国生产者向进口方出口与被估价货物同等级和同品种货物的销售环节中的大致费用”后的价格。

（6）符合关贸总协定有关规定的其他方法。

可见，海关估价应按（1）~（6）顺次进行，其中第（4）种和第（5）种可以调换。

3. 混合税（Mixed or Compound Duties）

混合税是对同一种商品同时征收从量税和从价税的一种方法。混合税常常用于耗用原材料较多的工业制成品。例如美国对提琴征收混合税，每把琴征收21美元的从量税外加6.7%的从价税；对男式开司米羊绒衫每磅征收从量税37.5美分，外加15.5%从价税。

4. 选择税（Alternative Duties）

选择税是对一种商品同时规定了从量税和从价税两种，在实际征收时由海关选择其中一种征收的方法。海关通常按税率较高的一种征收，但有时为了鼓励进口，也选择税率较低的一种征收。

（三）按照差别待遇和等级分类

1. 进口附加税（Import Surtax）

进口附加税是指对进口商品征收正常关税以外再征收某种特定目的的税。进口附加税设立的目的有多种：维持国际收支基本平衡，保护国内市场，防止国外商品低价倾销，对某个国家实施报复等。根据这些不同目的，进口附加税可分为反补贴税、反倾销税、报复关税等。

（1）反补贴税（Counter-vailing Duty）。反补贴税又称为抵消税或补偿税。它是对直接或间接接受补贴的外国商品的进口所征收的一种附加税。凡进口商品在生产、制造、加工、买卖、输出过程中所接受的直接或间接的任何奖金和补贴都构成征收反补贴税的条件，不管这种奖金和补贴是来自政府还是同业工会。反补贴税的税额一般按其所享受的奖金和补贴税款征收。征收的目的在于提高进口商品的价格，抵消其所享受的补贴金额，削弱其竞争能力，使它不能在进口国的国内市场上进行低价竞争和倾销。

（2）反倾销税（Anti-dumping Duty）。反倾销税是对于实行商品倾销的进口货物所征收的一种进口附加税。所谓倾销是指一国的商品以低于本国国内价格或低于正常价格在其他国家进行商品销售的行为。倾销的目的大多在于打击对手，占领外国市场，这样会使进口国厂商面临不平等的竞争地位而受到冲击。为了抵制商品倾销，保护本国产品的国内市场，很多国家都对倾销的商品征收反倾销税。

（3）报复关税（Retaliatory Duties）。报复关税是指对特定国家的不公平贸易行为采取报复行为而临时加征的进口附加税。加征报复关税大致有以下几种情况：对本国输出的物品课以不合理的高关税或差别税率，对本国物品输出设置障碍，贸易伙伴违反某种协定等。美国《1988 年综合贸易和竞争力法案》的“超级 301”条款，就是关于针对“不公平”贸易伙伴实施报复的条款，其报复手段之一就是加征临时性报复关税。

2. 差价税（Variable Levy）

差价税也称差额税，其税额等于国内价格与进口价格之间的差额。差价税是当某种国内生产的产品的国内价格高于同类进口商品的价格时，为了削弱进口商品的竞争能力，保护国内工业和市场而征收的一种附加关税。由于差价税是随着国内外市场价格差异的变动而变动的，因此它是一种滑动关税（Sliding Duty）。对于征收差价税的商品，有的规定按价格差额征收，有的规定在征收一般关税以外另外征收，欧盟国家和地区为保护本国和地区农产品价格，就采用了差价税。具体讲，就是先指定一个入门价格或叫门槛价格（Threshold Price），然后减去进口价格，其差额便是差价税。有了这种差价税，便可保证进口农产品价格与内部市场价格一致。

3. 普通税（Common Duty）

普通税适用于从与本国没有任何贸易协定的国家进口的商品。当今世界各国的经济相互更加依赖，联系更加紧密，绝大多数国家之间都有各式各样的贸易协定，适用于普通税的情况并不多见，所以实际上普通税是一种相对较高的关税。

4. 最惠国待遇税（MFNT Duty）

最惠国待遇税适用于签订有最惠国待遇（Most-Favoured-Nation Treatment）条款

的贸易协定国家之间的商品贸易的进口税。所谓最惠国待遇又称“非歧视待遇”，是指缔约国之间在通商、房产、关税、公民法律地位等方面相互给予的不低于现实和将来给任何第三国的优惠、特权和豁免待遇。其中在进口关税方面，缔约国之间适用的税率比普通税率要低得多。由于所有世界贸易组织成员都是多边地享有最惠国待遇，所以最惠国待遇税适用面很广。

5. 普惠制税（GSP Duty）

普惠制税是发达国家给予发展中国家的比最惠国待遇更优惠的关税待遇。1968年，第二届联合国贸易与发展会议通过了建立普遍优惠制（Generalized System of Preferences）的决议，发达国家承诺对从发展中国家和地区进口工业制成品、半制成品以及部分农产品给予普遍的、非歧视的和非互惠的关税待遇。这是广大发展中国家长期积极斗争的结果。1976 年，在第四届联合国贸易与发展会议上，南北国家达成协议，决定由每个发达国家分别制订和执行各自的普惠制方案。

普惠制的主要原则是普遍的、非歧视的和非互惠的。其目的是增加发展中国家或地区的外汇收入，加速发展中国家和地区的经济增长。实行普惠制的国家在提供其普惠制待遇时，都做了种种规定。在已有的 16 个普惠制方案中，主要的规定如下：

（1）对受惠国家和地区的规定。普惠制在原则上应对所有发展中国家和地区提供优惠待遇。但给惠国从各自的政治利益出发，对受惠国或地区进行限制。如美国公布的受惠国名单中，不包括某些发展中的社会主义国家、石油输出国组织的成员国。

（2）对受惠商品范围的规定。普惠制原应对受惠国或地区的制成品和半制成品普遍实行关税减免，实际上许多给惠国没有这样做。在公布的受惠商品名单中，工业品受惠较多，而农产品较少。一些敏感性商品，如纺织品、鞋类等，都被排除在受惠商品之外。

（3）对受惠商品减税幅度的规定。因为大多数国家之间的商品进出口适用于最惠国待遇税，所以，普惠制受惠商品的减税幅度大小，取决于最惠国税率和普惠制税率的差额的大小。有些商品减税多一些，有些商品减税少一些。一般说来，农产品减税幅度小，而工业制成品的减税幅度大。

（4）对给惠国保护措施的规定。给惠国一般都规定保护措施，以保护本国某些产品生产和销售。主要有这样三种规定：①免责条款（Escape Clause）。当给惠国商品的进口量增加到对其本国同类商品或有竞争关系的商品的生产者造成或即将造成严重损害时，给惠国有保留完全取消或部分取消关税优惠待遇的权利。②预定限额（Prior Limitation）。对受惠商品预先规定限额，超过限额的进口按规定征收最惠国税率。③竞争需要标准（Competitive Need Criteria）。对来自受惠国的某一种进口商品规定一定的进口标准，如超过当年规定的进口额度，则取消下年度该种商品的关税优惠待遇。

（5）对原产地的规定。根据原产地标准的规定，产品必须全部产自受惠国家或地区，或者规定产品所包含的进口原料或部件经过深加工，发生了实质性变化后，才能享受关税优惠待遇。所谓实质性变化有两种标准：①加工标准（Process Criterion）。它规定进口原料或零件经过加工以后的商品税目发生了变化，就可以认为已经发生了实质性变化。西欧共同市场及日本、挪威、瑞典等国家采用这种标准。②增值标准（Value-added Criterion）。它规定，只有进口原料或零件的价值没有超过出口商品价值一定的百分比，这种变化才能作为实质性变化而享受关税优惠待遇。澳大利亚、加拿大、美国、波兰、新西兰等国家采用这种标准。例如，加拿大规定进口原料和零件的价值不得超过出口商品价值的40%；澳大利亚、新西兰、波兰规定不得超过50%；美国规定不得超过65%。

在原产地规定中，除了原产地标准，还有直接运输规则（Rule of Direct Consignment），即受惠商品必须由受惠国直接运到给惠国。当然，由于地理原因或运输需要，各给惠国也允许货物经过受惠国以外的第三国领土，以及在过境国家或地区转换运输工具和暂存货栈。此外，受惠国必须向给惠国提交原产地和托运的书面证书，才能享受普惠制关税待遇。

6. 特惠税（Preferential Duty）

特惠税又称优惠税，是指对某个国家或地区进口的全部商品或部分商品，给予特别优惠的低关税或免税待遇。它不适用于从非优惠国家或地区进口商品。特惠税有的是互惠的，有的是非互惠的。特惠税有两种情况：

（1）宗主国和殖民地附属国之间的特惠税。第二次世界大战以前主要是这一种情况，目的在于保证宗主国在殖民地、附属国市场上的优势。如英联邦国家1932年在渥太华会议上建立的英联邦特惠税，就是英国为了确保获取廉价原料、食品和销售其工业品，垄断其殖民地、附属国市场而建立的。



（2）洛美协定（Lome Convention）国家之间的特惠税。它是西欧共同市场向参加协定的非洲、加勒比海地区和太平洋地区的发展中国家单方面提供的特惠税。它主要有以下三方面内容：①西欧共同市场国家在免税、不限量的条件下，接受这些发展中国家的全部工业品和96%的农产品进入西欧共同市场，而不要求这些发展中国家提供反向优惠（Reverse Preference）。②西欧共同市场对这些国家上述96%的农产品以外的一些农产品，如牛肉、甜酒和香蕉等做了特殊安排，对这些商品的进口每年给予一定数量的免税进口配额，超过配额的进口征收关税。③在原产地规定中，确定了“充分累积”制度（Full Cumulation），即来源于这些发展中国家或西欧共同市场国家的产品，如在这些发展中国家中的任何其他国家内进一步加工时，将被看作原产地产品，仍可享受特惠税待遇。

同时，洛美协定也规定，如果大量的进口在西欧共同市场的某个经济区域或某个成员国内引起混乱，西欧共同市场将保留采取保护措施的权利。

（四）按照关税保护程度和有效性分类

1. 名义关税（Nominal Tariff）

名义关税是指某种进口商品进入该国关境时根据海关税则规定的税率所征收的关税。此税率叫作名义关税税率，又叫名义保护税率。用公式表示为：

$$名义保护税率=\frac{进口商品国内售价-自国外进口价格}{自外国进口价格}\times 100\%$$

2. 有效关税（Effective Tariff）

有效关税是指整个关税制度与其他保护措施对某种产品在其生产过程中给予的净增值的影响。此税率叫作有效关税税率，又叫实际保护税率。它代表着关税对本国同类产品的真正有效的保护程度。用公式表示为：

$$实际保护税率=\frac{国内加工增值-国外加工增值}{国外加工增值}\times 100\%$$

例如，某企业进口成品征税 10%，原材料不征税，原材料占成品价值比重为 75%，每千克成品价格为 30 美元。则：

国外加工增值＝30－22. 5＝7. 5（美元/千克）

国内加工增值＝30×（1+10%）－22. 5＝10. 5（美元/千克）

$$实际保护税率=\frac{10.5-7.5}{7.5}\times 100\%=40\%$$

如对原材料征收 5%的关税，则：

原材料费用＝22. 5×（1+5%）＝23. 625（美元/千克）

国内加工增值＝33－23. 625＝9. 375（美元/千克）

$$实际保护率=\frac{9.375-7.5}{7.5}\times 100\%=25\%$$

可以看出，有效保护不仅注意到关税对成品价格的影响，还注意到原材料因征收关税而增加的价格。通过对成品名义税率和原材料名义税率的比较，我们可以得出这样的结论：①若成品名义税率和原材料名义税率相等，则对成品的有效保护率等于其名义税率；②若成品名义税率高于原材料名义税率，则对成品的有效保护率高于其名义税率；③若成品名义税率低于原材料名义税率，则对成品的有效保护低于其名义税率，甚至可能是一个负值。现在发达国家对进口商品普遍采用累进的关税结构，其结果使这些国家所制造的最新产品的有效关税保护率大大超过名义保护率，这实际上进一步起到了限制商品进口的作用。

### 三、关税税则

关税税则（Tariff Schedule）又称海关税则（Customs Tariff），是一个国家按一定立法程序颁布的，对该国进出口商品计征关税的规章和对进出口的应税与免税商品加以系统分类的一览表。关税税则是海关征税的依据，也是一国关税政策的具体体现。关税税则一般包括两个部分：一部分是海关征收关税的规章条例及说明，另一部分是关税税率表。

关税税率表主要包括三个部分：税则号列（Tariff No. 或 Heading No.），简称税号；货物分类目录（Description of Goods）；税率（Rate of Duty）。

（一）关税税则的货物分类

关税税则的货物分类主要是根据进出口货物的构成情况，对不同商品使用不同的税率以及便于贸易统计而进行的系统分类。各国海关税则对商品的分类不尽相同，主要有以下几种：

（1）按货物的自然属性分类，例如动物、植物、矿物等；

（2）按货物的加工程度或制造阶段分类，例如原料、半制成品和制成品等；

（3）按货物的成分分类或按工业部门的产品分类，例如钢铁制品、塑料制品、化工产品等；

（4）按货物的用途分类，例如食品、药品、染料、仪器、乐器等。

各国在实际分类时一般先按自然属性分成大类，再按其他方法分成不同层次的章或组、项目、子目、分目等。各国的税则分类不同，给国际贸易的发展带来了诸多不便。为了统一各国的商品分类，协调税则分类的矛盾，欧洲关税同盟研究小组等组织先后制定了三部税则目录。下面我们对此进行一一介绍。

1.《布鲁塞尔税则目录》

《布鲁塞尔税则目录》（*Brussels Tariff Nomenclature*，BTN）即《关税合作理事会税则目录》（*Customs Co-operation Council Nomenclature*，CCCN），是欧洲关税同盟研究小组于 1952 年 12 月在布鲁塞尔制定的，除了美国、加拿大外，已有 100 多个国家和地区采用。《布鲁塞尔税则目录》的商品分类的划分原则是以商品的自然属性为主，结合加工程度等来划分的。它将全部商品分为 21 类（Section）、99 章（Chapter）、1 015 项税目号（Heading No.）。第 1~24 章为农畜产品，第 25~99 章为工业制成品。每一项税目号都用 4 位数表示，中间用圆点隔开，前两位数表示商品所属的章号，后两位数表示该商品在这一章中的税目号。例如 61.01（男用外衣）表示该商品属于第 61 章第 1 项。会员国一般不得随意变动税则目录中的类、章、项这三级的税目号排列及编制，而对项下的细目（以 A、B、C……排列），各会员国有一定的机动权。

《布鲁塞尔税则目录》由五部分组成。第一部分是税则目录。第二部分为正文，共分为三栏：第一栏为税目号，第二栏为国际贸易标准分类号，第三栏为商品名称。第三部分是项目分类注释说明。第四部分是税目及注释说明字母排序索引。第五部分是分类意见提纲。它是汇集关税合作理事会历次会议上关于税目分类问题的意见的文件。

2.《国际贸易标准分类》（见第一章第一节相关内容）

3.《协调商品名称和编码制度》（见第一章第一节相关内容）

（二）关税税则的分类

1. 单式税则（Single Tariff）

单式税则又称一栏税则，是指对每一种应税商品不论产自什么国家，所适用的税率只有一个，即每个税则号下都只有一个税率。单一税则的一个重要特点是无歧视性，即对任何国家的任何商品没有歧视待遇。这种单式税则曾流行于垄断资本主义时期，但由于它功能单一，国家无法利用关税制度对外进行差别待遇和争取关税优惠，所以现在绝大多数国家都放弃单式税则而采用复式税则，只有少数发展中国家如巴拿马、冈比亚、加纳等仍沿用单式税则。

2. 复式税则（Complex Tariff）

复式税则又称多栏税则，是指一个税目下有两个或两个以上的税率，以便对来自不同国家或地区的进口商品，适用不同的税率。为了体现国家对外贸易政策的差别，对不同国家的同种商品实行区别对待，当前世界大多数国家都实行复式税则。复式税则有二栏至五栏不等，一般有普通税率、最惠国税率、普惠制税率、特惠税率四栏。

## 第二节　关税的经济效应

### 一、价格效应

征收进口关税后的一个显著变化就是进口商品的价格上升，那么价格上升的幅度是不是就一定等于关税税额呢？或者说征收关税后出口国是否也要负担一部分关税呢？这就要看进口国在征收关税后是否会改变进口商品的国际价格。于是我们区别了两种情况：进口大国和进口小国。进口大国对某一商品征收关税后，对该商品的需求量显著减小，从而使该商品的国际价格降低；而进口小国对进口商品价格几乎没有什么影响。



（一）进口大国的价格效应

进口大国是指进口需求变动会影响国际市场价格的国家。我们假定日本是大米的进口大国，泰国是出口国。在图 2-1 中，$OP_0$ 是不征税前的价格，也就是大米的国际价格，日本进口量为 $Q_1Q_2$。征收关税以后，由于大米在日本国内市场上的价格提高，则日本对大米的进口需求会减少，国际市场价格便不会再是 $OP_0$，而要发生变化。我们假设下跌至 $OP_1$，日本征收的关税额为 $P_1P_2$，进口量减少为 $Q_3Q_4$，则关税总额等于 $P_1P_2 \times Q_3Q_4 = c+f$。

我们可以看出征收关税以后，价格上升的幅度小于关税额，即关税额不是由日本消费者单独承担，也不是由泰国出口商承担，而是由两国共同承担。具体来看，日本承担了图中的 $c$ 部分，泰国承担了图中的 $f$ 部分。至于 $c$ 和 $f$ 谁大谁小，即谁承担得更多，则取决于日本的进口需求价格弹性与泰国出口供给价格弹性的大小关系。两种极端的情况分别见图 2-1 和图 2-2。

图 2-1 显示了日本对大米的需求价格弹性为零，即需求量不随价格变化而变化，则不会影响大米的国际市场价格，关税额全由日本消费者负担。

图 2-2 显示了泰国的大米供给价格弹性为零，即大米供给量不变，只好大幅减价，则关税额全由泰国出口商负担。

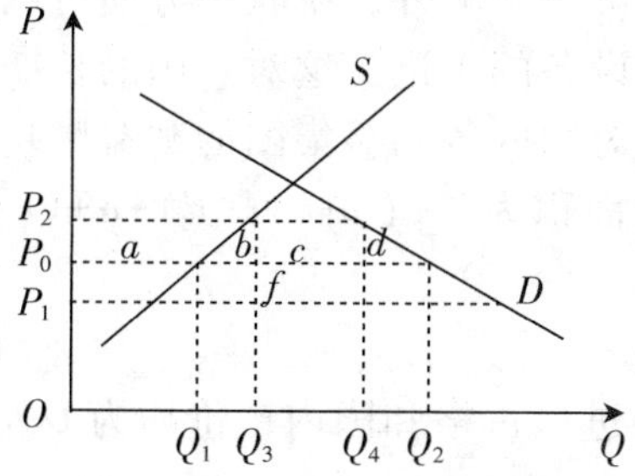


图 2-1 日本对大米的需求价格弹性为零

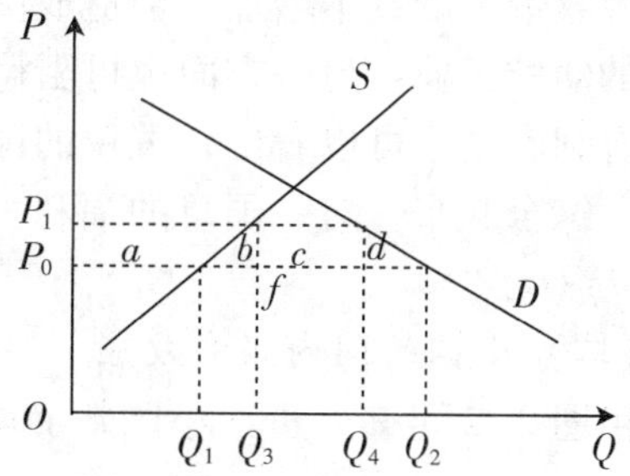


图 2-2 泰国的大米供给价格弹性为零

（二）进口小国的价格效应

进口小国是指进口需求变化对国际市场价格没有影响的国家。它的价格效应有点类似于进口大国在极端情况下，即在进口需求弹性为零的情况下的效应，关税将全部由进口国的消费者负担，如图 2-2。假定新加坡是大米的进口小国，征税前的进口价格即国际市场价格为 $OP_0$，收 $P_0P_1$ 的关税后，国际市场价格仍为 $OP_0$，则 $P_0P_1$ 的关税额由新加坡的消费者全部承担，即图中 $P_0P_1 \times Q_3Q_4 = c$ 部分。

## 二、国内经济效应

国内经济效应是指征收进口关税后对国内经济各方面的影响。

（一）大国的国内经济效应

由图 2-1 可知，进口大国日本在征税前的进口价格为 $OP_0$，进口量为 $Q_1Q_2$，因为是进口大国，所以征税后进口价格为 $OP_1$，国内售价为 $OP_2$，进口量减为 $Q_3Q_4$。这对进口国带来的国内经济效应是：

（1）消费者效应。

由西方经济学消费者理论可知，因为国内价格的上升，国内消费者受到损失，消费者剩余减少的面积为 $a+b+c+d$。

（2）税收效应。

因为征税而使政府获得了财政收入，这一部分收入在图中面积为 $c+f$。因为征税后进口量为 $Q_3Q_4$，单位税额为 $P_1P_2$，则关税总额为 $Q_3Q_4 \times P_1P_2 = c+f$。

（3）生产者效应。

征收关税提高了进口商品的国内价格，也提高了本国生产者所生产的商品的价格，这样，本国生产者可以在征税后获得好处。由西方经济学生产者理论可知，本国生产者剩余增加了面积 $a$。

（4）保护效应。

因征收关税提高了进口商品的国内销售价格，使国内同类竞争商品得以在价格升高的基础上组织生产和销售，从而受到保护。可见，税率越高，关税的保护作用越大。当关税提高到使进口完全停止时，就产生了彻底的保护作用。

（5）其他效应。

国家为了较好地开展征税工作，势必设置海关、雇佣工作人员等，这些都应该看作税收带来的成本增加，会造成国家净福利的减少。另外，税收一方面可以保护国内的幼稚工业，另一方面也可阻碍先进技术、设备的引进，这对一国的长期发展未必有利。由上可以看出，关税的国内经济效应对国内各利益集团的利益影响互有消长。综合起来，对一国总的福利影响在图中的面积为：$-(a+b+c+d)+a+(c+f)=-(b+d)+f$。

（二）小国的国内经济效应

由图 2-2 可知，进口小国新加坡在征税前的进口价格和国内售价均为 $OP_0$，进口量为 $Q_1Q_2$。征收 $P_0P_1$ 的关税后，因为是小国，进口价格不变，仍为 $OP_0$，但国内售价变为 $OP_1$，进口量减为 $Q_3Q_4$，这对进口国带来的国内经济效应是：

（1）消费者剩余减少的面积为 $a+b+c+d$；

（2）生产者剩余增加的面积为 $a$；

（3）政府的税收收入增加的面积为 $c$。

综合起来，进口国总的福利损失为 $b+d$。由此可见，进口小国的损失比进口大国大。那么这个福利损失到底有多大呢？哈里·G. 约翰逊用了一个公式对关税带来的损失（公式中的 $S$）对国民经济的影响进行了简单的估算：

$$\frac{S}{\text{GNP}}=\frac{1}{2}\times\text{关税税率}\times\text{因征税使进口数量减少的百分比}\times\frac{\text{进口值}}{\text{GNP}}$$

设一国征收平均税率为 10%的税收，该税率使进口量减少 20%，所有进口商品占 GNP 的比重为 10%，则：

$$\frac{S}{\text{GNP}}=\frac{1}{2}\times10\%\times20\%\times10\%=0.1\%$$

### 三、贸易条件效应

贸易条件效应是指征收进口关税对进口国贸易条件的影响。

（一）进口大国的贸易条件效应

贸易条件是指一国出口商品价格与进口商品价格的比例。用公式表示为：

$$N=\frac{P_x}{P_m}$$

$N$ 值越大表示贸易条件越好。由于出口商品价格与进口关税无关，我们假定出口价格不变。从前面的关税效应的讨论中得知，对进口大国来说，进口商品价格因为征收关税而降低，即 $Pm$ 降低，$N$ 增大，贸易条件改善。如果仅从改善贸易条件考虑，关税在一定范围内越高越好，但同时高关税会使国内消费者剩余减少。于是存在一个最优关税问题，使得进口国家贸易条件改善的同时净收益最大化。从图 2-1 来看，即要使 $\frac{b+d}{f}$ 最小。

1. 最优关税

最优关税是指使一国的国内净福利达到最大值的关税。我们知道，征收关税一方面能改善贸易条件，另一方面也会缩小进口量。当关税水平达到禁止性关税时，进口量为0，所以禁止性关税不是最优关税。最优关税介于禁止性关税与无关税之间。最优关税税率只与外国供给弹性有关，而与进口国的进口需求弹性无关。用公式表示为：

$$最优关税税率=\frac{1}{S_m}$$

最优关税税率等于外国向进口国供应进口品的供给弹性的倒数。

2. 报复关税

从上述讨论可知，一国征收最优关税可使本国获得福利最大化，而这个最大化福利的获取是从外国出口商那里获得的。这就很容易遭到外国政府的报复，即出口国对该国出口商品也征收最优关税，那么世界贸易量就会大大减少，使两国都蒙受损失。

（二）进口小国的贸易条件效应

因为贸易条件等于商品的进出口价格之比，而小国征税后进口价格不变，所以贸易条件不变。

## 第三节 数量限制措施

### 一、进口配额制

（一）进口配额制的含义和种类

1. 进口配额制的含义

进口配额制（Import Quotas），是指一国政府在一定时期以内，对于某些商品的进口数量或金额加以直接限制的一种非关税措施。在规定的时期内，配额以内的商品可以进口，超过配额则不许进口，或者需被征收较高的关税或罚款才能进口。

2. 进口配额的种类

进口配额可分为绝对配额和关税配额两类。

（1）绝对配额（Absolute Quotas）。

绝对配额是指在一定时期内，对某些商品的进口数量或金额规定一个最高数额，达到这个数额后则不准进口。这种配额在实施中，可分为以下两种方式：

①全球配额（Global Quotas）属于世界范围内的绝对配额，对于来自任何国家或地区的商品一律适用。主管当局通常按进口商申请的先后次序和过去某一时期的进口实绩批给一定的额度，直至总配额发放完毕为止，超过总配额就不准进口。

由于全球配额不限制进口国别和地区，在配额公布后，进口商竞相争取配额，这就使邻近国家或地区因地理位置接近关系，到货较快，比较有利，而较远的国家或地区就处于不利的地位。因此，在配额的分配和利用上，难以贯彻国别政策。为了避免或减少这些不足，故一些国家采用了国别配额。

②国别配额（Country Quotas）又称选择配额，是指在总配额内按国别和地区分配，超过规定的配额便不准进口。为了区分不同国家和地区的商品，在进口商品时进口商必须提交原产地证明书。实行国别配额，可以使进口国根据它与有关国家或地区的政治经济关系来分配不同的额度。一般来说，国别配额又可以分为自主配额和协议配额。

自主配额（Autonomous Quotas）又称单方面配额，是由进口国完全自主的、单方面强制规定的在一定时期内从某个国家或地区进口某种商品的配额。这种配额不需征求输出国的同意。自主配额由于是进口国单方面制定的，往往由于分配额度的差异容易引起某些出口国家或地区的不满或报复。因而，有些国家就采用协议配额，以缓和彼此的矛盾。

协议配额（Agreement Quotas）又称双边配额，是由进口国和出口国政府或民间团体之间协商确定的配额。如果协议配额是通过双方政府的协议签订的，一般需在进口商或出口商中进行分配；如果配额是双边的民间团体达成的，应事先获得政府许可，方可执行。由于协议配额是经双方协商确定，通常不会引起出口方的反感和报复，并可使出口国对于配额的实施有所谅解与配合，较易执行。

（2）关税配额（Tariff Quotas）。

关税配额是指对商品进口的绝对数额不加限制，而对在一定时期及规定数额内的进口商品，给予低税、减税或免税待遇；对超过配额的进口商品则征收较高的关税，或者征收附加税或罚款。关税配额与绝对配额最大的不同在于：绝对配额规定的最高数额是不得超过的；而关税配额在额度内可享受减免待遇，超过额度仍可进口，只不过超额部分所征收的关税较高而已。

（二）进口配额的经济效应

进口配额和关税一样，能起到限制进口的作用，同样也会产生价格效应、国内经济效应和贸易条件效应。我们在讨论其经济效应时也把其分为大国和小国两种情况：

1. 进口配额的大国经济效应

我们假设美国是白酒的进口大国并对白酒的进口实行进口配额，每年只允许 $Q_3Q_4$ 的白酒进口（见图 2-3）。在实行进口配额前，白酒的国内市场价格和国际市场为 $OP_0$，国内供给量为 $OQ_1$，进口量为 $Q_1Q_2$；实行进口配额后，进口量减为 $Q_3Q_4$，国际市场价变为 $OP_1$，总供给则应为国内供给量 $OQ_1$ 加上进口量 $Q_3Q_4$，相当于供给曲线向右平移了 $Q_3Q_4$ 的距离。此时总供给与总需求相交于点 $E'$，对应的国内市场价格变为 $OP_2$。由图 2-3 可知，因进口配额造成的国内价格上升，相当于征收了 $P_1P_2$ 的进口关税。同进口关税的经济效应一样：

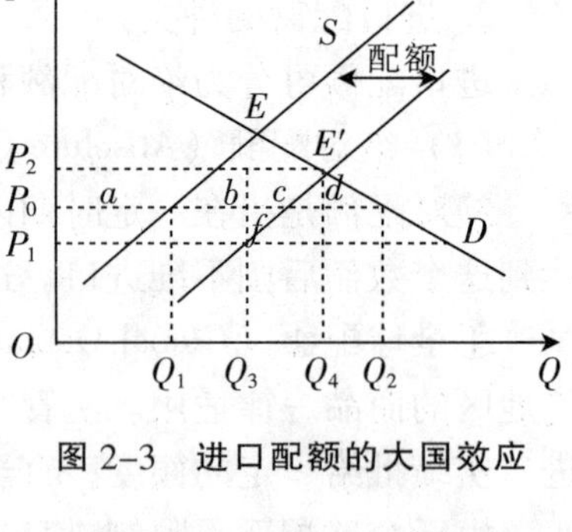

图 2-3　进口配额的大国效应

①消费者剩余减少的面积为 $a+b+c+d$；

②生产者剩余增加的面积为 $a$；

③政府和配额的持有者增加的面积为 $c+f$。

④总的来说，进口配额造成经济效应的总面积为-（$b+d$）$+f$。

2. 进口配额的小国经济效应

我们假设法国是白酒的进口小国并对白酒的进口实行进口配额，每年只允许 $Q_3Q_4$ 的白酒进口（见图 2-4）。在实行进口配额前，白酒的国内市场价格和国际市场价格为 $OP_0$，国内供给量为 $OQ_1$，进口量为 $Q_1Q_2$；实行进口配额后，进口量减为 $Q_3Q_4$，总供给则应为国内供给量 $OQ_1$ 加上进口量 $Q_3Q_4$，相当于供给线向右平移了 $Q_3Q_4$ 的距离。此时总供给与总需求相交于点 $E'$，对应的国内市场价格变为 $OP_1$。

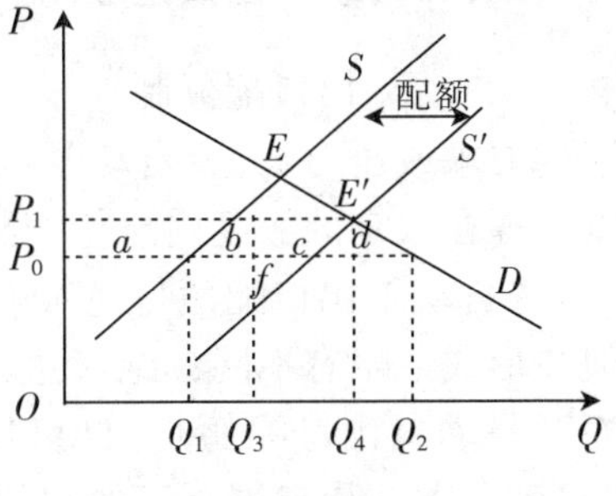


**图 2-4　进口配额的小国效应**

可见，进口配额的小国经济效应相当于征收了 $P_0P_1$ 的进口关税。

（三）进口配额与关税的经济效应的比较

虽然从经济效应的数量上看，进口配额与关税对消费者、生产者和整个国家的效果都是一样的，但是它们也存着区别。下面我们对此进行分析：

（1）因保护而造成国内市场价格上涨带来收入的归属不同。我们在前面已经提到，在征收关税后，关税收入归政府所有；而实行配额后这部分收入的归属是由配额的分配办法决定的。如果政府采用公开拍卖配额的办法，即在完全自由竞争条件下，这部分收入全部归政府所有；如果政府将配额无偿发放给进口商，则得到配额的进口商将是收入的获得者。这里就有一个问题，即哪些进口商将获得配额呢？这就容易造成进口商利用各种手段包括贿赂等来争取配额，不仅浪费人力物力，还会导致官僚腐败，这都是因为配额造成的额外损失。

（2）价格上涨幅度的不同。在进口国国内需求不变时，进口配额和关税使国内商品上涨的幅度是一样的。但如果进口国的需求发生变化，需求量上升，那在关税条件下，增加的需求会由增加的供给来满足，国内商品价格不会发生变化。而在配额条件下，进口数量是一定的，使供需平衡的唯一市场机制是涨价。

（3）对国内产品生产企业垄断程度影响不同。由于征收进口关税并不绝对禁止进口的继续扩大，消费者只要愿意支付一个包含关税的价格，市场就能无限量地供应进口商品，所以国内企业即使只有一家也无法获得垄断地位。而实行进口配额，进口数量给定，排斥了新的进口量与国内同类产品的竞争，当国内需求增加时，国内生产企业可提高售价，取得垄断。

（4）保护的效果不同。关税对生产者提供的保护是不很确定的。外国出口商为了维持出口，可能负担全部或一部分关税，这样，关税的保护作用大大削弱。此外，本国生产者无法确定关税到底使进口量减少多少，因此很难确定其生产目标。而在进口配额情况下，生产者确切知道进口数量，易于确定生产计划，获得最大利润，保护效果是确定的。

由此可见，对整个国家来说，实施进口配额对消费者主权、生产效率、社会净福利、市场取向的影响比关税大得多，但那些生产与进口同类产品的厂商却常欢迎进口配额制。

## 二、“自动”出口配额制

“自动”出口配额制（“Voluntary” Export Quotas），是指出口国家或地区在进口国的要求或压力下，“自动”规定某一时期内某些商品对该国的出口限制的一种制度，即在限定的额度内自行控制出口，超过限额即禁止进口。

“自动”出口配额与绝对进口配额虽然作用一样，都起到限制商品进口的作用，但在形式上略有不同：绝对进口配额是由进口国直接控制进口来限制商品的进口；而“自动”出口配额是由出口国直接控制这些商品对指定进口国的出口。但这种“自动”并非出口国真正的自愿，它往往带有明显的强制性，即进口国往往以商品大量进口使其有关工业部门受到严重损害或造成所谓“市场混乱”为理由，要求有关国家对出口实行“自动”限制，否则就单方面予以制裁。在这种情况下，一些国家被迫实行“自动”出口限制。“自动”出口限制主要有以下两种形式：

（1）非协定的“自动”出口限制，即不受国际协定的约束，而是由出口国迫于来自进口国方面压力，单方面自行规定出口额度，限制商品出口。

（2）协定的“自动”出口限制，即进出口双方通过谈判，签订“自限协定”或“有秩序销售协定”。协定中规定了有效期内某些商品的出口配额，出口国应据此配额实行出口许可证或出口配额签证制，自行限制这些商品的出口。“自动”出口配额大多数属于这一种形式。

## 三、进口许可证制

进口许可证制（Import Licence System），是指进口国规定某些商品进口必须事先领取许可证才可进口，否则一律不准进口的一种限制进口的措施。进口许可证经常和进口配额、外汇控制结合起来使用。实行进口许可证制，不仅可以在数量、金额以及商品性质上加以限制，而且可以控制来源国国别或地区。

根据是否有配额，进口许可证可以分为以下两种：

（1）有定额的进口许可证。这种许可证一般与配额结合使用。政府有关部门预先规定有关商品的进口配额，然后在配额的限度内，根据进口商申请，逐笔发放具有一定数量或金额的许可证，配额用完即停止发放。

（2）无定额的进口许可证。政府有关部门发放有关商品的进口许可证只是在个别考虑的基础上进行，预先不公开配额数量依据。由于此种许可证没有公开的标准，在执行上具有很大的灵活性，能发挥更大的限制作用。根据对来源国有无限制，进口许可证还可分为以下两种：①一般进口许可证，是指对国别或地区没有限制的许可证。凡列明属于一般许可证的商品，进口商只要填写一般许可证后，即可获准进口。因此属于这类许可证的商品实际上是“自由进口”的商品。②特种许可证，即进口商必须向有关当局提出申请，获准后才能进口。这种许可证用于特殊商品以及特定目的的申请。

## 第四节 其他非关税壁垒措施

根据对世界贸易组织成员贸易壁垒调查的实践，其他非关税壁垒主要表现为以下多种形式：

### 一、通关环节壁垒

通关环节壁垒通常表现在：进口国有关当局在进口商办理通关手续时，要求其提供非常复杂或难以获得的资料，甚至商业秘密资料，从而增加进口产品的成本，影响其顺利进入进口国市场；通关程序耗时冗长，使得应季的进口产品（如应季服装、农产品等）失去贸易机会；对进口产品征收不合理的海关税费。例如：某国对进口产品发票的要求远远超过了正常通关的需要；对进口纺织品、服装和鞋类要求提供大量特别详细的资料，有时甚至要求提供保密的工艺流程（如后处理工艺类型、染色工艺流程等），事实上阻碍了该类产品的进口；某国违反有关国际条约的规定，对进口产品歧视性征收港口维护费。

### 二、对进口产品歧视性地征收国内税费

国内税费是指产品进入一国国内市场后，在流通领域发生的税费。若专门针对进口产品征收国内税费或对进口产品征收高于国内产品的国内税费，则构成对进口产品的限制。例如：某国对进口蒸馏酒征收的国内税费高于本国酿造的同类酒；某国对进口汽车除征收8%的进口税和18%的增值税外，对超过一定价格水平的，还要按到岸价格征收85%的“奢侈品税”。

### 三、进口禁令

进口禁令是指超出世界贸易组织协定规则中相关例外条款（如《关税及贸易总协定》第20条规定的一般例外、第21条规定的安全例外等）规定而实施的限制或禁止进口的措施。例如：某国贸易法规定，该国产业可申请以安全为由对来自别国的进口产品实施限制，该保护措施可以无限期使用。这一规定虽为该国国内制造商提供了一个以国家安全为由的寻求保护的机会，但在实践中极易产生抑制外国产品竞争的效果。又如：某国以另一国的捕虾拖网渔船没有安装海龟逃生装置为由，禁止进口来自该国的虾类产品。

### 四、技术性贸易壁垒

根据世界贸易组织协定中《技术性贸易壁垒协议》（以下简称《TBT协议》）的有关规定，世界贸易组织成员有权制定和实施旨在保护国家或地区安全利益、保障人类、动物或植物的生命或健康、保护环境、防止欺诈行为、保证出口产品质量等的技术法规、标准以及确定产品是否符合这些技术法规和标准的合格评定程序。

上述措施总称为“TBT措施”，具体可分为三类，即技术法规、技术标准和合格评定程序。

技术法规是指规定强制执行的产品特性或其相关工艺和生产方法（包括适用的管理规定）的文件，以及规定适用于产品、工艺或生产方法的专门术语、符号、包装、标志或标签要求的文件。这些文件可以是国家法律、法规、规章，也可以是其他的规范性文件，以及经政府授权由非政府组织制定的技术规范、指南、准则等。技术法规具有强制性特征，即只有满足技术法规要求的产品方能销售或进出口。例如：某国颁布技术法规，要求低于某一价格的打火机必须安装防止儿童开启的装置。这种将商品价格和技术标准联系起来的做法缺乏科学性和合理性，从而构成了贸易壁垒。

技术标准是指经公认机构批准的、非强制执行的、供通用或重复使用的产品或相关工艺和生产方法的规则、指南或特性的文件。该文件还可包括专门适用于产品、工艺或生产方法的专门术语、符号、包装、标志或标签要求。按照《TBT协议》的规定，标准是自愿性的。但需要注意的是，实践中有些国家将标准分为强制标准和推荐标准两种，其强制标准具有技术法规的性质。目前，一些国家特别是某些发达国家，利用其经济和科技优势，将标准作为构筑贸易壁垒的重要手段，以限制其他贸易伙伴，尤其是发展中国家的产品进口。例如：有的国家制定了进口产品很难达到的苛刻标准，并以此影响消费者偏好，事实上对进口产品构成了障碍。

合格评定程序是指任何直接或间接用以确定是否满足技术法规或标准的相关要求的程序。《TBT协议》规定的合格评定程序包括：抽样、检测和检验程序，符合性评估、验证和合格保证程序，注册、认可和批准以及它们的组合。实践中，不透明、歧视性的合格评定程序往往对进口产品构成障碍。例如，根据《TBT协议》，成员在颁布没有国际标准或与国际标准不一致且可能对其他成员的贸易产生重大影响的技术法规或合格评定程序前，需向世界贸易组织的技术性贸易壁垒委员会提前通报，给予其他成员一定的评议时间并尽可能考虑它们的合理意见。但有的成员在未征求其他成员意见的情况下即发布和实施有关技术法规、标准或合格评定程序，从而使其他成员在不知情的情况下，因其出口产品不符合进口国相关规定而被退回、扣留、降价处理或销毁。这种做法违反了《TBT协议》的透明度原则，严重影响了其他成员的出口贸易，构成了贸易壁垒。还有，有的成员在抽样、检测和检验等具体程序中，无故拖延时间，对进口产品构成不合理的限制。

《TBT协议》要求世界贸易组织各成员在制定和实施技术法规、标准和合格评定程序等“TBT措施”时必须遵循以下原则：避免对贸易造成不必要障碍的原则（对贸易影响最小原则）、非歧视性原则（最惠国待遇和国民待遇原则）、与国际标准协调一致原则、技术法规等效性原则、合格评定程序的相互认可原则和透明度原则等。但在实践中，一些国家（地区）并未严格遵守上述原则，制定复杂、苛刻、多变的“TBT措施”，限制其他国家（地区）的产品进入其市场。例如，某国对进口产品的技术要求高于本国产品，或对从某一特定国家进口的产品的技术要求高于从其他国家进口的同类产品，违反了《TBT协议》的非歧视原则。因此，凡是违反

《TBT 协议》有关原则所制定和实施的技术法规、标准和合格评定程序均构成技术性贸易壁垒。

### 五、卫生与植物卫生措施

根据世界贸易组织协定中《实施卫生与植物卫生措施协议》（简称《SPS 协议》）的有关规定，世界贸易组织成员有权采取如下措施，保护人类、动植物的生命和健康：

（1）保护世界贸易组织成员领土内的动物或植物的生命或健康免受虫害或病害、带病有机体或致病有机体的传入、繁殖或传播所产生的风险；

（2）保护世界贸易组织成员领土内的人类或动物的生命或健康免受食品、饮料或饲料中添加剂、污染物、毒素或致病有机体所产生的风险；

（3）保护世界贸易组织成员领土内人类的生命或健康免受动物、植物或动植物产品携带的病害或虫害的传入、繁殖或传播所产生的风险；

（4）防止或控制世界贸易组织成员领土内有害生物的传入、繁殖或传播所产生的其他损害。

上述措施总称为“SPS 措施”，具体包括：所有相关的法律、法令、法规、要求和程序，特别是最终产品标准；工序和生产方法；检验、检查、出证和批准程序；各种检疫处理，包括与动物或植物运输有关的或与在运输过程中为维持动植物生存所需物质有关的要求；有关统计方法、抽样程序和风险评估方法的规定；与食品安全直接有关的包装和标签要求等。

根据《SPS 协议》，世界贸易组织成员制定和实施“SPS 措施”必须遵循科学性原则、等效性原则、与国际标准协调一致原则、透明度原则、“SPS 措施”的一致性原则、对贸易影响最小原则、动植物疫情区域化原则等。因此，缺乏科学依据，不符合上述原则的“SPS 措施”均构成贸易壁垒。例如：某国仅以从来自另一国的个别批次产品中检测出不符合《SPS 协议》的污染物为由，全面禁止从该国进口该类产品，违反了《SPS 协议》关于“SPS 措施”的实施基于必要且对贸易影响最小的原则，构成了贸易壁垒；某国以另一国的个别农场或地区发生动植物疫情为由，全面禁止从该国进口所有的动植物及其产品，违反了《SPS 协议》的区域化原则，构成了对贸易的变相限制；某国对进口的三文鱼的检疫要求严于对本国产品的检疫要求，或严于进口的可能感染了与三文鱼相同疾病的其他鱼类的检疫要求，从而限制或禁止三文鱼的进口，违反了《SPS 协议》的一致性原则，构成了贸易壁垒。

### 六、贸易救济措施

贸易救济措施包括对进口产品实施的反倾销、反补贴和保障措施。如果不合理地使用或者滥用这些救济措施，就会对进口产品形成贸易壁垒。目前，我国是世界上出口产品被反倾销最多的国家，国外针对我出口产品采取的保障措施数量也呈现不断上升的势头。实践中，一些世界贸易组织成员滥用反倾销、反补贴和保障措施，严重阻碍了我国出口贸易的发展。如在反倾销、反补贴调查中，一些国家在倾销和补贴的调查及认定中，往往以所谓“非市场经济”问题歧视我国产品，进而在标准采用、替代国选择上采取不合理的做法。例如：某些国家在反倾销调查中对是否给予中国应诉企业市场经济地位时，适用标准非常苛刻且不合理，使中国企业无法获得市场经济地位；采用严重不利于我国的“替代国”价格；不给予中国企业分别税率等。

在反倾销调查中，进口国还可采取反规避和反吸收措施，如果这些措施被滥用，也会对进口产品构成不合理的障碍。

（1）反规避。所谓规避，是指一种出口产品被另一国实施反倾销措施的情况下，出口商通过各种形式减少或避免出口产品被征收反倾销税或被适用其他形式的反倾销措施的行为。例如，出口商通过改变商品的生产地、组装地或产品形态，将产品转移到第三国或进口国国内进行装配，从而改变其产品的原产地，以规避反倾销税。反规避是指进口国为防止国外出口商规避反倾销措施的行为而采取的措施。

（2）反吸收。所谓吸收，是指在进口国已对某一进口产品征收反倾销税的情况下，出口商采取低报出口价格的方法减轻进口商因承担反倾销税产生的负担，从而降低反倾销税对其产品在进口国市场份额的影响。此种情况下，进口国可以进行反吸收调查，即如进口国发现反倾销措施对倾销产品的售价未能产生预期影响，可通过重新调查确定新的倾销幅度，并最终提高反倾销税率。

一国在采取反规避、反吸收调查时，如果在进口产品原产地、出口价格的认定等方面采取的标准不够客观、公正，导致不适当或不合理地采取反规避、反吸收的措施，限制产品的进口，反规避、反吸收措施就可能起到贸易壁垒的作用。如某世界贸易组织成员方曾对原产于我国的草柑膦进行过不合理的反倾销、反规避和反吸收调查，在反倾销调查中裁定征收24%的反倾销税，继而又在反吸收调查中将该税率提高到48%，迫使我产品退出该成员市场。

在保障措施调查中，一些国家往往在进口增长、产业损害等问题的认定方面带有较大的随意性，并根据这种随意性的认定对我出口产品采取不合理的保障措施。

**七、政府采购中对进口产品的歧视**

政府采购中对进口产品的歧视可分为两种情况：

（1）世界贸易组织协定中《政府采购协议》的签署方所采取的对进口产品的歧视措施。《政府采购协议》是一个诸边协议，即只有签署了该协议的成员方受协议规则的约束。该协议规定，协议的签署方必须保持政府采购的透明度，并给其他成员在参与政府采购方面同等的待遇。实践中，一些世界贸易组织成员往往以不太透明的采购程序阻碍外国产品公平地参与采购。例如：某国有大量的法律规定在政府采购中实施国内优先原则；对采购本国产品予以某些特殊优惠；制定复杂的采购程序，使国外产品无法公平地参与采购竞标；以“国家安全”为由武断地剥夺外国产品参与采购的机会。

目前，共有28个成员签署了《政府采购协议》。我国虽不是该协议的签署方，但鉴于我国将于2005年启动加入该协议的谈判，所以我们应关注《政府采购协议》

签署方所采取的歧视措施。

（2）非世界贸易组织中《政府采购协议》的签署方采取的对进口产品的歧视措施。在各国自愿对外国开放本国政府采购的领域中，也会存在对进口产品的歧视。这些歧视措施在实践中主要表现为违反最惠国待遇，对不同国家的产品采取差别待遇，从而构成对某一特定国家产品的歧视。

### 八、服务贸易方面的壁垒

世界贸易组织参照《联合国中心产品分类系统》，将服务贸易划分为 12 个部门，并在此基础上又进一步细分出了 160 多个分部门或独立的服务活动。12 个大的服务贸易部门是：商业服务（包括专业服务和计算机服务）、通信服务、建筑和相关工程服务、分销服务、教育服务、环境服务、金融服务（包括银行和保险服务）、与健康相关的服务和社会服务、娱乐、文化和体育服务、运输服务、其他未包括的服务。

由于每个世界贸易组织成员服务贸易市场的开放均是以其在服务贸易减让表中的具体承诺为基础的，因此各成员服务贸易市场的开放程度并不一致。即便是在承诺开放的服务部门，也可能存在经谈判达成的各种准入、经营条件等方面的限制。因此，服务贸易方面的壁垒主要是指世界贸易组织成员方未能履行其在服务贸易减让表中的具体承诺，以及不符合《服务贸易总协定》（GATS）有关规定的各种做法或措施。实践中，造成阻碍国外服务或服务供应商进入本国市场的壁垒措施可能有：

（1）准入条件过于严格或缺乏透明度。例如：某国规定通常情况下不允许由外国建筑公司承建公共工程项目，除非本国公司不能承担；外国公司只能通过与本国公司合资的形式参与建筑设计；外国建筑师不得在该国获得从业执照。

（2）冗长的审批程序。例如，某国制定了极为繁杂的审批条件和程序，要求国外服务供应商提供过于复杂的资质证明和其他文件，并以其他各种理由拖延审批时间。

（3）对服务供应商服务经营设置各种形式的限制，或增加其经营负担。例如：根据某国规定，在申请各种基础电信设施的使用许可（如广播和通用波段电台的许可证）时，外资电信运营商的申请条件比国内电信运营商更加严格；某国关于湿租（即全机租赁，包括机组人员、维修和保险）的规定禁止本国航空公司租赁任何未在该国注册的飞机，从而使在外国注册的飞机不能进入湿租市场。

（4）外国服务供应商所面临的不公平竞争。例如：某国禁止外国旅游服务经营商在该国做境外旅游的广告，外国旅游服务经营商还可能受到意料不到的税收调查。

### 九、与贸易有关的知识产权措施

世界贸易组织协定中《与贸易有关的知识产权协定》（以下简称《TRIPs 协定》）对知识产权保护做了比较全面的规定。知识产权保护所涉及的内容涵盖版权、商标、专利、工业设计、地理标识、集成电路外观设计、未披露的信息等，与贸易有关的知识产权措施涉及立法、行政、司法等多个层面。

实践中，一些世界贸易组织成员在与贸易有关的知识产权措施方面不符合《TRIPs 协定》并构成贸易壁垒的做法主要表现在以下方面：

（1）立法不完善，对《TRIPs 协定》要求保护的某些知识产权缺乏法律规定，或其规定违反《TRIPs 协定》的基本原则。例如：根据某国的法律，如进口产品侵犯了知识产权，则适用的处罚要高于对本国产品的处罚，这种措施违反了《TRIPs 协定》关于知识产权保护的国民待遇原则。

（2）行政执法程序烦琐、拖沓或费用高昂。例如：某国专利权审批过程过于漫长且效率低下，并不合理地要求申请者提供各种资料和文件，导致专利权的批准被无端迟延。

（3）司法救济措施不力，或剥夺当事方司法复审的请求权，未能给知识产权提供充分的保护。例如：某国虽然承诺采取有效措施制止对电视节目的盗版，但事实上却难以保证通过司法程序处理有关案件，对侵权者的惩罚措施也不符合《TRIPs 协定》；该国在实施对软件版权的保护措施时，要么非常缓慢，要么只采取基本没有任何效果的罚款措施，使得该国销售的软件中约有 73% 是盗版产品。还有一些国家关于知识产权保护的民事和刑事诉讼程序很缓慢，削弱了执法措施的救济效果。

## 十、其他壁垒

实践中，还存在着种种难以归于以上各类贸易壁垒的其他壁垒。例如：某国医疗保险局将药品区分为普通药品和新发明药品，新发明药品可以参考较高的国际价格报销。然而，医疗保险局经常错误地将外国公司的一些新发明、新上市药品归类为“普通”药品，使该药品的报销率低于被划分为“新发明”类的同类药品，从而限制了外国药品的进入。再如：有的国家犯罪和腐败问题十分严重，阻碍了外国企业的经营活动，构成了对该国出口产品的贸易壁垒。

# 第三章
# 管理出口贸易的政策与措施

出口贸易是一国对外经济关系的重要组成部分，它直接构成并服务于一国的对外交往。在现代社会中，从不对外出口的国家是不存在的。对出口贸易进行管理是一个国家行使其经济管理职能的重要方式。一套好的出口贸易政策措施不但能促进国内就业，提高国内资源的利用效率，使一国经济在超越自身要素禀赋局限性基础之上超速发展，而且能较好地缓冲国际经济波动对本国经济的冲击。从作用的效果来看，管理出口贸易的政策措施总体上可以分为两类：鼓励出口的政策措施和管制出口的政策措施。就前者而言，主要有补贴措施、税收优惠、金融和保险支持、倾销、经济特区政策以及各种促进出口的服务措施等；而后者主要有许可证、配额、出口关税以及特许经营等。就性质而言，促进出口或管制出口都是贸易保护主义的做法，因为在自由贸易政策下，国家对贸易行为应该不加任何干预，既不鼓励或限制出口，也不鼓励或限制进口，但是在现实生活中，即使是一个公开宣称奉行贸易自由的国家，管理出口贸易的政策措施仍然在该国经济政策中占据着重要地位。



## 第一节　鼓励出口的政策与措施

在各种管理出口的政策措施中，鼓励出口的政策占了相当大一部分。出口是进口的基础，它对一国从外国获得紧缺的原材料、高科技设备和生活必需品都具有重要意义。它还可以促进出口部门的繁荣，并带动一系列相关产业的发展，从而最终使一国国民收入数倍于出口收入。对于国际收支赤字的国家，扩大出口还是平衡国际收支赤字的根本办法之一。在世界贸易日益趋向自由化的进程中，限制进口受到的压力越来越大，迫使各国纷纷将对外贸易政策措施的重点从限制进口转为鼓励出口。同是贸易保护政策，鼓励出口的政策措施可以扩大对外贸易的规模，从而使政府的政策意图变得更加隐蔽。

### 一、生产补贴（Product Subsidies）

生产补贴是指政府对予以支持的某些或某类商品在生产环节给予的多种形式的资助。它实际上就是政府掏钱给生产企业，是国民收入转移支付的一种方式。生产补贴可以使生产企业在商品价格低于生产成本时仍能因有补贴而获得利润，有利于扩大该商品的生产规模或者使生产企业降低相当于所获得的补贴那么多的生产成本，从而降低商品价格。若获得生产补贴的商品用于出口，则可以提高这些商品的国际竞争能力，起到鼓励出口的作用。

生产补贴的主要形式有：

（1）财政拨款。在国家选定予以支持的某些或某类商品的生产过程中，国家拨出部分财政资金归生产企业无偿使用，以财政资金为企业的生产创造条件或以财政资金来弥补企业的生产亏损。

（2）优惠贷款。银行对予以支持的生产企业提供低利率贷款，增加对这些企业的信用放贷规模，延长贷款期限等。这些措施可以减少生产企业的利息负担，省去抵押贷款和重复筹款中的手续费用，使企业可以把精力更多地放在生产中去，从而提高企业的生产效率，扩大生产规模。

（3）税收减免。国家免收支持对象的各种税收，减少税收种类，降低企业的征税标准，或者提高企业各项税收的起征点等。其最终目的都是向予以支持的生产企业让渡一部分税收收入。

除了这些直接资助形式外，国家还可以通过对某些出口工业生产集中的地区，采取财政收入转移或税收让渡等间接资助形式促进出口。

生产补贴可以使获得补贴的企业生产成本降低，利润水平上升，从而促进生产规模的扩大，增加出口。但由于补贴是在生产环节进行的，只要商品生产出来，就可享受补贴。因而这些商品生产出来以后，或多或少总有一部分要用于国内消费。如果该种商品的外国消费者需求价格弹性较小而本国消费者的需求价格弹性较大，则出口收入增加额很可能大大小于补贴的支出。因此，只有当享受补贴的商品有相当大的一部分甚至绝大部分用于出口，而且国际市场能够吸纳增加的出口时，生产补贴才能成为促进出口的政策措施，否则生产补贴将只可能作为国内产业政策使用而不以促进出口为主要目的。当然，即使作为国内产业政策使用，由于它使国内商品有能力在一个更低的价位水平上与进口的同类商品竞争，因而仍然能够改善国际收支赤字。这时生产补贴的作用与进口关税类似。



### 二、出口补贴（Export Subsidies）

出口补贴又称出口津贴。它是一国政府在商品出口时给予出口商的各种资助。如同生产补贴一样，出口补贴也分为直接补贴和间接补贴。直接补贴是政府财政收入的转移，如财政拨款、优惠收购等，即无偿给予；而间接补贴是国家财政收入的让渡，如各种优惠，即应当收而减收、免收的各种国内税。出口补贴可以增加出口商的利润，激励出口商出口的积极性，或在保持相同利润的情况下，出口商可以把所获得的补贴作为价格折让的幅度来与其他国家的同类商品竞争，扩大出口规模。由于只有出口商品才可能享受到补贴，因此就享受补贴的商品规模而言，它显然比前面的生产补贴要小一些，但从促进出口的效果来说，二者却都是一样的。那么就政府而言，如果它只是为了追求以最小的政策代价促进出口的最大化，它当然应该选择出口补贴这种更专门的形式。但是对出口国国民而言，却不能直接享受到因出口补贴所带来的好处，因为出口补贴只是使出口的商品价格降低，而国内的价格却并不会下降。更可能出现的情况是如果国内该种商品的供给弹性很小，出口补贴使商品的出口规模扩大后，反而会引起国内该种商品价格的上涨，使本国消费者在消费同样多的该种商品时付出更多，并抵消一部分补贴对出口的促进作用。

出口补贴是当今国际贸易中使用最广泛的一种促进出口的政策措施。实践中，出口补贴的形式很多。事实上，绝大多数生产补贴所使用的形式都可以使用在出口补贴中。主要的出口补贴形式有以下这些：

（1）亏损补贴。出口商在出口过程中，由于商品的原因、市场的原因、甚至是自身管理不善等方面的原因造成的亏损由政府加以弥补，使出口商在出口过程中不再有亏损方面的顾虑。在“亏了是国家的，赚了是自己的”的心理驱使下，出口商的出口积极性被极大调动起来，不顾一切地出口。因此，它是效果特别明显的促进出口的方式。但这种方式容易造成各出口商在国内争抢货源，在国外低价竞销，导致本国贸易条件急剧恶化，并容易受到国外的贸易报复。

（2）优惠收购或价格支持。它是指政府以高于国际市场的价格将出口商品收购后，再以国际市场价格水平出口，所造成的差价损失由政府承担的一种出口补贴方式。这种形式和上一种形式本质上都是由国家承担出口损失，但在这种方式下，出口商是国家，因而没有哄抢货源或恶性竞销现象。第二次世界大战后，美国和法国等一些西方发达国家就经常采用此方法来促进国内的农产品对外出口。

（3）税收优惠。政府对作为出口商品投入要素的进口原材料的进口税给予返还，并对出口商的营业税或增值税及所得税以低于国内水平的税率征收，甚至在一定年限内免税。税收优惠降低了出口商品成本，提高了出口商品的价格竞争能力。

（4）提供廉价的资源。在出口厂商的出口商品生产过程中，政府以低廉的价格供给各种原材料以及电力、用水等。这些资源是出口产品成本的构成要素，廉价的投入形成极富竞争力的低成本，从而促进商品的出口。

（5）金融和保险优惠。在出口商品生产和出口过程中，由国家专门的政策性银行或国家支持的商业银行，向生产厂家和出口商提供低利息的贷款，增加信贷额度、期限或提供信用贷款等，以节省出口商品生产厂家和出口商的利息及各项手续费，提高出口商品竞争力。另外，针对在出口过程中，出口厂家所面临的风险，由政府建立出口保险或出口担保制度，以较低的保险费率甚至免费为其承保，减少出口厂商的出口费用，促进出口。

（6）外汇优惠。在一些实行差别汇率制度或外汇管制的国家，对于有出口业绩的厂商，政府以较优惠的汇率兑换其出口收入的外汇，或允许其将出口收入的外汇按一定比例留归出口厂商自主支配。其最终后果或者是增加了出口厂商的出口本币收入，或者是节省了出口厂商的原材料和设备进口的本币支出，增加了出口商品的竞争能力。

出口补贴通过降低出口厂商成本或弥补其亏损的方式，使出口商品在国际市场上具有一定的价格竞争优势。但一国是否有能力实行出口补贴政策以及这一优势能否促进出口，还会受到以下这些因素的限制：

（1）本国的财政状况。无论出口补贴采用什么形式，其最终的方式都是将财政收入无偿地转移一部分给出口产品的生产商或出口商，或者放弃部分本应作为财政收入的资金的征收权力。当一国财政收支状况良好而出口补贴额又不大时，这样做自然不会有什么困难。但在一国财政收支出现大量赤字而出口补贴额又较大时，出口补贴只会使政府显得心有余而力不足，更不用说以此种方式促进出口了。

（2）出口商品的生产潜力。出口在宏观经济学中是一国收入的注入，但对于商品而言，出口却是一国商品的漏出。出口规模从本质上来说是由一国的生产能力决定的，要扩大出口必须要有本国的生产能力做保证。当一国某种商品的生产能力已经达到最大可能时，再以出口补贴的方式促进出口，其后果只会引起国内该种商品物价水平的上涨。在这种情况下，即使可以从国内该种商品的消费中挤出一块用于出口，其增长幅度也是有限的。

（3）出口商品的国内供给价格弹性和国际需求价格弹性。如果一种商品在国内市场上的供给价格弹性很小，那么出口补贴在增加了商品的出口收益时，并不能显著提高出口商品的供给量，此时出口规模自然无从扩大。当某种出口商品在国际市场上的需求价格弹性很小时，出口补贴所形成的该商品的价格竞争优势并不能引起进口国对该种商品需求的显著提高。没有市场容量的扩大，出口补贴促进出口的目的自然也就无从实现。事实上，无论是供给缺乏价格弹性还是需求缺乏价格弹性，对这类商品进行出口补贴无异于出口国政府帮进口国消费者减少了消费支出。因为在这时，出口补贴降低了出口商品的价格却没 有为出口国带来出口额增加的好处。



（4）进口国家对出口补贴的态度。根据关贸总协定（GATT）及后来的世贸组织（WTO）的规则，出口补贴是一种“不公平的竞争”行为。当进口国的产业因享受出口补贴的同类商品大量进口而造成重大损害时，进口国可以对该种类商品的进口征收与补贴额同等程度的反贴补税，以此来抵消出口国的出口补贴影响，从而使市场恢复到自由竞争状态。当进口国对享受出口补贴的商品进行反补贴制裁时，出口国不但不能达到鼓励出口的目的，反而将相当于出口补贴额的本国财富拱手转移给了征收反贴补税的进口国。

正是由于有以上这些限制因素，出口补贴虽然是一种运用很广泛的国家鼓励出口贸易政策，但各国补贴额占该国出口额的比例并不大，一般不超过1%。

### 三、出口退税（Export Drawback）

出口退税是指在本国商品出口时政府将征收的该商品的国内税收返还给出口厂商，及对加工出口的商品在出口时退还其投入物的进口税的一种出口鼓励政策。出口退税可以降低商品的出口成本，增强其国际竞争力。由于出口商品在国内被征税以后，并没有在本国消费，在其出口到进口国以后，又将普遍面临着被再次征税。另外，各国原料进口税率高低不等，使得使用进口原料的出口商品的比较利益因关税不同而发生扭曲。为了避免重复征税和消除这种比较利益的扭曲，各国对于出口退税这种出口鼓励措施都持一种认可的态度。在关贸总协定附件9《注释和补充规定》的第16条规定：“免征某项出口的关税，免征相同产品供内销时必须交纳的国内税，或退还与所缴纳数量相当的关税或国内税，不能视为一种补贴。”这就明确地将出口退税排除在进口国课征“反倾销税”或“反贴补税”的范围之外。在反不正当竞争越来越严厉的国际贸易环境中，出口退税的这种合法性使其在许多国家都受到欢迎。在二战后的贸易保护政策中，出口退税政策占有相当重要的地位。

我国在鼓励出口时，也积极地使用这种政策，特别是在1994年价税分离后，新实行的增值税暂行条例规定，出口货物的增值税税率为零。也就是说，原《出口货物退（免）税管理办法》规定的退税率，就是出口货物按增值税条例规定征收的税率，从而使我国的出口退税政策与国际惯例接轨。出口退税政策对促进我国商品出口曾起到重要作用。但从1995年7月起，国家分两次调低了出口退税率，使其在我国商品出口中的促进作用受到削弱。1997年，一向欣欣向荣的东南亚各国突发金融危机，各国货币大幅度贬值，各种金融资产价值狂泻，国内居民购买力严重萎缩。随后，这一冲击迅速蔓延到韩国、日本以及俄罗斯等国。我国虽躲过这一场浩劫，但人民币的相对升值和世界市场的绝对萎缩给我国的出口也造成了很大的压力。虽然通过采取改善出口商品结构，提高商品的科技含量，提高商品的内在质量和外观设计，以及改善市场的出口结构等措施可以保证和扩大我国商品出口，但这些措施在短期内难以达到目的。在这种情况下，我国及时对当时的出口退税政策进行了调整。一方面，针对1998年我国出口增速的急剧回落，我国及时提高了出口退税率。如从1998年1月1日起，提高部分纺织品出口退税率；从6月1日起提高煤类、钢类、水泥、船舶的出口退税率；从8月1日起提高纺织机械出口退税率；从9月1日起又提高了铝、锌、铅的出口退税率。另一方面，我国扩大了享受出口退税的商品范围。如从8月1日起，我国恢复对食糖的出口退税。另外，根据我国不同出口商品所遇到的不同竞争态势以及国家的出口商品导向，规定高低不等的出口退税率，形成合理的税率结构，从而在提高出口商品竞争力的同时，还改善了出口商品的结构。这些及时灵活的出口退税政策，对避免我国商品出口在1998年比1997年出现绝对萎缩方面发挥了重要作用。

出口退税政策具有促进出口的功能是不容怀疑的，但能在多大程度上适用出口退税政策及其功能发挥的程度却还有赖于以下这些因素：

（1）政府的财政状况。出口退税率的高低从国家财政收支来看，实际上就是财政支出规模的高低。出口退税率越高，虽然对出口的促进作用越大，但政府的财政支出也越大。因此，用提高出口退税率来促进出口必须要以国家财政有能力兑现退税额为前提。

（2）退税效率的高低。出口退税使税收的征、纳双方在完成通常的征、纳税后又多了一道申请退税以及返还税款的程序，增加了双方的工作量，并且在这一过程中需涉及供货方、出口方、海关和税务机关等多方当事人。如果各方不能很好协调，需要的手续又繁杂多变，就会造成退税进程缓慢、错误百出，使大量不法厂商借机搞假出口真退税，冒领税款，影响出口退税政策效果的发挥，并对正常的出口秩序造成冲击。

（3）退税利益的分配问题。任何一件出口商品都不可能从投入物的生产到成品的形成一直到最终出口都由一家厂商完成，因此，每一出口商品都包括了一部分上游关联产业的税务。但出口退税的利益却只有出口厂商享有，这就容易造成上下游产业发展的不协调，出现出口工业快速发展而为出口工业提供支持的基础工业发展缓慢的状况，造成整个社会产业结构畸形。从长远来看，出口退税反而会不利于本国产品国际竞争力的提高。因此，从这一点来看，出口退税只能作为促进出口的短期战略而不能作为长期战略。正是基于这样的认识，一些国家纷纷制订了“逐年取消退税方案”。

## 四、出口信贷与出口信贷国家担保制

### （一）出口信贷（Export Credit）

由国家银行或专门金融机构为出口厂商出口所需资金给予信贷支持，是当今世界各国常用的促进出口的一种政策措施，此即出口信贷。出口信贷对于促进一国大型设备出口以及促进其他一些需要长期占用资金或需巨额周转资金的出口项目显得尤为必要。因为这类出口的规模往往超出了很多出口厂商本身的资金实力，如果没有外部资金的支持就只好眼睁睁地看着这些出口机会流失。于是，国家便成立专门的金融机构，或由该国的银行系统为这类出口项目向出口厂商提供资金资助，以解决其资金周转的困难，或向外国进口商提供贷款，让其以即期付款的形式购买本国商品，从而间接地向本国出口厂商进行资金支持。出口信贷按期限可分为三种：

（1）短期信贷（Short-term Credit），是指贷款期限在1年以下的出口信贷。其主要用于资助对原材料、消费品以及小型机器设备等的出口。

（2）中期信贷（Medium-term Credit），其贷款期限为1~5年。其主要用于中型船舶、中型船舶设备等生产周期在5年以内的商品的出口。

（3）长期信贷（Long-term Credit），其贷款期限一般为5~10年甚至更长时期。一些大型机器设备，如船舶及海上平台等产品的生产周期往往都在5年以上，生产中资金占压规模巨大，这些商品的出口就需要长期出口信贷的支持。

出口信贷按贷款涉及的当事人的不同，又分为卖方信贷和买方信贷。

卖方信贷（Supplier's Credit）。卖方信贷是出口国银行或金融机构向本国出口厂商提供的出口信贷。卖方信贷促进出口的过程是：出口厂商与进口厂商签订买卖合同，约定由进口方以延期付款的方式进口一定数量或金额的商品；出口厂商与信贷银行或金融机构签订贷款协议，约定由贷款方向借款方提供一定数额和期限的贷款，用于借款方对出口商品的采购、生产和出口；赊销期满后由进口商偿还出口商货款；出口商按贷款协议的规定偿还银行的贷款。在卖方信贷方式下，本国出口商以延期付款方式向国外赊销商品，有利于调动国外进口商的采购积极性，促进了一些资金周转暂时困难的进口商做出进口决定，从而扩大出口规模。但是卖方信贷也有缺点。因为在此种方式下的成交价格既包含了出口商的销售成本和商业利润，又包含了利息和手续费。因此，出口报价往往较现汇交易高，也不利于进口商了解商品的真正价格。

买方信贷（Buyer's Credit）。买方信贷是出口国银行或专门金融机构向进口厂商或进口国银行提供的贷款，以资助进口国厂商进口贷款国商品。买方信贷促进出口的过程是：出口方银行或专门金融机构与进口国银行或进口厂商签订协议，约定由贷款方向对方提供一定金额和期限的贷款，并规定该笔贷款只能用以购买贷款国商品；在直接贷款给进口商的情况下，进口商先以自有资金以限期付款方式支付订金后，再以所获得的贷款以即期付款的方式向出口商支付剩余货款，然后按贷款协议的规定分期或在约定日期内归还贷款和利息。若买方信贷的借款方是进口国银行，那么还存在一个进口国银行与进口商之间的贷款协议，进口商先以自有资金向出口商缴纳占合同金额15%~20%的定金后，其余贷款由进口国银行用买方信贷项下的资金作即期支付。在一定时期后，进口国银行按贷款协议归还买方信贷借款。至于进口国银行与进口商之间的债权债务清偿，属于国内借款的性质，应按它们之间签订的贷款协议进行。

买方信贷中的对外贷款是资本输出的一种方式，但从达到的效果来看，却促进了等额的本国商品的出口。因为在以买方信贷方式输出资本时，贷款国通常会在贷款协议中明确规定该贷款只能用于购买贷款国的商品。因此，它是一种约束性贷款（Tied Credit），是一种典型的以资本输出带动商品输出的对外扩张政策。

买方信贷可以使出口商尽快地得到贷款，从而加快资金周转并减少了风险。商品的对外报价只包含了销售成本和商业利润，能较真实地反映商品价格，报价也较低。对进口商而言，买方信贷使其对价外费用做到心中有数，有助于交易的选择和决定。因此，在出口信贷方式中，买方信贷较卖方信贷更受欢迎。



（二）出口信贷国家担保制（Export Credit Guarantee System）

在促进出口的过程中，政府不但可以直接贷款给本国出口商或外国银行、进口商，还可以通过向出口商或出口国银行保证，若其向进口商或进口国银行提供的出口商业信用和银行信用出现风险时，由政府负责赔偿。这种促进出口的方式称为出口信贷国家担保制。出口信贷国家担保制度规定，由政府有关机构对本国出口商或商业银行向外国进口商或银行提供的信贷负责担保。在出口信贷国家担保制下，当国外债务人到期不能履行债务时，就由国家担保机构按承保的数额向债权人做出补偿。

出口信贷国家担保制的主要内容有：

（1）承保范围和担保金额。出口信贷与国内信贷相比，其安全性要差得多。它不但包括国内信贷所涉及的所有风险，还增加了涉外风险因素，如因涉及币种转换而增加了汇率风险、外汇管制风险；因涉及不同的主权国家而增加的货物禁运、资金冻结以及政变、战争等风险。这其中的很多风险，商业保险公司通常是不承保的，因而使出口信贷缺乏充分的避险手段。于是，政府成立专门的保险机构，对那些商业保险公司不承保的出口信贷风险由国家进行担保，打消出口商或银行对外提供出口信贷的顾虑。政府对出口信贷的承保金额一般规定为：若承保的是政治风险，为合同金额的85%~95%；若是经济风险，为合同金额的70%~80%。但是，政府为了鼓励某些商品的出口，对某些项目的出口信贷提供100%的担保也是有的。

（2）承保对象。出口信贷国家担保制的承保对象既可以是对外赊销商品的出口厂商，也可以是提供了出口信贷的本国银行。

（3）承保的期限和保险费用。出口信贷国家担保制的期限取决于出口信贷期限的长短。因此承保的期限也分为短期、中期和长期。短期承保的有效期限在1年以下，一般为6个月左右。由于这类信贷一般金额不大，但业务量却占整个信贷担保的很大部分，于是有的国家对这类出口信贷采取综合担保的方式，以减少业务量，简化手续。出口商或银行只要一年办理一次投保，即可对这期间发生的一切信贷享受担保。中期承保的有效期限通常为1~5年，长期承保的有效期则大多在5年以上。中长期出口信贷承保由于金额大、时间长，因而一般采取逐笔申请的方式。

出口信贷担保是国家为了促进出口、支持出口商或银行通过提供出口信贷的方式来增强本国商品的国际竞争力的一种政策措施，目的并不是盈利。因此，出口信贷担保的保险费率通常都很低。随着保险市场的激烈竞争，一大批商业保险公司也逐渐涉足出口信贷保险领域，保险费率被进一步压低。目前，出口信贷的保险费率一般只占被保险金额的0.4%~0.6%。

### 五、商品倾销（Dumping）

商品倾销是指同种商品国外销售价低于国内销售价甚至低于成本价的一种在国外市场抛售商品、打击竞争对手、扩大出口的行为。按定义，倾销可以用两种标准来衡量：一是同种商品国外市场售价低于国内市场售价，二是某种商品的国外市场售价低于该商品的生产成本。由于要准确确定某一商品的生产成本在实际操作中有很多不便之处，而市场售价却是一目了然的，因此，只要消费者或竞争对手将某一商品的国内外售价一对比便知是否存在倾销行为。所以，在国际贸易中对倾销的指责主要是以第一个标准来衡量的。商品倾销按目的或时间的不同，可做如下划分：

#### （一）季节性或偶然性倾销（Seasonal or Sporadic Dumping）

这种倾销不以打击竞争对手为目的，主要是在销售旺季过后处理库存积压商品，公司破产清算时作为破产财产的变卖，公司改作其他业务时出清以前的存货等而在国外市场上抛售商品。这种倾销的持续时间都很短暂，对倾销国市场的冲击不大，因而很少被倾销国采取反倾销措施。

#### （二）间歇性或掠夺性倾销（Intermittent or Predatory Dumping）

这种倾销的目的是在国外市场上打垮大部分甚至全部竞争对手，独占或至少在倾销国市场上居于支配地位从而占领、垄断和掠夺国外市场。其手法是在一段时期内以低于出口国国内价格的价位甚至以低于生产成本的价位抛售商品，等到倾销国市场上大部分竞争对手甚至全部竞争对手都被迫退出竞争后，再凭着对该商品的垄断地位抬高售价。其策略是以暂时的倾销损失换来长久的超额垄断利润。这种倾销不但对进口国竞争产业造成毁灭性打击，还会对该国消费者进行掠夺。进口国对于这样的倾销当然是不欢迎的，因此，许多国家都采取反倾销措施来加以抵制。

#### （三）长期性倾销（Long-run Dumping）

这种倾销主要以扩大出口、消化国内过多的生产能力或赚取外汇为目的。当一国某种商品的供给价格弹性很低，或国家出于某种目的人为地保持甚至超过某商品供求均衡所确定的生产规模，以及为获得稳定的外汇收入时，往往会采取这种倾销方式。但这种倾销方式除非能长期获得某种外来的补贴，否则倾销价至少应不低于在该产量下商品的平均成本。

倾销要能获得成功，必须具备以下几个条件：

（1）出口商品生产企业在本国市场上必须有一定的垄断力量，出口商品的国内销售价是一种垄断价格而不是竞争价格。因为假如国内市场价格也是通过竞争形成的，那么其价格必然位于该商品的平均成本点上，已绝无再降价的可能。国际市场总是要比国内市场竞争更激烈一些。但从企业追求利润最大化的本性来看，长期内出口商品仍然必须在不低于该商品的平均成本点上销售，因而谈不上倾销。另外，倾销过程总是会对倾销者造成一些损失的，特别是在掠夺性倾销中，必须有雄厚的资金势力做后盾。如果倾销者不是在本国市场具有相当实力的大企业，它很难忍受倾销过程中的这种巨大损失，倾销也很难获得成功。

（2）出口商品国内需求价格弹性低于进口国对该商品的需求价格弹性。在国内市场商品的需求价格弹性低，替代品较少，从而能维持较高的价位。而在进口国市场上，该商品的需求价格弹性高，替代品较多，使得该出口品只能处于一个较低价位。

（3）出口国市场和进口国市场能够隔离开来，不存在出口商品回流国内的可能性。要使倾销获得成功，这一条件必须得到满足的原因是显而易见的。若出口国市场和进口国市场不能隔离开来，那么由于该商品的国外售价低于国内售价，国外该种低价商品就会回流到售价较高的国内市场。只要这种差价存在就必然会有套利活动，倒买倒卖所引起的商品回流就不会停止，直至国内外商品售价一致为止。

（4）进口国不采取反倾销措施。在当今世界贸易领域，各国对国际贸易作用的关注点逐渐从获得比较利益转向促进国内经济发展、社会稳定和科技进步上。虽然商品倾销使进口国消费者能享 受到低价商品所带来的好处，但它对进口国经济形成的冲击，损害了该国与之竞争的产业的发展。因此近年来，各国对倾销的认定标准变得越来越严格，各国对倾销进行指控的案例也越来越多。一旦进口国对倾销商品征收反倾销税，出口商品的国内外差价就会消失，倾销自然就无法获得成功。我国到目前为止已经遭受了320多起倾销指控。与此同时，我国也建立了自己的反倾销制度，并对我国首例反倾销指控——国内新闻纸生产企业起诉加拿大等国家进行新闻纸倾销一案，进行了反倾销立案调查和初步裁定。

### 六、各种促进出口的服务措施

对一个开放的经济体而言，对外经济关系是该国国民经济的重要组成部分，国外经济与国内经济存在着强烈的互动关系。一方面对外进出口可以对国民经济的方方面面产生直接或间接的影响；另一方面国民经济的各种因素也会对进出口产生抑制或促进的作用。如前所述，一国的价格、税收、财政、金融和保险政策等都可以起到促进出口的作用。除此而外，国家还可以通过组织建立各种专门机构，借以为出口商提供各种服务的方式促进出口。各国这样的机构和名称千差万别，如日本早在1954年就成立了“最高出口会议”，韩国从1965年起建立了“出口扩大会议”，英国在1972年设立了“海外贸易委员会”，美国在1979年成立有“总统贸易委员会”和“贸易政策委员会”，我国也成立有“中国国际贸易委员会”等。除了这些官方的机构以外，许多国家还成立了半官方的机构或政府支持的民间机构。这些机构为促进国家出口提供多种服务。综合起来看，主要有以下这些服务：

（1）提供涉及出口的各种政策、措施的协调服务以及各出口商之间的协调服务。扩大出口是一项涉及许多方面的综合性系统工程。国家各部门、各产业都有一些涉及出口的政策、措施。由于这些政策与措施出自不同部门、不同经济领域，有着不同的侧重点，其具体的政策条文难免有相互不协调、甚至相互抵触的地方，在执行时宽严标准也很难一致。由于这些内部政策的不统一弄得出口商无所适从，严重影响了出口的效率和效益。同时，各出口商作为追求各自利益最大化的经济主体，其出口行为往往从局部利益角度进行考虑。各出口企业间的竞争在缺乏协调的情况下，很容易发生在出口过程中相互诋毁，在国内哄抢货源，在国外恶性压价竞争，造成出口秩序混乱，并招致进口国的报复，从而阻碍出口的发展。另外，如果制定某项政策的社会经济环境一旦发生改变，而该项政策没有及时加以修订，就可能阻碍现实经济的发展。因此，政府要想给出口商创造一个适合其开展出口业务的政策环境，就需要不断对一些不再适应出口现状的过时的出口政策加以调整。在以上这些矛盾面前，政府有关服务机构应适时协调各方面的矛盾和问题，修订过时的出口政策，以减少内耗，达到一致对外，增强出口竞争力。这类服务成本不大，却可以改革出口体制，优化出口秩序，极大地促进出口的发展。并且，这样的出口发展主要是一种效率提高基础上的集约型发展，因而具有强烈的外部性正效应。

（2）联结进出口商，提供中介服务。中介服务的内容主要包括：组织承办贸易展览会或组织本国出口商参加贸易展览会，建立贸易中心，组织贸易代表团互访，以及其他一些帮助建立出口商与国外进口商联系的活动。这样的服务，有利于出口商建立一个广泛的客户网络，增加进入国际市场的渠道。

（3）提供信息和咨询服务。国际市场远离本土，有着不同于国内市场的法律规范、风俗习惯和市场规模。对国际市场状况了解得越深越有利于增强本国商品的应变能力，提高本国商品在国际市场上的竞争力。为出口商提供信息和咨询服务正是出于这样一个目的。为此，政府成立专门的机构对国际市场进行市场调查和分析，并向出口商提供诸如国际市场消费需求状况、商品价格和潜在竞争对手的状况、进口商目录、地址和资信背景等信息，帮助出口商扩大出口。

（4）质量管理和控制服务。该服务适用于多种目的。就促进出口而言，它主要的作用是通过帮助出口商实行出口商品的质量管理，提高出口商品的档次，树立和维护出口国商品在进口国的良好声誉。世界各国都为加强本国商品的质量管理和控制做了不少努力，许多国家建立了出口商品检验局、质量标准局或者类似的机构。它们为帮助本国出口商在国际市场以质取胜，扩大出口起着重要的推动作用。

（5）组织评奖活动，表彰出口有功企业和个人。为了推动出口，一些国家定期对出口成绩显著的厂商和个人授予奖章、奖状，并通过授奖活动推广经验。英国早在1919年就开始实"女王陛下表彰出口有功企业的制度"，受表彰的企业可以在5年之内使用带有女王名字的奖状来宣传自己的产品。美国则设计有总统"优良"勋章和"优良"星字勋章，受奖厂商可用奖章来进行促销。我国也有不少这类似的评奖活动。国家通过组织评奖和表彰活动，有助于形成出口光荣的社会风气，增强出口商扩大出口的精神动力。

## 第二节　促进出口的经济特区政策

经济特区政策是一种特殊的促进出口的政策。经济特区（Special Economic Zone）是指一个国家或地区在其关境以外划出的一定区域。在这一区域内实行各种特殊的优惠政策，促进加工贸易和转口贸易等，从而带动该地区和邻近地区经济贸易的发展。以建立经济特区来促进贸易发展由来已久，早在1228年，法国地中海沿岸港口就在港区内开辟了自由贸易区，以便让外国货物在不征收任何捐税的情况下进入港口特定区域，然后再向外输出。这种特定区域已开始具备经济特区的一些基本功能。到了15世纪，欧洲著名的"汉萨同盟"则标志着自由港和自由贸易区雏形的形成。但是经济特区真正得到发展，还是在资本主义生产方式确立以后，特别是第二次世界大战后。目前，经济特区不但遍布世界各地，而且其功能也逐步多样化。最初的经济特区，还仅仅是一块方便转口贸易的区域。后来，经济特区被赋予了出口加工、发展当地加工工业并"以工促贸"的功能。近年来，经济特区在引进先进技术知识以及先进的管理经验，把握世界市场脉搏从而全面提高一国经济发展和出口能力方面的作用越来越大，已成为许多国家建立经济特区的重要原因。1979年后，我国也先后兴建了七个经济特区。这七个经济特区在吸引外商投资、引进先进技术和管理经验、扩大对外经济、发展技术合作、促进出口方面发挥了巨大的作用，成为我国促进出口的重要措施之一。

世界上的经济特区按其功能的不同区分如下：

### 一、自由港与自由贸易区

自由港（Free Port）又称自由口岸，是一块处于一国关境以外的区域。区内商品的输出和国外商品进入区内可免征关税，不必办理海关手续或仅对少数特殊商品（如烟、酒等）征收关税。商品在该区域内可以装卸、改装、加工、展览、买卖、销毁和储存等。就区位而言，自由港必须是港口或港口的一部分。

自由贸易区（Free Trade Zone）是指划在关境以外，准许外国商品免征关税、自由进出口的地区。它实际上是采取自由港政策的关税隔离区，是自由港形式的进一步发展，因而一般设在一个港口的港区或邻近港口的地区。自由贸易区与受关税管辖的其他地区多凭山、河等天然屏障或栅栏等障碍物相隔离。

自由港和自由贸易区的功能主要是为了发展转口贸易。它所提供的优惠和便利主要有：

（1）关税优惠和海关手续减免。关税优惠包括免除绝大部分外国商品进入区内的关税。对某些特殊商品如烟、酒等征收较低的关税或一律免征关税。海关手续减免包括免除通关手续，免除大部分进出口统计申报。这些优惠和减免，使货物在区内的销售成本大大下降。另外，区内的经济活动不受国内部分贸易政策和法律的制约，如国内的许可证和配额限制、外汇管制、贸易经营资格限制等，从而促进出口贸易的发展。

（2）良好的货物集散条件。自由港和自由贸易区都设置在港口或港口附近地区。交通便利，货物周转迅速，有利于减少货物积压，降低运输费用。另外，自由港和自由贸易区都有良好而完整的货物仓储服务，有利于减少货损货差。

（3）作为商品展示窗口。由于自由港和自由贸易区实行对外国商品的进出口无关税政策和免除大部分海关手续的羁绊，外国商品可以先免税进入区内进行商品展示，在找到买主后再通过关境进入进口市场；若无买主，则免税运回出口国。这样，除了商品资金占压和运费外，并无更大的损失，减少了促销成本。通过真实商品展示进行买卖，还有助于买主打消有关商品质量方面的顾虑，省却了对商品质量描述方面的麻烦，减少了买卖双方因对商品质量描述的理解不同而引起的纠纷，加深了信任，有利于商业关系的长期稳定。另外，自由港和自由贸易区是多地区市场的联结点，多样化的需求在这里汇聚融合，并与多样化的商品供给相配合，有利于商品的成交。

（4）允许对商品进行简单再加工。进入自由港或自由贸易区内的商品一般可以在区内自由地拆散、分类、改装、重新包装、清洗、整理以及与外国或国内的原料混合再出口。在这一过程中，海关不予监督或控制，省去了不少税费负担。区内完善的服务设施和优良的区位条件又减少了运费、厂房租金、工资及保险费等支出，降低了成本。

自由港和自由贸易区允许外国商品自由出入，但自由出入并不等于放任自流，对于一些特殊物品如武器、毒品等一般是禁止出入的。外国船舶、飞机等的出入也需要遵守主权国家的卫生、移民、治安等政策和法规。

### 二、出口加工区（Export Processing Zone）

出口加工区是一国专门为加工、制造和装配出口产品而开辟的特定区域，是自由贸易区商业贸易功能弱化、出口加工功能强化的产物，一般位于港口、机场及其附近等交通便利的地区。政府通过优惠措施引进外资、先进技术和设备，在这一特定区域内发展在国际市场上有竞争力的出口加工工业，促进出口，带动本国经济发展。

出口加工区是在自由港和自由贸易区的基础上发展起来的。1959 年，在爱尔兰香农国际机场附近出现的以出口加工工业为主的自由贸易区就是出口加工区的雏形。20 世纪 60 年代以来，出口加工区在亚洲的发展中国家和地区获得巨大发展。这里面有传统的鼓励出口的政策措施烦琐费时的原因，也有 20 世纪 60 年代以来发达国家产业转移的原因，但是根本的原因还在于发展中国家外贸战略的改变。在一战和二战后，世界各地诞生了一大批主权国家。这些国家经济结构单一，生产力水平低下，许多生活必需品需要从国外进口。为了摆脱对国际市场的依赖，发展本国的经济，这些国家纷纷实行进口替代战略，以本国生产的商品来替代从国外进口的同类商品。但是经过十几年的实践，它们发现这种方法代价很高，对内保护落后，对外因限制进口，还要受到其他国家的批评甚至报复。于是这些国家将对外贸易战略从进口替代型转为出口导向型，或两者兼而有之。出口导向型发展战略改原材料等初级产品的出口为制成品出口，提高了出口产品的加工增值幅度，促进了本国制造业的发展并带动整个经济的发展。在战略转变过程中，为了提高劳动生产率，增加制成品的国际市场竞争能力，需要引进外国资本以及先进的技术和管理经验，但是又担心受外国资本的控制，于是就在本国国土上划出一定的区域，实行对外开放、对内隔离的措施。出口加工区之所以能吸引外资，引进先进技术和管理经验，是因为出口加工区具有以下一些优越条件：

（1）有发展加工工业的基础设施。出口加工区一般位于交通便利的地方，运输方便快捷，且区内的动力、供水、通信能力等能满足工业生产的需要。

（2）有足以吸引外商投资办厂的优惠措施。出口加工区要能卓有成效地扩大设区国的出口贸易，增加劳动就业和外汇收入，带动设区国工业和整个经济的发展，仅有硬环境是不够的，还需有软环境的支持。设区国为改善区内的软环境，采取了各种各样的优惠措施。其中包括：①加工出口产品所需进口的设备、原材料免征进口税；②减免区内外商投资企业的部分国内税收；③降低区内公用事业设施和基础设施的使用费和服务费，提供廉价的工业用地；④区内企业经营所需外汇及经营所得的外汇收入不受设区国外汇管制的限制；⑤优先保证出口加工所需国内的原材料，提供工资水平和技术熟练程度相适应的劳动力；⑥精简高效的行政管理机构和稳定透明的政策、法律等。

出口加工区虽是从自由港和自由贸易区发展而来，但它们有着很大的区别。首先，二者功能不同。出口加工区以出口加工工业的发展促进出口，而自由港和自由贸易区主要是通过提供商品流 通的便利促进出口，纵然有加工，也只是分装、混合或更换包装等简单加工，并不改变加工对象的根本性质和功能。其次，二者的受惠范围不同。在出口加工区内，享受优惠的主要是经过加工后使产品能增值并最终使产品销往国外的厂商，而在自由港和自由贸易区内，享受优惠的是除禁止进入区内的物品以外的所有外国商品。

出口加工区还包括一些限制措施。如对外商投资项目的限制，规定对技术含量低或对外环境污染严重的项目不准投资，对国家专营或限制外商涉足的产业不准投资等；对企业用工及工人的工资和福利待遇的规定，要求投资企业必须录用一定比例的本国人员，外国人在企业内不得超过一定比例，甚至对企业中某些岗位是否由本国人占据都有规定；对产品的内销和外销比例的规定，要求投资企业生产的产品外销至少应达到一定比例等。

## 三、保税区（Boned Area）

保税区是指由国家海关设置或经海关批准设置的，准许外国商品在不征收进出口关税的情况下，在区内长时间存储的特殊经济区域。保税区按规模的大小可分为保税仓库、保税工厂和保税区。它与自由港和自由贸易区的区别有以下几点：

（1）海关监管方式不同。进入保税区的货物虽然免征进口税，但货物入区前必须在海关登记，所有区内货物都处于欠账状态，直到它们被再出口或履行进口手续后进入国内市场，因此，保税区一般采用保证或账册管理方式。而货物在进入自由港和自由贸易区时，不需要进行海关登记，区内的货物不处于欠账状态。为了保证区内外货物的顺畅流通，自由港和自由贸易区多采用门岗式的管理方式。

（2）进入区内的货物种类不同。保税区不允许国内货物进入，而自由港和自由贸易区不但允许国内货物进入，还允许在内加工、重装、和外国商品混合等。

（3）货物在区内的存储期限不同。保税区内的货物一般只能存放2~5年（各国对此规定不一），而自由港和自由贸易区对货物存储期限没有限制。

从以上的几个不同点可以看出，虽然保税区和自由港及自由贸易区的功能都是便利开展转口贸易，促进出口，但保税区在运作中显得手续烦琐，适用性不广。另外，由于保税区对区内的货物实行的是保证或账册管理，这就决定了它的规模不可能很大，因而也影响了它对区域经济的拉动作用。不过从另一个侧面看，保税区的这些特点也为当局的管理带来了方便，不至于因某方面管理失误而造成大范围的经济冲击，对失误的调整也比较容易。因此，保税区还是有存在的必要的。

在一些没有设立自由港和自由贸易区的国家，保税区就发挥着自由港和自由贸易区的作用，并将保税区政策规定得更加详细具体。如日本就将保税区具体分为指定保税区和保税棚、保税仓库、保税工厂、保税陈列场等。各种类型的保税区尽管职能上有差异，但都能促进出口的发展。我国的保税区建设也很普遍，目前在全国许多机场、港口及其附近地区都设立了保税区，如蛇口保税区、上海外高桥保税区等。这些保税区在促进对外交流，扩大出口方面发挥着积极的作用。

## 四、自由边境区（Free Perimeter）

自由边境区严格地说来，已不以促进出口为首要目的，而是以开发边区经济为目的。它是指在本国的边远地区或几个省的边境地区，按照自由贸易区或出口加工区的优惠措施以吸引国内外厂商投资，发展当地经济为目的而设立的特殊区域。它使用与出口加工区基本一致的优惠措施，如在该区域内使用的外国设备、原材料等物品，免征关税或减征关税，实行优惠的国内税收，外汇的收入和使用不受国家外汇管制的限制等。但与出口加工区相比，生产的商品只有少数用于出口。不过这些商品内销时，一旦从自由区跨过海关管辖区，就适用从国外进口同样商品的规定，必须照章纳税，受许可证和配额的限制。如果这些商品用于出口，由于所使用的进口投入要素免税或减税，因而在世界市场上有较强的价格竞争优势，从关境的跨入障碍和出口的低成本而言，自由边境区也有较强的促进出口的作用。

自由边境区主要是少数美洲国家使用的一种鼓励经济发展和出口的措施。其中墨西哥是设置边境自由区最多的国家，它对促进该国边境地区经济的繁荣做出了重要贡献。

### 五、科学工业园区（Science-based Industrial Park）

科学工业园区通常也叫作科学城、工业科学园、新产业开发区、高技术园区等。科学工业园区是为了加速新技术研制及其成果利用，加速本国工业现代化并开拓国际市场而设置的将智力、资金高度集中，专门从事高新技术研究、试验和生产的特殊区域。

科学工业园区一般位于大学或研究所附近以及信息渠道通畅、交通网络发达的大城市附近。园区内聚集了大批具有高科技素质的工作人员、研究人员，并具有完备、先进的科研教育设施。区内企业知识和技术密集度高，设施先进，生产专业化，产品具有高、精、尖特点。这种类型的经济特区对于提高设区国的科技进步和工业现代化具有很强的辐射和带动作用，所生产的产品可以较高的知识技术密集度和专业性不断开拓和占领国际市场，从而改善出口商品结构，扩大出口规模。

科学工业园区所实行的优惠政策措施是多方面的。除了提供与出口加工区类似的优惠政策措施，如必要的发展工业的基础设施和关税减免、公用事业收费低廉、简单高效的行政机构、稳定透明的法令规章等外，科学工业园区的优惠政策措施主要以注重形成创新和创业的环境为特色。在基础设施方面，建设完备通畅的通信和信息网络，以及综合性或专业性的图书馆等公共教育设施。在管理和企业经营方面，建立风险基金，提供低息的创业贷款；建立信息咨询和服务机构，为企业创业和运营提供技术支持和生产服务；建立完备的福利保障设施，保障和促进人员的自由流动；建立促进高新技术产品研究和生产的激励机制；组织或协助开展学术活动；等等。总之，为了建设和发展科学工业园区，各国都采用了更加完备、更加系统的优惠措施。

几十年来，在这些优惠政策措施的激励下，世界各国已经形成了许多具有相当影响的科学工业园区，如美国的“斯坦福科研工业区”即后来的“硅谷”，日本的“筑波研究学园都市”，英国的“剑桥科学公园”，加拿大渥太华、卡尔顿地区的“北硅谷”，新加坡的“肯特岗科学工业园区”等。目前，世界各国建立科学工业园区的浪潮方兴未艾，不仅西方发达国家热衷于以此促进本国从工业经济社会向知识经济社会转化，在广大发展中国家，各种类型的科学工业园区也如雨后春笋般冒了出来。科学工业园区为未来世界经济特区发展确立了一个方向。

### 六、综合经济特区

综合经济特区的特点就在于它的综合性。一方面，综合经济特区同时享受着自由港和自由贸易区的某些优惠政策以及出口加工区才具有的某些优惠政策和条件。另一方面，综合经济特区不但提供自由港和自由贸易区的转口贸易职能，而且提供出口加工区“以工促贸”的职能。不但如此，综合经济特区还具有金融、旅游、教育甚至农牧业种植等功能。因此，综合经济特区既是自由港、自由贸易区和出口加工区的融合，又不仅仅是它们的融合。在综合经济特区内，经济门类齐全，各个产业衔接紧密，充分发挥了现代经济既分工细致又密切联系的优势，因而具有显著的规模经济效应。反观自由港、出口加工区、保税区等专业性经济特区，由于这些经济特区的产业门类不齐，功能单一，不容易形成规模经济效应，不但自身发展受到局限，所提供的出口竞争力也是不很强的。总之，综合经济特区并不仅仅是各个专门经济特区的简单相加，在这里，发挥了“1+1>2”的作用。

我国的这七个经济特区都是综合经济特区。以深圳为例，它不仅拥有转口贸易的海港，还有转口香港的铁路和公路口岸。深圳同时还是个工业区，仅1998年，区内工业总产值就达1 660.24亿元，加工出口值为232.54亿美元。除此之外，深圳还建有“世界乐园”等著名的旅游景观，每年吸引着数百万游客来此游览观光。深圳还是我国的一个重要金融中心，区内的深圳证券交易所为全国各地的企业筹资，并为全国乃至国际投资者的投资提供了方便。许多外国银行也纷纷落户深圳。

## 第三节　出口管制政策

出口管制政策是指出口国政府通过各种经济和行政的手段对本国出口实行控制的各种政策的总称。它是一国出口管理政策措施的重要组成部分。一般而言，各国对于出口都持积极鼓励的态度，因为出口可以增加就业并为国内经济带来诸多好处。然而，鼓励出口也不是无条件的，同样是出于增加就业，发展国内经济的目的，也必须对某些商品的出口加以限制。另外，为了配合一国的对外政治、军事政策或履行一国的对外承诺，也有必要限制某些商品的出口。如果说鼓励出口的政策措施主要是为一国的经济发展服务的话，那么各国管制出口的政策措施则体现出一定的意识形态上的取向。这在发达国家的出口管制中体现得尤为明显。

### 一、出口管制的目的

从前面的叙述我们知道，出口管制除了服务于增加就业、繁荣国内经济的目的外，还具有一定的政治、军事目的。因此，出口管制的目的可以分为以下两大类：

（一）就业和经济目的

（1）一国经济要处于全面均衡是很困难的。在现实生活中，不是这种商品供不应求，就是那种商品频频告急，国内通货膨胀上升，或者相反。对于供过于求的商品，采取鼓励出口的政策能稳定就业，保持经济持续发展。对于供不应求的商品，如果仍采取鼓励出口的政策将使供需缺口进一步加大，使社会再生产不能顺利进行，从而造成失业，以致放慢社会经济发展速度。因此，国家就对这类商品进行出口管制。由于这方面的原因而受到出口管制的商品主要有国内生产所需要的各种原材料、半成品及国内市场供应不足的生活必需品，如某些药品、粮食、化学品等。

（2）为了稳定出口秩序，避免同类商品大量涌向国际市场，造成出口国的贸易条件急剧恶化，或者为了避免受到进口国的报复制裁，有关商品的出口国也会采取出口管制措施。受到这方面原因而被管制出口的商品主要有大宗出口商品和实行“自动”出口限制的商品，如我国输出到美国、欧洲的纺织品和服装，日本输出到美国的汽车、钢铁等。

（3）为了保护国内的一些珍贵文物、非再生资源或保持国内生物资源的多样性，需要对这类商品的出口进行管制。由于这方面原因受到出口管制的商品主要有历史文物、艺术珍品、黄金、白银等贵重金属；珍稀动、植物及其制品以及其他一些特殊商品。如我国对历史文物有级别的区分，规定文物达到一定级别后就不准用于出口。英国也规定，古董或艺术品只要其生产或制作年代比出口日期早一百年以上者，其出口必须申领出口许可证。

（4）为了维护出口商品在国际市场上的垄断地位，以便长期获得超额垄断利润，也需要出口管制。由于这方面原因而被出口管制的商品只能是出口国能对国际市场形成垄断的商品。在现实生活中，最典型的莫过于 OPEC 国家对石油出口的管制了。事实上，几十年来的石油出口管制也确实为石油输出国组织国家带来巨大的经济利益。另外，一些拥有某项独创技术的国家为了防止技术的对外扩散，也对其采取出口管制措施。如美国长期对高速计算机及其技术的出口实行管制。

（二）政治和军事目的

如同一个人离不开社会一样，一个国家也不能脱离与其他国家的交往而独善其身。一个国家不管是采取开放政策还是封闭政策，它的对外政策都是该国总的方针政策的重要组成部分。由于受不同的意识形态的支配，各国的对外政策必然有亲疏之别。这种“亲疏”，不但在外交辞令上体现出来，而且还要靠其他政策特别是对外经济政策来贯彻。

（1）当出口国为了干涉和控制进口国的政治局势，在外交活动中保持主动地位时，出口国就往往通过出口管制来破坏或干扰对方国家正常的经济秩序，遏制其经济发展，或通过出口管制来对进口国家施加压力，强迫其在政治上屈从就范。例如，美国为了迫使利比亚交出“洛克比”空难的犯罪嫌疑人，十几年来，一直对该国实行贸易禁运；为了迫使伊朗和伊拉克放弃对美国的敌对政策，维护美国在海湾的利益，美国也以贸易禁运来施加压力；对于美国的近邻古巴，美国更是数十年来断绝与它的经济关系。贸易禁运的政策措施，是出口管制中的重要组成部分。美国还曾经通过对苏联实行粮食出口控制的方式来对苏联进行遏制。

（2）在一国进行对外交往时，军事安全往往是一国需要首先考虑的内容，特别是在与敌对国家的交往中，这一点显得尤为重要。为了在军事领域保持领先地位，出口国往往在向敌对国家出口时，对于可能增强对方国家军事实力的战略物资和高技术产品及其资料实行出口管制。二战后，以美国为首的西方发达国家长期对社会主义国家采取敌对态度，在对社会主义国家的出口中，一直将战略物资和可用于军事的高技术产品采取出口管制措施。在美国商务部出版的《美国出口管制规章摘要》中就明确指出：管制战略物资是“针对共产党国家出口”。不但单个出口国对战略物资和高技术产品会实行出口管制，有时多个国家还会联合对某些国家的出口实行管制。这种出口管制比较典型的就是“巴黎统筹委员会”（Coordinating Committee）。出于军事目的而受到出口管制的商品主要有武器、飞机、军舰、先进的电子设备以及核技术、生物武器和化学武器及其技术等。高速电子计算机由于能运用于军事领域，因此，也可因军事安全方面的理由而受到出口管制。

**二、出口管制的形式**

出口管制存在着两种形式：单边出口管制和多边出口管制。

（1）单边出口管制，即一国根据本国的经济、政治和军事等的需要，制定本国的出口管制法案，成立专门的出口管制机构，选择出口管制的商品和管制措施，实施出口管制。单边出口管制从管制法案的制定到管制措施的贯彻都完全由一国自己决定，不受其他国家或国际组织的影响，也不强行要求其他国家或国际组织接受管制法案或实施其管制措施，它完全是一国国内的事务。单边出口管制是出口管制中最普遍的一种形式。世界上几乎各个国家都或多或少对国内的某些或某类商品的出口存在着管制现象，对一切商品的出口都持鼓励或中立态度的国家是不存在的。如美国就制定有专门的出口管制法，在美国的商务部设立有贸易管制局，专门办理出口管制事务。其他一些国家尽管管制措施可能没有美国等西方发达国家那样完善并法制化，但管制的事实并不因此而有半点不同。即使一国存在着多边出口管制形式，但其整个出口管制政策的重点仍然主要是单边出口管制。



（2）多边出口管制，即两个或两个以上的国家，通过一定的方式建立国际性的多边出口管制机构或协调机制，商讨和编制多边出口管制货单和受出口管制的国别，规定管制措施，共同进行出口管制。多边出口管制的基础是共同的经济、政治和军事等目的。在二战后，以美国为首的西方发达资本主义国家为了共同遏制社会主义国家政治、经济和军事实力的发展，于1949年年底成立了一个国际性的多边出口管制机构——巴黎统筹委员会（简称“巴统”）。这个委员会的决策机构由参加国政府派高级官员组成，共同商讨参加国对社会主义国家的出口管制问题。其主要工作是编制和增减禁运货单，规定受禁运的国家和地区，确定禁运审批程序，加强转口管制，讨论例外程序和交换情报等。巴统的管制方式是直接管制特定产品和技术出口到特定国家或地区。不过它只负责编制、修订和审批多边出口管制货单，而对管制出口的商品的具体管理和出口手续仍然由各参加国自行办理。随着1991年苏联的解体，西方发达资本主义国家眼中的“社会主义阵营”已不再对其构成威胁，“巴统”失去了存在的意义，加之“巴统”的参加国违规事件不断，各国对管制的态度也难以统一，终于在1994年4月，成立了45年的巴黎统筹委员会被宣告解散。多边出口管制需要有共同的管制目的作为基础，因而它不可能成为出口管制中的普遍形式。在实践中，典型的多边出口管制机构也只有巴黎统筹委员会存在过。但较单边出口管制而言，多边出口管制对受管制国的压力更大，遏制作用更强。目前，虽然巴黎统筹委员会不存在了，但是在《不扩散核武器条约》《禁止使用生物武器条约》《禁止使用化学武器条约》等多边国际条约中，仍有大量的条款要求各参加国对核武器、生物化学武器以及相关技术的出口实行共同管制。多边出口管制现象在现实生活中仍然大量存在。

我国的出口管制曾经都是以单边出口管制的形式完成的。在加入了《不扩散核武器条约》等多边国际条约后，我国为了履行这些多边国际条约规定的义务，也开始对条约中所规定的某些商品的出口进行共同管制。因此，目前我国的出口管制既存在单边出口管制形式，又存在多边出口管制形式。

### 三、出口管制的措施

出口管制政策必须要有具体的措施来贯彻。一般而言，有了政策后要成立相应的出口管制机构。出口管制机构根据管制政策的精神制定管制货单和受管制的国别和地区，然后再以一定的措施来具体对管制货单范围内的货物出口进行管制。出口管制的措施主要有国家专营、出口税、许可证、配额和禁运等。

（1）出口国家专营。这种措施要求对受到出口管制的商品的出口由国家指定专门机构经营。获得指定的机构在经营专营商品出口时，既要受到市场规律作用的影响，在有利的价位下尽可能多出口，以获得较好的经济效益，又要受到出口管制政策的直接约束。出口管制政策的变化，乃至管制货单和受管制的国别和地区的变化都将直接引起专营机构出口行为的变化。国家专营使出口管制政策精神的贯彻具有直接性和彻底性。但是在出口国家专营情况下，专营机构往往把主要精力放在如何正确理解和有效贯彻出口管制政策上去了，对于专营商品的出口效益却重视不够。另外，专营是一种事实上的垄断，在缺少竞争的情况下，专营机构的出口效率也不容易得到提高。出口国家专营还使得政府必须随时了解专营机构是否按政府的意图行事，是否有必要授权新的专营机构或撤销原有的专营机构等，增加了政府行政管理难度。因此，目前在实行出口国家专营的国家，专营出口的商品范围都很小，仅限于一些敏感性商品的出口，如石油及石油制品、粮食、武器等。

（2）征收出口税。政府对出口管制范围内的商品，根据管制程度征收高低不等的出口税，增加该种商品的出口成本，削弱其在国际市场上的竞争力，从而迫使出口商减少出口甚至不出口该种商品。出于出口管制目的征收的出口税往往较出于财政目的征收的出口关税高，否则就达不到控制出口的效果。征收出口税是一种间接的出口管制措施。当受管制的出口商品的国内供给价格弹性或国外需求价格弹性很小时，即使出口税率定得很高也不容易达到控制出口的目的。因此，在使用出口税来作为出口管制的措施时，要求出口管制的商品供给价格弹性或需求价格弹性充足，否则就应当采用其他措施来管制出口。

（3）实行出口许可证制度。国家规定对属于出口管制的商品的出口必须征得政府的许可，在申请领到出口许可证后海关才予以放行。出口许可证是一种直接管制措施，管制效果快速、明显，是目前使用最广泛的出口管制措施之一。例如，美国对出口商品的管制就采用出口许可证制。当美国出口商出口受管制的商品时，必须向商务部贸易管理局申请办理出口许可证。美国还将出口许可证具体分为一般许可证和有效许可证，前者适用于出口管制程度较低的出口商品，后者适用于管制程度较高的出口商品。

（4）实行出口配额制。为了控制商品的出口，出口国政府规定出口商品在一定时期内的最大出口量。在出口限额内，政府对出口商品发许可证或少征甚至不征出口税，超过这一出口限额，政府就不再对该商品的出口发放许可证或征收高额的出口关税。同出口许可证一样，配额也是一种直接的管制措施，并且往往和出口许可证同时使用，即先用配额确定管制商品出口的规模和方向，再用出口许可证进行具体控制。

（5）出口禁运。这是一种最严厉的出口管制措施。政府一般规定国内的珍贵历史文物、珍稀动植物及其制品以及国内紧张的原材料和初级产品等物品禁止对外出口。当一国以贸易禁运的方式对他国进行制裁时，即使是普通商品向这些国家的出口也会被包括在禁运之列。

以上这些管制措施不但适用于单边出口管制，也同样适用于多边出口管制。当然，对具体的一个国家而言，在实行出口管制时，以上的这些管制措施并非都会使用到。一些国家在出口管制时也可能使用到其他一些管制措施，如取消出口商品生产的原材料使用计划，进行窗口指导、口头规劝等。

# 第四章
# 世界贸易组织与中国

世界贸易组织（World Trade Organization，WTO）是处理国际贸易全球规则的唯一国际组织，其主要功能是保证国际贸易顺利、可预见和自由地进行。世界贸易组织的最终目标是建立一个繁荣、安全和负责任的经济世界。世界贸易组织的决议在全体成员国家一致同意的基础上做出，并需经成员国国会的批准。世界贸易组织的争端解决过程的核心是解释协议和承诺，保证成员国的贸易政策与世界贸易组织的协议和成员国的承诺一致，由此减少贸易冲突演变成政治或军事冲突的风险。被称作多边贸易体系的世界贸易组织体系的核心是经大多数贸易国家谈判签字并经各自国会批准的世界贸易组织协议。这些协议是国际商务的基本法律规则，它们约束各成员国政府为了共同的利益把各自的贸易政策限制在协议范围之内。



## 第一节　世界贸易组织的宗旨、地位与职能

### 一、世界贸易组织及其宗旨

（一）世界贸易组织简介

1994 年 4 月 15 日在摩洛哥的马拉喀什市举行的关贸总协定乌拉圭回合部长会议决定成立更具全球性的世界贸易组织，以取代成立于 1947 年的关贸总协定（The General Agreement on Tariffs and Trade，GATT）。

世界贸易组织是一个独立于联合国的永久性国际组织。该组织的基本原则和宗旨是通过实施市场开放、非歧视和公平贸易等措施，实现世界贸易自由化。它于 1995 年 1 月 1 日正式开始运作，负责管理世界经济和贸易秩序，总部设在日内瓦莱蒙湖畔的关贸总协定总部大楼内。1996 年 1 月 1 日，它正式取代关贸总协定临时机构。

与关贸总协定相比，世界贸易组织管辖的范围除传统的和“乌拉圭回合”新确定的货物贸易外，还包括长期游离于关贸总协定外的知识产权、投资措施和非货物贸易（服务贸易）等领域。世界贸易组织具有法人地位，它在调解成员争端方面具有更高的权威性和有效性。

建立世界贸易组织的设想是在 1947 年 7 月举行的“布雷顿森林”会议上提出的，当时设想在成立世界银行和国际货币基金组织的同时，成立一个国际性贸易组

织，从而使它们成为第二次世界大战后左右世界经济的“货币—金融—贸易”三位一体的机构。1947年联合国贸易及就业会议签署的《哈瓦那宪章》同意成立国际贸易组织，后来由于美国的反对，国际贸易组织未能成立。同年，美国发起拟订了《关贸总协定》，作为推行贸易自由化的临时契约。1986年关贸总协定乌拉圭回合谈判启动后，欧洲经济共同体和加拿大于1990年分别正式提出成立世界贸易组织的议案，1994年4月在摩洛哥马拉喀什举行的关贸总协定部长级会议才正式决定成立世界贸易组织。

该组织作为正式的国际贸易组织在法律上与联合国等国际组织处于平等地位。它的职责范围除了关贸总协定原有的组织实施多边贸易协议以及提供多边贸易谈判场所和作为一个论坛外，还负责定期审议其成员的贸易政策和统一处理成员之间产生的贸易争端，并负责加强同国际货币基金组织和世界银行的合作，以实现全球经济决策的一致性。

世界贸易组织的最高决策权力机构是部长会议，至少每两年召开一次。下设总理事会和秘书处，负责世界贸易组织日常会议和工作。总理事会设有货物贸易、非货物贸易（服务贸易）、知识产权三个理事会和贸易与发展、预算两个委员会。总理事会还下设贸易政策审议机构，它监督着各个委员会并负责起草国家政策评估报告。其下设的上诉法庭负责对成员间发生的分歧进行仲裁。

世界贸易组织成员资格分为两种，即创始成员和新加入成员。创始成员必须是关贸总协定的缔约方。世界贸易组织在接纳新成员时，须在部长级大会上由三分之二多数成员投票表决通过。

世界贸易组织成员分四类：发达成员、发展中成员、转轨经济体成员和最不发达成员。截至2016年7月29日，共有成员164个。

（二）世界贸易组织的宗旨

任何一个国际组织都有自己的宗旨，世界贸易组织也不例外，除《建立世界贸易组织协议》的序言有明文规定外，《关贸总协定》《哈瓦那宪章》《服务贸易总协议》等文件的序言也是世界贸易组织宗旨的重要内容。究其原因，一是世界贸易组织及其法律体系是在总协议的基础上发展而来的，而总协定又原本是《哈瓦那宪章》的组成部分；二是世界贸易组织不仅标志着一个新的国际组织的诞生，还意味着一个新的国际贸易法律体系的出现，各成员赋予世界贸易组织新的使命（如服务贸易领域的目标），而这些新的使命分别规定在相应的协议之中。

世界贸易组织的宗旨和关税与贸易总协定的宗旨一样，都是为了提高生活水平、保障充分就业、保证实际收入和有效需求的大幅度稳定增长，同时使世界资源得到最有效利用。在此基础上，世界贸易组织又增加了扩大货物、服务的生产和贸易以及可持续发展的目标。为了实现这些目标，世界贸易组织要做出积极努力，以保证发展中国家，特别是最不发达国家在国际贸易增长中获得与其经济发展需要相当的份额；同时，通过互惠互利安排，实质性削减关税和其他贸易壁垒，消除国际贸易关系中的歧视待遇。

根据《建立世界贸易组织协定》的序言部分，世界贸易组织的宗旨如下：

第一，提高生活水平。世界贸易组织序言开宗明义地指出："在贸易和经济领域的各种关系中，应旨在努力提高生活水平……"

第二，保证充分就业，大幅度稳步地提高实际收入和有效需求。世界贸易组织的各项规则、规章和制度的确立，就是要创造一个宽松、有序的国际贸易环境，通过国际贸易的发展，来促进全球的就业机会增加，人民收入不断增长和丰富国际商品和服务市场。

第三，扩大货物、服务的生产和贸易。世界贸易组织章程的序言明确规定"扩大服务贸易"是该组织的主要目标之一，这是因为各成员"认识到服务贸易对世界经济增长和发展具有日益增长的重要性"。为实现这一宗旨，"乌拉圭回合"专门达成一项《服务贸易总协定》和其他相关的文件。

第四，坚持走可持续发展之路，各成员应促进对世界资源的最优利用、保护和维护环境，并以符合不同经济发展水平下各成员需要的方式，加强采取各种相应的措施。

第五，积极努力以确保发展中国家，尤其是最不发达国家，在国际贸易增长中获得与其经济发展水平相应的份额和利益。

第六，适宜地利用世界资源。在资源利用问题，世界贸易组织序言的表达与关贸总协议有很大的变化，关贸总协定序言规定"发展世界资源的充分利用"（developing the full use of the resources of the world），而世界贸易组织章程的措辞是"根据可承受发展之目标，最适宜地利用世界资源"（optimal use of the world's resources in accordance with the objective of sub stainable development）。因此世界贸易组织的这一表述更具有科学性，它同时考虑到资源利用与环境保护的合理关系和资源利用与不同经济发展水平的适当关系。

第七，建立一体化的多边贸易机制。世界贸易组织的经济章程的序言表达了各成员的一个共同决心，即"开发一个一体化的、更为可行的和持久的多边贸易制度"。

## 二、世界贸易组织的地位

### （一）世界贸易组织建立的背景及其法人资格

1986 年"乌拉圭回合"启动时，谈判议题没有涉及建立世界贸易组织问题，只设立了一个关于完善关税与贸易总协定体制职能的谈判小组。在新议题的谈判中，涉及服务贸易和与贸易有关的知识产权等非货物贸易问题。这些重大议题的谈判成果，很难在关税与贸易总协定的框架内付诸实施，创立一个正式的国际贸易组织的必要性日益凸显。因此，欧洲经济共同体于 1990 年年初首先提出建立一个多边贸易组织的倡议，这个倡议后来得到美国、加拿大等国的支持。1990 年 12 月，布鲁塞尔贸易部长会议同意就建立多边贸易组织进行协商。经过一年的紧张谈判，1991 年 12 月形成了一份关于建立多边贸易组织协定的草案。时任关税与贸易总协定总干事阿瑟·邓克尔将该草案和其他议题的案文汇总，形成"邓克尔最后案文（草案）"，这一案文成为进一步谈判的基础。1993 年 12 月，根据美国的动议，"多边贸易组织”被改为“世界贸易组织”。1994年4月15日，“乌拉圭回合”参加方在摩洛哥马拉喀什通过了《建立世界贸易组织马拉喀什协定》，简称《建立世界贸易组织协定》。该协定规定，任何国家或地区在处理其对外贸易关系等事项方面拥有完全自主权的单独关税区，都可以加入世界贸易组织。

由此可见，因为“关贸总协定”只是一个临时的多边形式协定，不是一个正式的国际组织，所以不具有独立的“法律人格”，不是“国际法人”。正因如此，“关贸总协定”在1986年“乌拉圭回合”的谈判中遇到了很多难以在其框架内解决的问题。在这样的背景之下，世界贸易组织应运而生。根据《维也纳条约法公约》，世界贸易组织被正式批准成为具有独立法人资格的国际性组织，具有国际法人的所有特点，即常设性和永久性。

（二）世界贸易组织的法律地位

世界贸易组织具有了国际法人的主体资格后，其法律地位主要体现在以下三个方面：

第一，世界贸易组织具有法人资格，拥有自己的财产，具有权利能力和行为能力。它享有各成员方赋予它的权利，主要包括：可以订立与其职能相关或履行职能所必需的合同、协议；可以拥有动产和不动产；可以提起诉讼，并以自己的名义享受权利、承担义务；可以享有各成员方赋予它的特权和豁免等。当然，它享有的权利来自全体成员方的授权，其权利的行使应限定在一定的范围内，一般来说，其权利和活动范围不能超出各成员方通过协议规定的内容。



第二，根据成员方的授权，世界贸易组织及其官员、各成员方代表在履行职能时享有特权和豁免。这些特权和豁免应与1947年11月21日联合国大会通过的《专门机构特权和豁免公约》所规定的特权与豁免相同，具体包括：任何形式的法律程序豁免（包括不受起诉、不被逮捕等）、财产豁免、所有的直接税、关税豁免以及公务用品和出版物的进出口限制豁免等。

第三，世界贸易组织可以订立一个建立总部的协议，根据协议建立总部，负责日常业务的管理以及与其他国际组织进行协商与合作。

### 三、世界贸易组织的职能

为了有效地实现其宗旨和目标，世界贸易组织规定各成员应通过达成互惠互利的安排，大幅度削减关税和其他贸易壁垒，在国际经贸竞争中，消除歧视性待遇，坚持非歧视贸易原则，对发展中国家给予特殊和差别待遇，提高市场准入程度及贸易政策和法规的透明度，以及实施通知与审议等原则，从而协调各成员间的贸易政策，共同管理全球贸易。世界贸易组织为其成员在处理有关世界贸易组织协定、协议而产生的贸易关系时，提供了一个统一的制度框架。归纳起来，世界贸易组织主要有六大职能：

1. 制定和规范国际多边贸易规则

世界贸易组织制定和实施的一整套多边贸易规则涵盖面非常广泛，几乎触及当今世界经济贸易的各个方面。随着世界经济和国际贸易的发展，世界贸易组织的涵盖范围已经从原先纯粹的货物贸易、在边境采取的关税和非关税措施，进一步延伸到服务贸易、与贸易有关的知识产权、投资措施，包括即将在新一轮多边贸易谈判讨论的一系列新议题，如竞争政策、贸易与劳工标准、环境政策和电子贸易等。

2. 组织多边贸易谈判

世界贸易组织及其前身关贸总协定通过八轮回合的多边谈判，各成员大幅度削减了关税和非关税壁垒，极大地促进了国际贸易的发展。

3. 解决成员国之间的贸易争端

世界贸易组织的争端解决机制在保障世界贸易组织各协议实施以及解决成员间贸易争端方面发挥了重要的作用，为国际贸易顺利发展创造了稳定的环境。随着该机制法律和程序的不断完善，越来越多的世界贸易组织成员，特别是发展中国家成员也开始利用争端解决机制。从 1995 年至 2003 年，世界贸易组织受理了 300 多起争端投诉。

4. 审议各国的贸易政策

除了提供争端解决机制之外，世界贸易组织还对成员贸易政策进行定期审议。这些审议具有双重目的。首先，了解成员在多大程度上遵守和实施多边协议（在可能的情况下，包括诸边协议）的纪律和承诺。世界贸易组织作为监督者，通过定期审议，确保其规则的实施，避免贸易摩擦。其次，提供更大的透明度，更好地了解成员的贸易政策和实践。



5. 通过技术援助和培训项目帮助发展中国家制定贸易政策

世界贸易组织明确指出其目标是促进所有成员的经济贸易发展。而发展中国家的经济发展相对落后，为促进其发展，世界贸易组织专门设立了“贸易与发展委员会”等专门机构，以便为发展中国家提供服务。世界贸易组织通过对发展中国家提供技术援助和培训，增强它们参与多边贸易体制的能力，并因此而获益。

世界贸易组织对发展国家成员提供的技术支持和培训，主要有：

第一，技术援助方面。与发展中国家的研究教育机构合作，开展有关世界贸易组织的教育培训，为发展中国家培训有关师资力量，通过互联网和电视开展远程教育等。

第二，培训方面。世界贸易组织在瑞士日内瓦历年均举办有关贸易政策培训班和其他短期培训班，培训对象主要是各国驻派世界贸易组织的外交官和发展中国家处理世界贸易组织事务的政府高级官员。

6. 与其他国际组织合作

作为一个国际组织，应以平等的地位发展与其他国际组织的关系，有些工作通过国际组织间的合作可节约经费、避免重复。为此，世界贸易组织负责与国际货币基金组织、世界银行、联合国贸易与发展委员会以及其他国际机构进行合作。

## 第二节　世界贸易组织的运作

为了实现世界贸易组织的目标，世界贸易组织建立了一套完整的组织结构和系统的运作机制。

### 一、世界贸易组织的组织结构

世界贸易组织是一个永久性的经济组织，其组织机构主要包括：

1. 部长会议

部长会议是世界贸易组织的最高权力机构，至少每两年举行一次。部长会议履行世界贸易组织的职能，并采取必要的措施。部长会议有权对各种多边贸易协议中的任何事项做出决定。如成员有要求，则应按照有关协议的具体规定做出决定。部长会议由各成员主管经贸事务的部长、副部长级官员或全权代表组成。

2. 总理事会

总理事会是一个包括所有成员代表的机构，它在适当的时候召开会议。在部长会议休会期间，总理事会执行部长会议的各项职能。另外，总理事会还应执行本协议指定各项职能，制定自己的程序规则，并审批各委员会的有关程序规则。总理事会应在适当时间召开会议，以行使争端解决所规定的争端解决机构的职责，行使贸易政策审议机制所规定的贸易政策机构的职责，并可以分别设立自己的主席，建立它认为必要的程序规则以行使职责。总理事会下设货物贸易理事会、服务贸易理事会和与贸易有关的知识产权理事会，分别负责《1994 年关贸总协定》事宜、《服务贸易总协定》及其附件、《与贸易有关的知识产权协议》及相关事项。这三个理事会可以视情况自行拟定议事规则，经总理事会批准后执行。世界贸易组织各成员均可参加各理事会。

3. 专门委员会

部长会议设立贸易与发展委员会，贸易与环境委员会，国际收支限制委员会，财务和行政管理委员会，以及预算、财政和行政委员会，负责相应的事务。另外，货物贸易理事会下还设有若干其他委员会，负责有关货物贸易的规则实施。

4. 争端解决与上诉机构

争端解决机构是常设的组织机构，负责成员间的贸易争端解决。争端解决机构可以通过争端解决程序设立争端解决专家小组。争端解决机构具有司法裁决权。上诉机构也是一个常设机构，由 7 人组成，广泛代表世界贸易组织各成员，任期 4 年，是国际贸易和法律方面的公认权威。

5. 秘书处和总干事

世界贸易组织成立秘书处，由总干事领导，负责处理世界贸易组织的日常事务。秘书处工作人员由总干事指派，并按照部长会议通过的规则决定他们的职责和服务条件。

## 二、世界贸易组织决策机制

世界贸易组织在进行决策时，主要遵循“协商一致”原则，只有在无法协商一致时才通过投票表决决定。

1. 协商一致

世界贸易组织以关税与贸易总协定所遵循的决定、程序和惯例作为指导，在决策中继续沿用关税与贸易总协定所遵循的“经协商一致做出决定”的习惯做法。

关税与贸易总协定的决策惯例是，讨论一项提议或拟议中的决定时，应首先寻求协商一致。所有缔约方都表示支持或者没有缔约方反对，即为协商一致通过。1995 年 11 月，世界贸易组织总理事会议定了一项有关决策规则的重要说明，强调在讨论有关义务豁免或加入请求时，总理事会应寻求以协商一致达成协议，只有在无法协商一致的情况下才进行投票表决。

2. 投票表决

在部长级会议或总理事会表决时，每一成员拥有一票。总的原则是，部长级会议和总理事会依据成员所投票数的多数做出决定，除非《建立世界贸易组织协定》或有关多边贸易协定另有规定。

（1）关于条款解释的投票表决。

部长级会议或总理事会拥有解释《建立世界贸易组织协定》和多边贸易协定的专有权。对多边贸易协定条款的解释，部长级会议或总理事会应根据监督实施协定的相应理事会的建议进行表决，并获得成员的四分之三多数支持才能通过。

（2）关于义务豁免的投票表决。

按照《建立世界贸易组织协定》和多边贸易协定的规定，任何成员既享受一定的权利，也要履行相应的义务。但在特殊情况下，对某一成员应承担的某项义务，部长级会议可决定给予豁免。对成员提出的义务豁免请求，部长级会议应在不超过 90 天的期限内进行审议。首先应按照协商一致原则做出决定；如果在确定的期限内未能协商一致，则进行投票表决，需由成员的四分之三多数通过才能做出义务豁免决定。

成员提出的义务豁免请求，若与货物贸易、服务贸易和与贸易有关的知识产权等多边贸易协定及其附件有关，应首先分别提交给货物贸易理事会、服务贸易理事会和知识产权理事会审议，审议期限不超过 90 天。审议期限结束时，相应理事会应将审议结果向部长级会议报告。

部长级会议做出的义务豁免决定有明确的适用期限。如义务豁免期限不超过 1 年，到期自动终止；如期限超过 1 年，部长级会议应在给予义务豁免后的 1 年内进行审议，并在此后每年审议一次，直至豁免终止。部长级会议根据年度审议情况，可延长、修改或终止该项义务豁免。

（3）关于修正案的投票表决。

世界贸易组织的任何成员，均可向部长级会议提出修正《建立世界贸易组织协定》和多边贸易协定条款的提案。部长级会议应在 90 天或确定的更长期限内，首先按照协商一致原则，做出关于将修正案提请各成员接受的决定。若在确定的期限内未能协商一致，则进行投票表决，需由成员的三分之二多数通过，才能做出关于将修正案提请各成员接受的决定。成员的接受书在部长级会议指定的期限内，交存世界贸易组织总干事。

对某些关键条款的修正，必须经所有成员接受方可生效。这些关键条款是：《建立世界贸易组织协定》第 9 条“决策”和第 10 条“修正”；《1994 年关税与贸易总协定》第 1 条“最惠国待遇”和第 2 条“减让表”；《服务贸易总协定》第 2 条第 1 款“最惠国待遇”；《与贸易有关的知识产权协定》第 4 条“最惠国待遇”。

除上述关键条款的修正外，对《建立世界贸易组织协定》《货物贸易多边协定》和《与贸易有关的知识产权协定》所列其他条款的修正，如果不改变各成员的权利和义务，在成员的三分之二多数接受后，对所有成员生效；如果上述修正改变了各成员的权利和义务，在成员的三分之二多数接受后，对接受修正的成员自接受之日起生效。对《服务贸易总协定》第四部分“逐步自由化”、第五部分“机构条款”、第六部分“最后条款”及相应附件的修正，经成员的三分之二多数接受后，对所有成员生效。对第一部分“范围和定义”、第二部分“一般义务和纪律”、第三部分“具体承诺”及相应附件的修正，经成员的三分之二多数接受后，对接受修正的成员生效，此后接受修正的成员自接受之日起生效。对未在部长级会议规定的期限内接受已生效修正的成员，部长级会议经成员的四分之三多数通过做出决定，任何未接受修正的成员可以退出世界贸易组织，或经部长级会议同意，仍为世界贸易组织成员。



此外，对《与贸易有关的知识产权协定》第 71 条第 2 款关于“修正”的要求做出的修正，可由部长级会议通过，无须进一步的正式接受程序。

对《建立世界贸易组织协定》附件 2《关于争端解决规则与程序的谅解》的修正，应经协商一致做出，经部长级会议批准后，对所有成员生效；对附件 3《贸易政策审议机制》的修正，经部长级会议批准后，对所有成员生效；对附件 4“诸边贸易协定”的修正，按多边贸易协定中的有关规定执行。

### 三、世界贸易组织贸易政策审议机制

对各国贸易政策的监督是世界贸易组织的一项贯彻始终的重要工作。这项工作的核心是贸易政策审议机制（TPRM），即对各成员的贸易政策、措施及其对多边贸易体制作用的发挥所产生的影响进行经常性的审议。

#### （一）贸易政策审议机制的建立

如何在体制上增强多边贸易体制的监督职能，确保有效地监督各缔约方的贸易政策及其对多边贸易体制规则和法律的遵守，一直是关贸总协定所追求的目的之一。建立贸易政策审议机制是“乌拉圭回合”谈判最先建立的一个机制，也是乌拉圭回合谈判最先取得的成果之一。在“乌拉圭回合”发起时，各参加方都希望关贸总协定体制能在监督方面发挥更大的作用，提出了应对各国贸易政策进行定期审议。1988 年 12 月，在其他重要领域谈判尚步履维艰，没有取得实质性进展的时候，参

加“乌拉圭回合”谈判的代表们便就建立定期审议贸易政策与措施的制度达成了协议，而且同意从1989年4月开始试行。这样，在其他各项谈判仍在进行的同时，对美国、日本、欧共体和加拿大等重要缔约方的贸易政策审议便陆续开始。最初，审议是根据关贸总协定进行的，与关贸总协定一样，集中在货物贸易。随着1995年世界贸易组织的成立，审议的范围随着世界贸易组织管辖范围的扩大而扩大，覆盖了服务贸易、与贸易有关的投资和与贸易有关的知识产权等新的领域，并最终达成了《贸易政策审议机制》。

（二）贸易政策审议机制的内容

1. 审议目标

贸易政策审议机制的目标是双重的，首先是通过经常性的监督，了解所有成员政府多大程度上遵守世界贸易组织规则和纪律，促进它们履行义务；其次是通过更多地了解各成员的贸易政策和实践，增强各成员贸易政策及做法的透明度而使多边贸易体制更加顺利地运作。

2. 审议原则

世界贸易组织贸易政策审议机制强调各成员在贸易政策决策上的透明度对各成员经济以及多边贸易体制所共有的重要价值，要求各成员给予各自体制更大的透明度，同时承认国内透明度的执行必须以自愿为基础并应顾及各成员的法律和政治体制。

3. 审议结构

各成员对这一机制的重视程度反映在贸易政策审议机构的高级别上，即由总理事会担任贸易政策审议机构（TPRB）的工作；TPRB每年确立一个审议计划。每次审议以两份文件为基础：一份是接受审议的成员方提供的政策陈述文件，另一份是世界贸易组织秘书处独立准备的一份详细报告。这两份报告，连同TPRB的审议记录将在审议后不久予以公布。

4. 审议频率

审议是在经常、定期的基础上进行的。贸易政策审议的频率取决于各成员在世界贸易中所占的份额。最大的4个贸易方（美国、欧盟、日本、加拿大）每2年审议一次，紧随其后的16个成员每4年审议一次，其余成员每6年审议一次，最不发达国家的间隔期限更长。

5. 审议内容

审议集中在成员各自的贸易政策和做法上，但也考虑各国更广泛的经济和发展需求、它们的政策和目标以及它们面临的外部经济环境。成员间的相互审议可以鼓励各成员政府更加严格地遵守世界贸易组织的规则和纪律，并履行其承诺。当然，报告要按TPRB规定的统一格式撰写。除了贸易政策审议机制以外，世界贸易组织还要求各成员政府必须通过经常性的“通知”程序，给世界贸易组织及其成员通知其新的或修改了的贸易措施、政策及法律。例如，任何新的反倾销或反补贴立法的细节、影响贸易的新的技术标准、影响服务贸易的规章的变化、农产品义务的实施以及涉及与贸易有关的知识产权协议的法规与规章等，都必须向世界贸易组织的有关机构通知。世界贸易组织建立了特别小组以检查新的自由贸易安排以及加入国的贸易政策。

6. 保证透明度

在现实中，贸易政策完全符合多边贸易体制规则的国家或地区几乎是没有的。即使那些完全实行市场经济的西方发达国家，在某些领域、某些部门的贸易政策和措施都或多或少地与多边贸易体制的规则有冲突。而一个国际组织若能积极地影响成员的贸易政策的发展，进而实现其确立的目标，可以说是这个组织有权威、有活力的具体体现。

（三）贸易政策审议机制的作用

国际贸易政策定期审议制度，可以随时检查各成员贸易政策与措施是否与世界贸易组织有关协议相一致，是否与它们各自承担的多边义务及其各自所做的承诺相符合。这不仅有助于世界贸易组织加强对各成员履行其义务与承诺的监督，也有助于各成员国之间的相互监督，保证了世界贸易组织规则的实施。在现行的世界贸易组织体制下，贸易政策审议机构的报告所阐述的意见尚不具有强制力，但它可以对受审议的成员产生一定的压力，促进其尽快地对不符合多边贸易体制的政策进行必要的修订。如果某一成员所实行的贸易政策严重背离世界贸易组织的规则，以致对其他成员造成了损害，最终引发贸易争端的话，世界贸易组织的另一重要机制——争端解决机制就会启动，并以某种强制力的形式，使该成员的贸易政策回到多边贸易体制的轨道上来。对发展中国家来说，贸易政策审议机制一方面有助于自身了解其他成员乃至整个国际贸易政策发展趋势，了解和把握各国市场及世界市场的发展动向，另一方面也有助于让外界了解自己的贸易政策与市场环境，从而促进相互交流与合作。贸易政策审议机制还可以督促发展中国家提高国内贸易政策的透明度自审能力，改善市场准入条件，从而更进一步地融合到多边贸易体制和世界经济全球化的历史进程中。

## 四、世界贸易组织争端解决机制

（一）世界贸易组织争端解决机制的作用与特点

世界贸易组织自1995年成立后，其争端解决机制在处理国际经贸纠纷方面取得了显著的成绩，发挥着日益重要的作用。争端解决机制是多边贸易体制有效实施其自由化承诺的一个保障。它不仅为世界贸易组织各成员提供了一个公平公正地解决经贸纠纷的场所，而且通过其裁决的执行，减少了国际经贸领域中爆发贸易战的可能性，维护了多边贸易体制的稳定性。世界贸易组织争端解决机制自启动后已显示出以下特点：

第一，解决成员方贸易争端的数量和速度加快。在世界贸易组织运行后的9年间，世界贸易组织仲裁委员会处理了301起国际贸易纠纷，而关贸总协定在其存在的近50年中，受理的贸易争端仅238起。①

① 参见2003年9月18日的《国际商报》相关内容。

第二，增大争端各方在案件到达专家小组程序之前通过磋商解决的比例。从目前情况看，世界贸易组织解决争端的最主要手段正是通过磋商，约有80%的争端在建立专家小组之前是通过磋商使争端双方达成一致的。这表明争端解决机制的权威性和效率有所提高。

第三，各成员利用争端解决机制的积极性大大提高。不论是当今世界最强的经济实体，还是一些弱小的发展中国家，都纷纷选择将贸易纠纷提交给世界贸易组织争端解决机制裁决。

第四，发展中国家利用争端机制的数量明显上涨。截至2003年9月11日，在世界贸易组织已处理的301起贸易争端中，美国提交的案件最多，共有75件；其次是欧盟，共有62件。由发达国家成员提起的共有190起，只有111起是由发展中国家提起的。[①] 与关贸总协定时代相比，利用世界贸易组织争端解决机制的发展中国家越来越多。这表明发展中国家迫切希望通过世界贸易组织多边贸易框架来解决贸易摩擦。

如果没有一个解决争端的办法，以规则为基础的体制将因为其规则无法实施而变得毫无价值。从一定意义上说，争端解决机制的存在和加强正是多边贸易体制比许多其他国际组织能更有效地发挥作用的重要原因之一，也是国际社会之所以重视这一多边贸易组织的重要原因之一。

### （二）世界贸易组织统一有效的争端解决机制

"乌拉圭回合"达成的《关于争端解决规则与程序的谅解书》（以下简称DSU）由273条款和4个附录组成，适用于《建立世界贸易组织协议》本身及其4个附录中除贸易政策审议机制以外的所有协议。DSU指出，世界贸易组织的争端解决制度是保障多边贸易体制的可靠性和可预见性的核心因素。世界贸易组织成员承诺，不应采取单边行动以对抗其发生的违反贸易规则的事件，而应在多边争端解决制度下寻求救济，并遵守其规则和裁决。世界贸易组织总理事会可以以争端解决机构（DSB）的名义召集会议，以处理因《乌拉圭回合最后文件》中的任何协议所引起的争端。DSU对争端解决的基本方法与程序做了极为详细的规定。其基本程序包括：磋商，斡旋、调解与调停，专家小组，上诉审查，对争端解决机构的正式建议或裁定的监督执行，补偿与减让的中止以及"交叉报复"等。

#### 1. 磋商程序

磋商是关贸总协定一开始就已确立并长期奉行的解决成员之间贸易纠纷的首要原则。世界贸易组织的DSU对该程序最重要的改进是对磋商规定了较为详细的时间表。一般情况下，各成员在接到磋商申请后10天内应对申请国做出答复，并在接到申请后30天内展开善意磋商。磋商是秘密进行的，并不得妨碍任何成员在任何进一步程序中的各种权利。这一程序是给予争端各方能够自行解决问题的一个机会。

#### 2. 斡旋、调解与调停程序

与磋商程序不同，这一程序是争端当事方同意而非强制选择。它也是秘密进行

① 参见2003年9月18日的《国际商报》相关内容。

的，既可以在任何时候开始，也可以在任何时候结束。世界贸易组织总干事可以依其职权开展斡旋、调解和调停。一旦斡旋、调解和调停被终止，投诉方即可请求建立专家小组。并且只要各方同意，在专家小组工作期间仍可继续进行斡旋、调解和调停。

3. 专家小组程序

这是争端解决机制的核心程序。从严格意义上来说，专家小组的建立才真正开始了多边贸易体制争端解决程序。专家小组一般由 3 位专家组成，除非争端各方一致同意，否则争端当事方的公民或在争端中有实质利害关系的第三方公民都不得作为有关争端的专家小组组员。专家小组原则上在 6 个月（最长不超过 9 个月）内提交最后报告。在专家小组提出报告以供各成员传阅后的 20 天至 60 天，除非某争端方提出上诉或争端解决机构一致反对采纳此报告，该报告即视为通过。

4. 上诉审查程序

这是一项新增加的程序。为受理专家小组案件的上诉，DSU 设立了一个 7 人组成的“常设上诉机构”。只有争端当事方可就专家小组报告提出上诉。上诉审理的范围也仅限于专家小组报告中论及的法律问题及该小组所做的法律解释。上诉案件审理期限原则上为 60 ~ 90 天。上诉机构可以维护、修正、撤销专家小组的裁决结论。上诉机构的裁决为最后裁决，当事方应无条件接受，除非争端解决机构一致反对。这就形成了世界贸易组织独特的两审终审制，增强了争端解决机构的权威性和灵活性。



5. 对争端解决机构的正式建议或裁定的监督执行

这是 DSU 确立的一项具体的监督措施。在专家小组及上诉机构的报告被采纳后，该报告即成为争端解决机构的正式建议或裁定。有关成员应向争端解决机构通报其执行这些建议或裁定的意向，如果不能马上执行，应当确立一个合理的期限。从专家小组建立之日起到争端解决机构确立了上述执行期限为止，时间上不应超过 15 个月，最长不应超过 18 个月。

6. 补偿与减让的中止以及“交叉报复”

如果争端解决机构的建议或裁定没有在合理的时间内得到实施，申诉方可以申请采取补偿和中止减让或其他义务的措施，但必须遵守各项原则和严格的程序。一般是申诉方应首先中止相同部门的减让或其他义务；在这种做法不奏效时，可以要求中止同一协定内其他部门的减让和义务；如果这种行动仍不能使当事方执行裁决，则申诉方可以中止另一有关协议下的减让或其他义务。这后两项内容即所谓的“交叉报复”，无疑将提高制裁的力度。

一个案件经过全部程序直到做出首次裁决一般不应超过 1 年。如果上诉，则不应超过 15 个月。如果案件被认为是恶劣的（如涉及易腐商品），案件不应超过 3 个月。

世界贸易组织更自动、更有效的争端解决机制，保障了各成员的权力与义务的大体平衡，任何一方不能将其不符合世界贸易组织的做法强加于另一方。有了这个机制，许多不能通过成员方之间双边磋商解决的纠纷与争端便有了一条多边的解决出路。

（三）争端解决机制对各国的影响

争端解决机制做出裁决的法律依据是世界贸易组织协议及相关协定和各成员的相关义务。因此，要更好地运用该机制，就要求各成员需将本国现有的国内立法逐步向世界贸易组织各项协定靠拢，同时在制定新的法规时要以世界贸易组织有关规定为参照，从而促使世界各国经贸政策和做法与世界贸易组织规则保持一致。为此，发展中国家必将进行一系列任务艰巨的调整与改革。

## 第三节　世界贸易组织的原则与规则

### 一、世界贸易组织的原则

世界贸易组织的基本原则主要有：

1. 非歧视原则（Principle of Non-discrimination）

它是世界贸易组织及其法律制度的一项首要的基本原则，也是现在国际贸易关系中最基本的准则。非歧视原则的基本含义是：任何缔约国在实施某种限制或禁止措施、或实施某些贸易优惠或豁免时，必须适用于任何缔约方，不得有歧视或区别对待。互惠互利原则、最惠国待遇原则和国民待遇原则正是这一基本原则的具体体现。

“乌拉圭回合”的有关协议将世界贸易组织关于非歧视原则的适用范围进一步扩展。首先，在涉及货物贸易的《保障措施协议》《装运前检验协议》和贸易的《技术壁垒协议》等文件中均含有非歧视原则的规定。其次，在与货物贸易相关领域的协议（如《与贸易有关的投资措施协议》《与贸易有关的知识产权协议》）中也规定了非歧视原则。最后，非歧视性原则还是服务贸易领域最基本的准则。

2. 关税保护原则（Principle of Customs Duties as Means of Protection）

世界贸易组织之所以确立关税保护原则，是因为与非关税措施相比，关税措施具有较高的透明度，便于其他国家和贸易经营者辨析保护的程度，同时关税措施对贸易竞争不构成绝对的威胁。

3. 公平贸易原则（Principle of Fair Trade）

这个原则的基本含义是，各成员国和出口贸易经营者都不应采取不公正的贸易手段进行国际贸易竞争和扭曲国际贸易竞争。因此，无论是关贸总协定，还是世界贸易组织的有关文件，对于不同方式来自不同国家的补贴和倾销分别规定了相应的规则和纪律。

4. 优惠待遇原则（Principle of Preferential Treatment）

该原则又称为“非互惠待遇原则”。“乌拉圭回合”是优惠待遇原则进一步发展的重要标志。首先，《建立世界贸易组织协议》的序言明确规定，应确保发展中国家与其经济发展相适应的国际贸易增长的份额，从而将优惠待遇原则融入世界贸易组织的宗旨之中。其次，“乌拉圭回合”的一系列单独文件不仅在各自的序言部分强调对发展中成员国优惠待遇的重要性和必要性，而且无一例外地在正文中用专门条文加以规定。最后，《服务贸易总协议》和其他几个与贸易相关领域的文件均确立了优惠待遇原则。这表明：世界贸易组织的这一原则不仅适用于传统的货物贸易，而且在新兴的服务贸易和与贸易有关的其他领域也具有普遍的指导意义。

5. 透明度原则（Principle of Transparency）

透明度原则要求缔约方对外公开贸易上的政策、措施和规则，非经正式公布不得实施。这一原则出自总协定第10条，该条以“贸易规章的公布和实施”为题，主要规定：各缔约方应将其有效实施的关于海关对进出口商品的分类或估价，关于税捐和其他费用征收率，关于对进出口货物及其支付转账的规定、限制和禁止，以及关于影响进出口商品的销售、分配、运输、保险、存仓、检验、加工、混合或使用的各种法律、规章、司法判决和行政裁决，均应迅速公布，以便各缔约国政府和贸易经营者了解。

透明度原则经过“乌拉圭回合”又增添了新的适用领域，根据《乌拉圭回合最后文件》的有关附件规定，世界贸易组织的各成员涉及贸易有关的投资措施、与贸易有关的知识产权方面的措施以及服务贸易领域的法律、规章、政策和其他行政或司法措施，均应遵守透明度原则。

6. 协商与协商一致原则（Principle of Consultation and Consensus）

首先，无论是总协议及其实践中产生的法律文件，还是世界贸易组织章程和其他“乌拉圭回合”协议，都是在各谈判参与方多次、反复、广泛协商的基础上形成。其次，无论是总协定第22条和第23条之外的条文，还是历次多边贸易谈判达成的各项守则，或是“乌拉圭回合”《乌拉圭回合最后文件》所载的各项协议，都普遍规定了“协商”义务。可以说，协商原则贯穿于总协议及世界贸易组织调整的各个领域。最后，协商一致是总协定及世界贸易组织决策程序的一项基本准则，总协定几十年的实践表明，它的绝大多数决议都遵循了协商一致原则。世界贸易组织章程第9条更为明确地规定：“世界贸易组织应继续依《1947年关贸总协议》以协商一致进行决策的做法。”

## 二、关于货物贸易的基本规则

### （一）关税减让

关税是世界贸易组织允许其成员使用的保护国内产业的重要政策工具。与众多的非关税措施相比，关税具有较高的透明度，能够清楚地反映出保护的水平，从而可以使贸易竞争建立在较明晰、较公平和可预见的基础上。因此，世界贸易组织极力主张其成员将关税作为唯一的保护手段。允许以关税作为保护手段，并不意味着成员方可以随心所欲地使用这一手段。相反，“通过互惠互利的安排，切实降低关税和其他贸易壁垒”，是多边贸易体制所确立的基本原则之一。从关贸总协定到世界贸易组织都一直致力于削减关税。在关贸总协定的前五轮谈判中，关税减让曾是谈判的唯一议题；在以后的各轮谈判中，关税减让也是始终被列在谈判议题的首位。经过多边贸易体制下的八轮谈判，全球关税水平逐步得到较大幅度的降低，从战后初期平均45%左右降到了目前的5%左右，大大提高了市场准入程度。

（二）非关税措施规范

“乌拉圭回合”重新修订和充实了关贸总协定体制下的有关协议，并制定了一些新的规则。世界贸易组织各成员将根据这一系列管理非关税措施的协议来规范各自非关税措施的使用。

1. 技术性贸易壁垒协议

各国都制定了名目繁多的技术法规、技术标准以及合格评定程序，这些都十分重要，但若随意设置就可能成为贸易的障碍。“东京回合”曾制定了《技术性贸易壁垒守则》，在修改这一守则的基础上“乌拉圭回合”达成了《技术性贸易壁垒协议》。新协议寻求确保技术法规、技术标准以及检验和认证程序不至于对贸易产生不必要的障碍。协议鼓励各成员之间相互承认各自的技术规章、标准以及合格鉴定结果，这样，通过在生产国进行检验，就可以决定某一产品是否符合进口国的标准。协议规定了更详细的透明度要求。为保证全世界的出口商能够方便地得到及了解到未来市场上有关信息的最新标准和全部必要信息，协议要求所有世界贸易组织成员方政府建立国家级咨询点。

2. 进口许可程序协议

许可证制度是各国政府常用的管理贸易尤其是进口贸易的一种重要行政手段，具有简便、有效的特点。“东京回合”时首次制定了专门的较为系统的《进口许可证程序守则》，“乌拉圭回合”进一步修订了该守则，达成了真正多边的《进口许可证程序协议》。新协议强化了使用许可程序的纪律和透明度要求，规定进口许可程序应简单、透明和可预见。协议力图最大限度地减轻进口商在申请许可证方面的负担，以便使管理工作本身不对贸易形成限制或造成扭曲。



3. 海关估价协议

如果海关对产品完税价格做出不合格估价，那将削弱甚至抵消税率削减的成果。世界贸易组织海关估价协议的目标就是为产品的海关估价制定一个公平、统一和中性的体制，一个既符合商业现实又禁止使用随意和虚假的海关估价的体制。《海关估价协议》是在对原关贸总协定关于海关估价的条款进行修订和扩展的基础上形成的，从而使之更加准确。此外，还要求海关估价的有关立法中应含有进口商的起诉权利，海关当局应对机密资料加以保密，有关海关估价方面的国内法规、行政规定和司法决定应按透明度原则予以公布。

4. 装船前检验协议

装船前检验是指雇佣独立的专业公司来检验从海外订购的货物的具体装载情况，包括价格、数量和质量。这个做法被许多发展中国家采用，目的在于保护国家的财政利益（例如防止资本外流、商业欺诈及逃避关税等）和弥补行政管理的不足。“乌拉圭回合”首次达成了这一新协议，旨在确保装船前检验不会对贸易造成不必要的障碍。协议建立了一个独立的审议程序，由一个代表装船前检验机构的组织和一个代表出口商的组织共同管理，目的是解决出口商和装船前检验机构之间的争议。

5. 原产地规则协议

原产地规则是用于确定产品在哪里制造的标准。原产地规则可以影响商业活动的很多方面，诸如配额、优惠关税、实施反倾销和反补贴等贸易措施以及贸易统计等，因此，原产地规则是贸易规则的重要组成部分。“乌拉圭回合”所达成的《原产地规则协议》是有史以来第一个关于原产地规则的多边协议。新协议要求世界贸易组织成员应保证其原产地规则明确和透明，不会对国际贸易产生限制、扭曲和干扰，并以统一、一贯、合理的方式施行和管理这些规则。此外，原产地规则要以“肯定标准”为基础，即应明确列明什么产品需要确认原产地。从更长远的角度出发，协议的目的是在世界贸易组织成员中制定共同的原产地规则。

6. 动植物卫生检疫措施协议

《动植物卫生检疫措施协议》涉及食品以及动植物的卫生规定。协议承认政府有权采取动植物卫生检疫措施，但所有的措施必须以科学为基础，应该仅在保护人类、动植物的生命或健康的限度内实施，不应该在情况和条件相同或相似的成员之间实行武断和不正当的歧视。该协议鼓励各成员将它们的措施建立在现存相应的国际标准、指导方针和建议的基础上。但是，如果有科学的理由或者适当风险评估符合要求的，各成员可以保持或引入更高标准的措施。协议加强了动植物卫生检疫措施的透明度要求，各成员应及时公布和通报其限制贸易的有关动植物检疫的规章与要求，应设立咨询点提供有关信息。协议要求对发展中国家成员尤其是最不发达国家成员提供各种形式的技术援助，在制定和实施动植物卫生检疫措施时也应考虑这些成员方的特殊需求。协议建立了动植物卫生检疫措施委员会，负责协议的执行情况，审议有潜在贸易影响的动植物卫生检疫措施，并保持同有关国际组织的密切联系与合作。



（三）世界贸易组织对农产品、纺织品贸易的特殊规定

由于农产品和纺织品贸易的重要性和复杂性，以及各方之间错综复杂的矛盾和利益冲突，长期以来这两大类产品的谈判进展缓慢，一直游离在关贸总协定的基本规则和贸易自由化的进程之外。因此，这两大类产品曾经是贸易保护主义最盛行的领域，贸易摩擦不断，争端纷呈。“乌拉圭回合”的重要成果之一是终于把农产品、纺织品贸易纳入多边贸易体制之内。

1. 农产品协议

《农产品协议》主要涉及市场准入、国内支持和出口补贴三个领域，要求世界贸易组织各成员遵守这些新的规则和承诺。主要包括：

第一，削减农产品市场准入壁垒，维护公平竞争。

第二，进一步规范国内支持措施。

第三，逐渐削减农产品出口补贴。

2. 纺织品和服装贸易协议（ATC）

纺织品与农产品一样，都是关贸总协定体制中争议最激烈的问题之一。纺织品和服装“10年贸易自由化”的方案是：分四个阶段将其最终全部纳入关贸总协定规则。协议规定，在前三个阶段中每一阶段取消配额限制的产品都必须包括毛线与纱线、纤维、纺织制成品和服装这四类产品中的每一类。具体进程如下：

第一阶段（1995年1月1日至1997年12月31日），以1990年为基期，不少于

1990年总进口量16%的产品配额限制被取消；

第二阶段（1998年1月1日至2001年12月31日），不少于1990年进口总量17%的产品配额限制将被取消；

第三阶段（2002年1月1日至2004年12月31日），不少于1990年进口总量18%的产品配额限制将被取消；

第四阶段（2005年1月1日），取消余下的所有进口的配额限制，使纺织品和服装贸易完全融入关贸总协定。

在纺织品和服装贸易逐步自由化过程中，随着进口限制的减少和进口配额的逐步减少，某些长期受配额保护的市场可能会受到冲击。为了使各成员（主要是进口方市场）在过渡期内纺织品贸易能够较为平稳地发展，不至于造成严重的危害，《纺织品与服装协议》规定了一个过渡期保障机制。根据规定，当某一产品确实已进入一国境内，且其增加的数量已造成对该国境内工业生产所直接竞争产品的严重损害或实质性威胁时，则可采取过渡期保障措施。保障措施既可以通过磋商后达成的协议实施，也可以单方面实施，但需要由纺织品监督机构（TMB）审议。1995年起，世界贸易组织《纺织品与服装协议》取代了《多种纤维协定》，到2005年，该部门将完全融入关贸总协定规则之中，特别是配额将最终被取消，进口国将再也不能对出口国实施歧视性待遇。在十年过渡期后，随着《纺织品与服装协定》配额限制的全部取消，不仅发展中国家、纺织品出口国可以从中获得贸易收益，作为纺织品主要进口国的发达国家也可以从进口廉价纺织品中受益。届时，《纺织品与服装协议》本身也将不复存在，该协议也是世界贸易组织协议中唯一规定了自行废止内容的协议。



（四）反倾销与反倾销措施（详见第五章“国际贸易救济措施”）

（五）反补贴与反补贴措施（详见第五章“国际贸易救济措施”）

（六）保障措施（详见第五章“国际贸易救济措施”）

### 三、关于服务贸易的基本规则（详见第十一章“国际无形贸易”）

## 第四节 中国与世界贸易组织

### 一、中国与世界贸易组织

（一）中国与世界贸易组织的历史回顾

中国与世界贸易组织相互关系的历史演变经历了一系列复杂的历程。

1947年4月，当时的中国南京政府参加了在日内瓦举行的联合国经济社会理事会召集的国际贸易与就业会议第二届筹备委员会。会议期间到同年10月，中国同英、美、法、加等国举行了关贸总协定第一轮谈判。同年10月30日，各参加国签署了《关税与贸易总协定》。1947年10月，在古巴哈瓦那联合国贸易与就业会议上，审议通过了《国际贸易组织宪章》，即《哈瓦那宪章》，中国是该宪章的签字国，同时也是拟议的国际贸易组织临时委员会委员。1948 年 3 月 24 日，中国签署了联合国世界贸易与就业会议的最后文件，成为国际贸易组织临时委员会委员。1948 年 4 月 21 日，按《临时适用议定书》的文件呈交给总协定存放，30 日后即 1948 年 5 月 21 日，中国成为关贸总协定的创始缔约国。

1949 年 4 月至 10 月，中国参加了在法国安纳西召开的关贸总协定第三届缔约国大会并同时进行了关贸总协定第二轮多边贸易谈判，与新加入总协定的丹麦、意大利等六国进行了关税减让谈判。1949 年 10 月 1 日，中华人民共和国成立。由于受当时的政治因素影响，中国在联合国的合法席位被台湾当局占据，中国在关贸总协定的位置也为台湾当局所占。代表中国的唯一合法政府的中华人民共和国政府未能参加总协定活动，对总协定的情况和其实质性权利义务也不清楚，因此，中华人民共和国政府当时未能在总协定问题上做出明确表态。1950 年 3 月，台湾当局在未经中国政府授权的情况下，非法“退出”关贸总协定，使中国失去了创始缔约国的席位，中国政府对此从未承认其合法性。捷克和其他一些国家的代表当时也对台湾当局的“退出”表示异议，但限于当时的国际背景和历史条件，这一问题长期被搁置。1965 年 1 月，台湾当局又非法取得总协定缔约国大会观察员席位。直至 1971 年 10 月，联合国大会恢复了中华人民共和国在联合国合法权利，才将台湾当局驱逐出联合国；同年 11 月，关贸总协定取消了台湾当局的观察员资格。

20 世纪 70 年代中期起，中国先后成为联合国贸发会议和总协定下属机构国际贸易中心的成员，并逐步开始了与关贸总协定的接触。1980 年，应中国政府的要求，关贸总协定正式向中国常驻日内瓦联合国代表团提供总协定的文件。同年 8 月，中国代表团出席了国际贸易组织理事会执行委员会会议，参加选举了该委员会的执行秘书，即关贸总协定前任总干事邓克尔先生。1980—1981 年，中国三次派人参加了关贸总协定举办的商业政策讲习班。1981 年 4 月，中国列席总协定纺织品委员会会议，5 月取得了纺织品委员会观察员资格，列席了第三次国际纺织品贸易协议的谈判会议。1984 年 1 月，中国政府正式签署了该协议并成为总协定纺织品委员会的成员，于 1982 年首次派代表团以观察员的身份列席了关贸总协定第 38 届缔约国大会，并与总协定秘书处就中国恢复总协定缔约国地位等问题交换了意见。以后，中国政府代表列席了历届缔约国大会及特别会议，并于 1984 年 11 月申请并获得了列席总协定理事会及其下属机构会议的地位及参加有关活动的权利。

1986 年 7 月，中国政府代表向关贸总协定总干事邓克尔正式提交了关于恢复中国在关贸总协定创始国地位的申请，并阐明了中国对恢复总协定缔约国地位的主要原则。此后，中国政府开始了“复关”的努力和艰巨谈判，直至 1995 年，随着世界贸易组织取代关贸总协定，中国又转向加入世界贸易组织的努力。

### （二）中国“复关”的原则和进程

#### 1. “复关”的三大原则

鉴于中国恢复在总协定地位的特殊性，中国政府提出了中国“复关”必须坚持的三项原则：①中国进入关贸总协定是恢复席位，而不是加入或重新加入总协定；②中国政府不是以承担进口具体义务为承诺条件，而是以关税减让为“复关”的基础；③中国作为发展中国家应以发展中国家的身份恢复关贸总协定缔约国地位。这三项原则的提出为中国“复关”工作明确了行动的纲领。根据这三项原则，在“复关”谈判问题上，中国政府还提出了三条具体要求：①按照关贸总协定原则，美国应给予中国多边无条件最惠国待遇；②根据关贸总协定第四部分和“东京回合”授权条款所确立的法律基础，中国应在缔约国中享受发达国家给予的普惠制待遇；③依照总协定有关规定，欧共体应取消对中国的歧视待遇。

这三项原则和三条具体要求，完全是本着关贸总协定的原则和宗旨而制定的，目的在于维护、健全和发展国际多边贸易体制。中国按照权利和义务平衡的基本原则重返关贸总协定，关贸总协定的原则和规则也将随中国的重返得到更好的维持和进一步的发展。

2. “复关”的进程

在中国向关贸总协定正式提出恢复其在关贸总协定缔约国地位的申请后，1986年9月，中国以正式代表身份参加了关贸总协定第八轮“乌拉圭回合”谈判。随后于1987年2月，中国政府向关贸总协定正式递交了《中国对外贸易制度备忘录》。1987年3月，关贸总协定成立中国缔约地位工作组，其职责是：审议中国的外贸制度；起草关于中国恢复地位的议定书；提供进行关税减让谈判的场所。从1987年10月—1990年9月，关贸总协定工作组共进行9次会谈。这些会谈就中国经济体制、价格改革、贸易政策等方面提出了许多问题，中国代表团也就此通过口头和书面方式做了回答和说明。至此，关贸总协定中国工作组初步完成了对中国外贸制度所进行的评估，并准备草拟中国重返关贸总协定议定书。在中国代表团的努力下，1992年重返关贸总协定谈判进入实质性阶段，即开始转入涉及权利和义务的议定书实质性谈判阶段，并就关税减让举行谈判。1994年7月，中国工作组召开第18次工作组会议，中国代表团向这次会议提交了中方的议定书，受到各缔约方的欢迎，这是一个积极的、将推动谈判进程的重要步骤。

从1986年至1994年，中国正式提出恢复缔约国地位申请的8年中，中国根据关贸总协定的原则和“乌拉圭回合”一揽子文件并结合中国的具体情况，做出了许多承诺，也取得了很大成绩。但由于美国等一些西方国家提出一些不合理条件的重重阻碍，使中国恢复关贸总协定的愿望一直未能实现。随着世界贸易组织取代关贸总协定，自1996年1月起，中国恢复缔约国地位的进程也就转向加入世界贸易组织，简称“入世”。

（三）中国正式加入世界贸易组织

1999年11月10日至15日，中美两国就中国加入世界贸易组织问题在北京举行了谈判。11月15日，双方达成了协议。2000年5月15日至19日，中国与欧盟就中国加入世界贸易组织问题在北京举行谈判。5月19日双方达成协议。2000年6月19日至23日，世界贸易组织中国工作组第10次会议在日内瓦举行，谈判重点转移到在多边起草中国加入世界贸易组织的法律文件——加入议定书和工作组报告书。2001年6月28日至7月4日，世界贸易组织中国工作组第17次会议在日内瓦举行，此次会议完成了中国加入世界贸易组织多边文件的起草工作。2001年9月19日，中国与墨西哥结束了关于中国加入世界贸易组织的双边谈判，至此中国全部完成了与世界贸易组织成员的双边市场准入谈判。2001 年 9 月 12 日至 17 日，世界贸易组中国工作组第 18 次会谈在日内瓦举行，此次会议通过了中国加入世界贸易组织多边文件，提交部长级会议审议和批准。会议宣布结束中国工作组的工作，中国加入世界贸易组织谈判工作全部结束。

2001 年 11 月 10 日，在多哈召开的世界贸易组织第 4 次部长级会议上，审议并通过中国加入世界贸易组织。11 日，中国政府代表递交了江泽民签署的中国加入世界贸易组织批准书。2001 年 12 月 11 日，中国在经历了长达 15 年的艰苦努力谈判之后，终于正式成为世界贸易组织成员。

## 二、中国入世后面临的机遇与挑战

### （一）加入世界贸易组织与中国的利益

加入世界贸易组织，客观上要求按市场经济一般规律，调整和完善社会主义市场经济的行为规范和法律体系，消除生产方式中不适应时代要求和生产力发展的体制和机制障碍，依法办事，转变政府职能和工作作风，建立和完善全国统一、公平竞争、规范有序的市场体系，为经济发展创造良好的体制环境。

加入世界贸易组织，扩大了中国的市场准入范围，增加了贸易机会，改善了中国的贸易、投资条件，提高了服务业的开放程度。它可以使中国在更大的范围、更广阔的领域、更高的层次上参与国际经济技术合作，增强对外资的吸引力，把国内市场与国外市场更加紧密地连成一体，实现资源优化配置，充分、有效地利用国内外两种资源、两个市场，把中国对外开放提高到一个新的水平。

加入世界贸易组织，有利于促进国内结构调整同正在进行的全球性经济结构调整紧密结合，依据中国产业的比较优势和全球产业发展趋势，适应国际市场竞争的要求，加快科技进步和创新，不断推进国民经济结构的优化升级，提高产业和产品的竞争力，尽快实现经济增长方式的根本性转变，推动国民经济在既有较高速度又有较好效益的轨道上运行。

在中国加入世界贸易组织后，中国台湾作为中国单独关税区也成为世界贸易组织成员。

### （二）中国入世后面临的机遇

1. 拓展国际市场

世界贸易组织成员间实行最惠国待遇和国民待遇，增加了竞争的公平性；实行透明度原则，增加了贸易的可预见性；规定了在一定特殊条件下可以实施保障措施，避免成员经济遭受不公平贸易的影响。加入世界贸易组织后，中国在国际贸易事务中享有更多的权利，获得更加稳定的国际经贸环境，享受其他国家和地区贸易投资自由化的便利，这对于充分发挥中国的比较优势、拓展国际市场、发展同各国和地区的经贸往来与合作必将起到积极的作用。

2. 改善投资环境

加入世界贸易组织后，随着中国向世界贸易组织其他成员提供国民待遇，提高贸易政策及法律、法规的透明度，扩大市场准入的范围，逐渐减少对外商投资的限制，外商进入中国市场的门槛将大大降低，外商投资的空间也进一步扩大。中国投资环境的上述改善，使中国利用外资进入一个新的高潮。2002 年和 2003 年连续两年我国利用外国直接投资额排在各国首位。据商务部统计，2003 年 1 月至 12 月，全国新批准外商投资企业 41 081 家，合同利用外资金额 1 150.70 亿美元，实际使用外资金额 535.05 亿美元。截至 2003 年 12 月底，全国累计批准外商投资企业 465 277 个，各国外资金额 9 431.30 亿美元，实际使用外资金额 5 014.71 亿美元。

3. 扩大对外投资

加入世界贸易组织后，中国企业可以利用其他成员开放市场、对世界贸易组织成员提供非歧视和互惠待遇的便利条件，在更大程度上走向国际市场，参与国际经济竞争。

4. 提高资源配置效率

加入世界贸易组织为中国经济发展开辟了新的、更大的空间。中国企业可以充分利用中国市场、劳动力、土地、自然资源等方面具有的优势，在更广阔的世界市场上开展合作与竞争，实现资源优化配置，提高国际竞争力。

5. 提高企业运行效率

加入世界贸易组织后，随着市场开放的加大，进入我国的跨国公司越来越多，中国企业将不得不接受国际竞争的冲击和考验，只有通过改善自身素质，积极参与竞争，才能继续生存和发展。加入世界贸易组织后，企业将会有更多机会吸收国外的先进技术，学习国外企业先进的运作方式、管理经验，通过与外商的合资与合作，加快结构调整和产品升级换代，增强竞争能力。

### （三）中国入世后面临的挑战

中国加入世界贸易组织后，在带来大好发展机遇的同时，也会给中国带来严峻的挑战。除了农业以外，中国在以下各行业都将面临巨大的挑战：

1. 银行业

中国银行业的主要业务是存贷款，占到整个业务的 90%；而国外商业银行普遍是混业经营，除主业外，还经营保险、证券、基金投资等，其中银行的中间业务占主营业务的较大比例，存贷款业务只占较小的份额。二者相比较而言，外国银行一是盈利水平高，二是可以为客户提供较为全面的服务。例如，为储户投资理财，让居民储蓄有更大的升值机会，而中国的银行就无法为居民进行投资，投资理财只能停留在“纸上谈兵”，提供一些投资方案而已。就企业的吸引力而言，由于国际大牌银行大都拥有全球网络，国际业务精通，结算方便，提供的中间业务又多，对企业的走出去或外资企业走进来都十分有利。

2. 保险业

中国保险市场对外资保险公司开放后，中国保险业将面临多方面的冲击。原有的竞争格局将被打破，国内市场国际化，外资保险公司的市场份额将逐渐增加，中国保险公司的市场份额则相对下降。随着外资保险公司的进入，中资保险公司经营管理水平、风险管理技能和服务水平的不足也会日渐暴露出来。加入世界贸易组织后对现有保险法律、法规也提出了挑战，因为目前相关的法律、法规对外资保险公司的经营并未做出细致的规定，如不对其及时调整，那必然会造成执行上的冲突和矛盾。

3. 证券业

在中国各个行业对世界贸易组织做出的开放承诺中，有关证券业的内容显得谨慎而富于弹性。国内券商拥有相对充分的时间为证券市场开放做准备。但券商们在此次市场大调整中暴露出来的普遍较弱的资本实力和较低的经营管理水平，不能不让人们为“入世”后证券业的处境担忧。在证券市场完全放开的条件下，国内券商如果不能有效利用三到五年的缓冲期飞跃式地发展壮大自己，凭现有资金、技术、人才、经营理念和业务范围，是无法与国外老牌投资银行竞争的。

4. 汽车业

在高关税的保护下，中国汽车工业避免了过早与外国企业竞争，得到了相对宽松的发展空间，但加入世界贸易组织后进口汽车平均关税将逐步降低，外国汽车将以比现在低得多的价格进入中国。届时，目前国内轿车产品的性能、价格是没有竞争力的。

失去关税保护的中国汽车至少要降低40%以上的售价才能参与国际竞争。目前中国进口汽车零部件的关税约17%，而进口轿车的关税则在80%~100%。这一关税水平与其他一些国家和国内的同类产品比都偏高。正是因为政府给予了汽车工业最大限度的保护，才使它成为“入世”后受冲击最大的行业。由于累计轿车产量不断增加和价格远高于国际市场价的两方面原因，必然导致国内轿车价格持续下降。据预测，小型汽车制造商更是需要大规模地提升市场竞争力。



目前，中国汽车工业正处在巨大变革的时期，国外、国内的汽车生产厂家都面临着同样的难题，包括能源问题、环保问题和交通拥堵与事故的多发问题。由于中国的汽车工业在某种意义上仍接近一穷二白，所以在变革中背的包袱相对较轻，这同时也是国内汽车工业缩小与国际差距的最好时机。

5. 纺织业

“入世”后中国将大幅度削减关税，逐步取消许可证，改革限制进口的非关税措施。由于中国某些原料生产技术还达不到国际先进水平，出口服装所需面料国内尚不能完全满足，只能依赖进口。“入世”后国外原料的大量涌入必然会冲击到国内的原料生产企业。还有一些新兴的较为薄弱行业及产品，如20世纪70年代崛起的化纤行业，近几年才较大规模开发生产的化纤仿真丝产品和高级印染整理产品等，在品种、质量方面很难与国外同类产品相比，无法在国际市场上参与竞争，“入世”后市场开放及关税减让，必将直接严重威胁到这些产品生产企业的生存与发展。



中国是纺织生产大国。2003年从业平均人数830万人，全行业估计为1 800万人。2003年规模以上实现工业总产值（不变价）12 149亿元，实现销售收入12 342亿元，实现利润443.9亿元。纺织品是我国最具有比较竞争优势的大宗出口商品。据海关统计，1984年到2003年的20年间，除1996年、1998年两年外，我国纺织品、服装出口基本保持高速度增长。2003年，我国纺织品、服装出口788.5亿美元，同比增长 27.6%。据世界贸易组织统计，2002 年我国纺织品、服装占全球同类产品贸易的 17.5%，连续八年世界排名第一。据各国海关统计，我国纺织品、服装已占美国、欧盟和日本进口的第一。世界银行预测，中国 2005 年可能占世界纺织品市场份额的 47.1%。由于各方普遍预测中国将成为纺织品一体化的最大赢家，我国纺织品将可能成为国际贸易保护主义重点打击的目标。我国需从中央、地方、社会组织和企业四个层面全方位开展工作，切实贯彻落实科学发展观，实现可持续发展。

6. 电信业

中国电信服务业的国际竞争对手实力强大。世界许多大型电信公司早已纷纷走出国门，建立竞争优势相当明显的国际电信战略联盟，“入世”后，中国电信服务市场全面开放，这些国际巨头必然抢滩中国电信服务市场。而中国电信目前仍未习惯竞争，且市场竞争无序，限制多多。世界贸易组织要求其成员必须在市场经济的共同基础上，实现全球范围的贸易自由化。而中国电信体制在这一方面却相去甚远，名为企业的中国电信，实质上仍是一个由管理部门控制的业务运营法人。这既不利于企业市场主体地位的确立，也不利于企业竞争意识的培养。

# 第五章
# 国际贸易救济措施

为维护公平贸易和正常的竞争秩序，世界贸易组织允许成员方在进口产品倾销、实施禁止性补贴和过激增长等给其国内产业造成损害的情况下，可以使用反倾销、反补贴和保障措施手段，保护国内产业不受损害。反倾销和反补贴措施针对的是价格歧视这种不公平贸易行为，保障措施针对的则是进口产品激增的情况。本章对“乌拉圭回合”中达成的《反倾销协议》《补贴与反补贴措施协议》和《保障措施协议》等内容分别加以介绍。

## 第一节　反倾销协议



倾销一般是指一国出口商以低于产品正常价值的价格，将产品出口到另一国市场的不正当的商业竞争行为。由于倾销在很大程度上破坏了一国的市场秩序，各国政府均采取针对措施即反倾销来限制倾销，以保护国内相关产业。反倾销是世界贸易组织允许的、世界各国均可采用的维护公平贸易秩序，抵制不正当竞争的重要手段之一。但如果反倾销措施的实施超过了合理范围和合理程度，就会演变成为一种贸易保护主义措施，影响国际贸易的正常发展。为了保护公平竞争，阻止倾销的产生和反倾销措施的滥用，协调国与国之间的立法冲突，减少和消除贸易壁垒，推动国际贸易自由化，各国谋求把反倾销措施纳入多边贸易体制，确立统一的标准。

为达到上述目的，在关贸总协定的多轮谈判中，各参加方反复就反倾销问题进行谈判。在《1947 年关税与贸易总协定》第 6 条“反倾销与反补贴税”中第一次将反倾销纳入多边贸易规则的范围。但是，第 6 条只是一些原则性规定，缺乏可操作性。在“肯尼迪回合”和“东京回合”中，各参加方仍将反倾销列为重要议题，并最终在“乌拉圭回合”中达成了《关于执行〈1994 年关贸总协定〉第 6 条的协议》，简称《反倾销协议》，适用于所有世界贸易组织成员。

《反倾销协议》共包括 3 个部分和 2 个附件。第一部分包括原则、倾销的确定、损害的确定、国内产业的定义、发起和随后进行调查、证据、临时措施、价格承诺、反倾销税的征收和发展中国家等方面的规则，总共有 15 条。第二部分包括反倾销措施委员会、磋商和争端解决两方面的规则，共有 2 条。第三部分只有 1 条，是最后条款。附件规定的是反倾销的实地调查程序和反倾销调查中最佳信息的获得。下面主要介绍第一部分的相关规则。

## 一、实施反倾销措施的基本要件

实施反倾销措施必须具备的三个基本要件是：倾销、损害、倾销与损害之间的因果关系。

（一）倾销的确定

《反倾销协议》第2条第1款规定："如一产品自一国出口至另一国的出口价格低于在正常贸易过程中出口国供消费的同类产品的可比价格，即以低于正常价值的价格进入另一国的商业，则该产品被视为倾销。"可见，确定产品是否倾销取决于产品的出口价格是否低于其正常价值。

1. 正常价值的确定

产品正常价值的确定有三种方法：第一，出口国国内正常贸易中用于消费的国内销售价格；第二，第三国出口价格，即同类产品出口至适当第三国时的具有代表性的出口价格；第三，结构价格，即产品在原产国的生产成本加上合理的管理费用、销售费用和一般费用及利润后所形成的价格。

一般情况下，应优先采用出口国国内销售价格。只有在没有出口国国内销售价格或该价格不能作为正常价值的情况下（出口国国内市场的市场情况特殊或销售量较低），才采用第三国出口价格或结构价格。

2. 出口价格的确定

出口价格是指在正常贸易中一国向另一国出口某一产品的价格，也就是出口商将产品出售给进口商的价格。根据《反倾销协议》第2条第3款，在特定情况下，如果不存在出口价格，或由于出口商与进口商或第三者之间有联合或补偿安排，使出口价格不可靠时，可在进口产品首次转售给独立购买者的价格的基础上推定出口价格。如果该产品没有转售给独立购买者或未按进口时的状态转售，则在合理基础上推定出口价格。（具体方法可见《海关估价协议》。）

3. 倾销幅度的确定

确定了正常价值和出口价格后，通过对两者进行公平比较，就可以确定是否存在倾销和倾销的幅度。

正常价值和出口价格是两个不同市场的销售价格，不仅在贸易环节上存在差异，其交易水平和渠道也各不相同。因此，在比较这两个数据之前必须进行必要的调整，使之具有可比性。调整主要考虑如下因素：相同的贸易水平，通常推至出厂前的价格水平；尽可能是在相同时间进行的销售；影响价格可比性的差异，包括销售条件和条款、税收、销售数量和产品的物理特征等方面的差异；转售的费用；汇率；产品的同类性等。

比较正常价值和出口价格的方法有三种：第一，加权平均的正常价值同全部可比出口交易的加权平均价格进行比较；第二，在逐笔交易的基础上对正常价值与出口价格进行比较；第三，加权平均的正常价值与单笔出口交易的价格进行比较。其中，前两种方法优先于第三种方法，只有当出口价格在不同购买者、地区或时间之间差异很大，且不宜采用前两种方法进行比较时才可使用第三种方法。如果产品不是直接从原产国进口而是从第三国进口，则该产品从出口国向进口成员销售的价格通常应于出口国的可比价格进行比较，特殊情况下也可与原产国的价格进行比较。

（二）损害的确定

确定进口国“国内产业”遭到了损害是进口国对倾销产品征收反倾销税的另一个基本要件。

1. 国内产业的定义

《反倾销协议》第 4 条规定，“国内产业”是指生产与倾销产品同类产品的国内生产者的总称，或其产品的总量构成国内同类产品总产量主要部分的国内生产者。此外，在已具有统一市场特征的一体化水平的经济联盟，整个一体化领域的产业被视为国内产业，如欧盟。在这里，“国内产业”排除了那些与被诉产品的进口商或出口商有关的生产商，或其本身就是被诉产品的进口商。

根据《反倾销协议》第 4 条第 1 款第 2 项的规定，“国内产业”也可以由位于某一成员方境内的一个地区为范围构成，只要该地区已形成一个相对独立的竞争市场，并且符合下列条件，市场内生产商就可被视为一个独立的产业。条件是：

第一，该地区生产商在该市场出售其生产的全部或几乎全部的有关产品；

第二，该地区市场需求的产品在很大程度上不是由成员方境内其他地方的生产商所提供。



而根据《反倾销协议》第 4 条第 2 款的规定，当一成员国内产业被解释为某一地区的生产商时，反倾销税应仅对输入该地区的用于最终消费的有关产品征收，而不能对销往该成员其他地区的产品征收。

2. 损害的定义

《反倾销协议》所指的“损害”有三类：①对进口方国内产业造成实质损害；②对国内产业构成实质性损害的威胁；③对此产业的建立形成实质性阻碍。

《反倾销协议》对“实质性”没有明确的定义。但它规定确定损害时必须客观的审查进口产品的数量和进口产品对国内市场同类产品价格的影响，及进口产品对国内生产者的后续影响。为此，调查当局应依据肯定性证据，审查以下内容：

第一，进口产品的数量。包括调查期内被控产品的绝对进口量，或相对于进口方国内生产或消费的数量是否较此前有大幅度增加。

第二，进口产品的倾销对国内市场同类产品价格的影响。包括进口产品与进口方同类产品的价格相比，是否存在大幅降价，或进口产品使进口方同类产品的价格大幅下降，或在很大程度上抑制了本应发生的价格增长。

第三，进口产品的倾销对国内产业的影响。包括影响产业状况的所有有关经济因素和指标，如销售、利润、产量、市场份额、生产力、投资收益或设备利用率实际和潜在的下降，影响国内价格的因素，倾销幅度的大小等。

3. 损害的累积评估

根据《反倾销协议》第 3 条第 3 款的规定，“如来自一个以上的国家的同一产品同时接受反倾销调查”，满足以下条件时，调查当局可以采用累积评估的方法，综合考虑来自不同成员的倾销产品对其造成的影响。

第一，从这些国家进口产品的倾销幅度都大于 2%，即都超过了“最低倾销幅度”。

第二，从每一个国家进口倾销产品的数量被确定为占进口国同类产品进口总量的 3%以上，或者从一个国家进口的数量不足 3%，但从几个国家进口的数量之和超过了总进口量的 7%。

第三，根据进口产品之间的竞争条件及进口品与国内同类产品之间的竞争条件，对进口产品所做的累积评估是适当的。

（三）倾销与损害之间因果关系的确定

《反倾销协议》第 3 条第 5 款规定，必须有证据表明倾销产品正在造成对国内产业的损害，即倾销与损害之间存在因果关系。进口方主管机构应审查除进口倾销产品以外的、正在损害国内产业的其他因素，如未以倾销价格出售的进口产品的数量及价格，需求萎缩或消费模式的改变，外国于国内生产商之间的竞争与限制性贸易做法，技术发展、国内产业的出口实绩及生产率等。进口方主管机构应分析这些因素对产业损害的影响，但不应把这些因素造成的产业损害归因于倾销产品。

## 二、实施反倾销措施的基本程序

（一）申请人申请

根据《反倾销协议》第 5 条第 1 款规定，一般情况下，反倾销调查在收到国内产业或产业代表的书面申请后发起。同时，第 2 款规定了申请应包括的主要内容：



（1）申请人的身份，包括名称、主要产品、地址、电话等表明申请人身份的基本资料。

（2）对国内同类产品生产价值和数量的陈述。

（3）对倾销产品的一套完整的陈述，包括该产品所属国家的名称、每一个已知的出口商或外国生产商的身份以及已知的进口该产品的进口商的名单。

（4）倾销产品在原产地国或出口国国内市场上出售的价格资料，以及出口价格的资料，或在必要时提供该产品在进口国首次转售给独立购买人的价格资料。

（5）倾销进口产品的数量发展变化的资料，包括进口产品对国内市场同类产品价格的影响以及对国内有关产业造成冲击的程度的资料。

（二）进口国主管机构立案审查和公告

《反倾销协议》第 5 条第 3 款规定，主管机构应审查申请书提供的证据的准确性和充分性以及申请企业的代表性，以确定是否有足够的证据发起反倾销调查。第 4 款规定，如果表示支持申请的同类产品国内生产商的集体产量达到了表示支持和反对的国内生产商产量之和的 50%以上，则该申请被视为“由国内产业或者产业代表提出”。但是，如果表示支持申请的国内生产商的产量不足国内产业生产的同类产品总产量的 25%，则不得发起调查。

同时，根据《反倾销协议》第 12 条第 1 款的规定，当有充分证据证明发起反倾销调查是正当的，主管机构应通知与调查有利害关系的当事方，并发布公告。

（三）反倾销调查

一般情况下，反倾销调查应在1年内结束，最长不得超过调查开始之后的18个月。在调查过程中，如果出现下列情况，主管机构应尽快终止调查：第一，无充分证据证明存在倾销或产业损害，或者两者之间没有因果关系；第二，倾销幅度，或倾销产品的进口数量，或产业损害，是可忽略不计的。

公告发布后，被控产品的出口商、生产商或其他利害关系方，有权要求参与反倾销调查，陈述自己的观点和意见。在调查过程中，在必要的情况下，在相关国家和企业的允许和配合下，可以进行实地调查。

在调查过程中，主管机构若做出存在倾销的最初裁决，并且确定采取临时措施对防止调查期间发生产业损害是必需的，可采取临时措施，或出口商以价格承诺方式主动承诺修改其价格或停止以倾销价格出口。

（四）裁决

主管机构在调查之后，应当迅速裁决，决定是否存在倾销、是否构成对国内产业的损害以及是否采取反倾销措施。如果决定征收反倾销税，还应公布各涉诉出口商、生产商因倾销产品应征收的反倾销税额或税率。

（五）行政复审与司法审查

1. 行政复审

征收反倾销税的最终目的是抵消倾销所造成的损害。在征收一段合理时间的最终反倾销税后，任何利害关系方可请求主管机构复审继续征收反倾销税的必要性。当然，主管机构也有权主动提起复审。



行政复审主要是就继续征收反倾销税的必要性进行审查，以及论证损害是否会因取消或变更反倾销税而重新发生。如经论证继续征收反倾销税或按照原税率征收反倾销税是不合理的，则应终止或减少征收反倾销税。

2. 司法审查

为保证各成员方公正实施反倾销措施，《反倾销协议》第13条规定，各成员方在其国内立法中应包含司法审查机构及程序。对主管机构做出的最终裁定或复审决定等行政行为，利害关系方可以要求通过司法、仲裁或行政法庭按照程序进行审查。这类法庭及程序应独立于做出裁决或复审决定的行政主管机构，保持其独立性。采取何种形式的司法审查方式，由各成员方自行决定。

## 三、反倾销措施

反倾销措施包括临时措施、价格承诺和征收反倾销税。

（一）临时措施

《反倾销协议》第7条规定，只有在符合下列条件的情况下，主管机构才可以采取临时措施：第一，调查已开始，已予以公告，且已给予利害关系方提供资料和提出意见的充分机会；第二，已做出倾销存在和对国内相关产业造成损害的肯定性初步裁定；第三，有关主管机构认定采取临时措施对防止在调查期间继续发生损害是必需的。

临时措施可采取征收临时反倾销税的形式，或采取现金保证金或保函等担保形式，其数量相当于临时估计的反倾销税金额，但不得高于临时估计的倾销幅度。

进口方主管机构应自反倾销案件正式立案调查之日起60天后，才能采取临时措施。这种措施的实施时间应尽可能短，一般不超过4个月；如果有关贸易的大部分进口商提出要求，由主管机构决定，该期限可延长至6个月。在调查过程中，如果主管机构审查低于倾销幅度的税额不足以消除损害，则上述时间可分别是6个月和9个月。

此外，采取临时措施应遵守征收反倾销税的有关规定。

（二）价格承诺

价格承诺，指在初步裁定存在倾销、产业损害以及两者之间存在因果关系后，出口商承诺提高价格，或停止以倾销价格出口，使主管机构感到满意，终止或中止调查程序，而不采取临时措施或征收反倾销税。所以，做出价格承诺的前提是主管机构已经做出了倾销存在和由倾销造成国内相关产业的损害的肯定性初步裁定。出口商承诺的提价不得低于抵消倾销幅度所必需的程度。如提价幅度小于倾销幅度就足以抵消对国内产业的影响，则该提价幅度是可取的。

做出价格承诺的要求可以是主管机构提出的，也可以是出口商提出的，但无论是谁提出的，对方都没有必须接受的义务。当出口商提出价格承诺的要求时，如果主管机构认为接受承诺是行不通的，例如实际或潜在的进口商数目太大，则可以不接受出口商的承诺；当进口方主管机构提出价格承诺的建议时，不得强迫出口商做出此类承诺，如果出口商拒绝当局的承诺邀请，其行为不应影响到该案件的最终裁决结果。



价格承诺一旦被接受，调查程序应当中止或终止，且不采取临时措施或征收反倾销税。若应出口商要求或主管机构决定，关于倾销和损害的调查仍继续进行。在这种情况下，如做出否定裁决，则承诺自动失效；如果否定裁决主要是由于承诺的存在而做出的，则主管机构可要求承诺维持一段合理的时期；如果做出肯定裁决，则承诺继续有效。

在承诺程序期间，主管机构可要求出口商提供其执行承诺的有关资料，并对这些资料进行核实。如果发现违反承诺的情况，主管机构可采取相应行动，包括终止承诺协议的执行，重新启动反倾销调查程序，采取临时措施。在此情况下，临时措施可追溯到采取措施前90天，但这一追溯不适用于在违反承诺前已入境的进口产品。

（三）反倾销税

反倾销税是最主要的一种反倾销措施，它是主管机构在裁决中认定倾销和损害存在时决定对倾销产品征收的一种附加税。反倾销税的数额不得超过所裁定的倾销幅度。

征收反倾销税应遵循如下原则：第一，征收额度应不高于倾销幅度。第二，多退少不补。即如果最终确定的反倾销税高于已支付的临时税或为担保目的而估计的数额，则差额部分不能要求出口商补交；反之，则应退还出口商多交的部分税款。

第三，无歧视原则。即对所有构成倾销和损害的进口产品按适当的数额进行征收，并列明有关产品的供货商的名称和有关供货国。

反倾销税应自征收之日起5年内结束，但如果在此期间提出了复审要求，则按复审的结果判断是否继续征收。

临时和最终的反倾销税只有在裁定存在倾销、损害和因果关系后才能征收。然而，在调查期间可能已经发生了损害，或者出口商可能已经采取了规避反倾销税的措施。因此，《反倾销协议》规定了在下列两种特殊情况下可以追溯征收反倾销税：

第一，如果在做出倾销造成实质性损害的最终裁定之前没有实施临时措施，从而使倾销产品在调查期间继续对进口方国内产业造成损害，则最终确定的反倾销税可以追溯到能够适用临时措施时开始计征。

第二，如果反倾销调查最终认定所进口的倾销商品有做出对进口方国内产业损害的倾销历史，或者进口商在知道或理应知道出口商在进行倾销，并肯定会对进口方国内产业做出损害的情况下，仍然进口该产品，或者损害是在相当短的时间内因倾销产品的大量增加而造成的，那么，可以对那些在适用临时措施前90天内进入消费领域的倾销产品追溯征收反倾销税。

**四、证据的收集**

根据《反倾销协议》第6条的规定，主管机构对证据的收集主要包括：

（1）主管机构应将要求提供的信息资料通知反倾销调查中的所有利害关系方，并给予充分的机会让其用书面形式提出与调查有关的全部证据。出口商或外国生产者在收到调查表后，应有至少30天的答复时间。一利害关系方提供的证据应迅速提供给其他利害关系方。

（2）在调查期间，所有利害关系方应有充分的机会为其利益进行辩护，主管机构应向所有利害关系方提供与其有相反利益的当事方见面并辩论的机会。利害关系方有权在有正当理由时以口头方式陈述情况，但只有在事后以书面形式复制并向其他利害关系方提供时，主管机构才应予以考虑。

（3）主管机构应在保密可行的情况下，使所有利害关系方了解与案件陈述有关的、主管机构在反倾销调查中使用的所有信息，使其在此基础上准备陈述。

（4）对任何机密信息，主管机构应按机密信息处理，未经提供方特别允许不得披露。

（5）主管机构应对利害关系方提供的资料进行核实，必要时经有关企业和所涉成员方政府代表的同意，可在其他成员境内进行现场实地调查，并向有关企业披露调查结果。

（6）若任何利害关系方不允许使用其信息，或未在合理时间内提供必要的信息，或严重妨碍调查，则主管机构可在现有事实的基础上做出裁决。

（7）在最终裁定做出之前，主管机构应将考虑中的、构成是否实施最终措施的决定所依据的基本事实通知所有利害关系方，并给它们充分的时间为其利益进行辩护。

(8) 主管机构应对每一已知出口商或生产商的倾销幅度单独裁决，如果出口商、生产商、进口商很多，或所涉及的产品种类特别多，分别确定每一个涉案企业的倾销幅度不现实，主管机构可采取抽样调查的方法或根据所涉国家出口量的最大百分比确定合理的调查范围。

(9) 主管机构应为受影响的工业用户及有代表性的消费者提供机会，使其能够提供与有关倾销、损害及因果关系的调查有关的信息。

上面提到的“利害关系方”包括：被调查产品的出口商、外国生产者、进口商或其大多数成员为该产品的生产者、出口商或进口商的同业公会或商会、出口成员的政府、进口成员中同类产品的生产商或大多数成员在进口成员领土内生产同类产品的同业公会或商会。

### 五、机构设置与争端解决

#### （一）机构设置

《反倾销协议》第 16 条规定，应成立一个由每一成员的代表组成的反倾销措施委员会。委员会通过选举产生主席，每年至少召开 2 次会议，或者应任何一成员方要求召开会议。世界贸易组织的秘书处担任该委员会的秘书处。委员会还可设立适当的附属机构。

委员会及其附属机构在履行职权时，可以向有关成员方或其管辖范围内的成员咨询和寻求信息，但在此之前，应当通知有关的成员方并取得有关成员方和企业的同意。

各成员方应尽快通知委员会其采取的所有初步裁定或最终反倾销行动，并每半年向委员会提供一次相关的行动报告。各成员方还应通知委员会由哪一个主管机构负责发起和进行反倾销调查及国内关于反倾销调查程序的法律规定。

#### （二）磋商和争端解决

《反倾销协议》第 17 条规定，任何成员方如果认为其他成员方损害其应从该协议获得的利益或阻碍其目标的实现，可提出进行磋商的书面请求，其他成员方应给予积极考虑，并提供充分的磋商机会。

一成员方认为另一成员方采取的下述措施不符合《反倾销协议》的相关规定，而又无法与该成员方经磋商达成双方同意的解决方法，则可以将此事提交世界贸易组织的争端解决机构：第一，进口成员方的主管机构已经采取最终反倾销税或接受价格承诺的最终行动；第二，进口成员方的主管机构采取了具有重大影响的临时措施，且请求磋商的成员方认为该措施违反了《反倾销协议》第 7 条第 1 款的规定。

应起诉方的请求，争端解决机构应设立一个专家组对该事项进行审查。专家组在审查中应主要审查主管机构对事实的确定是否适当及它们对事实的评估是否客观和公正，而不能根据自己已经调查查明的事实推翻主管机构的决定。

### 六、其他规定

#### （一）关于代表第三国的反倾销行动的规定

《反倾销协议》第 14 条规定，代表第三国实施反倾销行动的申请应由请求采取行动的第三国的主管机构提出。

第三国应向提起反倾销调查的成员方提供有关倾销产品的价格信息和第三国国内产业受倾销行为损害的详细资料，并向进口国主管机构提供一切必要的协助。而进口国应考虑倾销产品对第三国国内产业的整体影响。当然，是否接受请求仍取决于进口国主管机构。

（二）关于发展中成员的规定

《反倾销协议》第15条规定，在考虑实施反倾销措施时，发达国家成员应对发展中国家成员的特殊情况给予特别注意。在实施会影响发展中国家成员根本利益的反倾销税之前，应探讨该协议规定的其他建设性补救措施的可能性。

（三）关于可获得的最佳信息的规定

《反倾销协议》第6条第8款规定，如利害关系方不允许使用或未在合理时间内提供必要的信息，或严重妨碍调查，则主管机构可在现有事实的基础上做出裁定。为了更好地维护出口国的利害关系方的合法权益，《反倾销协议》附件2做出了有关最佳信息的规定：

（1）调查开始后，调查主管机构应尽快详细列明要求任何利害关系方提供的信息及组织信息的方式。同时还应说明，如果信息未在合理时间内提供，调查机构有权以可获得的事实为基础做出裁定，包括申请书中提到的事实。

（2）主管机构可要求有关利害关系方以特殊介质（如计算机磁盘）或计算机语言提供信息，但不应给有关利害关系方增加不合理的额外负担，否则不以特殊介质提供信息的行为不应被视为严重阻碍调查。

（3）在做出裁定时，主管机构应考虑所有可核实的、以适当形式及时提供的信息。

（4）如信息或证据未被接受，主管机构应将有关理由通知提供方，并给予对方在合理时间内进一步说明的机会。如主管机构认为说明不合理，则应在任何公布的裁定中列出拒绝该证据或信息的理由。

（5）在调查过程中，进口方主管机构应特别慎重处理二手信息。如有可能，应利用其他独立的信息来源核查二手信息的准确性。

## 第二节　补贴与反补贴协议

补贴是各国政府为了支持国内某些产业部门的发展而提供的财政资助或其他形式的收入或价格的支持措施。补贴作为公共经济政策的重要组成部分，有助于提高国内相关产业在国际贸易中的竞争力，因而被各国政府广泛采用。反补贴是各国政府为了保障本国经济发展而针对从其他国家进口的补贴产品采取的限制措施。关税与贸易总协定和世界贸易组织并不否定补贴的作用，但补贴措施如果应用不当，就会成为贸易保护主义的工具，导致不公平竞争，对国际贸易的发展形成阻碍。

为了协调和规范各国的补贴与反补贴措施，防止补贴与反补贴措施对国际贸易造成扭曲和损害，《1947 年关税与贸易总协定》在第 6 条、第 16 条和第 23 条对有关补贴与反补贴的问题做出了原则性的规定，其主要内容是有关反补贴税的征收。由于《1947 年关税与贸易总协定》对补贴的表述相当含混，对实际问题缺乏有力的处理措施，经各成员方共同努力，于 1979 年“东京回合”达成了《关于解释与适用〈1947 年关税与贸易总协定〉第 6 条、第 16 条和第 23 条的协议》（简称《反补贴协议》）。该协议对有关补贴与反补贴措施的适用做了较详细的规定，同时制定了补贴争端解决规则，但其只是一个诸边协议，仅有 24 个缔约方，约束范围有限。因此，在“乌拉圭回合”谈判中，补贴与反补贴又成为关贸总协定各成员方讨论的一个焦点议题。经过长达 8 年的艰苦谈判，各成员方最终达成了《补贴与反补贴措施协议》。该协议作为“乌拉圭回合”一揽子协议的组成部分，对各成员方均适用。《补贴与反补贴措施协议》由 11 个部分和 7 个附件组成，主要包括：总则、禁止性补贴、可诉补贴、不可诉补贴、反补贴措施、机构、通知和监督、发展中国家成员、过渡性安排、争端解决、最后条款等。

### 一、补贴的定义与形式

根据《补贴与反补贴措施协议》第 1 条的规定，补贴是指成员方政府或任何公共机构提供的财政资助或其他任何形式的收入或价格支持。根据该定义，补贴只有在满足下列三个条件时才成立：第一，提供了财政资助，或任何形式的收入或价格支持；第二，补贴是由成员方领土内的政府或公共机构提供的；第三，补贴授予了一项利益。

《补贴与反补贴措施协议》第 1 条列举了补贴的形式有以下两大类：

（一）财政资助

（1）政府直接转让资金，指赠与、贷款、资产注入；潜在的直接转让资金或债务，指政府为企业提供贷款担保；

（2）政府财政收入的放弃或不收缴；

（3）政府提供除一般基础设施之外的商品或服务，或者购买商品；

（4）政府向资金备付机构如基金机构或信托机构提供支付，或者政府指定一个私人机构执行上述 1~3 项本应由政府执行的行为。

（二）收入支持或价格支持

《1994 年关贸总协定》第 16 条所规定的任何形式的收入或价格支持，和由此而给予的某种优惠。这种支持可能是由法律限定某一种产品的最低价格，也可能表现为一种维持物价的物资储备制度。

根据《补贴与反补贴措施协议》第 2 条的规定，上述所列补贴只有在符合下列“专向性”条件时，即属于给予特定企业、产业或地区的补贴，才受该协议的各项规定约束。具体而言，补贴的“专向性”包括：

（1）企业专向性补贴，即政府对部分特定企业进行补贴。

（2）产业专向性补贴，即政府对部分特定产业进行补贴。

（3）地区专向性补贴，即政府对领土内的部分特定地区的某些企业进行补贴。

（4）禁止性补贴，即与出口实绩或与使用进口替代相联系的补贴。

《补贴与反补贴措施协议》第2条还明确认定了专向性补贴的一些标准和条件。凡是有关法律、法规明确规定，或执行此项法律法规的主管机构明确表示，补贴只给予特定的企业或产业，则该种补贴即具有了法律上的专向性。但约束补贴的专向性并不意味着不能对补贴发放设定条件，关键是设定条件应符合下列要求：

第一，给予补贴及确定补贴金额的标准或条件必须是客观和中性的，不得使某些特定企业享受的利益优于其他企业。标准或条件应属经济性质，并横向适用，如按照员工人数或企业规模等授予补贴。

第二，这些标准或条件必须在法律、法规或其他官方文件中明确规定，并能够被核查。

第三，这些标准或条件必须是自动的，即只要企业或产业达到规定的条件就应得到补贴，授予补贴的机构不得行使自由裁量权。

如果上述要求得不到满足，补贴便可能被认为具有法律上的专向性。另外，如果仅是形式上满足了上述要求，而事实上并没有严格执行，则补贴可能被认为具有事实上的专向性。补贴只要在法律上或事实上具有专向性，便可被认定具有专向性。

## 二、补贴的分类

《补贴与反补贴措施协议》的目的并非旨在限制政府合理实施补贴的权利，而是禁止或不鼓励政府使用那些对其他国家的贸易造成不利影响的专向性补贴。为此，协议将专向性补贴分为三类：禁止性补贴、可诉补贴和不可诉补贴。

### （一）禁止性补贴

禁止性补贴又称为“红灯补贴”，是指不允许成员方政府实施或维持的补贴。一旦实施，任何受其影响的其他成员都可以直接采用反补贴措施。这种补贴实际上是很明确的专门用于影响贸易的补贴，因此最有可能对其他成员方的利益造成损害。《补贴与反补贴措施协议》明确地将出口补贴和进口替代补贴规定为禁止性补贴，任何成员方不得实施或维持此类补贴。

#### 1. 出口补贴

出口补贴是指在法律上或事实上将补贴与出口相联系的补贴。如果法律上明确规定以出口实绩作为给予补贴的条件，该种补贴则属于出口补贴；如果法律上虽没有明确规定以出口实绩作为补贴条件，但补贴的给予事实上与出口联系在一起，则该补贴也属于出口补贴。实施出口补贴的影响在于：它会刺激出口的增长，使其他未受补贴的同类产品在竞争中处于不利地位，并可能对进口方或第三方的相关产业构成威胁，造成实质损害。

《补贴与反补贴措施协议》附件1专门列出了一个禁止使用的出口补贴例示清单：

（1）政府根据出口完成情况给予某一产业或企业的直接补贴；

（2）外汇留成方案或类似的奖励做法；

（3）政府或政府授权为出口货物提供优于内销货物的国内运输及运费；

（4）政府或其代理机构直接或间接的通过政府授权的方式，对于提供出口货物生产所需的进口品或国产品以及所需的服务，其条件或条款优于对内销生产的条件或条款；

（5）对工业企业或商业企业已缴或应缴与出口相关的直接税或社会福利费实行全部或部分退税、免税或缓征税款；

（6）在计算直接税税基时，对直接涉及出口产品或出口实绩的生产允许特殊扣减；

（7）对出口产品生产和分销的间接税的免除或减免程度超过对用于国内消费同类产品；

（8）对用于出口品生产的货物或劳务减免或缓征的前阶段累进间接税，或超过了用于同类内销的货物或劳务；

（9）对进口费用的减免和退还超过了对出口产品生产过程中进口投入物收取的进口费用（扣除正常耗损）；

（10）政府或由政府控制的机构提供的出口信贷担保或保险计划，以及针对出口产品成本增加或外汇风险的保险或担保计划，其利率或保险费率不足以弥补担保或保险计划的长期营业成本和亏损。

（11）政府或由政府控制或政府批准的专门机构提供的出口信贷利率低于实际用款应付利率，或由它们支付出口商或其他金融机构为取得出口信贷而产生的全部或部分费用；

（12）从成员公共账户中所支取任何其他费用，且该公共账户构成了1994年关贸总协定第16条意义上的出口补贴。

2. 进口替代补贴

进口替代补贴是指以使用国产货物为条件而给予的补贴。与出口补贴给予出口产品的出口商不同，进口替代补贴给予的是国产品的生产者或消费者。这种补贴的影响在于：它使进口产品在与受补贴的国产品的竞争中处于劣势，从而抑制相关产品的进口，因而成为被禁止的补贴。

进口替代补贴可以是给予进口替代产业优惠贷款，或为此类企业提供比其他企业更优惠的货物或服务，或在外汇的使用上提供更多的优惠条件，或减免此类企业所得税等直接税。

（二）可诉补贴

可诉补贴又称为“黄灯补贴”，指在一定范围内允许实施，但如果在实施过程中对其他成员的经济贸易利益造成不利影响或严重损害，则受损害方可对其补贴措施提出申诉的补贴。

《补贴与反补贴措施协议》第5条，对可诉补贴规定了总体原则，即成员方不得通过使用该协议第1条所规定的专向性补贴而对其他成员的利益造成不利影响。这里的“不利影响”主要是指：

（1）损害其他成员的国内产业；

（2）使其他成员根据《1994年关贸总协定》享有的直接或间接利益丧失或受

到损害，尤其是对关税减让利益的损害；

（3）严重侵害其他成员的利益，包括严重侵害威胁在内。

“严重侵害”是一个范围比较广的概念。根据《补贴与反补贴措施协议》的规定，严重侵害现象包括：

（1）一项产品的从价补贴总额超过5%；

（2）对某一产业的经营亏损进行弥补性补贴；

（3）对某一企业的经营亏损进行弥补性补贴，且非一次性的措施；

（4）直接免除债务，即由政府免除债务，实施补贴以抵消应付债务。

如果实施补贴的成员能够证明其虽然有上述情况，但并未产生不利后果，则可以视为不存在严重侵害。

《补贴与反补贴措施协议》第6条还规定了严重损害的一些推定标准，即只要补贴符合以下情形，便可视为对另一成员的利益造成了严重侵害：

（1）取代或阻碍另一成员同类产品向第三国市场出口；

（2）取代或阻碍另一成员同类产品进入实施补贴的成员的市场；

（3）在同一市场上，与其他成员方同类产品的价格相比，该补贴产品的价格明显下降，或对同类产品造成了严重的抑价、压价或销售损失；

（4）实施补贴成员的初级产品或商品占世界市场份额与前3年的平均市场份额相比有所增长，而且该增长在实施补贴后呈持续上升的趋势。

### （三）不可诉补贴



不可诉补贴又称“绿灯补贴”。《补贴与反补贴措施协议》第四部分规定了两大类不可诉补贴，一是具有专向性的仅限于特定产业或企业的补贴，包括：

（1）只要满足某些条件，为与企业相关的研发活动所提供的补贴；

（2）为使现有设施适用法律、法规规定的新的环境要求所提供的补贴，只要这一补贴属于一次性的措施和补贴额限于适用调整费的20%；

（3）为扶持落后地区发展所提供的补贴，只要这一扶持不是针对该地区内的某一特定产业或企业，即在该地区内此种补贴不具有专向性。

另一类是不具有专向性的补贴，它不局限于某一特定产业或企业，具有普遍适用性。各成员方在实施这类补贴时，一般不会受到其他成员方的反对和因此而采取反补贴措施。如政府对中小型企业的普遍性补贴一般是不可诉的。

## 三、政府对补贴的救济方法



根据《补贴与反补贴措施协议》的规定，当进口国认为其他成员国的补贴对其利益产生不利影响时，可采取两类反补贴措施：一是投诉于世界贸易组织争端解决机构；二是根据受影响产业的申诉进行反补贴调查，以确定补贴进口产品是否对国内相关产业造成了损害，并征收反补贴税或要求价格承诺。

### （一）磋商与争端解决

协议对三种类型的专向性补贴行为分别规定了严格、明确的磋商与争端解决程序。

1. 禁止性补贴的争端解决

（1）磋商。一成员方认为另一成员方在给予或维持某项被禁止的补贴时可邀请其进行磋商，指出有关补贴措施的存在和性质，并提出相关证据。磋商的目的在于澄清事实，达成双方都能接受的解决办法。

（2）提交争端解决机构。在提出磋商请求后 30 天内未能达成双方都能接受的解决办法，任何一方均有权将争议提交争端解决机构，该机构应当尽量早设立专家组审查有关争议。专家组应当自设立之日起 90 天内，向争议各方提出最终报告，并发送给世界贸易组织其他所有成员。在专家组提交最终报告 30 天内，如果争议任何一方对此报告不上诉，而且争端解决机构没有一致否决该报告，报告即得到争端解决机构的通过。

（3）上诉。如果争议一方对专家组的报告提出上诉，则上诉机构应在 30 天内做出裁决，例外情况下不得超过 60 天。除非争端解决机构在收到上诉机构裁决报告之日起 20 天内一致否决该报告，否则争端解决机构以及争端各方都应立即无条件的采取或执行该报告。

（4）执行。如果争端解决机构的建议未在专家组规定的时间内得到执行，争端解决机构可以授权申诉成员采取相应适当的报复措施。

（5）仲裁。如果争议一方不服另一方所采取的报复措施，可就报复措施的适当性提请仲裁，仲裁人应当对其适当性做出裁决。

2. 可诉补贴的争端解决

（1）磋商。一成员方如果认为另一成员方所实施的可诉补贴对其利益造成不良影响，可要求其进行磋商。提出磋商要求的成员所提供的证据不仅要说明有关补贴的存在和性质，而且要说明该补贴对提出磋商要求的成员的国内产业造成的损害，或对其利益造成的丧失、减损或严重侵害。

（2）提交争端解决机构。与上述禁止性补贴不同的是，争端方的协商时间为 60 天，若不能达成一致意见则提交争端解决机构并由其成立专家小组。专家组应当自设立之日起 120 天内，向争议各方提出最终报告。在专家组提交最终报告 30 天内，如果争议任何一方对此报告不上诉，而且争端解决机构没有一致否决该报告，报告即得到争端解决机构的通过。

（3）上诉。与禁止性补贴不同的是，上诉机构在接到上诉后应在 60 天内做出裁决，最迟不得超过 90 天。

（4）执行。如果争端解决机构通过的专家组报告或上诉机构报告认定可诉补贴应予撤销，则实施补贴的成员方应自报告通过之日起的 6 个月内采取适当措施，消除补贴所造成的不利影响或取消该项补贴。与此同时，争端当事方还可就补偿问题进行谈判。如果争端解决机构的建议未在专家组规定的时间内得到执行，也未与其他争议方达成补偿协议，争端解决机构可以授权申诉成员采取相应适当的报复措施，除非争端解决机构一致拒绝了申诉成员的请求。

（5）仲裁。如果争议一方不服另一方所采取的报复措施，可就报复措施的适当性提请仲裁，仲裁人应当对其适当性做出裁决。

3. 不可诉补贴的争端解决

（1）通报。《补贴与反补贴措施协议》第8条第3款规定，成员方在实施上述不可诉补贴计划之前，应通知世界贸易组织补贴与反补贴措施委员会，其通报内容应当具体明确，足以使其他成员方能够评价该补贴是否与《补贴与反补贴措施协议》所规定的不可诉补贴的条件与标准相一致。

（2）秘书处的审议。《补贴与反补贴措施协议》第8条第4款规定，应一个成员方的请求，世界贸易组织秘书处可以向上述通报采取补贴措施的成员方要求提供更多的信息，以便对此事予以审查。秘书处审查后的结果应向委员会报告，委员会经过对该审议结果的审查，做出某项补贴是否与《补贴与反补贴措施协议》所规定的不可诉补贴的条件与标准相一致的决定。

（3）协商。如果一成员有理由相信另一成员所实施的补贴项目在事实上不符合《补贴与反补贴措施协议》规定的标准和条件，并且对其国内产业产生严重不利影响，该成员方可要求实施补贴的成员与其进行磋商。

（4）提交补贴与反补贴委员会。如果在提交磋商请求后60天内未达成解决办法，那么提出磋商请求的成员可将该问题提交补贴与反补贴措施委员会处理，该委员会应在120天内做出结论。如果补贴与反补贴措施委员会认定确实存在严重不利影响，则可建议实施补贴的成员以消除此种影响的方式修改其补贴计划。

（5）采取反措施。如果补贴与反补贴措施委员会的建议在6个月内未得到执行，该委员会可以授权提出要求的成员，采取与确定存在的影响和性质相当的反措施。



（二）反补贴措施的确定与实施

反补贴措施的确定与实施包括反补贴调查、产业损害的确认和采取的补救、征收反补贴税措施等。

1. 反补贴调查的发起

对某项进口产品进行正式的反补贴调查，应基于受到有关补贴措施不利影响的进口成员国内产业或其代表所提交的书面请求而发起。反补贴调查申请书的内容包括补贴的数量、损害状况、补贴进口与受损害的因果联系。该书面请求必须充分证明某种已大量进口的产品享有某种补贴和申诉产业受到的损害及两者之间的因果关系。

当局在对申请书的证据的准确性和充分性予以审查后，如果确认，可开始进行调查；如发现证据不足，应尽快拒绝调查申请和终止调查。

2. 反补贴调查的程序

在反补贴调查中，有关利益成员方和全部利益方以书面形式提出其认为与调查有关的情况和意见，并尽快通知所有有利害关系的各当事者。出口商、外国生产商或有利害关系的成员方在受到问卷调查后的30天内予以答复，必要时可再延长30天。在调查中，调查当局对属于机密性质的资料、信息，如未经同意，不得泄露。在征得企业、当事成员方的同意后，可到其他成员方境内进行调查。若利益成员方或利益各方在合理的时间内拒绝接受或不提供必要的信息，或严重阻碍调查，则肯定的或否定的、初步的或最终的裁决，可在已有的事实的基础上做出。

3. 对反补贴损害和实质性损害威胁的确认

反补贴调查的目的是确认相同产品的产业是否因补贴受到损害。

（1）构成损害的依据有两点：一是受补贴产品的进口量及补贴产品对国内相同产品的价格影响，二是受补贴产品的进口对国内同类产品的生产者的后续冲击。

在衡量受补贴产品的进口量时，要考虑按绝对量或与在进口成员方的生产或消费相比，是否一直有重大的增长；在受补贴进口产品对价格的影响方面，要考虑与国内同类产品相比，它是否有重大的削价，或大幅度的压低价格或阻止价格提高。

（2）实质性损害威胁的确定。确定是否存在实质性损害威胁，调查当局应考虑以下因素：补贴的性质或受补贴对贸易的影响、受补贴产品进口国国内市场的高增长率表明进口实质增长的可能性、受补贴产品的巨大增长、出口商有自由处置能力的巨大增长表明补贴产品对进口成员方市场出口实质增长的可能性、补贴产品进口后对国内价格重大压低或抑制作用的可能性及使进口需求增加的可能性、被调查产品的库存情况。

受补贴的进口产品造成的损害和实质性损害威胁被认定后，可做出采取反补贴措施的决定。

4. 反补贴调查与裁定的透明度

为使反补贴调查与裁定公正有效，《补贴与反补贴措施协议》主要通过以下办法保持其透明度：

（1）公告反补贴调查的发起。进口成员政府当局在发起调查时，应向利害关系成员方发出通知并公开通告。

（2）对于任何初步的或最终的或肯定的或否定的裁定，或接受价格承诺的决定，承诺终止以及反补贴税的终止，都应向利害关系成员方发出通知并予以公开通告。

5. 反补贴措施的种类与实施

（1）采取临时措施。如果反补贴调查政府当局初步肯定存在补贴，且对进口成员方国内产业已造成实质性损害或严重威胁，为防止在调查期间继续造成损害，可采取临时措施。临时措施可采用临时反补贴税的形式。临时反补贴税由与初步确定的补贴额等值的现金存款或债券来担保。临时措施不得早于自发起调查之日起后的60天，实施临时措施应限定在尽量短的时间内，不得超过4个月。

如果最终确定了损害，或在认定损害威胁的同时又认定若不采取临时措施，其影响肯定会导致损害时，对于本应实施临时措施的那一段时期可以追溯征收反补贴税。若最终认定的反补贴税额高于原现金存款或债券所担保的金额，超出部分不应再征收；如低于原现金存款或债券所担保的金额，对于多收部分应尽快退回。若反补贴调查的最终结论是否定的，则在执行临时措施期间所提交的现金存款或债券担保都应尽快收回。

（2）补救承诺。如果在反补贴调查期间出现下述情况，反补贴调查可停止或中止。第一，出口成员方政府同意取消补贴，或采取其他措施；第二，出口商同意修正其价格，使调查当局满意地认为补贴所造成的损害影响已消失。这样就算达成了“补救承诺”。补救承诺达成后，则反补贴调查应停止或中止。如果以后的情况表明不存在产业损害或损害威胁，补救承诺应自动取消。补救承诺可以由出口成员方提出要求，也可以由反补贴调查当局提出建议，但不能强迫出口商执行这一承诺。补救承诺的期限不得长于反补贴税所执行的期限。

（3）反补贴税。如果反补贴调查最终裁定存在补贴和产业损害，进口成员方当局便可决定对受补贴进口产品征收反补贴税，但它不得超过经确认而存在的补贴额，且应无歧视的征收。但对于已撤销的补贴或已按《补贴与反补贴措施协议》规定做出承诺的供应国的进口应给予例外。

反补贴税的执行期限只能以抵消补贴所造成的损害所必需的时间为准，执行期限不得长于5年。如调查当局通过调查确认反补贴税的终止有可能导致补贴的继续和再度发生，可适当延长期限。

### 四、机构与监督

#### （一）补贴与反补贴措施委员会

根据《补贴与反补贴措施协议》第六部分规定，世界贸易组织设立了补贴与反补贴措施委员会。委员会由每个成员方的代表组成，选举自己的主席，至少每两年召开一次会议。委员会履行《补贴与反补贴措施协议》和各成员方赋予的各项职责，为各成员方提供有关补贴与反补贴争议问题的磋商机会。委员会下设一个常设专家小组，由5名在补贴与贸易关系领域资深的专家组成，专家由委员会选举，并每年轮换其中一名专家。

#### （二）通知义务

《补贴与反补贴措施协议》第七部分对成员方就补贴进行通知的义务做了详细规定。各成员方在下列方面负有通知义务：

（1）将在其境内实施的明确的补贴通知补贴与反补贴措施委员会，通知应于每年的6月30日前提交。此类通知应包括以下内容：①补贴的形式；②补贴的数额（可以是单位补贴额，也可以是该补贴的年度总数额）；③补贴的目的；④补贴的期限；⑤该补贴可能对贸易产生的影响的评估数据。

（2）当成员方认为在其境内不存在《1994年关贸总协定》第16条第1款及上述规定要求通知的补贴措施，该成员方应以书面形式将此情况通知秘书处。

（3）任何成员方在任何时候可以书面形式要求有关另一成员方提供其实施补贴措施的信息，或要求其陈述未就某项措施予以通知的原因。被要求的成员方应尽可能快的提供上述信息。如果要求未得到满足，该成员方可将此问题提请委员会注意。

（4）各成员方应及时向委员会报告所采取的临时反补贴措施和最终反补贴措施。各成员方还应每半年报告一次其前6个月采取的全部反补贴行动，此类报告应以统一的标准形式提交。

（5）各成员方应通知委员会其境内负责反补贴调查的机构及国内法律、法规有关调查程序的规定。

委员会应每三年举行一次特别会议，就各成员方所通知的实施补贴措施的新的全部情况进行审查。

**五、发展中国家的优惠待遇**

世界贸易组织所有成员均承认，补贴可在发展中成员的经济发展中发挥重要作用。因此，《补贴与反补贴措施协议》第八部分详细规定了各类发展中成员的特殊和差别待遇。

发展中国家成员可以在《补贴与反补贴措施协议》生效后的8年内，以渐进的方式消除出口补贴，但不能提高现有的补贴水平。如在8年后，仍要实施时，应提前1年与补贴与反补贴措施委员会磋商，在获得批准后方可继续；否则，应在8年期满后的两年内取消所遗留的出口补贴。如果发展中国家成员的受补贴产品连续两年在世界贸易中所占的比重在3.25%以上，则出口补贴应予取消。

对发展中国家成员进行的反补贴，在下述情况出现时，应立即终止：第一，对有关产品的全部补贴水平未超过其单位价值的2%；第二，有关受补贴的进口产品占进口成员方该产品的进口总量未超过4%。

此外，正在实施由中央计划经济向市场、自由企业经济过渡的成员方，可以在《补贴与反补贴措施协议》生效后的3年内继续实施某些被禁止使用的补贴措施而不受反对，若有必要还可以向补贴和反补贴措施委员会要求适当延长免责期限。



## 第三节　保障措施协议

保障措施是在国际贸易自由化基础上，为保护进口国的国内产业而规定的一项保障制度。世界贸易组织允许采取这一制度以避免因进口产品在一段时期数量不断增加或同进口国的生产数量相比相对增加给进口国工业造成损害或损害威胁。在上述紧急情况下，允许进口国政府对于进口产品的全部或部分暂停实施其根据《关税与贸易总协定》所应承担的义务，或撤销或修改其关税减让。

保障措施性质上完全不同于反倾销措施和反补贴措施。保障措施针对的是公平贸易条件下的进口产品，反倾销措施和反补贴措施针对的是不公平贸易。

《保障措施协议》最早是指《1947年关税与贸易总协定》第19条的保障条款，即“对某种产品进口的紧急措施”。但《1947年关税与贸易总协定》第19条的实施状况并不理想，这主要是条款本身的缺陷造成的。例如：缺乏对重要概念的定义，可操作性差；没有界定“增加的进口”与“损害”之间的因果关系；程序规则不明确等。在实践中，诸如“自愿出口限制”之类的“灰色区域”措施泛滥，多边规则形同虚设。因此，在“乌拉圭回合”中仍把保障措施列为15个谈判议题之一。经过各缔约方艰苦的谈判，终于达成了《保障措施协议》，适用于所有成员方。

《保障措施协议》的目的是，进一步澄清《1994年关税与贸易总协定》第19条的原则，强化保障措施的多边控制，消除规避保障措施控制的不当做法，促进国际贸易体制的稳定和完善。该协议由14个条款和1个附件组成。

### 一、保障措施的定义

这里的国际贸易保障措施主要是指根据《关贸总协定》第19条“保障条款”（Safeguard Clause）所采取的措施。根据这一条款，某一成员国如果因为不能预见的情况或因承担总协定的义务而使某一产品的进口数量急剧增加，对国内生产的相似产品或与进口产品直接竞争的国内产业造成严重损害或严重损害威胁时，则可以背离总协定规则，在必需的程序和时间内，对进口产品的全部或部分暂停实施义务，或撤销或修改关税减让义务。此条规定也被称为免责条款（Escape Clause）或例外条款。保障措施的形式很多，包括增加关税，实施关税配额，实施数量限制等。

### 二、实施的前提条件

《保障措施协议》规定，保障措施的实施必须满足下列条件：

（1）作为进口国的成员采取保障措施，要证明进口产品的数量在一定时期内在绝对数或相对数上急剧增加；

（2）进口激增是由于不可预见的情况或成员履行世界贸易组织关税减让和削减非关税壁垒等义务的结果；

（3）该产品进口数量急剧增加，对国内生产同类产品或与其直接竞争产品的产业造成严重损害或严重损害威胁；



（4）对某一产品实施保障措施不考虑其来源。

这里需要阐述一些标准的确定：

（1）进口激增。《保障措施协议》规定的进口激增，是指产品进口数量的急剧增长，包括绝对增长和相对增长两种情况。前者是指产品实际进口数量的增长，后者则是进口产品所占市场份额上升。进口产品出现相对增长时，实际进口数量不一定发生变化。

（2）进口激增的原因。进口激增是由于不可预见的情况或成员方履行世界贸易组织义务的结果。成员方实施保障措施，必须证明进口激增是由上述两种原因造成的。

（3）进口激增的后果。进口激增对国内生产同类产品或与其直接竞争产品的产业造成了严重损害或严重损害威胁。拟实施保障措施的成员方必须证明进口激增与产业损害或损害威胁间存在因果关系。这种证明必须有客观证据的支持。

（4）严重损害和严重损害威胁。严重损害是对国内某一产业的状态总体上造成显著重大的损害，即损害程度足以使进口国相关产业处于非临时性的、极为困难或濒临破产的境地。严重损害威胁是指明显逼近的严重损害。是否存在严重损害威胁，要根据事实而不能单凭申诉、推测或者极小的可能性做出。

### 三、保障措施的规则程序

为保证充分的透明度和公正性，《保障措施协议》对保障措施的实施规定了比较详细的程序。该程序主要包括调查、通知和磋商等环节。

（一）调查

《保障措施协议》第 3 条（a）款规定：作为进口国的成员方采取保障措施之前必须符合《关贸总协定》第 10 条的要求，按照公开的程序，由主管当局进行调查。调查要合理地通告有利害关系的成员方，还要举行听证会或采用其他适当措施以使进口商、出口商及其他有利害关系方提供证据或发表意见，以使它们有机会与其他当事方联系或交换意见，特别要考虑让有利害关系者对保障措施是否符合公共利益发表意见。主管当局还应公布一份结论性报告，包括对事实与法律等有关问题的认定以及认定的理由。

（二）认定

根据调查结果，主管当局应按前述条件确定有关产品的进口增加是否对国内相关产业造成严重损害或严重损害威胁，并迅速公布被调查案件的详细分析和对已审查因素相关性的确定。同时，向保障措施委员会提供报告，内容包括：①发起调查的决定及理由；②对进口增长造成严重损害或损害威胁的调查结果；③就实施或延长保障措施做出的决定。

（三）实施

进口国成员方应在防止或补救严重损害容易调整的必要程度内实施保障措施。如果使用数量限制，则该措施不能使进口量少于最近时期的水平（根据可以获得的统计数据，这个水平必须是最近 3 个代表性年份的平均进口值）。如果有正当理由说明防止或救济重大损害进口量必须有不同的水平，可以做例外处理。为了达到防止或救济重大损害的目的，可以选择最适当的措施，如采取配额限制。作为实施限制措施的成员方要与有利害关系的供应国就配额的分配、有关产品的供给达成协议。如果不能达成协议，实施限制措施的成员方对产品供给有利害关系的成员方，应适当考虑对该产品贸易有影响的各种因素，根据有利害关系的成员方在过去代表性年份中的进口总数量和总价格，把配额分配给各供给方。



## 四、保障措施的具体实施

（一）临时保障措施

《保障措施协议》第 6 条规定，如果存在延缓将会造成难以恢复的损害这样的危急情况，成员方根据进口增加引起的重大损害，或者是重大损害威胁的确实证据做出初步决定时，可以采取临时保障措施。这种临时措施即采取增加关税税率的方式，期限不得超过 200 天，并且此期限计入保障措施总的期限。如果最终决定否认输入增加引起的重大损害或重大损害威胁，临时措施期间提高关税税率的部分必须迅速返还。

（二）期限

成员方的保障措施只能在防止或补救严重损害以便进行国内产业调整的必要期限内实施，适用期限不得超过 4 年。如果仍需防止或补救严重损害，且国内产业的调整也需要延长实施保障措施，成员方根据确实的证据以及其他相关条件可以做出延长的决定。保障措施的全部适用期限，包括临时措施的适用期、最初的适用期以及延长的适用期在内，不得超过 8 年。

如果保障措施的预定适用期在 1 年以上，为了便于调整，采取保障措施的成员方在实施保障措施期间要逐步缓和保障措施。如果预定适用期超过 3 年，在实施中途要重新审查适用情况，适当的时候要撤销保障措施或加快缓和保障措施的速度。延长适用期的保障措施，不能比最初适用期结束时的保障措施更加严格，而要逐步继续缓和。

在世界贸易组织协定生效后采取保障措施的进口产品，在保障措施结束后要间隔相等的时间才能再次对其采取保障措施，即实施保障措施 1 年结束后要再间隔 1 年才可以再次实施保障措施。实施保障措施的期限少于或等于 180 天的，在 1 年后可以再次采取保障措施，但采取保障措施前 5 年内对此产品的实施不能超过 2 次。

（三）必要补偿

由于保障措施针对的是公平贸易条件下的产品进口，其实施必然影响出口方的正当利益。为此，《保障措施协议》第 8 条规定，有关成员方可就保障措施对贸易产生的不利影响，协商贸易补偿的适当方式。

经过协商，在 30 天内不能就补偿方法达成协议，受到保障措施影响的出口国成员方在保障措施实施后的 90 天内，或在货物贸易理事会收到停止的书面通报的 30 天以后，对采取保障措施的成员方停止适用《1994 年关贸总协定》的减让及其他义务。如果进口方采取保障措施是因为产品进口绝对量的增加，并且该措施符合协议的规定，则出口方自保障措施实施之日起的 3 年内不得行使停止适用的权利。



（四）发展中国家的优惠待遇

在输入国成员方的产品中，源自发展中国家成员方的产品比例不超过 3%，则不得针对该发展中国家产品实施保障措施。但当比例均不超过 3%的几个发展中国家成员的合计比例超过 9%时，保障措施则可适用。

发展中国家成员采取的保障措施，适用期限可以延长 2 年，即最多可至 10 年。世界贸易组织协定生效后采取保障措施的进口产品，在采取保障措施相等期间的 1/2 期间内不再次采取保障措施，即只要实施保障措施 1 年结束后只要间隔半年就可以再次实施保障措施，但不适用期至少要在 2 年以上。

（五）禁止灰色区域措施

灰色区域措施指有关国家根据双边达成的非正式协议，实施的与世界贸易组织规则不符的进口限制措施。因这些协议的透明度很低，故被称为“灰色区域”措施。

灰色区域措施很多，包括输出自动限制、维持市场秩序及其他输出或输入方面的同样措施，如出口价格或进口价格监督制度、强制性“卡特尔”、任意输出或输入许可制度等。

鉴于灰色区域措施削弱了保障措施的作用，《保障措施协议》明确规定到 1999 年 12 月 31 日，取消所有的灰色区域措施。

（六）通知与磋商

为了增加采取保障措施的透明度，《保障措施协议》第 12 条规定，一个成员方在采取保障措施时，应当立即将下列事项通知保障措施委员会：

（1）发起一项与严重损害或严重损害威胁有关的调查程序及其原因；

（2）对由于增加的进口所造成的严重损害或严重损害威胁所做出的裁决；

（3）就适用或延长一项保障措施所做出的决定。

在做出上述第 2 和第 3 项的通知时，采取保障措施的成员方应当提供所有有关的信息，包括由于进口增加造成了严重损害或损害威胁的证据、有关产品与准备采取的措施的准确说明、实施日期、期限及其逐步取消的时间表。如果要延长适用某一保障措施，还应提供有关产业正在调整的情况。

《保障措施协议》第 12 条第 4 款规定，一个成员方在采取临时保障措施前，应当通知保障措施委员会。《保障措施协议》第 12 条第 5 款规定，各成员方应将下列事项通过保障措施委员会通知货物贸易理事会：①采取保障措施的成员方与有利害关系方的磋商结果；②调查当局的中期审查结果；③成员方采取保障措施的具体内容。《保障措施协议》第 12 条第 6 款规定，各成员方应将本国有关实施保障措施的法律、法规与行政程序及其任何修改及时通知保障措施委员会。

**五、管理机构**

《保障措施协议》第 13 条规定，为了监督各国实施保障措施的行为，特在货物贸易理事会之下设立保障措施委员会。委员会主要履行以下职责：

（1）管理协议的实施并每年向货物贸易理事会报告实施情况，就协议的改进提出建议。

（2）经受影响的成员方的请求，判断成员方所采取的保障措施行为是否与协议规定的程序一致，并向货物贸易理事会报告其审查结果。

（3）应成员方要求，帮助它们进行有关的磋商。

（4）检查成员方分阶段取消保障措施的执行情况，并向货物贸易理事会进行汇报告。

（5）应采取保障措施的成员方要求，审查其措施是否与损害程度相一致，并向货物贸易理事会报告。

（6）接受各成员方按协议规定提交的各项通知，并向货物贸易理事会报告。

（7）执行货物贸易理事会决定的与协议有关的其他事项。

# 第六章
# 国际贸易术语

在国际贸易中，由于买卖双方地处不同的国家和地区，受不同法律、法规的约束，因此有不同的交易习惯，从而有关贸易环节和买卖双方责任风险的磋商，需要耗费大量的时间和费用。在国际贸易的长期实践中，逐渐形成了约定俗成、共同遵守的各种不同的贸易术语。贸易术语是简短的英文字母缩写，明确规定了卖方的交货地点、买卖双方分别承担的费用、义务、风险和费用。在一笔出口或进口贸易中，通过使用贸易术语，明确买卖双方在手续、费用和风险方面的责任划分，以促进交易的达成。

## 第一节　贸易术语的含义与作用



### 一、贸易术语的含义

在国际贸易当中，由于买卖双方属于不同的国家，商品在从出口地转移到进口地的过程中会涉及较长的时间、较多的环节和较大的风险。买卖双方必须就某些问题进行磋商，例如，具体的交货地点，货物的运输费、保险费、装卸费、进出口税的承担，货物风险划分的依据等等问题。这些问题是买卖双方必须明确规定的，它们也决定了买卖双方的责任和风险分配，最终也影响了商品的价格。例如，如果卖方承担了较多的费用和风险，则商品的出口价格就较高；反之，则商品的出口价格较低。但是，如果采用合同条款来逐项规定说明买卖双方的责任和义务，一方面，无疑会使国际贸易从交易磋商到签订合同、履行合同以及以后可能发生的争议裁决非常烦琐；另一方面，如果在每一笔交易中买卖双方都要就这些问题反复磋商，事无巨细，则将耗费大量的时间和金钱，最终增加了国际贸易的额外交易费用。在长期的国际贸易实践当中，为了减少交易费用，提高交易效率，各种贸易术语（Trade Terms）应运而生。贸易术语，就是指在国际贸易中，规定卖方的交货地点、买卖双方分别承担的责任、义务、风险和费用的简短术语或英文字母缩写。

### 二、贸易术语的作用

最早的贸易术语是FOB和CIF，相继出现于19世纪初期和中叶。随后出现了其他贸易术语，以满足不同性质和内容的贸易需要。由于每种贸易术语都有其特定的含义，因此，只要买卖双方在合同中商定按照某种贸易术语成交，即可明确彼此在贸易当中所应承担的责任、费用和风险。

贸易术语在国际贸易中的作用，主要体现在以下几个方面：

（1）有利于买卖双方洽商交易和订立合同。

由于每种贸易术语都有其特定的含义，因此，买卖双方只要商定按何种贸易术语成交，即可明确彼此在交接货物方面所应承担的责任、费用和风险。这就简化了交易手续，缩短了洽商交易的时间，从而有利于买卖双方迅速达成交易和订立合同。

（2）有利于买卖双方核算价格和成本。

由于贸易术语表示价格构成因素，所以，买卖双方确定成交价格时，必然要考虑采用的贸易术语中包含哪些从属费用，这就有利于买卖双方进行比价和加强成本核算。

（3）有利于解决履约当中的争议。

买卖双方商订合同时，如对合同条款考虑欠周，使某些事项规定不明确或不完备，致使履约当中产生的争议不能依据合同的规定解决，在此情况下，可以援引有关贸易术语的一般解释来处理。因为，贸易术语的一般解释已成为国际惯例，它是大家所遵循的一种类似行为规范的准则。

（4）有利于其他有关机构开展业务。

在国际贸易中，离不开轮船公司、保险公司和银行等机构，而贸易术语及有关解释贸易术语的国际惯例的相继出现，为这些机构开展业务活动和处理业务实践中的问题提供了客观依据和有利条件。



## 三、有关贸易术语的国际贸易惯例

尽管贸易术语在国际贸易中的使用已经超过 200 年，但是在相当长的时间里，各种术语都缺乏统一的解释。为了解决不同国家和地区对贸易术语理解的分歧，国际商会、国际法协会等一些国际组织分别制定了有关贸易术语的解释和规则。随着有些解释和规则在国际贸易当中被广泛应用，有关贸易术语的国际贸易惯例就形成了。在性质上看，国际贸易惯例既不是任何一个国家的国内法，也不是世界各国的共同立法，不具备强制当事人使用该惯例并受其约束的效力。但是，如果双方当事人自愿使用惯例，并在买卖合同中将此意愿明确表示出来，则惯例对当事人产生约束力。因此，我们需要了解国际贸易中有关贸易术语的主要国际贸易惯例。

目前主要有三种有关贸易术语的国际贸易惯例：

1.《1932 年华沙—牛津规则》（*Warsaw-Oxford Rules* 1932）

19 世纪中叶，CIF 贸易术语已在国际贸易中被广泛采用，但由于各国对其解释不一，从而影响到 CIF 买卖合同的顺利履行。为了对 CIF 合同双方的权利和义务做出统一的规定和解释，国际法协会于 1928 年在波兰华沙制定了 CIF 买卖合同的统一规则，共计 22 条，称为《1928 年华沙规则》。此后，在 1930 年纽约会议、1931 年巴黎会议和 1932 年牛津会议上，又相继将此规则修订为 21 条，称之为《1932 年华沙—牛津规则》。

《1932 华沙—牛津规则》对 CIF 合同的性质、特点及买卖双方的权利和义务都做了具体的规定和说明，为那些按 CIF 贸易术语成交的买卖双方提供了一套可在 CIF 合同中易于使用的统一规则，供买卖双方自愿采用，在缺乏标准合同格式或共同交易条件的情况下，买卖双方可约定采用此项通则。凡在 CIF 合同中订明采用《1932 华沙—牛津规则》者，则合同当事人的权利和义务，即应按此规则的规定办理。由于现代国际贸易惯例是建立在当事人“意思自治”的基础上，具有任意法的性质，因此，买卖双方在 CIF 合同中也可变更，修改规则中的任何条款或增添其他条款，当此规则的规定与 CIF 合同内容相抵触时，仍以合同规定为准。

《1932 华沙—牛津规则》自 1932 年公布后，一直沿用至今，并成为国际贸易中颇有影响的国际贸易惯例，这是因为此项规则在一定程度上反映了各国对 CIF 合同的一般解释，不仅如此，其中某些规定的原则还可适用于其他合同。例如《1932 华沙—牛津规则》规定，在 CIF 合同中，货物所有权转于买方的时间，应当是卖方把装运单据（提单）交给买方的时刻，即以交单时间作为所有权转移的时间。此项原则，虽然是针对 CIF 合同的特点制定的，但一般认为也可适用于卖方有提供提单义务的其他合同。可见《1932 华沙—牛津规则》的制定和公布，不仅有利于买卖双方订立 CIF 合同而且也利于解决 CIF 合同履行当中出现的争议，当合同当事人发生争议时，一般都参照或引用此项规则的规定与解释来处理。

2.《1941 年美国对外贸易定义修订本》（*Revised American Foreign Trade Definitions* 1941）

《1941 年美国对外贸易定义修订本》也是国际贸易中具有一定影响的国际贸易惯例，它不仅在美国使用，而且也为加拿大和一些拉丁美洲国家所采用。该定义对 EX、FAS、FOB、C&F、CIF 和 Ex Dock 六种贸易术语做了解释。值得注意的是，此修订本把 FOB 分为六种类型，其中只有第五种，即装运港船上交货（FOB Vessel），才同国际贸易中一般通用的 FOB 的含义大体相同，而其余五种 FOB 的含义则完全不同。为了具体说明买卖双方在各种贸易术语下各自承担的义务，在此修订本所列各种贸易术语之后，一般附有注释。这些注释，实际上是贸易术语定义不可分割的组成部分。

3.《2000 年国际贸易术语解释通则》（*International Rules for the Interpretation of Trade Terms* 2000，INCOTERMS 2000）（以下简称《2000 年通则》）

《国际贸易术语解释通则》（以下简称 INCOTERMS）的宗旨是为国际贸易中最普遍使用的贸易术语提供一套解释的国际规则，以避免因各国不同解释而出现的不确定性，或至少在相当程度上减少这种不确定性。合同双方当事人之间互不了解对方国家的贸易习惯的情况时常出现，这就会引起误解、争议和诉讼，从而浪费时间和费用。为了解决这些问题，国际商会（以下简称 ICC）于 1936 年首次公布了一套解释贸易术语的国际规则，名为 INCOTERMS 1936，以后又于 1953 年、1967 年、1976 年、1980 年和 1990 年加以修订，现在则是在 2000 年版本中做出补充和修订，以便使这些规则适应当前国际贸易实践的发展。

在为期两年的修订过程中，ICC 尽其最大努力通过 ICC 各国家委员会吸取了各行业国际贸易从业者的意见和建议，完成了修订稿的多次修改。在修订过程中，ICC尽量保证INCOTERMS 2000中的语言清楚、准确地反映出国际贸易实务。新的版本在下面两个方面做出了实质性改变：在FAS和DEQ术语下，办理清关手续和交纳关税的义务；在FCA术语下装货和卸货的义务。无论是实质变化还是形式变化都是在对INCOTERMS的使用者广泛调查的基础上做出的，而且对1990年以来INCOTERMS专家小组（专门为INCOTERMS使用者提供额外服务的机构）收到的咨询意见给予了充分考虑。鉴于INCOTERMS不时修订，所以，如果合同当事方意图在销售合同中订入INCOTERMS时，清楚地指明所引用的INCOTERMS版本是很重要的。为了便于理解，INCOTERMS 2000将所有的术语分为4个基本不同的类型。第一组为“E”组（EX works），指卖方仅在自己的地点为买方备妥货物；第二组“F”组（FCA、FAS和FOB），指卖方需将货物交至买方指定的承运人；第三组“C”组（CFR、CIF、CPT和CIP），指卖方须订立运输合同，但对装船和启运后货物灭失或损坏的风险以及所产生的额外费用，卖方不承担责任；第四组“D”组（DAF、DES、DEQ、DDU和DDP），指卖方须承担把货物交至目的地国所需的全部费用和风险（见表6-1）。

**表6-1 INCOTERMS 2000的术语缩写、中英文全称**

| 组别 | 术语缩写 | 术语英文名称 | 术语中文名称 |
|---|---|---|---|
| E组发货 | EXW | EX Works | 工厂交货（……指定地点） |
| F组主要运费未付 | FCA | Free Carrier | 交至承运人（……指定地点） |
| | FAS | Free Alongside Ship | 船边交货（……指定装运港） |
| | FOB | Free On Board | 船上交货（……指定装运港） |
| C组主要运费已付 | CFR | Cost and Freight | 成本加运费（……指定目的港） |
| | CIF | Cost, Insurance and Freight | 成本、保险加运费付至（……指定目的港） |
| | CPT | Carriage Paid To | 运费付至（……指定目的地） |
| | CIP | Carriage and Insurance Paid To | 运费、保险费付至（……指定目的地） |
| D组货到 | DAF | Delivered At Frontier | 边境交货（……指定地点） |
| | DES | Delivered Ex Ship | 目的港船上交货（……指定目的港） |
| | DEQ | Delivered Ex Quay | 目的港码头交货（……指定目的港） |
| | DDU | Delivered Duty Unpaid | 未完税交货（……指定目的地） |
| | DDP | Delivered Duty Paid | 完税后交货（……指定目的地） |

资料来源：《2000年国际贸易术语解释通则》（1999年7月国际商会第六次修订，2000年1月1日生效）。

在INCOTERMS 1990中，还采取标准化的、相互对应的规定办法，将买卖双方各自承担的义务分别用10个项目列出，从而极大地便利了双方当事人对通则的使用，尤其便于交易双方相互比较和对照检查。现将各种贸易术语所规定的买卖双方相互对应的10项义务，分别列表（表6-2）如下：

表6-2　各种贸易术语所规定的买卖双方相互对应的10项义务

| 卖方 | 买方 |
| --- | --- |
| A1. 提供符合合同规定的货物 | B1. 支付货款 |
| A2. 许可证、批准文件及海关手续 | B2. 许可证、批准文件及海关手续 |
| A3. 运输合同与保险合同 | B3. 运输合同 |
| A4. 交货 | B4. 受领货物 |
| A5. 风险转移 | B5. 风险转移 |
| A6. 费用划分 | B6. 费用划分 |
| A7. 通知买方 | B7. 通知卖方 |
| A8. 交货凭证、运输单证或相应的电子信息 | B8. 交货凭证、运输单证或相应的电子信息 |
| A9. 核查、包装及标记 | B9. 货物检验 |
| A10. 其他义务 | B10. 其他义务 |

资料来源：《2000年国际贸易术语解释通则》（1999年7月国际商会第六次修订，2000年1月1日生效）。

通过上表，我们可以看出买卖双方义务的划分标准比较明确，这有利于合同当事人分别履行各自承担的义务。



## 第二节　六种常用的贸易术语

### 一、FOB

Free On Board（… named port of shipment），即装运港船上交货（……指定装运港）。此术语是指卖方在约定的装运港将货物交到买方指定的船上。按照《2000年通则》规定，此术语只能适用于海运和内河航运。但是，如合同当事人不采用越过船舷交货，则采用FCA术语更为适宜。

（一）买卖双方基本义务的划分

按国际商会对FOB的解释，买卖双方各自承担的基本义务，概括起来，可做如下划分：

1. 卖方义务

（1）在合同规定的时间或期限内，在装运港，按照习惯方式将货物交到买方指派的船上，并及时通知买方。

（2）自负风险和费用，取得出口许可证或其他官方批准证件。在需要办理海关手续时，办理货物出口所需的一切海关手续。

（3）负担货物在装运港越过船舷为止的一切费用和风险。

（4）自付费用提供证明货物已交至船上的通常单据。如果买卖双方约定采用电子通信，则所有单据均可被具有同等效力的电子数据交换（EDI）信息代替。

2. 买方义务

（1）自负风险和费用取得进口许可证或其他官方批准的证件。在需要办理海关手续时，办理货物进口以及经由他国过境的一切海关手续，并支付有关费用及过境费；

（2）负责租船或订舱，支付运费，并给予卖方关于船名、装船地点和要求交货时间的充分的通知；

（3）负担货物在装运港越过船舷后的一切费用和风险；

（4）接受卖方提供的有关单据，受领货物，并按合同规定支付货款。

（二）《1941 年美国对外贸易定义修订本》对 FOB 的解释

《1941 年美国对外贸易定义修订本》对 FOB 的解释分为六种，其中只有“指定装运港船上交货”（FOB Vessel，“named port of shipment”）与《2000 年通则》对 FOB 术语的解释相近。所以，《1941 年美国对外贸易定义修订本》对 FOB 的解释与运用，同国际上的一般解释与运用有明显的差异，这主要表现在下列几方面：

第一，美国惯例把 FOB 笼统地解释为在某处某种运输工具上交货，其适用范围很广，因此，在同美国、加拿大等国的商人按 FOB 订立合同时，除必须标明装运港名称外，还必须在 FOB 后加上“船舶”（Vessel）字样。如果只有“FOB SanFrancisco”而漏写“Vessel”字样，则卖方只负责把货物运到旧金山城内的任何处所，不负责把货物运到旧金山港口并交到船上。

第二，在风险划分上，不是以装运港船舷为界，而是以船舱为界，即卖方负担货物装到船舱为止所发生的一切丢失与损坏。

第三，在费用负担上，规定买方要支付卖方协助提供出口单证的费用以及出口税和因出口而产生的其他费用。

（三）FOB 的变形

在按 FOB 条件成交时，卖方要负责支付货物装上船之前的一切费用。但各国对于“装船”的概念没有统一的解释，有关装船的各项费用由谁负担，各国的惯例或习惯做法也不完全一致。如果采用班轮运输，船方管装管卸，装卸费计入班轮运费之中，自然由负责租船的买方承担；而采用程租船运输，船方一般不负担装卸费用，这就必须明确装船的各项费用应由谁负担。为了说明装船费用的负担问题，双方往往在 FOB 术语后加列附加条件，这就形成了 FOB 的变形。主要包括以下几种：

1. FOB Liner Terms（FOB 班轮条件）

这一变形是指装船费用按照班轮的做法处理，即由船方或买方承担。所以，采用这一变形，卖方不负担装船的有关费用。

2. FOB Under Tackle（FOB 吊钩下交货）

这是指卖方负担费用将货物交到买方指定船只的吊钩所及之处，而吊装入舱以及其他各项费用，概由买方负担。

3. FOB Stowed（FOB 理舱费在内）

这是指卖方负责将货物装入船舱并承担包括理舱费在内的装船费用。理舱费是指货物入舱后进行安置和整理的费用。

4. FOB Trimmed（FOB 平舱费在内）

这是指卖方负责将货物装入船舱并承担包括平舱费在内的装船费用。平舱费是指对装入船舱的散装货物进行平整所需的费用。

在许多标准合同中，为表明由卖方承担包括理舱费和平舱费在内的各项装船费用，常采用 FOBST（FOB Stowed and Trimmed）方式。

FOB 的上述变形，只是为了表明装船费用由谁负担而产生的，并不改变 FOB 的交货地点以及风险划分的界限。《2000 年通则》指出，通则对这些术语后的添加词句不提供任何指导规定，建议买卖双方应在合同中加以明确。

## 二、CIF

Cost Insurance and Freight（… named port of destination），即成本、保险费加运费（……指定目的港）。按《2000 年通则》的规定，CIF 术语只适用于海运和内河航运。如合同双方不采用越过船舷交货，则使用 CIP 术语更为适宜。

### （一）买卖双方基本义务的划分

按 CIF 术语成交，是指卖方必须在合同规定的日期或期间内在装运港将货物交至运往指定目的港的船上，负担货物越过船舷为止的一切费用和货物灭失或损坏的风险，负责租船订舱，支付从装运港到目的港的正常运费，并负责办理货运保险，支付保险费。由此可以看出，CIF 术语除具有 CFR 术语相同的义务外，卖方还应负责办理货运保险和支付保险费。



### （二）使用 CIF 术语应注意的事项

1. CIF 合同属于“装运合同”

在 CIF 术语下，卖方在装运港将货物装上船，即完成了交货义务。因此，采用 CIF 术语订立的合同属于“装运合同”。但是，由于在 CIF 术语后所注明的是目的港（例如“CIF 伦敦”），在我国曾将 CIF 术语译作“到岸价”，所以 CIF 合同的法律性质常被误解为“到货合同”。为此必须明确指出，CIF 以及其他 C 组术语（CFR、CPT、CIP）与“F”组术语（FCA、FAS、FOB）一样，卖方在装运地完成交货义务，采用这些术语订立的买卖合同均属“装运合同”性质。按此类术语成交的合同，卖方在装运地（港）将货物交付装运后，对货物可能发生的任何风险不再承担责任。

2. 卖方办理保险的责任

在 CIF 合同中，卖方是为了买方的利益办理货运保险的，因为此项保险主要是为了保障货物装船后在运输途中的风险。《2000 年通则》对卖方的保险责任规定：“如无相反的明示协议，卖方只需按《协会货物保险条款》或其他类似的保险条款中最低责任的保险险别投保。如买方有要求，并由买方负担费用，卖方应在可能情况下投保战争、罢工、暴动和民变险。最低保险金额应为合同规定的价款加 10%，并以合同货币投保。”

在实际业务中，为明确责任，外贸企业在与国外客户洽谈交易并采用 CIF 术语时，一般应在合同中具体规定保险金额、保险险别和适用的保险条款。

3. 象征性交货问题

从交货方式来看，CIF 是一种典型的象征性交货（Symbolic Delivery）。所谓象征性交货，是针对实际交货（Physical Delivery）而言。前者指卖方只要按期在约定地点完成装运，并向买方提交合同规定的包括物权凭证在内的有关单证，就算完成了交货义务，而无须保证到货。后者则是指卖方要在规定的时间和地点，将符合合同规定的货物提交给买方或其指定人，而不能以交单代替交货。在象征性交货方式下，卖方是凭单交货，买方是凭单付款，只要卖方按时向买方提交了符合合同规定的全套单据，即使货物在运输途中损坏或灭失，买方也必须履行付款义务；反之，如果卖方提交的单据不符合要求，即使货物完好无损地运达目的地，买方仍有权拒付货款。由此可见，CIF 交易实际上是一种单据的买卖，所以，装运单据在 CIF 交易中具有特别重要的意义。但是，必须指出，按 CIF 术语成交，卖方履行其交单义务，只是得到买方付款的前提条件，除此之外，他还必须履行交货义务。如果卖方提交的货物不符合要求，买方即使已经付款，仍然可以根据合同的规定向卖方提出索赔。

（三）CIF 的变形

在国际贸易中，大宗商品的交易通常采用程租船运输，在多数情况下，船公司一般是不负担装卸费的。因此，在 CIF 条件下，买卖双方容易在卸货费由何方负担的问题上引起争议。为了明确责任，买卖双方应在合同中对卸货费由谁负担的问题做出明确具体的规定。如买方不愿负担卸货费，在商订合同时，可要求在 CIF 术语后加列“Liner Terms”（班轮条件）或“Landed”（卸到岸上）或“Ex Tackle”（吊钩下交货）字样。如卖方不愿负担卸货费，在商订合同时，可要求在 CIF 术语后加列“Ex Ship's Hold”（舱底交货）字样。

上述 CIF 术语后加列各种附加条件，如同 FOB 术语后加列各种附加条件一样，只是为了明确卸货费由谁负担，并不影响交货地点和风险转移的界限。

三、CFR

Cost and Freight（... named port of destination），即成本加运费（……指定目的港）。此术语是指卖方必须负担货物运至约定目的港所需的成本和运费。这里所指的成本相当于 FOB 价，故 CFR 术语是在 FOB 价的基础上加上装运港至目的港的通常运费。

《2000 年通则》指出，CFR 是全球广泛接受的“成本加运费”术语的唯一的标准代码，不应再使用 C&F（或 C and F，C+F）这种传统的术语。在《2000 年通则》中，明确规定 CFR 术语只适用于海运和内河航运。如合同当事人不采用越过船舷交货，则应使用 CPT 术语。

（一）买卖双方基本义务的划分

按国际商会对 CFR 的解释，买卖双方各自承担的基本义务，概括起来，可做如下划分：

1. 卖方义务

（1）自负风险和费用，取得出口许可证或其他官方批准的证件，在需要办理海关手续时，办理货物出口所需的一切海关手续。

（2）签订从指定装运港将货物运往指定目的港的运输合同；在买卖合同规定的时间和港口，将货物装船并支付至目的港的运费；装船后及时通知买方。

（3）承担货物在装运港越过船舷为止的一切风险。

（4）向买方提供通常的运输单据，如买卖双方约定采用电子通信，则所有单据均可被具有同等效力的电子数据交换（EDI）信息代替。

2. 买方义务

（1）自负风险和费用，取得进口许可证或其他官方批准的证件，在需要办理海关手续时，办理货物进口以及必要时经由另一国过境的一切海关手续，并支付有关费用及过境费。

（2）承担货物在装运港越过船舷以后的一切风险。

（3）接受卖方提供的有关单据，受领货物，并按合同规定支付货款。

（4）支付除通常运费以外的有关货物在运输途中所产生的各项费用以及包括驳运费和码头费在内的卸货费。

（二）使用 CFR 的注意事项

1. 卖方应及时发出装船通知

按 CFR 条件成交时，由卖方安排运输，由买方办理货运保险。如卖方不及时发出装船通知，则买方就无法及时办理货运保险，甚至有可能出现漏保货运险的情况。因此，卖方装船后务必及时向买方发出装船通知，否则，卖方应承担货物在运输途中的风险和损失。

2. 按 CFR 进口应慎重行事

在进口业务中，按 CFR 条件成交时，鉴于由外商安排装运，由我方负责保险，故应选择资信好的国外客户成交，并对船舶提出适当要求，以防外商与船方勾结，出具假提单，或租用不适航的船舶，或伪造品质证书与产地证明。若出现这类情况，会使我方蒙受不应有的损失。

（三）CFR 的变形

按 CFR 术语成交，如货物是使用班轮运输，运费由 CFR 合同的卖方支付，在目的港的卸货费实际上由卖方负担。而如采用租船运输，船方按不负担装卸费条件出租船舶，卸货费究竟由何方负担，就应在合同中订明。为了明确责任，可在 CFR 术语后加列表明卸货费由谁负担的具体条件：

1. CFR Liner Terms（CFR 班轮条件）

这是指卸货费按班轮办法处理，即买方不负担卸货费。

2. CFR Landed（CFR 卸到岸上）

这是指由卖方负担卸货费，其中包括驳运费在内。

3. CFR Ex Tackle（CFR 吊钩下交货）

这是指卖方负责将货物从船舱吊起卸到船舶吊钩所及之处（码头上或驳船上）的费用。在船舶不能靠岸的情况下，租用驳船的费用和货物从驳船卸到岸上的费用，概由买方负担。

4. CFR Ex Ship's Hold（CFR 舱底交货）

这是指货物运到目的港后，由买方自行启舱，并负担货物从舱底卸到码头的费用。

应当指出，在 CFR 术语的附加条件，只是为了明确卸货费由何方负担，其交货地点和风险划分的界限，并无任何改变。《2000 年通则》对术语后加列的附加条件不提供公认的解释，建议买卖双方通过合同条款加以规定。

## 四、FCA

Free Carrier（… named place），即货交承运人（……指定地点）。此术语是指卖方在指定地点将货物交给买方指定的承运人。当卖方将货物交给承运人照管，并办理了出口结关手续，就算履行了其交货义务。FCA 术语适用于各种运输方式，包括多式联运。

### （一）买卖双方基本义务的划分

1. 卖方义务

（1）自负风险和费用，取得出口许可证或其他官方批准证件，在需要办理海关手续时，办理货物出口所需的一切海关手续。

（2）在合同规定的时间、地点，将符合合同规定的货物置于买方指定的承运人控制下，并及时通知买方。

（3）承担将货物交给承运人之前的一切费用和风险。

（4）自负费用向买方提供交货的通常单据，如买卖双方约定采用电子通信，则所有单据均可被具有同等效力的电子数据交换（EDI）信息代替。

2. 买方义务

（1）自负风险和费用，取得进口许可证或其他官方证件，在办理海关手续时，办理货物进口和经由他国过境的一切海关手续，并支付有关费用及过境费。

（2）签订从指定地点承运货物的合同，支付有关的运费，并将承运人名称及有关情况及时通知卖方。

（3）承担货物交给承运人之后所发生的一切费用和风险。

（4）根据买卖合同的规定受领货物并支付货款。

### （二）使用 FCA 术语应注意的事项

1. 关于交货问题

《2000 年通则》规定，在 FCA 术语下，卖方交货的指定地点如是在卖方货物所在地，则当货物被装上买方指定的承运人的运输工具时，交货即算完成；如指定的地点是在任何其他地点，当货物在卖方运输工具上，尚未卸货而交给买方指定的承运人处置时，交货即算完成。

2. 关于运输合同

《2000 年通则》中的 FCA 术语，应由买方自付费用订立从指定地点承运货物的运输合同，并指定承运人。但《2000 年通则》又规定，当卖方被要求协助与承运人订立合同时，只要买方承担费用和风险，卖方也可以办理。当然，卖方也可以拒绝订立运输合同，如若拒绝，则应立即通知买方，以便买方另作安排。

3. FCA 与 FOB 的异同点

FCA 与 FOB 两种术语均属"F"组术语，按这两种术语成交的合同均属装运合同。买卖双方责任划分的基本原则是相同的。

FCA 与 FOB 的主要不同在于适用的运输方式、交货和风险转移的地点不同。FCA 术语适用于各种运输方式，交货地点视不同运输方式的不同约定而定，其风险划分是卖方将货物交至承运人时转移；FOB 术语仅用于海运和内河运输，交货地点为装运港，风险划分以装运港船舷为界。此外，在装卸费的负担和运输单据的使用上也有所不同。

## 五、CPT

Carriage Paid To（… named place of destination），即运费付至（……指定目的地）。按此术语成交卖方应向其指定的承运人交货，支付将货物运至目的地的运费，办理出口清关手续。买方承担交货之后的一切风险和其他费用。CPT 术语适用于各种运输方式，包括多式联运。

### （一）买卖双方基本义务的划分

1. 卖方义务

（1）自负风险和费用，取得出口许可证或其他官方批准证件，在需要办理海关手续时，办理货物出口所需的一切海关手续。

（2）订立将货物运往指定目的地的运输合同，并支付有关运费。在合同规定的时间、地点，将合同规定的货物交给承运人，并及时通知买方。

（3）承担将货物交给承运人之前的一切风险。

（4）自付费用向买方提供交货的通常单据，如买卖双方约定采用电子通信，则所有单据可被同等效力的电子数据交换（EDI）信息代替。

2. 买方义务

（1）自负风险和费用，取得进口许可证或其他官方证件，在需要办理海关手续时，办理货物进口所需的海关手续，支付有关关税及从他国过境的费用。

（2）承担自货物在约定交货地点交给承运人之后的风险。

（3）接受卖方提供的有关单据，受领货物，并按合同规定支付货款。

（4）支付除通常运费外的有关货物在运输中所产生的各项费用和卸货费。

### （二）使用 CPT 术语应注意的事项

1. 风险划分的界限问题

按照 CPT 术语成交，虽然卖方要负责订立从启运地到指定目的地的运输契约，并支付运费，但是卖方承担的风险并没有延伸至目的地。按照《2000 年通则》的解释，货物自交货地点至目的地的运输途中的风险由买方承担，卖方只承担货物交给承运人控制之前的风险。在多式联运情况下，卖方承担的风险自货物交给第一承运人控制时即转移给买方。

2. 责任和费用的划分问题

采用 CPT 术语时，由卖方指定承运人，自费订立运输合同，将货物运往指定的目的地，并支付正常运费。正常运费之外的其他有关费用，一般由买方负担。卖方将货物交给承运人之后，应向买方发出货物已交付的通知，以便于买方在目的地办理货运保险和受领货物。如果双方未能确定买方受领货物的具体地点，卖方可以在目的地选择最适合其要求的地点。

（三）CPT 与 CFR 的异同点

CPT 与 CFR 同属“C”组术语，按这两种术语成交，卖方承担的风险都是在交货地点随着交货义务的完成而转移，卖方都要负责安排自交货地至目的地的运输事项，并承担其费用。另外，按这两种术语订立的合同，都属于装运合同，卖方无须保证按时交货。

CPT 与 CFR 的主要区别在于适用的运输方式、交货地点和风险划分界限的不同。CPT 术语适用于各种运输方式，交货地点因运输方式的不同由双方约定，风险划分以货交承运人为界；CFR 术语适用于水上运输方式，交货地点在装运港，风险划分以船舷为界。除此之外，卖方承担的费用以及需提交的单据等方面也有区别。

六、CIP

Carriage and Insurance Paid To（… named place of destination），即运费、保险费付至（……指定目的地）。按《2000 年通则》规定，CIP 术语适用于各种运输方式包括多式联运。

（一）买卖双方基本义务的划分

按 CIP 术语成交，卖方除负有与 CPT 术语相同的义务外，还须办理货物在运输途中的保险，即卖方除应订立运输合同和支付通常的运费，还应负责订立保险合同并支付保险费。卖方将货物交给指定的承运人，即完成交货。

（二）使用 CIP 术语应注意的事项

1. 风险和保险问题

按 CIP 术语成交的合同，卖方要负责办理货运保险，并支付保险费，但货物从交货地点运往目的地的运输途中的风险由买方承担。所以，卖方的投保仍属于代办性质。根据《2000 年通则》的解释，一般情况下，卖方要按双方协商确定的险别投保，如果双方未在合同中规定应投保的险别，则由卖方按惯例投保最低的险别，保险金额一般是在合同价格的基础上加上 10%，即 CIF 合同价款的 110%，并以合同货币投保。

2. 应合理确定价格

与 FCA 相比，CIP 条件下卖方要承担较多的责任和费用。要负责办理从交货地至目的地的运输，承担有关运费；办理货运保险，并支付保险费。这些都反映在货价之中。所以，卖方对外报价时，要认真核算成本和价格。在核算时，应考虑运输距离、保险险别、各种运输方式和各类保险的收费情况，并要预计运价和保险费的变动趋势等方面问题。

3. CIP 与 CIF 的区别

CIP 与 CIF 有相似之处，它们的价格构成中都包括了通常的运费和约定的保险费，而且按这两种术语成交的合同均属于装运合同。但 CIP 和 CIF 术语在交货地点、风险划分界限以及卖方承担的责任和费用方面又有其明显的区别，主要表现在：CIF 适用于水上运输，交货地点在装运港，风险划分以装运港船舷为界，卖方负责租船订舱、支付从装运港到目的港的运费，并且办理水上运输保险，支付保险费。而 CIP 术语则适用于各种运输方式，交货地点要根据运输方式的不同由双方约定，风险是在承运人控制货物时转移，卖方办理的保险，也不仅是水上运输险，还包括各种运输险。

## 七、FCA、CPT、CIP 与 FOB、CFR、CIF 的比较

FCA、CPT 和 CIP 三种术语与 FOB、CFR 和 CIF 三种术语买卖双方责任划分的基本原则是相同的，但又有不同，主要表现在以下几方面：

第一，适用的运输方式不同。

FOB、CFR、CIF 三种术语仅适用于海运和内河运输，其承运人一般只限于船公司；而 FCA、CPT、CIP 三种术语适用各种运输方式，包括多式联运，其承运人可以是船公司、铁路局、航空公司，也可以是安排多式联运的联合运输经营人。

第二，交货和风险转移的地点不同。

FOB、CFR、CIF 的交货地点均为装运港，风险均以在装运港越过船舷时从卖方转移至买方。而 FCA、CPT、CIP 的交货地点，需视不同的运输方式和不同的约定而定，它可以是在卖方处所由承运人提供的运输工具上，也可以是在铁路、公路、航空、内河、海洋运输承运人或多式联运承运人的运输站或其他收货点。至于货物灭失或损坏的风险，则于卖方将货物交由承运人保管时，自卖方转移至买方。

第三，装卸费用负担不同。

按 FOB、CFR、CIF 术语交易时，卖方承担货物在装运港越过船舷为止的一切费用。但由于货物装船是一个连续作业，各港口的习惯做法又不尽一致，所以，在使用程租船运输的 FOB 合同中，应明确装船费由何方负担；在 CFR 和 CIF 合同中，则应明确卸货费由何方负担。而在 FCA、CPT、CIP 术语下，如涉及海洋运输，并使用程租船装运，卖方将货物交给承运人时所支付的运费（CPT、CIP 术语），或由买方支付的运费（FCA 术语），已包含了承运人接管货物后在装运港的装船费和目的港的卸货费。这样，在 FCA 合同中的装货费的负担和在 CPT、CIP 合同中的卸货费的负担问题均已明确。

第四，运输单据不同。

在 FOB、CFR、CIF 术语下，卖方一般应向买方提交已装船清洁提单。而在 FCA、CPT、CIP 术语下，卖方提交的运输单则视不同的运输方式而定。如在海运和内河运输方式下，卖方可提供可转让的提单，有时也可提供不可转让的海运单和内河运单；如在铁路、公路、航空运输或多式联运方式下，则应分别提供铁路运单、公路运单、航空运单或多式联运单据。

## 第三节　其他几种贸易术语

《2000 年通则》包括的 13 种贸易术语，除第二节所述的六种常用贸易术语外，现将其他七种贸易术语简要介绍如下：

### 一、EXW

EX Works（... named place），即工厂交货（……指定地点），是指卖方在其所在地（如工场、工厂或仓库等）将备妥的货物交付买方，以履行其交货义务。按此贸易术语成交，卖方既不承担将货物装上买方备妥的运输工具，也不负责办理货物出口清关手续。除另有约定外，买方应承担自卖方的所在地受领货物的全部费用和风险。因此，EXW 术语是卖方承担责任、费用和风险最小的一种贸易术语。EXW 术语适用于各种运输方式。

使用 EXW 术语时，如双方同意在起运时卖方负责装载货物并承担装载货物的全部费用和风险，则应在合同中订明。如买方不能直接或间接地办理出口手续，不应使用该术语，而应使用 FCA 术语。

### 二、FAS

Free Alongside Ship（... named port of shipment），即装运港船边交货（……指定装运港）。这是指卖方把货物运到指定的装运港船边，即履行其交货义务。买卖双方负担的风险和费用均以船边为界。该术语仅适用于海运或内河运输。

关于办理出口清关手续，《2000 年通则》与 INCOTERMS 1990 的规定相反，有了实质性的变化，即应由卖方自负费用和风险，取得出口许可或其他官方证件，在需要办理海关手续时，办理货物出口的一切海关手续，并交纳出口关税及其他费用。但是，《2000 年通则》又规定，双方当事人如希望买方办理出口清关手续，应在合同中订明。

### 三、DAF

Delivered at Frontier（... named place），中译名为边境交货（……指定地点），是指卖方须在边境指定具体交货地点，在毗邻国家海关边界前，将仍处于交货的运输工具上尚未卸下的货物交给买方处置，办妥货物出口清关手续，即完成交货。卖方承担货物交给买方处置前的风险和费用。DAF 术语适用于陆地边界交货的各种运输方式。

根据《2000 年通则》的规定，买卖双方按边境交货条件成交时，“边境”一词可用于任何边境，包括出口国边境。为了明确交货责任和避免履约当中引起争议，买卖双方事先准确地规定边境交货的具体地点是非常重要的。假如交货的具体地点未约定或习惯上未确定的话，则卖方可选择最适合其要求的具体地点交货。

### 四、DES

Delivered Ex Ship (… named port of destination)，即目的港船上交货（……指定目的港），是卖方应将货物运至指定的目的港，在目的港船上交给买方处置，即完成交货。卖方承担在目的港卸货之前的一切费用和风险，买方则承担船上货物交由其处置时起的一切费用和风险，其中包括卸货费和办理货物进口的清关手续。DES术语适用于海运、内河运输或多式联运。如果双方当事人希望卖方负担卸货的风险和费用，则应使用DEQ术语。

采用DES术语时，卖方虽无订立保险合同的义务，但因货物在运输途中的风险由卖方承担，故卖方必须通过向保险公司投保来转嫁这方面的风险。可见，卖方及时办理货运保险是关系到其自身利益的一项不可缺少的重要工作。卖方投保时，应根据船舶所驶航线的风险程度和货物特性，投保适当的险别。

上述内容表明，DES术语同CIF术语存在原则差别，具体表现在下列几个方面：第一，交货地点不同。CIF是装运港船上交货，而DES是目的港船上交货。第二，风险划分不同。在CIF条件下，运输途中的风险由买方负责，而在DES条件下，运输途中的风险由卖方负担。第三。交货方式不同，CIF属象征性交货，而DES属实际交货。第四，费用负担不同。在CIF条件下，卖方只负担正常的运费和约定的保险费，而在DES条件下，卖方则须负担货物运抵目的港交货前的一切费用。



### 五、DEQ

Delivered Ex Quay (… named port of destination)，即目的港码头交货（……指定目的港），是指卖方在指定的目的港码头将货物交给买方处置，即完成交货。卖方应承担将货物运至指定的目的港并卸至码头的一切风险和费用，但不负责办理进口清关手续。《2000年通则》规定，只有当货物经由海运、内河运输或多式联运且在目的港码头卸货时，才能使用DEQ术语。如果当事人希望卖方负担将货物从码头运至港口以内或以外的其他地点（仓库、终点站、运输站等）时，则应使用DDU或DDP术语。

关于办理进口清关手续，《2000年通则》规定，DEQ术语要求买方办理进口清关手续，并支付一切办理海关手续的费用、关税、税款和其他费用。但如果当事人希望卖方负担全部或部分进口时交纳的费用，则应在合同中订明。

### 六、DDU

Delivered Duty Unpaid (… named place of destination)，即未完税交货（……指定目的地），是指在指定的目的地将货物交给买方处置，不办理进口手续，也不从交货的运输工具上将货卸下，即完成交货。卖方应承担将货物运至指定的目的地的一切风险和费用，不包括在需要办理海关手续时在目的地因进口应交纳的任何"税费"（包括办理海关手续的责任和风险，以及交纳手续费、关税、税款和其他费用）。买方必须承担此项"税费"和因其未能及时运输货物进口清关手续而引起的费用和风险。但是，如果双方希望卖方办理海关手续并承担此由发生的费用和风险，以及在货物进口时应支付的一切费用，则应在销售合同中明确写明。该术语适用于各种运输方式，但当货物在目的港船上或码头交货时，应使用 DES 或 DEQ 术语。

七、DDP

Delivered Duty Paid（… named place of destination），即完税后交货（……指定目的地），是指卖方在指定的目的地，办理进口清关手续，将在运输工具上尚未卸下的货物交给买方，即完成交货。卖方须承担将货物运至目的地的一切风险和费用，办理进口清关手续，交纳进口“税费”。所以，DDP 术语是卖方承担责任、费用和风险最大的一种术语。DDP 术语适用于所有运输方式。

《2000 年通则》还规定，办理进口清关手续时，卖方也可要求买方予以协助，买方应给予卖方一切协助取得进口所需的证件，但费用和风险仍由卖方负担。如果当事人希望买方承担货物进口的风险和费用，则应使用 DDU 术语。

## 第四节　合同中的价格条款

合同中的价格条款，一般包括货物的单价（Unit Price）和总值（Total Amount）两项基本内容。单价由四个部分构成，即单位价格金额、计量单位、计价货币和贸易术语。例如：“每打 400 美元 FOB 香港”（US $400 Per Dozen FOB Hongkong）。总值是单价和数量的乘积，即该笔交易的货款总金额。

在订立价格条款时，应当注意：

（一）合理确定货物的单位价格金额

确定货物的单位价格金额，必须考虑下列因素：

1. 贸易术语

采用不同的贸易术语成交，买卖双方各自承担的责任、费用和风险也就不同。这种区别要在货物的单位价格金额上体现出来。

2. 货款支付方式

同一批货物在其他交易条件相同的情况下，采用不同的货款支付方式，其价格应当有所区别。货款支付方式如果对买方较为有利，价格应高些；如果对买方较为不利，价格可适当降低。

3. 计价货币

选择的计价货币如果对卖方较为有利（如使用硬货币），价格应低些；如果对卖方较为不利（使用软货币），应把汇率变动的风险考虑到价格中去。

4. 货物品质

货物质量的优劣，档次的高低，包装的好坏，商标、品牌的知名度，都影响货物的价格。

5. 成交数量

成交数量大时，价格可适当降低，或者采用数量折扣的办法。

6. 季节性需求变化

同一类货物在销售淡季时，价格应低些；在销售旺季时，价格应高些。

7. 市场条件

同一类货物在不同市场上，由于供求关系、市场竞争状况、运输条件等因素，价格也应有所差别。

（二）选择适当的贸易术语

考虑船源、货源、交货时间、装卸港口情况、运费、海上风险程度、进出口报关等因素，选择适当的贸易术语。

（三）选择有利的计价货币（Money of Account）

用于计价的货币，可以是出口国货币，也可以是进口国货币或第三国货币，由买卖双方协商确定。一般说来，出口交易采用硬货币计价比较有利，进口交易采用软货币计价比较有利。

如果卖方为达成交易而不得不采用不利的计价货币，可采用两种办法补救：①调整价格；②订立保值条款，即规定计价货币与另一种货币的汇率，付款时如该汇率有所变动，则按比例调整货物价格。

（四）灵活采用各种作价办法

国际上常用的作价办法是固定价格法，即合同成立后，任何一方都不得调整价格。除另有规定外，合同价格都是固定不变的。

为减少价格风险，促成交易，提高合同履行率，也可采用其他作价办法：

（1）在合同中只规定作价时间与作价标准，具体价格待日后确定。例如："按提单日期的国际市场价格计算"。

（2）在合同中先订立一个初步价格，作为买方开立信用证和初步付款的依据，待双方最后确定价格后再行清算，多退少补。

（3）部分固定价格，部分非固定价格。对交货期近的部分货物价格在订约时固定下来，余者在交货前一定期限内作价。

如果合同中规定交货品质、数量有机动幅度，其机动部分的作价办法应明确规定。包装费用如果另行计算，也应订明计价的方法。

（五）注意佣金或折扣的合理运用

（1）佣金（Commission），是中间商介绍交易或代买代卖而取得的报酬。进出口交易中，如交易一方是中间商，往往就会涉及佣金问题。在价格条款中，佣金的规定办法有以下几种：

①用文字明示佣金率。

例如："每吨 500 美元 CIF 香港包括 3%佣金"（US $500 Per Ton CIF Hongkong, Including 3% Commission）。

②在价格术语后加注"佣金"的英文缩写字母"C"和佣金率。

例如："每吨 500 美元 CIF C3%香港"（US $500 Per Ton CIF C3% Hongkong）。

③用绝对数表示。

例如："每吨付佣金 15 美元"（Including a Commission of US $15 Per Ton）。

④不在价格条款中列明，即“暗佣”。

关于佣金的计算，最常见的是以合同总值直接乘佣金率。

（2）折扣（Discount，Rebate，Allowance），是卖方按原价给予买方的一定百分比的减让，一般可由买方在付款时扣除。

折扣一般用文字说明。例如：“每吨 450 美元 CFR 香港减 2%折扣”（US $450 Per Ton CFR Hongkong，Less 2% Discount）。

凡价格中不包括佣金或折扣的，称为净价（Net Price）。有时为了明确成交价格是净价，可在价格术语后注明“净价”（net）字样。例如：“每台 3 000 美元 FOB 净价香港”（US $3 000 Per Set FOB Hongkong Net）。

# 第七章
# 国际贸易合同的商订与履行

进出口贸易是以进出口合同，即国际货物买卖合同为中心进行的。其间，要经历交易磋商、订立合同和履行合同等阶段。因此，熟悉国际货物买卖合同订立和履行的基本环节，了解有关的国际惯例和法律规则，对于当事人双方的权益利害关系重大。本章主要以国际贸易合同为对象，阐述国际贸易合同的磋商、订立和履行，同时以国际贸易惯例和法律规则为依据，联系我国外贸实际，介绍国际货物买卖合同的内容以及合同订立、履行的基本环节和一般做法。

## 第一节　国际贸易合同概述



### 一、国际贸易合同的含义与形式

合同是社会经济活动得以正常进行的一种重要保证。在对外经济活动中，与有关方订立的合同很多，如购货合同、供货合同、运输合同、保险合同等。其中与外商订立的出口或进口合同，即国际货物买卖合同是最基本、也是最重要的合同。国际货物买卖合同是指营业地在不同国家或地区的当事人之间订立的合同，亦称国际货物销售合同。它是当事人双方各自履行约定义务的依据，也是一旦发生违约行为时，进行补救、处理争议的法律文件。

在国际上，对货物买卖合同的形式没有特定的限制。《联合国国际货物销售合同公约》第 11 条规定："销售合同无须以书面形式或书面证明。在形式方面不受任何其他条件的限制，销售合同可以用包括人证在内的任何方法证明。"国外的法律对货物买卖合同的形式大都也没有作特别的规定。因此，买卖合同可以是书面形式，也可以是信件、电报、电传、传真等形式，甚至可以是口头形式，只要能证明这种形式的存在就行。此外，随着电子商务的推广应用，合同也可以采用电子形式。

### 二、国际贸易合同有效成立的条件

国际货物买卖合同对当事人构成的约束力是建立在法律基础上的。因此，买卖合同必须符合法律规范才能得到法律的承认和保护。对于合同有效成立的条件，许多国家的法律都有专门的规定。《联合国国际货物销售合同公约》对合同成立的规则做了具体规定。归纳起来，构成一项有效的国际货物买卖合同的必要条件有以下几个方面：

1. 合同当事人意思表示要一致

这种意思表示一致是通过要约（Offer）和承诺（Acceptance）而达成的。即是说，一方向另一方提出要约（发盘），另一方对该项要约表示承诺（接受），双方的意思表示达成了一致，合同即告成立，对双方均产生法律约束力。如果有要约，而没有承诺，即使双方互相要约，意思表示正好一致，也不能构成合同的成立。

2. 当事人必须在自愿和真实的基础上订立合同

各国法律认为，合同当事人的意思必须是真实的意思，才能成为一项有约束力的合同，否则这种合同无效或可以撤销。同时，合同必须是双方当事人在自愿的基础上签订，任何一方不得把自己的意志强加给对方，不得采取欺诈或胁迫的手段。

3. 当事人必须具有订立合同的行为能力

订立买卖合同的当事人主要是自然人和法人。各国法律一般规定，作为自然人，未成年人和精神病患者没有订立合同的行为能力，其所签订的合同不具备法律约束力，不能成立。对于法人订立合同的行为能力，规定必须通过其代理人，在法人的经营范围内签订合同，越权的合同无效。根据我国法律规定，除对未成年人、精神病人订立合同的能力以限制外，对某些合同的签约主体还做了一定的限定。例如，规定只有取得对外贸易经营权的企业或其他经济组织，才能签订对外贸易合同；没有取得对外贸易经营权的企业或经济组织，如要签订对外贸易合同，必须委托有对外贸易经营权的企业代理进行。



4. 合同必须有对价或约因

对价（Consideration）是英美法系中有关合同成立所必须具备的一个要素，是指当事人之间所提供的相互给付（Counterpart），即双方互为有偿。例如，在货物买卖合同中，买方付款是为了获得卖方的货物；而卖方交货是为了取得买方的货款。所谓约因（Cause），是指当事人签订合同所追求的直接目的，这是大陆法系中提出的合同成立要素之一。例如，在货物买卖合同中，买卖双方签订合同都要有约因，买方的约因是获得货物，卖方的约因是获得货款。

在国际贸易合同中，要有对价或约因，法律才承认合同的有效性，否则合同得不到法律的保障。

5. 合同的标的和内容必须合法

合同标的，是指合同项下货物与货款。交易货物的种类、数量、包装等内容，货款的收付，必须符合有关国家的法规。同时，合同的内容也必须合法。

6. 合同的形式必须符合法律规定的要求

《联合国国际货物销售合同公约》对于国际货物买卖合同的形式，原则上不加以任何限制，但公约允许缔约国对此提出声明予以保留。我国在参加《联合国国际货物销售合同公约》时，对公约中关于销售合同可以采用任何形式订立的规定提出了保留条件，坚持必须采用书面方式作为合同生效的条件，其中包括电报、电传和传真。

## 三、国际贸易合同适用的法律与惯例

国际货物买卖合同如同所有其他的经济合同，体现了当事人之间的经济关系，国际货物买卖合同运用法律调整营业地在不同国家当事人之间的关系。因此，要得到法律的承认，当事人的权利和义务要得到法律的保护并受法律的监督和约束，它必须是符合法律规范的合同。

国际货物买卖合同适用的法律，概括起来有以下三种：

1. 国内法

国内法是指由国家制定或认可并在本国主权管辖范围内生效的法律。国际货物买卖合同必须符合国内法，即符合某个国家制定或认可的法律。但由于国际贸易的当事人不在同一个国家（地区），受不同的法律的约束。而不同国家的法律规定往往不同，因而一旦发生争议引起诉讼时，就会产生究竟应适用何国法律，即以何国法律处理争议的问题。为了解决这种"法律冲突"，许多国家的法律都对买卖合同应当适用的法律加以规定。《中华人民共和国合同法》第 126 条规定："涉外合同的当事人可以选择处理合同争议所适用的法律，但法律另有规定的除外。涉外合同的当事人没有选择的，适用与合同有最密切联系的国家法律。"这里，"与合同有最密切联系的国家"通常是合同的缔约地与履约地所在的国家，或由法院或仲裁机构根据交易的具体情况确定。



2. 国际贸易惯例

在国际货物买卖活动中，当事人的行为规范性并非仅限于合法。除此之外，它们往往还要顾及有关国家贸易惯例问题。国际贸易惯例（International Trade Practice），或称国际商业惯例，它是指在国际贸易长期实践中逐渐形成的一些习惯做法，它们往往被当事人认可并形成文字加以规范。国际贸易惯例不是法律，它对当事人没有普遍的强制性，只有当事人在合同中规定加以采用时，才对当事人有法律约束力。国际贸易惯例可以弥补法律的空缺和立法的不足，起到稳定当事人的经济关系和法律关系的作用。因此，在买卖合同对惯例的适用问题上，许多国家的法律与有关国际公约都持肯定态度。例如，《中华人民共和国民法通则》第 142 条明确规定，中华人民共和国法律和中华人民共和国缔结或者参加的国际条约没有规定的涉外民事关系，可以适用国际惯例。《联合国国际货物销售合同公约》也规定："除非另有规定，双方当事人应视为已默示地同意它们的合同或合同的订立适用双方当事人已知道或理应知道的惯例。"但是必须指明的一点是，如果在国际货物买卖合同中做了与国际贸易惯例不同的规定，在处理合同争议时，应以合同规定为准。



3. 国际公约

国际货物买卖合同的订立和履行还要适用双方当事人所在国所缔结或参加的与买卖合同有关的双边或多边的国际条约。这些条约的主要形式包括公约、宪章、协定、议定书等。目前，与我国对外贸易有关的国际公约，主要是我国与其他国家缔结或签订的双边或多边贸易协定、支付协定、贸易议定书等，以及我国缔结或参加的有关国际贸易、海运、陆运、空运、商标、工业产权、知识产权、仲裁等方面的协定或公约。而其中《联合国国际货物销售合同公约》是目前国际上关于买卖合同的最重要的公约，也是与我国对外贸易活动关系最大的一个国际公约。

《联合国国际货物销售合同公约》于 1980 年联合国国际贸易法委员会在维也纳召开的会议上讨论通过，并于 1988 年 1 月 1 日生效。截至 1999 年 5 月，缔约国已达 55 个国家，并且还将继续增加。随着加入该公约国家的增多，公约的影响也将会更大。该公约共分为四个部分 101 条，包括：①适用范围和总则；②合同的订立；③货物销售；④最后条款。我国于 1986 年 12 月 11 日正式核准和加入公约，但是，我国政府在交存核准书时，提出了以下两项保留：

第一，关于公约适用范围的保留。《联合国国际货物销售合同公约》第 1 条第 1 款（b）规定，只要双方当事人的营业地分处于不同国家，即使它们的所在国均非缔约国，但如按照国际私法规则导致适用某一缔约国法律，则该公约也将适用于这些当事人之间订立的国际货物买卖合同。此规定主要是为扩大该公约的适用范围。我国对此提出保留，也就是说仅同意我国与缔约国之间签订的书面合同适用该公约。

第二，关于合同形式的保留。《联合国国际货物销售合同公约》第 11 条、第 29 条及有关的条款规定，订立、更改或终止国际货物买卖合同不一定用书面形式或以书面证明，在形式方面不受任何其他条件的限制。我国对此规定提出保留，即坚持认为订立、更改或终止国际货物买卖合同必须采取书面形式。《中华人民共和国民法通则》第 142 条又明确规定："中华人民共和国缔结或者参加的国际条约同中华人民共和国的民事法律有不同规定的，适用国际条约的规定。但中华人民共和国声明保留的条款除外。"由此可见，根据"条约必须遵守"的原则，在法律适用的问题上，国家缔结或参加的有关国际条约，除国家在缔结或参加时声明保留的条款以外，优先于国内法。



### 四、书面合同的形式与内容

#### （一）书面合同的意义

在国际贸易中，订立合同的形式有书面形式、口头形式或以行为表示。根据我国法律规定和国际贸易的一般习惯做法，交易双方通过口头或来往函电磋商达成协议后，还必须签订一定格式的正式书面合同。签订书面合同的意义主要包括以下三个方面：

第一，作为合同成立的证据。

通过签订书面合同"立字为据"，是证明买卖双方之间存在合同关系的最为有效的方法，它为解决将来双方履行合同时产生争议提供了一种法律依据。

第二，作为合同履行的依据。

在国际贸易中，货物买卖合同的履行涉及企业内外的众多部门和单位，过程也很复杂。口头合同，如不形成书面，几乎无法履行。因此，为了给履行合同提供方便，使履行合同准确及时地进行，无论通过什么方式达成的协议，最好把双方协商一致的条件用文字归纳记录，并由双方签字确认，作为履行合同的依据。

第三，作为合同生效的条件。

在进出口业务中，有时买卖双方约定以书面合同的最终形成作为合同生效的条件。而在此之前，即使双方对各项成交条件全部协商一致，但书面合同未签字生效，在法律上仍不能作为有效合同。

（二）书面合同的形式

在国际贸易中，书面合同一般采用的是合同、确认书、协议、备忘录、订单等形式，在我国进出口业务中，主要采用合同和销售确认书两种形式。

第一，合同和确认书。在进出口业务中，我国外贸企业所采用的书面合同的形式主要是合同（销售合同 Sales Contract 和购货合同 Purchase Contract）和确认书（销售确认书 Sales Confirmation 和购货确认书 Purchase Confirmation）。合同和确认书虽然在格式、条款项目和内容繁简上有所不同，但在法律上具有同等效力，对买卖双方都有约束力。

第二，协议（Agreement）。在法律上，协议与合同具有相同的含义。书面文件冠以“协议”或“协议书”的名称，只要其内容对买卖双方的权利和义务都做了明确、具体和肯定的规定，它就与合同一样对买卖双方有法律约束力。但是，如果交易洽商的内容比较复杂，双方商定了一部分条件，还有一部分条件有待进一步洽商，于是先签订了一个“初步协议”，在协议中也做了协议书初步性质的说明，这种协议就不具有合同的性质。

第三，备忘录（Memorandum）。备忘录，也可以作为书面合同的形式之一。它是在进行交易洽商时用来记录洽商的内容，以备今后核查的文件。如果当事人把洽商的交易条件完整、明确、具体地记入备忘录，并经双方签字，那么这种备忘录的性质和作用与合同无异。如果双方洽商后，只是对某些事项达成一致或一定程度的理解和谅解，并记入备忘录，同时冠以“理解备忘录”的名称，它在法律上不具有约束力。

第四，订单和委托订购单。订单（Order）是指由进口商或实际买主拟制的货物订购单。委托订购单（Indent）是指由代理商或佣金商拟制的代客购买货物的订购单。在我国对外贸易实践中，有的客户往往发出订单，要求我方签回，这种经洽商成交后发出的订单或委托订购单，实际上是国外客户的购货确认书。

（三）书面合同的内容

书面合同的内容一般包括三部分：约首、本文和约尾。

约首，即合同的序言部分，包括合同的名称、编号、订约双方当事人的名称和详细地址等。此外，还常常写明双方订立合同的意思和执行合同的保证。

本文是合同的主体部分，是对各项交易条件的具体规定，如品名和品质条款、数量条款、包装条款、价格条款、交货条款、支付条款，以及商检、索赔、仲裁和不可抗力条款等，用以明确双方当事人的权利和义务。

约尾，即是合同的结尾部分，通常载明合同使用的文字及其效力、合同正本的份数、附件及其效力，以及有正当权限的双方当事人代表的签字。

书面合同的内容必须符合政策，并做到内容完备、条款明确、文字严密、前后一贯以及与交易磋商的内容相一致。书面合同一经签订即成为约束双方当事人的法律文件。

## 第二节　交易磋商

交易磋商（Business Negotiation），是指进出口双方就商品的交易条件，按照一定的程序进行协商，以期达成交易的过程。在业务中，又被称作贸易谈判。交易磋商是国际货物买卖过程中不可缺少的一个重要环节，成败与否，直接关系到买卖双方能否达成交易，以及达成的交易在性质上是否符合公平合理、平等互利的贸易原则，在内容上是否符合国家的法律与商贸惯例，在经济上能否达到应有的经济效益。

### 一、交易磋商的内容

磋商的内容包括商品名称、品质、规格、数量、包装、价格、装运、保险、支付、商检、索赔、不可抗力、仲裁等。买卖双方对交易的内容达成协议以后，就形成了买卖双方合同的正式条款。但在实际业务中，并不是每笔交易业务都要逐条议定全部交易条件。如果买卖双方能够通过一定的方法确定一部分交易条件，这部分交易条件就可以不纳入磋商，买卖双方只需要就其他尚未确定的交易条件进行协商。

为了简化交易磋商内容，节省磋商的时间和费用，有些进出口商往往在正式进行磋商之前，先与对方就“一般交易条件”达成协议。“一般交易条件”（General Terms and Conditions）是指进口商或出口商为简化磋商内容和方便合同的制作而事先拟定的交易条件。这些交易条件具有适用于特定行业所有交易的特性，或单独印制成文，或打印在进出口商制作的标准合同上。一般交易条件的内容虽各有不同，但就我国出口企业所拟定的一般交易条件而言，通常包括以下几方面：有关预防和处理争议的条件（如关于货物检验、索赔、不可抗力和仲裁的规定），有关主要交易条件的补充说明（如品质机动幅度、数量机动幅度、允许分批/转运、保险金额、险别和适用的保险条款、信用证开立的时间和到期日、到期地点的规定），个别的主要交易条件（如通常采用的包装方法、凭不可撤销即期信用证支付的规定）等。



### 二、交易磋商的方式

在外贸业务中，交易磋商的方式有很多种，买卖双方可以通过双方面谈，也可以通过往来信函、电传、传真、电话或通信卫星等进行。一般来讲，交易磋商的方式主要有四种：①口头形式。口头磋商是指交易双方在谈判桌上，面对面的谈判，如参加各种交易会、洽谈会、展销会、拍卖会、邀请外商来访、组织贸易团体或贸易小组出访等。此外，还包括双方通过国际长途电话进行的交易磋商。口头磋商有利于及时了解交易双方的态度和诚意，尤其适合于谈判内容复杂、涉及问题多的交易。②书面形式。书面磋商是指交易双方通过信件、电报、电传等通信方式来洽谈交易。随着现代通信技术的发展，书面磋商也越来越简便易行，且费用较低，因此是日常业务中通常采用的做法。③无纸贸易，即通过电子数据交换，也就是按照协议，通过具有一定结构的标准信息系统在计算机网络中进行交易。目前，无纸贸易在国际贸易中已获得广泛使用。④以行为表示方式。如在拍卖市场进行拍卖式购进等。

## 三、交易磋商的一般程序

在国际贸易实务中，交易磋商可以分为四个环节：询盘、发盘、还盘、接受。其中发盘和接受是达成交易、合同成立的不可缺少的两个基本环节和必要条件。

1. 询盘

询盘（Inquiry），是指交易的一方向另一方询问有关某商品的交易条件。询盘既可以由买方发出，也可以由卖方发出。询盘的内容可以只询问商品价格（询价），也可以询问其他若干项交易条件，目的在于邀请对方发盘，以便考虑是否接受。这种询盘习惯上称之为“索盘”。

询盘对于询盘人和被询盘人来说，都无法律上的约束力。进口方询盘后，没有必须购买的义务，出口方也没有必须出售的责任。但在商业习惯上，被询盘的一方接到询盘后应尽快给予答复。

询盘不是每笔交易洽谈所必经的步骤，有时可未经对方询盘而直接向对方发盘。但在一般情况下，一方面询盘往往是交易的起点，且是进行调查研究、试探市场动态的一般手段，故不应忽视；另一方面在实际业务中对询盘的运用也要有所注意，不能滥发询盘，以免引起不良后果，影响企业的信誉。

发询盘时一般不直接用“询盘”这个词标明，询盘的通常用语是：

请告……（Please advise...）；

请电传告……（Please advise by telex...）；

对××有兴趣，请……（Interested in ... please...）；

请报价……（Please quote...）；

请发盘……（Please offer...）。

2. 发盘

发盘（Offer），又称发价，在法律上称为“邀约”，是买方或卖方向对方提出交易条件，并愿按此条件达成交易、订立合同的一种表示。《联合国国际货物买卖合同公约》规定：“凡向一个或一个以上的特定的人提出的订立合同的建议，如果其内容十分确定并且表明发盘人有在其发盘一旦得到接受就受其约束的意思，即构成发盘。”发盘既可由卖方提出，也可由买方提出。因此有卖方发盘（Selling Offer）和买方发盘（Buying Offer）之分，后者习惯称为“递盘”。

发盘一般采用以下术语和语句：

发盘（Offer）；

发实盘（Offer Firm，Firm Offer）；

报价（Quote）；

订购（Book，Booking）；

订货（Order，Ordering）。

在实际业务中，发盘通常是一方在收到对方询盘之后提出的，但也可以不经对方询盘而直接发盘。发盘具有法律效力，在发盘有效期内，发盘人不能任意撤销或修改其内容。若受盘人在有效期内对该发盘表示无条件接受，发盘人就必须按发盘条件与其成交、签订合同，否则为违约，要承担相应的法律责任。

（1）有效发盘的要件。

第一，发盘必须向一个或一个以上特定的人提出。所谓“特定的人”，是指在发盘中指明个人姓名或企业名称的受盘人。这项规定的目的是把发盘与发广告、商品目录、价目单等区别开来。在发盘中必须指定一个或多个可以对发盘表示接受的人，只有这些特定的人才可以对发盘表示接受并与发盘人签订合同。若发盘人没有指定受盘人，它便不能构成有法律约束力的发盘，而只能被视为邀请发盘，如出口企业向国外广泛寄发价目单而未规定价目单的有效性。

第二，必须表明发盘人对其发盘一旦被受盘人接受即受约束的意思。发盘人应表明责任在受盘人对发盘做出有效接受时与其订立合同。发盘人是否在发盘中表明了这种意旨，并不应只看发盘中是否有“实盘”之类的字样，更重要的是取决于发盘的整个内容是否确定。如果发盘中没有表明订约意旨，或表示了发盘人不受其发盘的约束，该项发盘就不是真正的发盘，而只能被看作是发盘的邀请。

第三，发盘的内容必须十分确定。根据《联合国国际货物销售合同公约》规定，发盘的内容必须十分确定。所谓十分确定，即指在提出的订约建议中只要列明货物品名、质量和数量、价格三项条件，即可被认为其内容“十分确定”，而构成一项有效的发盘。如该发盘被对方接受，买卖合同即告成立。



发盘内容的确定表现为发盘中的交易条件必须是完整的、确定的和无保留性的。所谓“完整的”是指主要交易条件必须是完整的，包括商品的名称、品质、规格、数量、价格、交货期、支付方式等内容。一旦这些条件为受盘人所接受，便足以构成一项有效的合同。所谓“明确性”，是指主要交易条件内容清楚确定，没有含糊和模棱两可词句，如“约”“参考价”等。所谓“无保留性”，是指发盘人愿意按他提出的各项交易条件同受盘人订立合同。除此之外，没有任何其他保留条件或限制条件，如“以我方确认为准”。

第四，必须传达到受盘人。发盘于送达受盘人时才生效，在此之前，即使受盘人已通过其他途径知道了发盘的内容，也不能在收到发盘前主动对该发盘表示接受。

（2）发盘的有效期。

在通常情况下，发盘都具体地规定一个有效期。发盘的有效期是指可供受盘人对发盘做出接盘的期限，如果受盘人在此期间表示接受，交易即告达成。同时它也是发盘人承受约束的期限，在此期限内不得任意撤销发盘，如果是超过有效期，接受则为无效，发盘人即不受约束。发盘人对发盘有效期可作明确的规定，也可不做明确的规定。明确规定有效期，并不是构成发盘不可缺少的条件。明确规定有效期的发盘，从发盘被传达到受盘人开始生效，到规定的有效期届满为止。不明确规定有效期的发盘，按法律在合理时间内有效。对发盘有效期的规定有以下两种：

第一，规定最迟接受的期限。发盘人在发盘中明确规定受盘人表示接受的最迟期限。例如，限6月5日复，或者限6月5日复到此地。

第二，规定一段接受的期限。发盘人也可规定发盘在一段期间内有效。例如，发盘有效期为5天，或发盘限5天内复。

《联合国国际货物销售合同公约》第18条第2款还规定："对口头发价必须立即接受，但情况有别者不在此限。"所谓"立即接受"，可理解为：在双方口头磋商时当场有效，受盘人不在磋商当场表示接受，发盘随即失效。对"情况有别者"，则可理解为：发盘人在口头发盘时，明确规定了有效期，例如"有效三天"，则该发盘不在"立即接受"之列。

（3）发盘的撤回或撤销。

发盘的撤回是指发盘人将尚未为受盘人收到的发盘予以取消的行为。对于发盘能否撤回，不同的法律和惯例有不同的解释。《联合国国际货物销售合同公约》第15条第2款的规定是："一项发盘，即使是不可撤销的，也可以撤回，如果撤回的通知在发盘到达受盘人之前或同时到受盘人。"这种规定是建立在发盘尚未生效的基础上的。因此，如果发盘人发现内容有误或其他原因想取消发盘，则他可以在发盘生效前将其撤回，但撤回发盘的通知应在发盘送达受盘人之前、或与发盘同时到达受盘人。

发盘的撤销与撤回不同，它是指发盘人在发盘生效后，通知受盘人取消发盘，解除自己在发盘项下所应承担的责任的行为。不同的国家对发盘能否撤销有不同的规定。英美法认为，在发盘被接受之前，发盘人可以随时撤销发盘或变更其内容。大陆法系国家对此问题的看法相反，认为发盘人原则上应受发盘的约束，不得随意将其发盘撤销。对此，《联合国国际货物销售合同公约》采取了折中的办法。该公约规定，在发盘已送达受盘人，即发盘已经生效，但受盘人尚未表示接受之前这一段时间内，只要发盘人及时将撤销通知送达受盘人，仍可将其发盘撤销。如一旦受盘人发出接受通知，则发盘人就无权撤销发盘。但是在下列两种情况下发盘不得撤销：一是发盘中明确规定了有效期或以其他方式表示发盘不可撤销的，二是受盘人有理由信赖发盘是不可撤销的并且已本着对该项发盘的信赖行事。

（4）发盘的终止。

发盘的终止是指发盘法律效力的消失。发盘人不再受发盘的约束，受盘人也失去了接受该发盘的权利。关于发盘效力终止的原因，一般有下列几方面：

第一，在发盘规定的有效期内未被接受，或虽未规定有效期，但在合理时间内未被接受，则发盘的效力即告终止。

第二，被受盘人拒绝或还盘之后，即拒绝或还盘通知送达发盘人时，发盘的效力即告终止。

第三，发盘被发盘人依法撤回或撤销。

第四，发盘人发盘之后，发生了不可抗力事件，如所在国政府对发盘中的商品或所需外汇发布禁令等，在此情况下，按出现不可抗力可免除责任的一般原则，发盘的效力即告终止。

第五，发盘人或受盘人在发盘被接受前丧失行为能力，如得精神病等，则该发盘的效力也可终止。

3. 还盘

还盘（Counter-offer）又称还价，是受盘人对发盘条件不能完全同意而对原发盘提出相应的修改或变更的意见。还盘是受盘人对原发盘的拒绝，同时也是受盘人对原发盘人做出的一项新的发盘。因此一经还盘，原发盘即告失效。此外，还盘也同样具有发盘的法律效力，即如果原发盘人对还盘表示接受，那么合同即告成立，还盘人受其还盘内容的约束。

还盘不是交易磋商的必经阶段。有时交易双方无须还盘即可成交，有时则要经过多次还盘才能对各项交易条件达成一致，还有时虽经反复还盘，但终因双方分歧太大而不能成交。

还盘不仅可以对商品价格提出意见，也可以对交易的其他条件提出意见。在还盘中没有被提到的其他交易条件，则意味着还盘人提出的与这些相同，而不再重复。

4. 接受

接受（Acceptance）是交易一方无条件地同意对方在发盘或还盘中所提出的交易条件，并以声明或行为表示愿按这些条件与对方成交、签订合同。一般情况下，发盘一经接受，合同即告成立，对买卖双方都将产生约束力。

（1）构成一项有效接受的条件。

第一，接受必须由特定的受盘人做出。这个条件实际上是与构成发盘的第一个条件相对应的。只有发盘中指定的受盘人才能对发盘表示接受，任何第三者对发盘的接受对发盘人都没有约束力，只能被认为是第三方对原发盘人做出了一项新发盘。

第二，接受必须表示出来。接受必须由特定的受盘人表示出来，缄默或不采取任何行动不能构成接受。一般来说，接受可以采取口头或书面方式来表示，也可以用交易双方习惯采用的方法。

第三，接受必须在发盘的有效期内表示并送达发盘人。当发盘规定了接受的时限时，受盘人必须在发盘规定的时限内做出接受，方能有效。若接受通知未能在发盘有效期或合理时间内送达发盘人，则该接受成为一项逾期接受，原则上对发盘人没有约束力，只是受盘人对原发盘人做出的一项新的发盘。

第四，接受必须与发盘相符。如要达成交易，成立合同，根据传统的法律规则，受盘人必须无条件地、全部同意发盘的条件，也就是说，接受必须是绝对的、无保留的，必须与发盘人所做出的发盘的条件完全相符。如果受盘人在对发盘表示同意的同时对发盘的内容进行了修改或提出了某些附加条件，只能认为他拒绝了原发盘并构成一项还盘。然而在实际业务中，受盘人往往需要对发盘做某些添加、限制或修改。为促进成交，《联合国国际货物销售合同公约》将接受中对发盘内容的修改分为实质性变更与非实质性变更，前者构成还盘，而后者除非由发盘人及时提出反对，不改变接受的效力。根据《联合国国际货物销售合同公约》的规定："有关货物价格、付款、货物质量和数量、交货地点和时间、一方当事人对另一方当事人的赔偿责任范围或解决争端等等的添加或不同条件，均视为在实质上变更发盘的条件。"除此之外，对发盘内容的变更，如要求提供某种单据、要求增加单据的份数、要求将货物分两批装运等，均属于非实质性变更。

（2）接受生效的时间。

接受是一种法律行为，这种法律行为何时生效，各国法律有不同的规定。在接受生效时间问题上，英美法与大陆法存在着严重的分歧。英美法采用投邮生效的时间，即接受通知一经投邮或交给电报局发出，就立即生效；大陆法则采用到达生效的原则，即接受通知必须送达发盘人时才能生效。《联合国国际货物销售合同公约》对这个问题基本上是采取大陆法的立场。该公约明确规定，接受送达发盘人时生效。如接受通知未在发盘规定的时限内送达发盘人，或者发盘没有规定，而在合理时间内未曾送达发盘人，则该项接受称作逾期接受（Late Acceptance）。按各国法律规定，逾期接受不是有效的接受。由此可见，接受时间对双方当事人都很重要。

（3）接受的撤回。

接受于表示同意的通知送达发盘人时生效。因此，在接受通知送达发盘人之前，受盘人可随时撤回接受，即阻止接受生效，但以撤回通知先于接受或与接受通知同时到达发盘人为限。接受通知一经到达发盘人即不能撤回。因为，接受一经生效，合同即告成立，如要撤回接受，在实质上已属毁约行为。

## 第三节　出口合同的履行



出口货物买卖合同的履行，是指卖方按照合同的规定履行交货等一系列责任，直至收回货款的整个过程。我国出口买卖合同，多以 CFR 或 CIF 价格条件成交，以信用证方式收取货款。这类合同履行时，一般包括备货、收受信用证、租船订舱、报验、保险、装船、报关、制单结汇等诸多环节。这些环节之间是相互联系、相互依存的，因此只有把这些环节紧密联结起来，严格按照合同规定，根据法律和惯例的要求，做好每一环节的工作，才能确保货、款对流的顺利进行，使合同得以圆满履行。

### 一、备货

备货是指出口人根据合同规定的品质、规格、数量、包装等条件准备好货物，以便按质、按量、按时地完成交货任务。备货工作的主要内容是向生产部门、供货部门或仓储部门安排或催交货物，核实应交货物的品质、规格、数量，进行必要的加工整理、包装、刷唛以及办理申报检验和领证等工作。在备货工作中，应注意以下几个问题：

（1）货物的品质必须与出口合同的规定相一致。货物的品质、规格及花色搭配应与合同规定完全一致，对不符合规定的商品应立即更换，避免造成经济上的损失。

（2）货物的数量必须符合合同的规定。交货数量原则上应与合同规定完全一致。但在信用证支付方式下，按《跟单信用证统一惯例》的规定：“除非信用证规定所列的货物数量不得增减，在支取金额不超过信用证金额的条件下，即使不准分批装运，货物数量允许有 5%的增减幅度，但信用证规定货物数量按包装单位或个数计数时，此项增减幅度则不适用。”如果交货数量用“约”表示，应按双方约定的惯例处理。

(3) 货物的包装必须符合出口合同的规定。对货物的包装应进行认真的检查和核对，看是否出现破漏、水渍等不良情况，以及是否符合合同规定的运输方式。如果合同采用“习惯包装”“适合海运包装”等笼统规定，应按买卖双方形成的习惯、海运的要求和共同理解办理；如果合同对包装未做具体规定，则按同类货物通用的方式包装，若无通用方式，则按足以保全和保护货物的方式包装。一旦发现包装不妥，应立即修整或更换。

(4) 货物备妥时间应与合同与信用证装运期限相适应。货物备妥的时间，必须适应出口合同与信用证规定的交货时间和装运期限，尽可能做到船货衔接，以避免船等货或货等船的现象，从而节约费用。为防止意外，一般还应适当留有余地。

(5) 凡合同规定收到买方信用证后若干天内交付货物的，为保证按时履约，防止被动，应催促买方按合同规定的期限开来信用证，我方收到信用证后应及时审核，审核无误后及时安排生产或加工。

(6) 货物必须是任何第三方不能根据工业产权或其他知识产权提出任何权利或请求的。

## 二、收受信用证

在凭信用证支付的交易中，信用证的收受是不可缺少的一个重要环节，一般包括催证、审证、改证三项内容。



1. 催证（Urge Establishment of L/C）

催证即催促买方迅速办理开立信用证的手续。买方按约定时间开具信用证，对卖方而言，是备货和按时交货的前提条件，因为，如果买方不开出信用证，卖方即使备了货、装了船也不能结汇。但在实际业务中，由于种种原因，买方不按合同规定开证的情况时有发生，对此，为保证按时履行合同，提高履约率，卖方有必要在适当的时候，提醒和催促买方按合同规定开立信用证。

2. 审证（Examination of L/C）

收到信用证后，卖方应根据合同内容及《跟单信用证统一惯例》（第 500 号出版物）对信用证进行认真审核。审证是卖方和银行的共同责任，但两者各有侧重。银行审查主要是看开证银行的政治背景、资信能力、付款责任和索汇途径方面的内容。出口方则侧重审核信用证的内容与合同规定是否一致。审核信用证的要点如下：

第一，对开证行的审核。开证行的政治背景和资信情况，不仅与卖方安全收汇有密切的关系，而且还涉及政策问题。凡是政策规定与我国不进行经济贸易往来的国家银行开来的信用证，均应拒绝接受，或请客户另委托其他我国允许与之往来的银行开证。如果开证行资信较差，卖方可采取另找银行对原证加以保兑，或另找银行对原证进行代开，或在信用证索汇条件中增加电报索偿条款等措施，确保收汇的安全。

第二，对信用证性质的审核和开证行付款责任的审核。信用证必须是不可撤销的，对列有“可撤销”字样的信用证绝不能接受，同时，信用证内应载有开证行保证付款的字句。但有的来证虽然注明“不可撤销”字样，却增加了一些限制性或保留性条件，如“待获得有关当局签发的进口许可证后方能生效”，“信用证项下的款项要在货物清关后才支付”，或电报来证注明“另函详”等类似文句。这些条件改变了信用证的性质和开证行的付款责任，受益人对此必须考虑清楚。

第三，对信用证金额与币种的审核。信用证金额以及币种应与合同金额和币种相一致。如果合同内订有商品数量的溢短装条款时，信用证金额也应规定相应的机动条款。如果货物溢装，原证由于进口国的外汇管制无法预先给予金额幅度，则卖方可以在确定溢装数量后，立即要求买方增加信用证金额；或者卖方将出口押汇的发票以及汇票等单据作成两套，一套根据信用证要求议付，另一套注明溢装数量和金额，以信用证申请人作为付款人的即期汇票托收。

第四，对信用证有关货物情况的审核。信用证中有关商品的名称、品质、规格、数量、包装等内容应与合同规定一致，特别是有无附加特殊条款。若发现信用证与合同规定不符，应酌情做出是否接受或修改的决策。

第五，对信用证的有效期、到期地点、交单议付期和装运期的审核。按《跟单信用证统一惯例》规定，一切信用证均须规定一个有效期，即交单付款、承兑或议付到期日。信用证的有效期应与装运期有一个合理的时间间隔，以便出口人在装运货物后有足够的时间来办理制单结汇工作。对于有效期早于装运期到期或与装运期同时到期（即双到期）的信用证，一般应拒绝接受。对于信用证的到期地点有三种，即出口地、进口地或第三国地。在我国出口业务中一般要求在中国到期，因为后两种到期地点因出口方难以控制，容易造成收汇不安全。此外，信用证还应规定一个运输单据出单后受益人向信用证指定的银行提交单据要求付款、承兑或议付的期限，即交单期。如果信用证无此期限的规定，按照惯例，银行有权拒受迟于运输单据日期 21 天后提交的单据，但无论如何，单据必须不迟于信用证的到期日提交。

第六，对信用证装运条款的审核。信用证中对装运港、目的港以及对转运与分批装运的规定应与合同相符，除非合同中明确规定，出口方要求信用证允许转运和分批装运，或对此不做禁止性规定。此外，还应注意信用证中是否对分批装运有特殊要求，如果信用证上只注明允许分批装运，但未注明每批的数量，即视为卖方既可一次装运也可以分批装运，每批数量不限。但如果信用证在规定分批装运期限的同时，也规定了各批装运的具体数量，这时只要分批装运中有一期未能按时、按量运出，则信用证对该期及以后各期都是无效的。

第七，对单据的审核。信用证中对单据的种类、份数及内容的规定应与合同保持一致，如发现特殊规定，例如商业发票或产地证明须由国外第三者签证，或者提单上的目的港后面加上指定码头等，都应慎重对待。此外，还应注意审核所需单据是否全套，如有的要求 1/3 套提单送开证申请人、2/3 套提单转交银行等是否能接受。

第八，对信用证保险条款的审核。信用证保险条款的规定也应与合同相符，投保险别或投保金额都不得超出合同规定，除非信用证上表明由此产生的超保费由买方负担并允许在信用证项下支取。

3. 改证（Amendment of L/C）

在审核信用证时，如果发现不能接受的条款，就需要进行改证。由于修改信用证的条款涉及各当事人的权利和义务，因而不可撤销的信用证在其有效期内的任何修改，都必须征得各有关当事人的同意，方可生效。修改信用证可由开证申请人主动提出，也可由受益人主动提出。如由开证申请人提出修改，在经开证银行同意后，由开证银行发出修改通知书以信件、电报等电信工具通过原通知行转告受益人，经各方接受修改书后，修改方为有效。如由受益人提出要求修改，则应首先征得开证申请人同意，再由开证申请人按上述程序办理修改。当信用证需要修改的地方有不止一处时，出口方应尽量将修改要求一次提出，以节约时间和费用。对对方银行开来的修改通知，出口方只能选择全部接受或全部拒绝，不能接受其中一部分内容而拒绝另一部分内容。因此，一旦出口企业发现修改通知中仍有不能接受的内容，就要立即通知开证申请人继续修改。

### 三、租船订舱

凡是以 CFR 或 CIF 价格条件成交的出口商品，要由我国有关公司、企业负责安排运输。我国出口企业通常委托中国对外贸易运输公司（外运公司）代办托运，为数量大、需整船运输的货物办理租船手续，同时为数量不够整船的货物洽订班轮舱位或租订部分班轮舱位。外贸公司在洽订舱位时，需要填写托运单（又称订舱委托书），是托运人根据合同和信用证条款内容填写的、向船运公司或其代理人办理货物托运的单证。该托运单一式数份，分别用于外轮代理公司留存、运费通知、装货单、收货单、外运机构留底、配舱回单、缴纳出口货物港务费申请书等。

船方根据货物的性质与数量、船舶配载情况、装运港、目的港与船期等内容安排船只和舱位，然后对出口企业签发装货单，作为通知出口企业备货装船与载货船舶收货装运的凭证。待载货船舶到港后，由出口企业或外运公司将货物送到指定码头，经海关查验放行后，凭装货单装船。

### 四、出口报验

凡按约定条件和国家规定必须法定检验的出口货物，在备妥货物后，应向中国进出口商品检验局申请检验，只有经检验出具商检局签发的检验合格证书，海关才放行，凡检验不合格的货物，一律不得出口。

申请报验时，应填制出口报验申请单，向商检局办理申请报验手续，该申请单的内容，一般包括品名、规格、数量或重量、包装、产地等项，在提交申请单时，应随附合同和信用证副本等有关文件，供商检局检验和发证时参考。

当货物经检验合格，商检局发给检验合格证书，或在“出口货物报关单”上加盖检验章。若检验不合格，由商检机构签发“不合格通知书”，报验单位可重新加工后申请复验。外贸公司应在检验证规定的有效期内将货物装运出口，如在规定的有效期内不能装运出口，应向商检局申请延期，并由商检局进行复验，复验合格后，才准予出口。

### 五、投买保险

凡按 CIF 条件成交的出口货物，在装船前均须按合同和信用证规定向保险公司办理投保手续。出口货物投保都是逐笔办理，投保人应填制投保单，将货物名称、保险金额、运输路线、运输工具、开航日期、投保险别等一一列明，为了简化投保手续，也可利用出口货物明细单或货物出运分析单来代替投保单，保险公司接受投保后，即签发保险单或保险凭证。

### 六、货物付运

货物装运时，船方理货人员凭装货单验收货物，待货物装船完毕后，即由船长或大副根据装货实际情况签发“大副收据”。大副收据，又称收货单，是船方签发给托运人的，表明货物已装妥的临时收据，载明收到货物的详细情况。外贸企业或外运机构可凭此单据向船公司或其代理换取海运正式提单。

另外，出口企业在货物装船后，应向对方发出通知，以便其做好收货、付款、赎单、办理进口报关和接货手续。在 CFR 合同下，由于保险是由买方办理，所以装船通知显得特别重要。如果出口方没有及时发出装船通知，买方就不能及时办理保险，由此造成的损失将由出口方承担。



### 七、出口报关

出口货物装运出口前必须向海关申报，未经海关查验的货物，一律不得擅自装运出口。出口报关是指出口人向海关如实申报出口，交验有关单据和证件，接受海关对货物的查验。在出口货物的发货人缴清税款或提供担保后，经海关签印放行称为清关或通关。出口报关通常要经过申报、征税、查验、放行四个环节。

1. 出口申报

出口报关时出口货物的发货人（通常为出口人）或其代理人应向海关申报交验有关单据、证件，申请验关并办理货物通关出境的手续。海关在接受申报时，要对进出口报关单位申报的内容及递交的随附申报单证，依据国家对进出口货物的有关政策、法令、规章进行认真审核。通过审核有关单证，确定进出口货物的合法性、申报的内容是否正确以及申报的单证是否齐全、有效等。

出口企业在货物装运前必须填写出口货物报关单，出口货物报关单是海关凭以进行监管、查验、征税、统计的基本单据。报关单上的项目，申报人必须如实正确地填写清楚，并在报关单上签字盖章。出口货物报关单通常一式二份。此外，出口企业在申报出口时，还应提供出口许可证、商检证书、装货单、发票、装箱单或重量单等必要证件及单据。

2. 征税

准许出口但按规定应当缴纳出口税的货物，由海关根据《中华人民共和国进出口关税条例》和《中华人民共和国海关进出口税则》规定的税率，征收出口税。出口货物经海关查验情况正常，在缴清税款或提供担保后，海关方可签章放行。

3. 查验

查验是指海关在接受报关单位的申报并以已经审核的单证为依据，在海关监管区域内对出口货物进行实际的检查和核对。在查验过程中，海关检查出口货物是否与出口报关单和其他证件的内容相符，以防止非法出口、走私及偷漏关税等。海关查验货物一般在海关监管区的进出口口岸码头、车站、机场、邮局或海关的其他监管场所进行。对出口的大宗散货、危险品，经申请可在作业现场予以查验。在特殊情况下，经申请和海关审核同意，也可派员去发货人仓库查验。

4. 放行

出口货物在申报人按照海关规定办妥申报手续后，经海关审核单证和查验有关货物、办理纳税手续后，海关解除货物监管准予出境。在放行前，海关派专人负责审查该批货物的全部报关单证及查验货物记录，并签署认可，然后在装货单或装运单上盖章，出口方方可装运出境。

## 八、制单结汇

出口货物装运后，出口企业应立即按照信用证的规定，备齐各种单据，并在信用证规定的有效期和交单期内，将各种单据和必要的凭证送交指定的银行办理要求付款、承兑或议付手续，并向银行进行结汇。

### （一）我国出口结汇的方法

目前我国出口结汇主要有三种方法，即出口押汇、收妥结汇与定期结汇。

1. 出口押汇

出口押汇又称买单结汇，即议付行对外贸企业提交的单据审单无误后，按信用证条款买入出口人的汇票和货运单据。但需扣除从议付之日到开证行或其他付款行偿付票款之日的利息，然后将余额按当日外汇牌价折算成人民币，垫付给出口企业。若日后议付行遭拒付，它有权处理单据或向出口企业索回票款。出口押汇的做法实际上是出口地银行对出口企业的一种资金融通，有利于出口企业资金的周转。

2. 收妥结汇

议付行审核出口企业交来的单据无误后，立即将汇票及货运单据寄往国外开证行或付款行，后者审单无误后，向议付行发出已将票款计入议付行账户的贷记通知书，议付行即按当日外汇牌价，折成人民币付给出口企业。在这种做法下，银行不承担风险，不垫付资金，但出口企业的收汇较慢。

3. 定期结汇

定期结汇是指议付行根据向国外付款行索汇所需时间，预先确定一个固定的结汇期限，到期后主动将票款付给出口企业。在这种方式下，出口企业收汇的时间是可以事先确定的，而议付行则需要承担在未收妥货款前先行垫款议付的风险。

### （二）对出口单据的基本要求

在信用证方式下，出口结汇的关键是出口企业提交的各种单据必须与信用证的规定一致。因此，在出口业务中做好单据工作，对及时安全收汇，有特别重要的意义。对于出口单据，应做到正确、完整、及时、简明、整洁。

正确是出口单据的前提和核心，在信用证支付方式下，开证行只有在审单无误的情况下，才承担付款责任。因此，出口企业必须严格做到"单证相符"和"单单相符"，即单据与信用证一致，单据与单据之间一致。此外，应注意单据与货物的一致。

单据的完整是指信用证规定的各项单据必须齐全，不能短缺，单据的种类、每种单据的份数和单据本身的必要项目内容都必须完整。

及时是指应在信用证的有效期和交单期内，将各种单据送交指定的银行办理议付、付款或承兑手续。此外，在货物装运前，最好先将有关单据送交银行预审，以便有足够的时间来检查单据，早日发现问题，及时予以修正，避免在货物出口后，因单据不符而被拒付。

简明是指单据的内容应按信用证规定、国际贸易惯例与《跟单信用证统一惯例》条文规定的国际标准进行填写，力求简单明了，切勿添加不必要的内容，以免弄巧成拙。

整洁是指单据的布局要美观大方，格式设计应标准化，缮制或打印的字迹应清楚醒目，不宜轻易更改，尤其是对金额、数量和重量等内容更不宜改动。

在实际业务中，仍会出现单证不符的情况。如果在信用证规定的交单议付期内无法将这些不符合之处加以更正，则出口企业可以考虑采用"凭保议付"或"跟证托收"的方式来收取货款。凭保议付是出口企业因单证不符而遭国内银行拒付时，向银行出具保函，要求银行给予融通议付，并保证在国外付款行拒付时退还议付行的垫款。如果单证不符情况严重，无法采用"凭保议付"时，出口企业可以将信用证下存在不符的单据交国内银行，并通过银行向国外买方进行托收，这种方式叫作跟证托收。在这种情况下，开证行已不再承担保证付款的责任。这两种方式实际上都已经失去了信用证的银行保证付款的作用，银行信用变成了商业信用，风险增大，所以一般情况下应避免这种情况的出现。

（三）常用的出口单据

出口单据的种类很多，具体要视不同的交易和信用证规定而定。以下是几种主要的出口单据：

1. 商业发票（Commercial Invoice）

商业发票，又称发票（Invoice）是出口人向进口人开立的发货价目清单，用于描述货物的名称、数量、单价、总值等情况。它既是买卖双方进行记账、收货、付款等工作的重要依据，也是进出口双方报关纳税的依据。在即期信用证或即期托收业务中不要求提供汇票的交易中，发票还可以代替汇票作为收款凭证。

在缮制发票时应注意以下几点：

第一，发票的开立日期不得迟于信用证的有效期，发票由合同中的出口方开立，一般情况下，发票无须签名。

第二，发票抬头人就是收货人，应按信用证的规定进行填写。如果信用证中没有规定的，应以信用证的开证申请人为抬头人。

第三，发票中对商品名称、规格、数量、包装、唛头、有关港口的规定必须与信用证中的规定一致，如果要求列出载货船舶名称的，应与提单上的记载相一致。

第四，发票中所列明的价格术语，应与信用证中的规定一致。

第五，发票金额通常不能超过信用证金额，除非信用证中规定买方要在信用证下支付贸易中发生的某些费用。

第六，有些来证中要求出口方在发票上附加一些特别的说明性文句，如“证明所列内容真实无误”或“货款已收讫”等，只要符合国家政策、法规有关规定的，出口企业可以照办。

发票的份数应以合同或信用证规定的数目为准。如果信用证要求制作正本发票，应在所制作的发票上加盖“正本”印章。此外，还需要准备副本多份，除供出口企业本身留底备查，以及在出口地报关时使用外，进口商或中间商也常要求增加提供份数，以供其记账、存查等所需。

除了商业发票以外，海关发票、领事发票、厂商发票等特殊性质的发票也时常使用。

海关发票（Customs Invoice）是进口国海关提供的一种固定格式的发票，由出口人填写，进口人凭以报关。在国际贸易中，有些进口国家如美国、加拿大、新西兰等国的海关制定了一种固定的发票格式，要求国外出口商填写。这类发票有三种不同称法：海关发票、估价和原产地联合证明书。一般习惯地将它们统称为海关发票。进口国要求提供海关发票，目的是以此作为完税或征收差别待遇关税或征收反倾销税或反补贴税的依据。



领事发票（Consular Invoice）是一些进口国家如菲律宾、拉美国家规定，凡输往该国的商品必须向该国海关提供经该国领事签证的发票。领事发票的作用和海关发票基本相似。在实际业务中，如果对方国家在我国未设立领事机构，应要求修改信用证上关于领事发票的有关规定，以免加大制单难度。

厂商发票（Manufacturer's Invoice）是指出口货物的生产制造商出具的，以本国货币标明货物出厂价格的发票，其作用是供进口国海关估价、课税以及征收反倾销税的依据。制作厂商发票时，凡与商业发票有关内容相同的栏目，应与商业发票保持一致。

2. 汇票（详见第九章“国际贸易结算”的相关内容）

3. 提单（Bill of Lading，B/L）

提单是货物承运人或代理人在收到货物后签发给托运人的表示已经收到货物，并承诺将货物运输到指定目的地的单据。提单既是承运人向托运人出具的货物收据，也是承运人与托运人之间的运输契约的证明，同时又是代表货物所有权的凭证。提单的分类，内容详见第九章“国际贸易结算”中第二节的相关内容。

在缮制提单时应注意以下几点：

第一，提单的种类是否符合信用证的规定，其中主要是审核收货人栏、装货港和最终目的港、货物栏有无批注等。

第二，被通知人的名称和地址是否详细、准确。

第三，提单的运费项目是否已按照信用证规定预付或到付。

第四，提单上应注明正本提单份数，并在议付时向银行提供全套正本提单。

4. 保险单（Insurance Policy）

保险单是指保险人向被保险人签发的陈述保险内容的单据，其作用既作为承保证明，也作为保险合同，而且还是双方索赔理赔的凭证。因此，它具有法律上的效力，对双方当事人都有约束力。保险单又俗称“大保单”，是使用最广的一种保险单据。保险单正面内容主要包括：当事人的名称和地址、保险标的的名称、数量或重量、唛头、运输工具、保险险别、保险币别和金额、保险费、签单日期与保险人签章、赔款偿付地点以及经保险人与被保险人双方约定的其他事项等内容。保险单背面载明的是保险人与被保险人的权利和义务、承保险别的责任范围、保险人的责任期限与除外责任、索赔时效、争议解决方法等方面的保险条款。

出口企业在议付时向银行提交的保险单应符合以下条件：

第一，被保险人应是信用证的受益人，在其向银行交单议付时要对保险单进行空白背书，以便办理保险单的转让。

第二，在保险人一栏内应填写承保的保险公司的名称，而不能填写保险代理人或保险经纪人。

第三，保险险别应与信用证的规定相符。保险金额则按信用证规定的最低保险金额填写。若信用证未规定最低保额，一般以 CIF 和 CIP 价格的 110%为最低保险金额。



第四，保险单签发日期应早于或与提单日期相同，除非保险单注明承担自货物装船日起的风险，否则开证行可拒绝接受。此外，保险单上的货物名、运输标志、包装及数量等内容应与提单相一致。

第五，保险单的装运日期前可加“大约”（on or about）字样，装运港、目的港应与提单记载相同。如果运输中需要转船，则在保险单上也应作相同注明。

5. 原产地证明书（Certificate of Origin）和普惠制证格式 A（GSP Form A）

原产地证明书是一种证明货物原产地或制造地的证件，是进口国海关对出口国实行优惠关税或进行进口管制的依据。没有海关发票和领事发票的国家，往往要求外国出口商提供商品的原产地证明。原产地证明书一般由出口地的公证机构或工商团体签发。在我国的出口业务中，产地证明通常由中国进出口商品检疫局或中国贸促会签发。

普惠制是发达国家对来自发展中国家的商品，特别是工业制成品、半制成品，给予的普遍的、非互惠的、非歧视性的关税优惠待遇。我国也从许多发达国家取得了普惠制待遇，对这些国家出口商品时，要提供相应的普惠制单据，作为取得优惠关税的依据。普惠制产地证即“GSP 产地证”，又称“Form A 产地证”，是一种比较常见的单据，它适用于一般性商品，由国家出入境检验检疫局签发。此外，普惠制单据还有纺织品产地证、手工制纺织品产地证、纺织品出口许可证等。

6. 商检单证（Inspection Documents）

商检单证是由商检局或其指定机构根据报验人的报验申请书内容进行检验后出

具的证明文件。商检证书的种类很多，分别被用来证明商品的品质、数量、重量、卫生条件等方面的状况。买方往往在信用证中要求出口企业提供有关的商检证书，以维护自身利益。我国的商检证书一般由国家出入境检验检疫局出具，商检单证出证日期不得迟于提单日期。

7. 装箱单（Packing List）

装箱单又称规格明细单（Specification List）、重量单（Weight List）、花色搭配单（Assortment List），是商业发票的补充，常见于工业品的出口，主要作用是对货物名称、规格、花色搭配等进行详细描述，以便于检验。装箱单的内容应与信用证、发票、提单等单据保持一致。

以上介绍的是出口制单中常见的几种单据。随着电子数据交换技术的发展与推广，传统的制单结汇手续将被大大简化，效率将得以提高，进而推动国际贸易的发展。

## 第四节 进口合同的履行

目前，我国进口交易一般都是以 FOB 条件成交，以即期信用证的方式付款。因此，按照这些条件成交的进口合同，其履行程序一般包括：开立信用证、派船接货、投买保险、审单付款、提取货物等环节。



### 一、开立信用证

进口合同签订后，进口企业应按合同中的有关规定，及时向经营外汇业务的银行提交开证申请书及进口合同副本，要求银行对外开证。进口企业在填写申请书时，应在其中列明各项交易条件，同时这些交易条件应与合同的规定相符，从而保证银行开出的信用证的内容与合同一致。此外，申请人还要向开证银行缴纳手续费，并根据银行的要求提交一定数量的抵押金或提供其他形式的担保。

信用证开出后，如发现内容与开证申请书不符，或因情况发生变化或其他原因，受益人提出需对信用证进行修改时，进口人应当在审核改证要求并认为合理后，立即向开证行提出修改申请，以便开证行及时将改证通知传递给受益人。如不同意修改，也应及时通知受益人，敦促其按原证条款履行装货和交单。

### 二、派船接货

当合同采用 FOB 条件成交时，按规定应由进口人办理运输手续。因此，进口人应根据合同规定的装运期办理租船订舱并及时将船名、船期通知卖方，并催告卖方应如期装船。目前，我国的进口货物大部分委托中国对外贸易运输公司、中国租船公司或其他外运代理机构代办运输，并与其订立运输代理协议，也有向中国远洋运输公司或其他对外运输的实际承运人办理的。

进口企业在办妥租船、订舱手续，接到运输机构的配船通知后，应按规定期限将船名及预计到港日期通知卖方，以便卖方准备装货。同时，进口企业还应做好催装工作，特别是对一些数量、金额较大的重要商品，最好委托在出口地的代理来督促卖方按合同规定履行交货义务，保证船货衔接。

## 三、投买保险

同办理运输手续一样，FOB 条件下的进口人还需要负责办理货物运输保险。进口货物运输保险一般两种方式：一种是预约保险。我国部分外贸企业和保险公司签订海运、空运和陆运货物的预约保险，简称“预保合同”（Open Policy）。这种保险方式，手续简便，对外贸企业进口的货物的投保险别、保险费率、适用的保险条款、保险费及赔偿的支付方式等都做了明确的规定。根据预保合同规定，保险公司自动承保由进口人负责办理运输保险的进口货物。对于海运货物，外贸公司接到装运通知后，将其副本一份送交保险公司，即作为已办妥保险手续，而不需要逐笔投保。另一种是逐笔投保，即进口人需要逐笔填交投保单作为投保申请，保险公司审批后，向进口人签发保险单或保险凭证作为承保证明。进口企业在接到卖方的发货通知后，必须立即向保险公司办理保险手续，否则，货物于投保之前在运输途中发生损失时，保险公司不负赔偿责任。

保险公司对海运货物保险的责任从货物在装运港装上船时生效，到提单载明的目的地收货人仓库终止。如果未抵达上述仓库或储存处所，则以被保险货物在最后卸载港卸离海轮后 60 天为止，如不能在此期限内转运，可向保险公司申请延期，延期最多为 60 天。



## 四、审单付款

卖方将货物交付装运后，即将汇票和全套单据提交开证行或保兑行（如果有的话）或其他指定银行。开证行收到国外寄来的单据后，根据“单单一致”和“单证一致”的原则，仔细审核信用证规定的一切单据，以确定其表面上是否符合信用证条款。若审核无误，即按即期或远期汇票向国外付款承兑。开证行或信用证指定的付款行经审单后付款，付款后丧失追索权。

如果经开证行审核发现单证不符，应与进口企业联系，立即处理。进口企业可予以接受，指示开证行对外付款，也可指示开证行拒付，或支付部分货款。如果经双方同意可改为货到检验合格后再付款，凭受益人或议付行出具的担保付款，由国外议付行通知发货人更正单据后付款等。

根据《跟单信用证统一惯例》规定，无论开证行或保兑行（如有的话）或其指定的银行应各有一段合理的时间审核单据，即不超过收到单据次日起 7 个银行工作日。审核和决定接受或拒绝单据，并相应地通知交单方。银行在审单无误对外付款后，同时要求进口企业按国家外汇牌价以人民币购买外汇赎单，此后进口企业再凭银行的付款通知书向用货部门结算货款。



## 五、提取货物

根据《中华人民共和国海关法》规定，凡进口商品，必须办理报关手续。进口货物经海关查验放行后，进口商才能提货。办理海关手续时，进口商必须向海关填交“进口货物报关单”，随附发票、提单、包装单据、检验证书以及进口许可证等单据。海关审核各类单据及进口货物无误后，在报关单上签字或盖上有“验讫放行”或类似字样的印章，并注明海关放行的日期，进口货物即可通关。

与出口业务中的情况相同，只有在那些有报关资格的企业中经考核合格的报关员才能办理报关。报关员的签字与印章均在海关备案，若报关单上没报关单位及报关员的签章或签章不符，海关不予受理。我国的进口业务中，报关手续一般由外运公司代办。

此外，根据《中华人民共和国进出口商品检验法》规定，凡列入“商检机构实施检验的进出口商品种类表”的进口货物和其他法律、行政法规规定须经商检机构检验的进出口商品，必须经过商检机构或者国家商检部门、商检机构指定的检验机构检验。进口商品未经检验的，不准销售、使用。因此，进口货物到货后，收货部门或其代理人必须在合同规定的期限内，向商检部门报验。除商检机构实施的检验外，进口港的港务局还将按码头惯例在卸货时核查进口货物表面情况，若发现短缺或残损，港务局填制短缺报告交船方确认，同时将货物存放于海关仓库，由保险公司会同商检机构及有关当事人进行进一步的检验。

# 第八章
# 国际货物运输与保险

国际货物运输和保险是国际贸易的重要组成部分，也是确保国际货物贸易能够最终完成的关键环节。同样，通过国际贸易合同的装运条款明确合同双方在货物运输中的权利和义务，以及制定保险条款对保险责任的明确界定也是对国际贸易合同得以顺利履行的有力保障。本章内容包括了国际货物运输方式及国际贸易合同装运条款，并以海上运输货物保险为重点介绍了国际货物运输保险及国际贸易合同中的保险条款。

## 第一节　国际货物的运输方式



随着国际贸易和交通工具的发展变化，国际货物运输方式在传统的海洋运输基础上得到了极大的丰富，发展了包括航空运输、集装箱运输、铁路运输、公路运输、管道运输、多式联运等多种国际货物运输方式，使国际贸易中的买卖双方可以根据货物性质及双方的具体情况，灵活的选用国际货物运输方式。

### 一、海洋运输

海洋运输（Ocean Transport）作为国际贸易中起源较早的一种运输方式，由于其突出的特点，如运量大、运费低廉、不受道路和轨道的限制等，至今仍然是使用最为广泛的国际货物运输方式。与其他运输方式相比较，海洋运输的主要缺点是运输速度慢、风险较大、受气候和自然条件影响较大等。

按照海洋运输船舶经营方式的不同，国际海洋运输可分为班轮运输（Liner Transport）和租船运输（Shipping by Chartering）两种。

（一）班轮运输

班轮运输又称定期船运输，简称班轮（Liner)，是指船舶在固定航线上和固定港口之间按事先公布的船期表和运费率往返航行，从事客货运输业务的一种运输方式。班轮运输较适合于运输小批量、多批次、交货港口分散的货物。

1. 班轮运输的特点

（1）“四固定”，即固定航线、固定港口、固定船期和相对固定的运费率。

（2）“一负责”，即货物由班轮公司负责配载和装卸，运费内已包括装卸费用，班轮公司和托运人双方不计滞期费和速遣费。

（3）班轮公司和货主之间的权利、义务和责任豁免以班轮公司签发的提单条款为依据。

2. 班轮运费

班轮运费（Liner Freight）是班轮公司为运输货物，按照班轮运价表（Liner Freight Tariff）向货主计收的费用，分为基本运费（Basic Freight）和附加费（Surcharge），包括了货物在装运港的装货费、在目的港的卸货费以及从装运港至目的港的运输费用和附加费用。在国际海运实务中，各国对班轮运价表的制定并不一致，概括起来主要有班轮公司运价表、船货双方协商制定双边运价表和航运公会价表三种类型。

（1）基本运费。

班轮运输基本运费是指货物从装运港到目的港所应收取的费用，其中包括货物在港口的装卸费用，它是构成全程运费的主要部分。基本运费的计算标准主要有六种：

①按货物的毛重计收。即以重量吨（Weight Ton）计收，在运价表中以“W”表示。

②按货物的体积计收。即以尺码吨（Measurement Ton）计收，在运价表中以“M”表示。

按重量吨或尺码吨计收运费的单位统称运费吨（Freight Ton）。

③按货物的价格计收，又称从价运费。在运价表中以“AV”或“Ad Val.”表示。一般按货物 FOB 价值的一定百分比收取。

④按收费高者计收，即选择较高的一种计价标准作为计算运费的标准。例如在运价表上注有“W/M or AV”或“W/M”的，指在重量吨或尺码吨或从价运费三种，或在重量吨与尺码吨两种标准中，选择高的收费。此外，还有使用“W/M Plus AV”的，是指先按货物重量吨或尺码吨从高计收后，另加收一定百分率的从价运费。

⑤按货物的件数计收。如车辆按辆（Per Unit）计收，活牲畜按头（Per Head）计收。

⑥由船、货双方议定。在班轮运价表中注有“Open”字样来表示。临时议定运价的办法，适用于运量较大、货价较低、装卸方便而快速的诸如粮食、矿石等货物的运输。临时议定的运费一般比较低。

（2）附加费。

班轮运费中的附加费是针对某些特定情况或需作特殊处理的货物在基本运费之外加收的费用。附加费名目很多，主要有：超重附加费（Heavy-lift Additional）、超长附加费（Long-length Additional）、直航附加费（Direct Additional）、港口拥挤附加费（Port Congestion Surcharge）、转船附加费（Transhipment Surcharge）、选港附加费（Optional Destination Additional）。此外，还有港口附加费、燃油附加费、变更卸货港附加费、绕航附加费、货币贬值附加费等。

（3）班轮运费的计算。

班轮运费的计算公式可使用下列一般表达式：

$$F = F_b + \sum S$$

其中，$F$ 表示运费总额，$F_b$ 表示基本运费，$S$ 表示某一项附加费。基本运费是所运货物的数量（重量或体积）与规定的基本费率的乘积；附加费则是指各项附加费的总和，可以为基本运费的一定百分比。按照附加费的不同，常用的计算公式有以下两种：

当附加费为绝对值时：

班轮运费=基本费率×运费吨+附加费

当附加费是百分比时：

班轮运费=基本费率×运费吨×（1+附加费百分比）

（二）租船运输

租船运输又称不定期船运输，是指包租整船或部分舱位进行运输。租船方式主要有定期租船（Time Charter）和定程租船（Voyage Charter）两种。

1. 定期租船

定期租船又称期租船，是指按一定期限租赁船舶的方式，即由船东（船舶出租人）将船舶出租给租船人在规定期限内使用，在此期限内由租船人自行调度和经营管理。租期可长可短，短则数月，长则数年，租金按租期每月（或 30 天）每载重吨计算。通常在租赁期，船东只负责船员的相关费用和保持船舶具备适航性而产生的费用；其他在租船期的各航次中产生的燃油费、港口费等都由租船人负担。

船东和租船人双方的权利和义务以期租船合同为依据，一般只规定船舶航行区域而不规定航线和装卸港，可以装运除另有规定外的各种合法货物，不规定装卸率和滞期速遣条款。定期租船的合同可以采用标准合同，国际上常见的定期租船标准合同有纽约物产交易所制定的定期租船合同（Time Charter）、波罗的海国际航运公司制定的统一定期租船合同（Uniform Time Charter），以及我国租船公司制定的中外定期租船合同（Sino Time Charter）等。

在定期租船中，还有一种“光船租船”（Bareboat Charter）方式，即船舶所有者仅向租船方提供适航船舶，租船人需要自己配备船舶出航所需的所有人员以及负担船舶运营费用和船员费用。在实际操作中，光船租船方式已经较少采用，往往是作为一种融资租赁方式出现。

2. 定程租船

定程租船又称程租船或航次租船，是指按航程租赁的租船运输方式。一般可以分为单航次（Single Trip Charter）、来回航次（Return Trip Charter）、连续航次（Consecutive Trip Charter）等租船形式。定程租船的特点是：航线、装卸港口、航行期等并不固定，是根据租船人（货主）的需要和船东的可能，经双方协商，在程租船合同中规定的；程租船合同需规定装卸率和滞期、速遣费条款；运价受租船市场供需情况的影响较大，租船人和船东双方的其他权利、义务一并在程租船合同中规定。定程租船以运输货值较低的粮食、煤炭、木材、矿石等大宗货物为主。

航次租船的合同多采用标准格式，常见的有波罗的海国际航运公会制定的标准杂货租船合同，简称“金康”合同，它适用于一般无特定格式合同的货类。此外还有澳大利亚谷物租船合同、太平洋沿岸谷物租船合同等。

## 二、航空运输

航空运输（Air Transport）是一种现代化的运输方式，具有运送迅速快速，安全准时，节省包装、保险和储存费用，可以高质量地将货物运往世界各地而不受河海和道路限制等特点。因此，对易腐、鲜活、季节性强、紧急需要的商品运送尤为适宜。航空货物运输有班机、包机、集中托运和航空急件传送等多种方式。

### （一）班机运输

班机运输（Scheduled Airline）是指利用在固定航线上定期开航的，并有固定始发站、目的港及途经站的航班运送货物。航空公司的班机一般都使用客货混合型飞机（Combination Carrier），也有一些较大的航空公司在一些航线上使用全货机（All Cargo Carrier）执行班机运输。班机运输的特点主要有：

（1）由于固定航线、固定停靠港和定期开航，因此班机运输方式能保证货物安全迅速地到达世界上各通航班地点。

（2）方便收、发货人确切掌握货物起运和到达的时间，有利于急需商品、鲜活、易腐货物以及贵重商品的运送。

（3）班机运输一般是客货混载，因此，有限的舱位不能满足大批量货物的及时出运，往往需要分期分批运输，这是班机运输不足之处。



### （二）包机运输

包机运输（Chartered Carrier）可分为整包机和部分包机两种方式。

1. 整包机

整包机即包租整架飞机，指航空公司按照与租机人事先约定的条件及费用，将整架飞机租给包机人，从一个或几个航空港装运货物至目的地。一般情况下，包机人要在货物装运前一个月左右与航空公司联系，以便航空公司安排运载和向起降机场及有关政府部门申请、办理过境或入境的有关手续。

整包机的费用需随国际市场供求情况变化一次一议，原则上是按每一飞行里程固定费率核收费用，并按每一飞行里程费用的80%收取空放费。因此，大批量货物使用包机时，均要争取来回程都有货载以降低费用。

2. 部分包机

部分包机是指由几家航空货运公司或发货人联合包租一架飞机或者由航空公司把一架飞机的舱位分别卖给几家航空货运公司装载货物，一般运用于货物容积不足一架整机机舱，但重量较重的货物运输。

3. 包机运输的特点

对比班机运输方式，包机运输能够有效解决班机仓位不足、空运旺季航班紧张的矛盾，也使非直达航班地区得以开展航空货运，而且包机运输可以节省时间和发货手续，减少货损、货差或丢失的现象。但包机运输也存在运输时间比班机长，各国政府对从事包机业务的外国航空公司实行各种限制等缺点。

（三）集中托运

集中托运方式（Consolidation）已在世界范围内普遍开展，形成较完善、有效的服务系统，为促进国际贸易发展和国际科技文化交流起了良好的作用。集中托运也成为我国进出口货物的主要运输方式之一。

1. 集中托运的含义和特点

集中托运指将若干票单独发运的、发往同一方向的货物集中起来作为一票货，填写一份总运单发运到同一到站的做法。集中托运的特点是：

（1）节省运费。航空货运公司的集中托运运价一般都低于航空公司的运价。发货人可得到低于航空公司运价，从而节省费用。

（2）提供方便。将货物集中托运，可使货物到达航空公司到达地点以外的地方，延伸了航空公司的服务，方便了货主。

（3）提早结汇。发货人将货物交与航空货运代理后，即可取得货物分运单，可持分运单到银行尽早办理结汇。

2. 集中托运的具体做法

（1）将每一票货物分别制定航空运输分运单 HAWB（House Airway Bill）。

（2）将所有货物按照目的地相同即同一国家、同一城市的原则来分类集中，制定出航空公司的总运单 MAWB（Master Airway Bill）。总运单的发货人和收货人均为航空货运代理公司。

（3）整理该总运单项下的货运清单（Manifest），即此总运单下的分运单数量、号码及分运单货物件数、重量等。

（4）把该总运单和货运清单作为一整票货物交给航空公司。一个总运单可视货物具体情况随附分运单（可以是一个分运单或多个分运单）。

（5）货物到达目的站机场后，当地的货运代理公司作为总运单的收货人负责接货、分拨，按不同的分运单制定各自的报关单据并代为报关，为实际收货人办理有关接货送货事宜。

（6）实际收货人在分运单上签收以后，目的站货运代理公司以此向发货的货运代理公司反馈到货信息。

3. 集中托运方式的限制

（1）集中托运只适合办理普通货物，对于等级运价的货物，如：贵重物品、危险品、活动物以及文物等不能办理集中托运。

（2）目的地相同或临近的货物才能办理集中托运，如发往同一国家或地区的货物。

（四）联运方式

陆空联运是火车、飞机和卡车的联合运输方式，简称 TAT（Train-Air-Truck）；或火车、飞机的联合运输方式，简称 TA（Train-Air）。由于我国国际航空港口岸主要集中在北京、上海、广州等大城市，因此我国空运出口货物通常采用陆空联运方式，在货量较大的情况下，往往采用陆运至国际航空口岸，再与国际航班衔接。

（五）航空速递

航空速递是目前国际航空运输中最快捷的运输方式，发展非常迅速。它不同于航空邮件和航空货运，是指由经营此项业务的专业机构与航空公司合作，通过自身或其代理人用最快的速度在货主、机长、收件人之间传送急件的一种新型快速运输方式。航空速递目前主要有门/桌到门/桌（Door/Desk to Door/Desk）、门/桌到机场（Door/Desk to Airport）、专人派送（Courier on Board）三种服务方式。

## 三、集装箱运输

集装箱运输（Container Transport）是以集装箱（Container）为运输单位进行运输的一种现代化的运输方式，它可适用于各种运输方式的单独运输和不同运输方式的联合运输。集装箱运输的优点是加速货物装卸，提高港口吞吐能力；加速船舶周转，减少货损货差；节省包装材料，减少运杂费用，降低营运成本；简化货运手续和便利货物运输等。集装箱运输是运输方式上的一大革命，它的出现和广泛运用，对国际贸易产生了很大的影响。

（一）集装箱的含义、种类

集装箱是一种能反复使用的便于快速装卸的标准化金属容器。国际标准化组织推荐了三个系列十三种规格的集装箱，在国际运输中常用的集装箱规格为 20 英尺（1 英尺=0. 304 8 米）和 40 英尺两种，即 IA 型 8′×8′×40′，IAA 型 8. 6′×8′×40′，IC 型 8′×8′×20′。按制箱材料分为铝合金集装箱、钢板集装箱、纤维板集装箱、玻璃钢集装箱；按用途分为干集装箱、冷冻集装箱（Reefer container）、挂衣集装箱（Dress Hanger Container）、开顶集装箱（Opentop Container）、框架集装箱（Flat Rack Container）、罐式集装箱（Tank Container）。

（二）集装箱运输的特点

集装箱运输具有如下特点：

（1）在全程运输中，可以将集装箱从一种运输工具直接方便地换装到另一种运输工具，而无须接触或移动箱内所装货物。

（2）货物从发货人的工厂或仓库装箱后，可经由海陆空不同运输方式一直运至收货人的工厂或仓库，实现“门到门”运输而中途无须开箱倒载和检验。

（3）集装箱由专门设备的运输工具装运，装卸快、效率高、质量有保证。

（4）一般由一个承运人负责全程运输，其优越性是：①提高装卸效率，加速车船周转；②提高运输质量，减少货损货差；③便于货物运输，简化货运手续，加快货运速度，缩短货运时间；④节省包装用料，减少运杂费，节省装卸费用，减少营运费用，降低运输成本；⑤节约劳动力，改善劳动条件；⑥节约仓容，压缩库存量，加速资金周转。

（三）集装箱运输的主要关系方

集装箱运输的关系方主要有无船经营人、集装箱实际承运人、集装箱租赁公司、集装箱堆场和集装箱货运站等。

（1）无船经营人（Non-vessel Operating Common Carrier，NVOCC）指专门经营集装货运的揽货、装拆箱、内陆运输及经营中转站或内陆站业务，其可以具备实际运输工具，也可不具备。对货主来讲，无船经营人是承运人；而对实际承运人来说，无船经营人是托运人。通常无船经营人应受所在国法律制约，在政府有关部门登记。

（2）实际承运人（Actual Carrier）指掌握运输工具并参与集装箱运输的承运人。通常拥有大量集装箱，以利于集装箱的周转、调拨、管理以及集装箱与车、船、机的衔接。

（3）集装箱租赁公司（Container Leasing Company）仅指专门经营集装箱出租业务的关系方。

（4）集装箱堆场（Container Yard，CY）指办理集装箱重箱或空箱装卸、转运、保管、交接的场所。

（5）集装箱货运站（Container Freight Station，CFS）是处理拼箱货的场所，在此办理拼箱货的交接，配载积载后将集装箱送往集装箱堆场（CY），并接受从CY交接的进口货箱，进行拆箱、理货、保管，最后分拨给各收货人，同时也可按承运人的委托进行铅封和签发场站收据等业务。

（四）集装箱运输货物的交接

集装箱运输按其装载货物所属货主可分为整箱货和拼箱货。整箱货（Full Container Load，FCL）是指由货方自行装满整箱后，直接送至集装箱堆场（CY），整箱货到达目的地后，送至堆场由收货人提取。如果货方货物不足一整箱，需送至集装箱货运站（CFS），由承运人把不同货主的货物按性质、目的地进行拼装，称为拼箱货（Less than Container Load，LCL）。拼箱货到达目的地后也应送至货运站，由承运人拆箱后由各收货人分别提取。

每个集装箱有固定的编号，装箱后封闭箱门的钢绳铅封上印有号码。集装箱号码和封印号码可取代运输标志，显示在主要出口单据上，成为运输中的识别标志和货物特定化的记号。集装箱的交接方式应在运输单据上予以说明。

按照集装箱货物装箱方式的不同，当前国际上通用的交接方式有：整装整拆（FCL/FCL）、整装拼拆（FCL/LCL）、拼装整拆（LCL/FCL）、拼装拼拆（LCL/LCL）。

按货物交接地点不同，交接方式可以分为：门到门（DOOR TO DOOR）、门到场（DOOR TO CY）、门到站（DOOR TO CFS）、场到门（CY TO DOOR）、场到场（CY TO CY）、场到站（CY TO CFS）、站到门（CFS TO DOOR）、站到场（CFS TO CY）和站到站（CFS TO CFS）。

（五）集装箱运输的费用

集装箱运输费用的构成比较复杂，以集装箱海运为例，其运费包括内陆货运港内运输费（Inland Transport Charge）、拼箱服务费（LCL Service Charge）、堆场服务费（Terminal Handling Charge）、海运运费、集装箱及其设备使用费（Fee for Use Container and Other Equipments）等。

## 四、其他运输方式

### （一）铁路运输

铁路运输具有运行速度快、载运量较大、受气候影响小、准确性和连续性强等优点。在国际贸易中，铁路运输在国际货运中的地位仅次于海洋运输。在我国对外贸易运输中，铁路运输占有一定比重。

我国对外贸易货物使用铁路运输可分为国内铁路运输和国际铁路货物联运（International Railway Through Goods Traffic）两部分。国内铁路运输特指对港澳地区的铁路运输，即利用铁路将供应港、澳地区的货物运往香港九龙，或运至广州南部转船至澳门。国际铁路货物联运是指在两个或两个以上国际铁路运送中，参加国铁路共同使用一份运输票据，并以连带责任办理货物的全程运送，在由一国铁路向另一国铁路移交货物时，无须发货人、收货人参加的运输方式。目前，用于规范国际铁路联运的国际协约主要是《国际铁路货物联运公约》（简称国际货约）和《国际铁路货物联运协定》（简称国际货协）。我国对周边国家，如朝鲜、越南、蒙古、俄罗斯等国家的进出口货物，大部分采用铁路运输。通过国际铁路货物联运，使亚欧大陆连成一片，对发展我国与欧洲、亚洲国家的国际贸易提供了有利的条件。

### （二）公路运输

公路运输（Road Transportation）也是一种基本的陆路运输方式。公路运输灵活机动，能够随着公路网延伸到各个角落，可以方便地实现“门到门”运输服务，同时公路运输也是海洋、铁路、航空等运输方式集散货物的重要手段。但公路运输载货量有限、运输成本高、运输风险较大。目前，公路运输在我国对外贸易中占据一定地位，是我国边疆地区同内陆邻国间进行边贸的主要货物运输手段。

### （三）内河运输

内河运输（Inland Water Transportation）是以船舶为运输工具，内陆河流为运输航道的货物运输，是除海上运输外的另一种水上运输方式，具有投资少、运量大、成本低，可以实现内陆同海港、空港等货运站的有效连接，在进出口货物的运输和集散中起着重要作用。国际商会所规定的贸易术语中，适用于海上运输的术语同样也适用于内河运输。我国有广阔的内河运输网，也有部分边疆地区同邻国边境河流连接，随着我国内河港口的进一步开放，将为我国对外贸易内河运输提供有利的条件。

### （四）邮政运输

邮政运输又称邮包运输（Parcel Post Transport），是一种最简便的运输方式，国际邮件可分为函件和包裹两大类。各国邮政部门之间订立的协定和《万国邮政公约》，保证了邮政运输的畅通无阻、四通八达，形成了全球性的邮政运输网，从而使国际邮政运输得以在国际贸易中被广泛使用。近年来，邮政特快专递业务发展迅速，目前快递业务主要有国际特快专递（International Express Mail Service 简称 EMS）、DHL、UPS、FEDEX 和信使专递（Courier Service）

### （五）国际多式联运

1980 年 5 月联合国国际多式联运公约第 2 次会议一致通过的《联合国国际多式

联运公约》，对国际多式联运（International Multimodal Transport）做出如下定义："国际多式联运是指按照国际多式联运合同，以至少两种不同的运输方式，由多式联运经营人（Combined Transport Operator，CTO）将货物从一国境内接管货物的地点运至另一国境内指定交货地点。为履行单一方式货物合同所规定的货物接送业务，则不应视为国际多式联运。"

1. 国际多式联运的特征

（1）必须有一个多式联运合同并使用全程提单（Combined Transport Bill of Lading）。

（2）必须由一个联运经营人对货主承担全程的运输责任。

（3）联运经营人以单一费率向货主收取全程运费。

（4）必须是国际间的货物运输。

（5）必须是采用两种以上不同运输方式衔接组成一个连贯的运输。

国际多式联运具有手续简化、运输速度较快、质量较高、运费计算方便、缩短发货人回款时间的优点。货物的交接方式可以采用门到门、门到港站、港站到港站、港站到门等多种方式。

2. 国际多式联运经营人的性质和责任范围

《联合国国际多式联运公约》对多式联运经营人所下的定义是："国际多式联运经营人，是指其本人或通过其代表订立多式联运合同的任何人，他是货主，而不是发货人的代理或代表或参加多式联运的承运人的代理人或代表，并且负有履行合同的责任。"其责任期间是从接受货物之时起到交付货物之时止，在此期间对货主负全程运输责任。根据多式联运责任制的范围和索赔限额，目前国际上一般有三种类型和做法：统一责任制（Uniform Liability System）、分段责任制又称网状责任制（Net Work Liability）、修正统一责任制（Modified Uniform Liability System）。



（六）大陆桥运输

大陆桥运输（Land Bridge Transport）是指使用横贯大陆的铁路或公路运输系统作为中间桥梁，把大陆两端的海洋运输连接起来的连贯运输方式。大陆桥运输实际上是以铁路为主体，以集装箱为媒介，兼具集装箱运输和国际多式联运的优点，将海运、公路、航空、河运、管道等多种运输方式相结合，横跨洲际大陆，实行海防衔接，"一票到底"的国际联运。由于其突出的优点，大陆桥运输越来越受到国际运输界、贸易界的广泛重视。目前运用较广的是西伯利亚大陆桥、亚欧大陆桥及北美大陆桥。

与传统的国际运输方式相比，大陆桥运输具有明显的优势：

第一，运输距离大为缩短。大陆桥横穿大陆，比绕道海路近得多，目前世界上开通的西伯利亚大陆桥、北美大陆桥和亚欧大陆桥3条主要大陆桥，一般比传统的海运路线缩短1/2~1/3。

第二，速度快、时间短。由于大陆桥运距较近，且能使用铁路集装箱专用直达车，中间环节少，运行速度快，从而节省了大量的途中运输时间，并使运行时间有了保证。

第三，运行质量高。大陆桥运输实行“一票到底”的“门到门”运输，手续简便、责任明确，加上陆上运输安全可靠，集装箱运输货损货差减少，具有运行质量高、效益好的特点。

此外，还有一种 OCP（Over-land Common Point）运输方式，它是指以美国落基山脉为界，除美国西海岸紧邻太平洋的九个州以外，其他界东的广大地区为内陆地区，是适用“OCP”的地区范围。凡海运到美国西海岸港口再以陆路运往内陆地区的货物，如提单上表明按 OCP 条款运输，可享受比直达西海岸港口费率较低的优惠，相应的陆运运费率也有降低；而且向相反方向的运送也可得到相同的优惠。但是这种优惠只适用于货物的最终目的地在 OCP 地区，而且必须经美国西海岸港口中转。

（七）管道运输

管道运输（Pipeline Transportation）是随着石油的生产而产生和发展的，它是一种特殊的运输方式，与普通货物的运输形态完全不同。普通货物运输是货物随着运输工具的移动，货物被运送到目的地，而管道运输的运输工具本身就是管道，是固定不动的，只是货物本身在管道内移动，即它是运输通道和运输工具合二为一的一种专门运输方式。管道运输是货物在管道内借高压气浆的压力向目的地输送的一种运输方式。现代管道运输起源于 19 世纪 60 年代的美国，但直到 20 世纪初，管道运输才得到了迅速的发展。现代管道不仅可以输送原油、各种石油成品、化学品、天然气等液体和气体物品，而且可以输送矿砂、碎煤浆等。

1. 管道运输的种类

管道运输就其铺设工程可分为架空管道、地面管道和地下管道，其中以地下管道应用最为普遍。视地形情况，一条管道也可能三者兼而有之。

管道运输就其地理范围可分为：油矿至聚油塔或炼油厂，称为原油管道（Crude Oil Pipeline）；从炼油厂至海港或集散中心，称为成品油管道（Product Oil Pipeline）；从海港至海上浮筒，称为系泊管道（Buoy Oil Pipeline）。

管道运输就其运输对象又可分为液体管道（Fluid Pipeline）、气体管道（Gas Pipeline）、水浆管道（Scurvy Pipeline）。

此外，管道运输同铁路运输、公路运输一样，也有干线和支线之分。

2. 管道运输的特点

管道运输与其他运输方式不同，概括起来它有以下特点：

（1）运输通道与运输工具合二为一。

（2）高度专业化，适于运输气体和液体货物。

（3）永远是单方向运输。

由于管道运输有上述特点，可以概括出管道运输的优点：

（1）不受地面气候影响并可以连续作业。

（2）运输的货物无须包装，节省包装费用。

（3）货物在管道内移动，货损货差小。

（4）费用省，成本低。

（5）单向运输，无回空运输问题。

（6）经营管理比较简单。

但管道运输也存在如下局限：

（1）运输货物过于专门化，仅限于液体和气体货物。

（2）永远单向运输，机动灵活性差。

（3）固定投资大。

## 第二节 合同中的装运条款

采用海洋运输方式时，合同中的装运条款主要包括装运期、装运港和目的港，是否允许分批装运和转船、装运通知等项内容。

### 一、装运期

装运期（Time of Shipment）是买卖合同中的一项主要条件。如果卖方未能在规定的期限内将货物装船，即构成违约，买方有权撤销合同并要求卖方赔偿损失。因此，合理规定装运期对于买卖双方（特别是卖方）来说至关重要。

（一）确定装运期应考虑的问题

1. 货源情况

装运期的远近，应与生产安排的可能性及货物库存情况相适应。如对货源无把握就盲目成交，有可能出现到时交不了货的情况。

2. 运输条件

在以 CFR 和 CIF 条件出口或 FOB 进口时，对装运期的规定应考虑有关的运输条件。对于有直达船、航次较多的港口，装运期可适当缩短；反之，装运期应较长一些。否则，就有可能出现到时租不到船或订不到舱位，无法安排货物装船的情况。

3. 货物特点

对于一些品质易受气候影响的货物，在规定装运期时，应考虑货物本身的特点，尽可能避开气候的不利影响。如茶叶易受潮发霉，应避免在雨季装运。

4. 进口国市场需求

装运期的规定应与进口国市场需求的季节性相适应。

（二）装运期的规定方法

1. 定期装运

（1）规定在一段期间内装运。例如：“1993 年 8 月装运”（Shipment during August 1993）；“1994 年 5/6 月份装运”（Shipment during May/June 1994）。

（2）规定最迟的装运期限。例如：“1994 年 3 月底前装运”（Shipment on or before the end of March 1994）。

2. 不定期装运

例如：“收到信用证后 30 天内装运”（Shipment within 30 days after receipt of L/

C)。采用这种规定办法，装运期完全取决于开证期，如买方拖延或拒绝开证，卖方将陷于被动。因此，必须同时规定信用证的开出或开到期限。例如：“买方最迟应于1993年11月15日前将有关信用证开抵卖方”（The relevant L/C must reach the sellers not later than 15th November 1993）。

3. 近期装运

采用一些术语规定近期装运，例如：“立即装运”（Immediate shipment）、“即期装运”（Prompt shipment）、“尽快装运”（Shipment as soon as possible）等。需要注意的是，国际上对上述术语并无统一的解释，很容易造成分歧，因此，除非买卖双方对此已有共同的理解，一般应避免使用。

## 二、装运港和目的港

装运港（Port of Shipment）是货物起始装运的港口，一般由卖方提出，经买方同意后确定。目的港（Port of Destination）是货物最终卸货的港口，一般由买方提出，经卖方同意后确定。

一般情下，只规定一个装运港和一个目的港。有时根据具体情况和需要，也可规定两个以上的港口为装运港或目的港。在FOB合同中如规定两个或两个以上的装运港，则在合同中必须同时规定卖方通知买方确切装运港的最迟期限，以便买方派船接货。在CIF或CFR合同中如规定两个或两个以上的目的港，则在合同中必须同时规定买方通知卖方确切目的港的最迟期限，以便卖方办理货物运输手续。

有时买方在按CIF或CFR条件成交时尚未找到货物的合适买主。为适应“卖路货”（将进口在途货物转卖出去）的需要，买方往往要求采用“选择港”（Optional Ports）的做法，即在几个选择港中，买方有权于装货船舶抵达第一个选择港前，按船公司规定的时间将最后确定的目的港通知该港的船公司代理人，否则，船方有权在任何一个选择港卸货。对于卖方来说，在规定选择港条款时应注意以下几点：①选择港必须在同一航线上，必须是一般班轮公司的船舶都挂靠的基本港口，且选择港的数目一般不能超过三个；②在合同中明确规定买方通知最后目的港的时间；③规定由于选择目的港所增加的运费、附加费由买方负担。

此外，在规定装卸港口时，还应注意：①力求具体明确，一般不能笼统规定为“欧洲主要港口”（Main European Ports）或者“日本口岸”（Japanese Ports）等；②不能以内陆城市作为装卸港；③注意港口有无重名问题，凡有重名的港口，应加注所在国或地区的名称。

## 三、分批装运和转船

### （一）分批装运（Partial Shipment）

它是指对一笔成交的货物分若干批次装运。但同一船只、同一航次的多次装运，即使提单上载有不同的装船日期及（或）不同的装运港口，也不作分批装运论。关于分批装运，主要有以下几种规定方法：

1. “不允许分批装运”（Partial Shipment Not Allowed）
2. “允许分批装运”（Partial Shipment Allowed）

采用这种规定方法，卖方可以一次性交货，也可以分若干批交货，且每批数量不受限制，因此，对卖方来说比较有利。

3.“四月至六月分三批每月平均装运”（Shipment during April/May/June in three equal monthly lots）

采用这种规定方法，卖方的机动余地很小，只要其中任何一批未能按时按量装运，就构成违约。因此，卖方不应轻易接受此类规定。

（二）转船（Transhipment）

它是指货物在装运港起运后，需在某中途港口转换其他船只，再行运往目的港。如果从装运港至目的港没有直达船，或者虽有直达船，但船期不定或航次较少，合同中应明确规定“允许转船”（Transhipment Allowed）。至于转船的具体事项（中转港名称、第二程船名等），一般不在合同中做出具体规定，而是由承运人决定。

### 四、装运通知

装运通知（Shipping Advice）是买卖双方为共同做好船货衔接工作，在合同中加以约定的一项重要条款。装运通知有以下两种情况：

（1）在FOB条件下，卖方应在装运期前若干天（一般是30天或45天）向买方电发货物备妥通知，以便买方及时派船接货。买方接到通知后，应在规定时间内将船名、船舶到港受载日期等通知卖方，以便卖方及时安排货物出运。

（2）在货物装船后，卖方应立即将合同号码、货物名称、数量、发票金额、船名及装船日期等项内容电告买方，以便买方办理保险（CFR条件下）并做好提货、报关的准备。在CFR条件下，如果因卖方未及时向买方发出装运通知而致使买方未能及时投保，卖方应承担有关风险与损失。



## 第三节　国际货物的运输保险

国际货物运输不管采取何种运输方式，由于货物必然发生空间或时间的大跨度，使货物在运输过程中往往会遭遇各种风险，从而导致货物不同程度的损失。因此，通过办理国际货物运输保险，将货物在运输途中可能发生的风险转移给保险人，从而减少货方的经济损失。

### 一、海上运输货物保险

（一）海上货物运输风险、损失、费用

1. 海上货物运输的风险

风险是造成损失的原因，保险业把海上货物运输的风险分成海上风险和外来风险。

（1）海上风险。

海上风险（Peril of Sea）包括自然灾害和意外事故，一般是指船舶或货物在海上运输过程中发生的风险，但在国际保险实务中，海上风险还包括与海上运输航行有关的、发生在陆地或海河等处的事故灾害。

自然灾害（Natural Calamities）并非指一般自然力量所造成的灾害，仅指如雷电、洪水、流冰、地震、海啸等恶劣气候，及其他人力不可抗拒的灾害。

意外事故（Fortuitous Accidents）是指运输工具由于偶然的、非意料中的原因发生的事故，主要包括船舶搁浅、触礁、沉没、碰撞、失火、爆炸以及失踪等具有明显海洋特征的重大意外事故。

（2）外来风险。

外来风险（Extraneous Risk）是指海上风险以外的各种风险，分为一般外来风险和特殊外来风险。一般外来风险是指偷窃、破碎、渗漏、受潮、受热、串味、生锈、钩损、短量、淡水雨淋等。特殊外来风险主要是指由于军事、政治及行政法令等原因造成的风险，从而引起货物损失。如战争、罢工、交货不到、拒收等。

2. 海上货物运输的损失

海上货物运输的损失又称海损（Average），指货物在海上运输过程中由于海上风险而造成的损失，海损也包括与海运相连的陆运和内河运输过程中的货物损失。海上损失按损失的程度可以分成全部海损和部分海损；按照货物损失的性质，可分为共同海损和单独海损。在保险实务中，共同海损和单独海损均属部分损失。

（1）全部海损。

全部海损（Total Loss）又称全损，指整批被保险货物或其中可以完全分割开来的一部分遭受全部灭失或等同于全部灭失的损失。按照全损的性质不同，可分为实际全损（Actual Total Loss）和推定全损（Constructive Total Loss）。实际全损是指货物全部灭失或全部变质而不再有任何商业价值。推定全损是指货物遭受风险后受损，尽管未达实际全损的程度，但实际全损已不可避免，或者为避免实际全损所支付的费用和继续将货物运抵目的地的费用之和超过了保险价值。推定全损需经保险人核查后认定。

（2）部分海损。

不属于实际全损和推定全损的损失为部分海损（Partial Loss），按照造成损失的原因可分为共同海损和单独海损。

共同海损（General Average）是指在海洋运输途中，当船舶、货物或其他财产遭遇共同危险，船方为了解除共同危险，有意采取合理的救难措施所直接造成的特殊牺牲和支付的特殊费用。在船舶发生共同海损后，凡属共同海损范围内的牺牲和费用，均可通过共同海损清算，由有关获救受益方（即船方、货方和运费收入方）根据获救价值按比例分摊，然后再向各自的保险人索赔。共同海损分摊涉及的因素比较复杂，一般均由专门的海损理算机构进行理算（Adjustment）。

单独海损（Particular Average）是指不具有共同海损性质，仅涉及船舶或货物所有人单方面的、未达到全损程度的损失。

3. 海上货物运输保险的费用

海上风险还会造成费用支出，即在发生保险责任范围内事故时，为了避免被保险货物遭受损失或减少损失而进行施救行为产生的费用支出。这些费用主要包括：

施救费用（Sue and Labour Expense）是指被保险货物在遭受承保责任范围内的灾害事故时，被保险人或其代理人或保险单受让人，为了避免或减少损失，采取各种措施而支出的合理费用。

救助费用（Salvage Charge）是指保险人或被保险人以外的第三者采取了有效的救助措施而产生的由被救方承担的费用。

特别费用（Special Charges）是专指船舶在遭遇保险责任范围内保险事故后，因避难引起的费用。

保险人对上述费用都负责赔偿，但赔付总和不超过保险金额为限。

（二）海上运输保险的险别

海上运输保险的保险条款都由各国保险公司按照各自需要自行制定，在国际保险实务中影响较大并有代表性的保险条款是伦敦保险协会所制定的《协会货物条款》，我国主要使用《中国人民保险公司海洋货物运输保险条款》。保险货物的险别分为基本险和附加险，附加险不能单独投保，只能在投保基本险的前提下加保。

1. 基本险险别

（1）平安险（Free from Particular Average，FPA）。

平安险这一名称在我国保险行业中沿用甚久，其英文原意是指单独海损不负责赔偿。根据国际保险界对单独海损的解释，它是指部分损失。因此，平安险的原来保障范围只赔全部损失，但在长期实践的过程中对平安险的责任范围进行了补充和修订，当前平安险的责任范围已经超出只赔全损的限制，保险人对于特定意外事故（如搁浅、触礁、沉没、焚毁等）所引起的单独海损亦予以承保。概括起来，平安险的责任范围主要包括：

第一，在运输过程中，由于自然灾害和运输工具发生意外事故，被保险货物的实际全损或推定全损。

第二，由于运输工具遭搁浅、触礁、沉没、互撞、与流冰或其他物体碰撞以及失火、爆炸等意外事故造成的全部或部分损失。

第三，在运输工具已经发生搁浅、触礁、沉没、焚毁等意外事故的情况下，在此前后又在海上遭恶劣气候、雷电、海啸等自然灾害所造成的被保险货物的部分损失。

第四，在装卸或转船过程中，被保险货物一件或数件落海所造成的全部或部分损失。

第五，运输工具遭受自然灾害或意外事故后，在避难港卸货引起被保险货物的损失以及在中途港或避难港口停靠时引起的卸货、装货、存仓以及运送货物所产生的特别费用。

第六，发生共同海损所引起的牺牲、公摊费和救助费用。

第七，发生了保险责任范围内的危险，被保险人对货物进行抢救，防止或减少损失的各种措施，因而产生合理施救费用。但是保险公司承担的施救费用限额不能超过这批被救货物的保险金额，施救费用可以在赔款金额以外的一个保险金额限度内承担。

第八，运输契约订有“船舶互撞条款”时，根据该条款规定应由货方偿还船方的损失。

（2）水渍险。

水渍险（With Particular Average，简称 WPA 或 WA）的责任范围除了包括上列“平安险”的各项责任外，还负责被保险货物由于恶劣气候、雷电、海啸、地震、洪水等自然灾害所造成的部分损失。

（3）一切险。

一切险（All Risks）的责任范围除包括上列“平安险”和“水渍险”的所有责任外，还包括货物在运输过程中，因各种一般外来风险所造成保险货物的全部或部分损失，保险公司都给予赔偿。

上述三种险别都是货物运输的基本险别，被保险人可以从中选择一种投保。此外，投保人可以申请扩展保险期，经保险公司出立凭证予以延长，每日加收一定保险费。在上述三种基本险别中都明确规定了除外责任（Exclusion）。

2. 附加险险别

（1）一般附加险。

偷窃提货不着险（Theft Pilferage and Non-delivery，简称 T. P. N. D.）指在保险有效期内，保险货物被偷走或窃走，以及货物运抵目的地以后整件或全部未提交的损失。



淡水雨淋险（Fresh Water Rain Damage，简称 F. W. R. D.）指货物在运输中，由于淡水、雨水以及雪融所造成的损失。淡水包括船上淡水舱、水管漏水以及汗等。

短量险（Risk of Shortage）指被保险货物数量短少和重量短少的损失。通常对于包装货物的短少，保险公司必须要查清外包装是否发生如破口、破袋、扯缝等异常现象；如属散装货物，往往以装运重量（Shipping Weight）和卸货重量（Landing Weight）的差额作为计算短量的依据，但不包括自然损耗（Natural Loss）和正常损耗（Normal Loss）。

混杂、沾污险（Risk of Intermixture & Contamination）指被保险货物在运输过程中，混进了杂质所造成的损失。例如矿石等混进了泥土、草屑等从而使质量受到影响。此外保险货物因为和其他物质接触而被沾污，例如布匹、食物、服装等被油类或带色的物质污染因而引起的经济损失。

渗漏险（Risk of Leakage）指流质、半流质的液态物质以及需要用液体浸泡的货物，在运输过程中因为容器损坏而引起的渗漏损失。如以液体装存的湿肠衣，因为液体渗漏而使肠衣发生腐烂、变质等损失。

碰损、破碎险（Risk of Clash & Breakage）。碰损主要是对金属、木质等货物而言，破碎则主要是针对易碎性物质。前者是指在运输途中，因为受到震动、颠簸、挤压而造成货物本身的损失；后者是在运输途中，由于装卸野蛮、粗鲁、运输工具的颠震造成货物本身的破裂、断碎的损失。

串味险（Risk of Odour）指承保货物在运输途中因受其他异味货物的影响而造

成的损失。例如茶叶、香料、药材等在运输途中受到一同堆储的皮革、樟脑等货物异味的影响使品质受到损失。

受热、受潮险（Damage Caused by Heating & Sweating）指船舶在航行途中，由于气温骤变或者因为船上通风设备失灵等使舱内水汽凝结、发潮、发热引起货物的损失。

钩损险（Hook Damage）指被保险货物在装卸过程中因为使用手钩、吊钩等工具所造成的损失，如粮食包装袋因吊钩钩坏而造成粮食外漏的损失。

包装破裂险（Loss for Damage by Breakage of Packing）指由于包装破裂造成物资的短少、沾污等损失。此外，对于因被保险货物运输过程中出于续运安全的需要而产生的调换包装所支付的费用。

锈损险（Risk of Rusting）指保险公司负责被保险货物在运输过程中因生锈而造成的损失。这种生锈必须在保险期内发生，如原装时就已生锈，保险公司不承担赔付责任。

上述 11 种附加险，不能独立承保，它必须附属于主要险别下，即只有在投保了主要险别以后，投保人才允许投保附加险。投保“一切险”后，上述险别均包括在内。

（2）特别附加险和特殊附加险。

特别附加险也属附加险类内，是以导致货损的某些政府行为风险作为承保对象的，它不包括在“一切险”范围，不论被保险人投任何基本险，要想获取保险人对政府行为等政治风险的保险保障，必须与保险人特别约定，经保险人特别同意；否则，保险人对此不承担保险责任。

我国保险公司目前开办的特别附加险主要有 6 种，包括交货不到险（Failure to Delivery Risk）、进口关税险（Import Duty Risk）、舱面险（On Deck Risk）、黄曲霉素险（Aflatoxin Risk）、拒收险（Rejection Risk）和出口货物到香港（包括九龙在内）或澳门存储仓火险责任扩展条款（Fire Risk Extension Clauses for Storage of Cargo at destination Hongkong，including Kowloon，or Macao）。

特殊附加险主要包括战争险（War Risk）和罢工险（Strike Risk），是当前国际海上货物运输保险中普遍适用的。罢工险与战争险的关系密切，按国际海上保险市场的习惯，保了战争险，再加保罢工险时一般不再加收保险费，所以一般被保险人在投保战争险的同时加保罢工险。

（三）除外责任

除外责任（Exclusion）是指保险公司明确规定不予承保的损失和费用。

根据《中国人民保险公司海运货物运输保险条款》的规定，基本险的除外责任主要包括：被保险人的故意行为或过失造成的损失；属于发货人责任引起的损失；保险责任开始前，被保险货物已存在的品质不良或数量短差所造成的损失；被保险货物的自然损耗、本质缺陷、特性以及市价跌落、运输延迟所造成的损失或费用；战争险和罢工险的责任范围和除外责任。

海洋运输货物战争险的除外责任包括：由于敌对行为使用原子或热核制造的武

器（如原子弹、氢弹等）所致的损失和费用；根据执政者、当权者，或其他武装集团的扣押、拘留引起的承保航程的丧失和挫折而提出的任何索赔。

海洋运输货物罢工险以罢工引起的间接损失为除外责任，即在罢工期间由于劳动力短缺或不能运输所致被保险货物的损失，或因罢工引起动力或燃料缺乏使冷藏机停止工作所致冷藏货物的损失。

（四）保险责任起讫

《中国人民保险公司海洋货物运输保险条款》规定，基本险承保责任起讫期限或称保险期限，采用国际保险业务中惯用的“仓至仓条款”（Warehouse to Warehouse Clause，简称 W/W 条款），即保险责任自被保险货物运离保险单所载明的起运地仓库或储存处所开始运输时生效，包括正常运输过程中的海上、陆上、内河和驳船运输在内，直至该项货物到达保险单所载明目的地收货人的最后仓库或储存处所或被保险人用作分配、分派或非正常运输的其他储存处所为止。如未抵达上述仓库或储存处所，则以被保险货物在最后卸载港全部卸离海轮后满 60 天为止。如在上述 60 天内被保险货物需转运至非保险单所载明的目的地时，则于货物开始转运时终止。

战争险保险责任的起讫采用的是保险人只负责水面风险的原则，即从货物装上海轮或驳船时开始至货物运抵目的港卸离海轮为止。如果不卸离海轮，则以货物到达目的港当日午夜起 15 天为限。

## 二、航空运输货物保险

保险公司承保通过航空运输的货物，保险责任是以飞机作为主体来加以规定的。航空运输货物保险也分为航空运输险和航空运输一切险两种，被保险货物在投保航空运输险和航空运输一切险后，还可经协商加保航空运输货物战争险等附加险。航空运输一切险对被保险货物在运输中由于外来原因造成的包括被偷窃、短少等全部或部分损失负赔偿之责。同样，在航空运输货物保险的情况下，其除外责任与海洋运输货物保险的除外责任相同。

（一）航空运输险及航空运输一切险

航空运输险（Air Transportation Risk）负责赔偿被保险货物在运输途中遭受雷电、火灾、爆炸或由于飞机遭受恶劣气候或其他危难事故而被抛弃，或由于飞机遭碰撞、倾覆、坠落或失踪意外事故所造成全部或部分损失，以及被保险人对遭受承保责任内危险的货物采取抢救、防止或减少货损的措施而支付合理费用，但以不超过该批被救货物的保险金额为限。

航空运输一切险（Air Transportation All Risks）除包括上列航空运输险责任外，还负责被保险货物由于外来原因所致的全部或部分损失。

（二）除外责任

航空运输货物保险对下列损失不负赔偿责任：

（1）被保险人的故意行为或过失所造成的损失。

（2）属于发货人责任所引起的损失。

(3) 保险责任开始前，被保险货物已存在品质不良或数量短差造成的损失。

(4) 被保险货物的自然损耗、本质缺陷、特性以及市价跌落、运输延迟所引起的损失或费用。

(5) 航空运输货物战争险条款及罢工险条款规定的责任范围和除外责任。

(三) 责任起讫

(1) 航空运输货物保险负“仓至仓”责任，自被保险货物运离保险单所载明的起运地仓库或储存处所开始运输时生效，包括正常运输过程中的运输工具在内，直至该项货物运达保险单所载明目的地收货人的最后仓库或储存处所或被保险人用作分配、分派或非正常运输的其他储存处所为止。如未运抵上述仓库或储存处所，则以被保险货物在最后卸载地卸离飞机后满 30 天为止。如在上述 30 天内被保险的货物需转送到非保险单所载明的目的地时，则以该项货物开始转运时终止。

(2) 由于被保险人无法控制的运输延迟、绕道、被迫卸货、重新装载、转载或承运人运用运输契约赋予的权限所做的任何航行上的变更或终止运输契约，致使被保险货物运到非保险单所载目的地，在被保险人及时将获知的情况通知保险人，并在必要时加缴保险费的情况下，保险责任仍继续有效并按下述规定终止：

①被保险货物如在非保险单所载目的地出售，保险责任至交货时为止。但不论任何情况，均以被保险的货物在卸载地卸离飞机后满 30 天为止。

②被保险货物在上述 30 天期限内继续运往保险单所载原目的地或其他目的地时，保险责任仍按上述第 1 款的规定终止。



(四) 被保险人义务

被保险人应按照以下规定的应尽义务办理有关事项：

(1) 当被保险货物运抵保险单所载目的地以后，被保险人应及时提货，当发现被保险货物遭受任何损失，应即向保险单上所载明的检验、理赔代理人申请检验。如发现被保险货物整件短少或有明显残损痕迹，应即向承运人、受托人或有关当局索取货损货差证明。如果货损货差是由于承运人、受托人或其他有关方面的责任所造成，应以书面方式向他们提出索赔，必要时还须取得延长时效的认证。

(2) 对遭受承保责任内危险的货物，应迅速采取合理的抢救措施，防止或减少货物损失。

(3) 在向保险人索赔时，必须提供下列单证：保险单正本、提单、发票、装箱单、磅码单、货损货差证明、检验报告及索赔清单，如涉及第三者责任还须提供向责任方赔偿的有关函电及其他必要单证或文件。

(五) 索赔期限

本保险索赔时效，从被保险货物在最后卸载地卸离飞机后起计算，最多不超过 2 年。

### 三、集装箱运输货物保险

在集装箱运输中发生货损货差，承运人应承担的最高赔偿额、拼箱货的责任限制与传统货物运输相同。整箱货的赔偿按照目前的国际惯例，如果提单上没有列明箱内所装货物的件数，每箱作为一个理赔计算单位；如提单上列明箱内载货件数的，仍按件数计算。如果货物的损坏和灭失，不属海运，而是在内陆运输中发生的，则按陆上运输最高赔偿额办理。如集装箱是由托运人所有或提供时，遇有灭失或损坏，其责任确属承运人应承担者，亦应视作一个理赔计算单位。

集装箱货物运输保险根据实际运输工具的不同，分别按照海上货物运输保险、陆上运输货物保险、航空运输货物保险执行，但由于集装箱运输的特殊性，又略有差别。以海上运输为例，海上集装箱运输货物保险的保险责任基本与海上运输货物保险责任范围相同，但根据我国《进口集装箱货物运输保险特别条款》的规定受下列几条的限制：

（1）进口集装箱货物运输保险责任按原运输险保险单责任范围负责，但保险责任至原保险单载明的目的港收货人仓库终止。

（2）集装箱货物运抵目的港，原箱未经启封而转运内地的，其保险责任至转运目的地收货人仓库终止。

（3）如集装箱货物运抵目的港或目的港集装箱转运站，一经启封开箱，全部或部分箱内货物仍需继续转运内地时，被保险人或其代理人必须征得目的港保险公司同意，按原保险条件和保险金额办理加批加费手续后，保险责任可至转运单上标明的目的地收货人仓库终止。

（4）集装箱在目的港转运站、收货人仓库或经转运至目的地收货人仓库，被发现箱体有明显损坏或铅封被损坏或灭失，或铅封号码与提单、发票所列的号码不符时，被保险人或其代理人或收货人应保留现场，保存原铅封，并立即通知当地保险公司进行联合检验。

（5）凡集装箱箱体无明显损坏，铅封完整，经启封开箱后，发现内装货物数量规格等与合同规定不符，或因积载或配载不当所致的残损不属保险责任。

（6）进口集装箱货物残损或短缺涉及承运人或第三者责任的，被保险人有义务先向有关承运人或第三者取证，进行索偿和保留追索权。

（7）装运货物的集装箱必须具有合格的检验证书，如因集装箱不适而造成的货物残损或短少不属保险责任。

### 四、其他运输方式保险

#### （一）陆上运输货物保险

陆上运输货物保险分为陆运险和陆运一切险两种。陆上运输货物的附加险为陆上运输货物战争险（Overland Transportation Cargo War Risk by Train），该险种只限于火车运输。

1. 陆运险及陆运一切险

陆运险（Overland Transportation Risk）承保范围包括被保险货物在运输途中遭受暴风、雷电、洪水、地震自然灾害，或由于运输工具遭受碰撞、倾覆、出轨，或在驳运过程中因驳运工具遭受搁浅、触礁、沉没、碰撞，或由于遭受隧道坍塌、崖崩或失火、爆炸意外事故所造成的全部或部分损失，以及被保险人对遭受承保责任内危险的货物采取抢救、防止或减少货损的措施而支付的合理费用，但以不超过该批被救货物的保险金额为限。

陆运一切险（Overland Transportation All Risks）责任范围除包括上列陆运险的责任外，本保险还负责被保险货物在运输途中由于外来原因所致的全部或部分损失。

2. 除外责任

陆运险对下列损失不负赔偿责任：

（1）被保险人的故意行为或过失所造成的损失。

（2）属于发货人责任所引起的损失。

（3）在保险责任开始前，被保险货物已存在的品质不良或数量短差所造成的损失。

（4）被保险货物的自然损耗、本质缺陷、特性以及市价跌落、运输延迟所引起的损失或费用。

（5）陆上运输货物战争险条款和货物运输罢工险条款规定的责任范围和除外责任。

（二）邮包险条款

根据《邮包保险条款》的规定，该保险分为邮包险和邮包一切险两种。此外，邮包战争险（Parcel Post War Risk）是可以在基本险基础上加保的一种附加险。

1. 邮包险及邮包一切险

邮包险（Parcel Post Risk）承保被保险邮包在运输途中由于恶劣气候、雷电、海啸、地震、洪水自然灾害或由于运输工具遭受搁浅、触礁、沉没、碰撞、倾覆、出轨、坠落、失踪，或由于失火、爆炸意外事故所造成的全部或部分损失，以及被保险人对遭受保责任内危险的货物采取抢救、防止或减少货损的措施而支付的合理费用，但以不超过该批救货物的保险金额为限。

邮包一切险（Parcel Post All Risks）除包括上述邮包险的各项责任外，还负责被保险邮包在运输途中由于外来原因所致的全部或部分损失。

2. 除外责任

邮包险对下列损失不负赔偿责任：

（1）被保险人的故意行为或过失所造成的损失。

（2）属于发货人责任所引起的损失。

（3）在保险责任开始前，被保险邮包已存在的品质不良或数量短差所造成的损失。

（4）被保险邮包的自然损耗、本质缺陷、特性以及市价跌落、运输延迟所引起的损失或费用。

（5）本公司邮包战争险条款和货物运输罢工险条款规定的责任范围和除外责任。

3. 责任起讫

邮包险责任自被保险邮包离开保险单所载起运地点或寄件人的处所运往邮局时开始生效，直至该项邮包运达本保险单所载目的地邮局，自邮局签发到货通知书当日午夜起算满 15 天终止。但在此期限内邮包一经递交至收件人的处所时，保险责任即行终止。

4. 被保险人的义务

被保险人应按照以下规定的应尽义务办理有关事项，如因未履行规定的义务而影响保险人利益时，保险人对有关损失有权拒绝赔偿。

（1）当被保险邮包运抵保险单所载明的目的地以后，被保险人应及时提取包裹，当发现被保险邮包遭受任何损失，应即向保险单上所载明的检验、理赔代理人申请检验。如发现被保险邮包整件短少或有明显残损痕迹，应即向邮局索取短、残证明，并应以书面方式向其提出索赔，必要时还须取得延长时效的认证。

（2）对遭受承保责任内危险的邮包，应迅速采取合理的抢救措施，防止或减少邮包的损失，被保险人采取此项措施，不应视为放弃委付的表示，保险人采取此项措施，也不得视为接受委付的表示。

（3）在向保险人索赔时，必须提供下列单证：保险单正本、邮包收据、发票、装箱单、磅码单、货损货差证明、检验报告及索赔清单。如涉及第三者责任，还须提供向责任方追偿的有关函电及其他必要单证或文件。

5. 索赔期限

本保险索赔时效，从被保险邮包递交收件人时起算，最多不超过 2 年。

## 第四节　合同中的保险条款



买卖双方如果按 FOB 或 CFR 条件成效，由买方承担货物在装运港越过船舷后的一切风险，因此，合同中的保险条款要规定为：

“保险：由买方投保。”（Insurance：To be covered by the buyers.）

如果买方委托卖方代办，则保险条款可规定为：

“保险：买方委托卖方按发票金额的××%代为投保××险，保险费用由买方承担。”（Insurance：To be covered by the sellers on behalf of the buyers for…% of invoice value against…（Risks），premium to be for buyers’ account.）

买卖双方如果按 CIF 条件成交，由卖方负责办理货物运输保险，而货物在装运港越过船舷后的一切风险仍由买方承担。这样，买方为维护本身的利益，希望在已商定价格的条件下尽可能扩大险种、增加保险金额，而卖方则希望投保基本险别、降低保险金额，以减少保险费的支出。为了避免在保险问题上发生争议，买卖双方应在合同保险条款中明确卖方需要投保的险别及金额。如有必要，买方还可指定承保的保险公司或适用的保险条款。例如：

“保险：由卖方按发票金额的××%投保××险，以×年×月×日×××保险公司×××保险条款为准。”（Insurance：To be covered by the sellers for…% of invoice value against…（Risks）as per…（Clause）of…（Insurance Company）dated…（Date）.）

# 第九章
# 国际贸易结算

## 第一节　国际贸易结算中的票据

在国际贸易结算中，票据指由出票人签名于其上、无条件约定由自己或另一人支付一定金额给持票人的、代替现金充当流通手段和信贷工具及结算工具的、可以流通和转让的债权凭证，具体包括汇票、本票和支票三种以支付金钱为目的的信用工具。

### 一、汇票



#### （一）汇票的含义及当事人

关于汇票的含义，不同国家的票据法在文字表述上略有不同，按照各国广泛引用的《英国票据法》的解释，汇票（Bill of Exchange）是由一个人向另一个人签发的，要求受票人见票时或于未来某一规定的或可以确定的时间，向某一特定的人或其指定的人或持票人支付一定金额的无条件的书面命令。作为一种无条件的支付命令，汇票必定涉及付款人和收款人，还有签发付款命令及接受付款命令的人，即汇票的几个基本当事人。签发汇票的人叫出票人（Drawer），接受汇票的人叫受票人（Drawee），付款人是支付款项的人，通常就是受票人，而收款人则是汇票的受益人或汇票所指款项的接受人。在国际贸易中，出票人通常为出口方，受票人一般是进口方或其往来银行，收款人可能是出口方本人或其开户银行，也就是说，国际贸易结算中的汇票往往是出口方向进口方签发的无条件的付款命令。

#### （二）汇票的种类

根据不同的划分依据，汇票可以分为不同的类别：

1. 银行汇票（Bank's Bill）和商业汇票（Commercial Bill）

按照出票人不同，汇票可以分为银行汇票和商业汇票，其中，银行汇票是一家银行向另一家银行签发的书面支付命令，其出票人和受票人都是银行；商业汇票是由商号或个人签发的，其出票人一定不是银行，其受票人可以是银行、商号或个人。银行汇票的信用基础是银行信用，商业汇票的信用基础是商业信用。根据英国的商业习惯，如果汇票的出票人和付款人同属某一机构，则此汇票可以被看作本票，因此，出票人和付款人为同一银行的汇票可以被视作银行本票。

2. 光票（Clean Bill）和跟单汇票（Documentary Bill）

根据有无随附商业单据，汇票分为光票和跟单汇票。光票是不附带商业单据的汇票，光票没有货权单据的担保，其流通全凭票面信用，银行汇票多半是光票；跟单汇票是附带有商业单据的汇票，跟单汇票的流通既与票面信用相关，又取决于所附的单据及其所代表的货物，商业汇票一般都是跟单汇票。

3. 即期汇票（Sight Draft）和远期汇票（Time Draft）

按照付款时间不同，汇票分为即期汇票和远期汇票。即期汇票是付款人在见票时即付款的汇票，远期汇票是载明一定期限后或特定日期付款的汇票。

4. 商业承兑汇票（Commercial Acceptance Bill）和银行承兑汇票（Bank's Acceptance Bill）

按承兑人不同，汇票分为商业承兑汇票和银行承兑汇票。商业承兑汇票是由工商企业或个人承兑的远期汇票，它是建立在商业信用的基础之上的。银行承兑汇票是由银行承兑的远期商业汇票，它通常由出口人签发，银行对汇票承兑后即成为该汇票的主债务人，而出票人则成为从债务人或次债务人。所以银行承兑汇票是建立在银行信用基础上的，这有利于汇票在金融市场上进行流通。

此外，汇票还根据抬头不同分为来人汇票和记名汇票，来人汇票的抬头写明"来人"字样，记名汇票抬头写明收款人姓名；根据所用货币不同分为本币汇票和外币汇票，前者以本国货币记载汇票金额，后者以外国货币记载汇票金额；根据汇票份数不同分为单张汇票和双联汇票，单张汇票有"单张汇票"标志，双联汇票通常为一套两张内容相同的跟单汇票，分别附有全套货运单据，并按连续两个航班飞机投寄，目的在于防止遗失，双联汇票的付款原则是"付一不付二"或"付二不付一"。



（三）汇票的票据行为

汇票的使用通常要经过出票、提示、承兑和付款等票据行为。如果汇票需要流通转让，通常还要经过背书。

1. 出票（Issue）

出票是指出票人签发票据并将其交给受款人的行为。出票是将汇票投入流通的第一个票据行为，它具体包括两个环节：一是把必要的项目全面填写，由出票人签名；二是把它交给收款人，在交出之前，出票这一票据行为不能实际生效。

2. 背书（Indorsement/Endorsement）

背书是背书人在汇票的背面签字加批，将汇票权利转让给受让人（即被背书人）的行为。经特别背书的汇票在到期前，受让人可以经过背书继续进行转让。对于受让人来说，在他以前的所有背书人和出票人都是他的"前手"；而对于出票人和出让人来说，在他交付或转让以后的所有受让人都是他的"后手"。"前手"对"后手"负有保证汇票被承兑或付款的担保责任。受让人在受让汇票时，要按照汇票的票面金额扣除从转让日起到汇票付款日止的利息后将票款付给出让人，这种行为又称为"贴现"（Discount）。

3. 提示（Presentation）

提示是指持票人将汇票提交付款人，要求其付款或承兑的行为。即期汇票的票据行为只包括一次提示，即付款提示（Presentation for Payment），而远期汇票则包括两次提示，即承兑提示（Presentation for Acceptance）和付款提示。

4. 承兑（Acceptance）

承兑是指付款人在汇票正面写上“承兑”（Acceptance）字样，同时注明承兑日期并签字交还持票人的行为。汇票一经承兑，即表示承兑人承担到期付款的责任。

5. 付款（Payment）

付款是债务人向持票人支付票款的行为。使用即期汇票时，付款人持票人提示时付款；使用远期汇票时，付款人在办理承兑手续后，在汇票到期日付款。

6. 拒付（Dishonor）

拒付也称退票，是指汇票在提示付款或提示承兑时遭到拒绝的情况。在付款人或承兑人拒不见票、死亡、宣告破产或因违法被责令停业等情况下，由于付款事实上已经不可能兑现，因此这也构成拒付。当汇票被拒付，持票人就拥有向承兑人或“前手”追回票款的权利，这种权利叫作追索权，持票人向承兑人或“前手”追回票款的行为叫追索。持票人行使追索权时，应将拒付事实书面通知“前手”，一般应请求拒付地的法定公证人或其他有权做出拒付证书的机构出具拒付证书（Letter of Protest）。汇票的出票人或背书人为避免承担被追索的责任，可在背书时加注“不受追索”（Without Recourse）字样，但带有这种批注的汇票在市场上很难流通转让。

（四）汇票的必要项目与制作要领

作为具有要式性特征的票据，汇票只有具备法定的必要项目才具有效力。根据《日内瓦统一法》的规定，汇票必须包含的内容有“汇票字样”、无条件支付命令、付款人名称和付款地点、付款期限、出票地点和日期、出票人名称和签字、一定金额的某种货币、收款人名称。《中华人民共和国票据法》规定的汇票的必要项目与此基本一致。实际上，各国的有关规定虽然有差异，但主要项目是一致的。因此，在制作汇票时，应清楚、明确地记载各主要项目，各主要项目的填制要领如下：

1. 写明汇票字样与汇票编码

汇票上写明“汇票”（Bill of Exchange）的目的在于明确其票据性质特点，从而将其与其他票据相区别。汇票号码是由出票人自行编制的，目的在于方便查考。在进出口业务中，汇票号码通常与相应的发票号码一致。

2. 出票日期和地点

出票地点涉及适用汇票的法律和汇票必要项目是否齐全、汇票是否成立和有效，一般按照议付地点明确填写，《英国票据法》认为不注明出票地点汇票也可以成立，此时就以出票人的地址为出票地点，或将汇票交付收款人，由收款人加注出票地点。汇票的出票日期决定着汇票的有效期、到期日和出票人的行为能力，如果出票时出票人已经丧失行为能力，则汇票无效。出票日期一般按照议付日期填写，它通常在提单日期之后，但不能迟于信用证规定的交单有效期。

3. 汇票金额

汇票必须表明确定的金额，以便任何人都可从汇票的文义记载中计算出一个以某种货币表示的确定的金额，否则，根据有关票据法的规定汇票将不能成立。在填写时，汇票金额分别按大小写和要求的币种填写，并注意大小写金额要一致，如果大小写不一致，以大写“文字”金额（Amount in words）为准，而不以小写（数字）金额（Amount in figures）为准。

4. 付款期限

付款期限（Tenor）即付款时间或付款到期日，是付款人履行付款义务的日期。在实际业务中，远期汇票付款日期的记载方法主要有以下几种：

（1）规定某一特定日期，即定日付款；

（2）付款人见票后若干天付款（at… days after sight）；

（3）出票日后若干天付款（at… days after date of draft）；

（4）运输单据日后若干天付款（at… days after date of transport document），多数时候用“提单日期后若干天付款”（at… days after date of bill of lading）。

5. 无条件的书面支付命令

无条件的书面支付命令即以有效的书面方式表达的、不附带任何限制性条件的支付命令，常以“pay to the order of…”或“pay to… or order”表示。

6. 汇票的收款人名称

汇票的收款人名称即做汇票的抬头，包括指示性抬头、来人抬头和记名抬头三种。汇票的抬头决定着汇票能否流通转让。指示性抬头是一般性指明汇票的收款人，如“支付给 ABC 公司或其指定的人”（pay to ABC Co. or order），这类汇票可以背书转让；来人抬头只简单写明“支付给来人”（pay to bearer），这类汇票不需背书即可转让；记名抬头也叫限制性抬头，一般严格规定“只支付给”某个特定的收款人（pay to D. L. only），这类汇票不能转让。

7. 付款人名称和付款地点

付款人名称必须完整准确地记载全称，必要时还需加上付款人的详细地址，常常以“to…”开头的文句表示；付款地点是持票人提示票据请求付款的地点，按照“行为地原则”，付款地点关系付款行为的法律适用，因此通常需要明确记载。

8. 出票人名称及签章

出票人一般应在汇票右下角写明完整正确的全称，此外出票人还应该在汇票上签章或签字，如果是以个人名义代理或代表企业、银行、团体等单位作为出票人在汇票上签章时，应加注“代理或代表”字样（For/on behalf of…），以表明其代理关系。根据国际上公认的准则，汇票只有经出票人签字后方能成立，出票人一经签字就意味着承担汇票的有关责任。

以上所述是缮制汇票的一般要领，事实上，在不同的具体条件下缮制汇票要注意的事项是不同的。从出口商的角度讲，在信用证方式下缮制汇票时除了要注意以上所述事项外，还应注意以下几个问题：

第一，汇票的出票人与信用证的受益人应为同一人。汇票的付款人应按信用证规定进行填写，如果信用证未做规定的，通常以开证人作为付款人。

第二，汇票的出票日期应在信用证的有效期内、最迟应在交单日前。

第三，如果信用证未对汇票收款人作规定，一般应将汇票收款人作成“凭指示”抬头，另外也可以议付行作为汇票的收款人，或将出口企业自己作为汇票收款人，在向银行交单议付时，再以记名背书方式将汇票转让给议付行。

第四，汇票的货币币种应与信用证规定一致，同时，除非信用证另有规定，否则汇票金额应与发票金额相等，并不能超过信用证金额。

第五，汇票的出票条款要按信用证的规定填写，如果没有规定的，则要注明开证行名称与地址、开证日期及信用证号码等内容。

第六，汇票的编号一般应与发票的号码一致。

## 二、支票

在国际贸易结算中，虽然使用汇票的时候居多，但在有的情况下，特别是在小额贸易中，进口商为了节省费用，也常常使用支票。

### （一）支票的含义和当事人

支票（Cheque or Check）是在银行有一定存款的客户根据协议向银行签发的，授权银行向某人或其指定的人或持票人即期支付一定金额的无条件的书面支付命令。支票的基本含义表明，支票与汇票具有相同的本质——都是无条件的支付命令，可以说支票属于汇票的范畴，加之支票都是即期的且其付款人是银行，所以《英国票据法》将支票定义为以银行为付款人的即期汇票。同时，从支票的含义还可以看出支票涉及的当事人：出票人即签发支票的单位或个人、银行即支票的受票人和付款人、收款人。

从更深的层面分析，支票也有不同于汇票的特点：

（1）支票都是即期的，也不需要承兑；而汇票有即期汇票和远期汇票之分，远期汇票是需要承兑的。

（2）支票的付款人仅限于银行；汇票的付款人可以是银行，也可以是企业或个人。

（3）在行文上支票比汇票更为简单，而且汇票有出票条款而支票却没有，商业汇票还可以作成一套两张，而支票只有一张。

（4）支票的出票人是主债务人，在国际贸易结算中，支票的出票人是进口方，收款人是出口方；而汇票的出票人则是债权人、出口方。尽管银行是支票的直接付款人，但支票的出票人是实际上的付款人，支票一经签发，出票人就无须承兑并无条件地承担着两个方面的责任，一是票据上的责任或保证付款的责任，二是法律上的责任——出票人在银行必须有不少于支票票面金额的存款，否则出票人开出的支票就是“空头支票”，对于这种支票，不仅银行会拒付，出票人还要承担法律责任。

因此，支票的出票人需要具备一定的条件：第一，必须是在银行有存款的客户；第二，与存款银行签订有使用支票的协定，从而获得存款银行同意其使用支票的许可；第三支票的出票人必须使用存款银行统一印制的支票。

（二）支票的必要项目和制作要领

作为三种主要票据之一，支票必须满足票据的基本法律规范。从其基本特性来讲，支票仍然是要式性票据，其形式必须是书面的，而其内容则必须包含各必要项目。根据我国有关法律的规定，支票的必要项目包括写明“支票”字样、无条件支付命令、确定的金额、付款人名称、出票日期、出票人签章。除此之外，收款人、付款地、出票地也是支票的重要内容，在《日内瓦统一法》的规定中，付款地是支票应该包括的条款。在制作支票时，出票人必须一一写明各个项目，特别是各必要项目缺一不可，否则支票将不具效力。至于一些非必要项目，如收款人名称，如果支票上没有记载，经出票人授权可以补记，而付款地和出票地未加记载时，则可分别以付款人的营业地和出票人的营业地代之。

（三）支票的种类

根据《中华人民共和国票据法》的规定，支票分为普通支票、现金支票和转账支票。其中，现金支票只能用于支取现金，转账支票只能用于转账，普通支票既可以用于支取现金，也可用于转账。在国际上，支票既可以用于支取现金，也可用于转账，这可由持票人自主选择，但划线支票（Crossed Cheque）则只能通过银行转账，而不能提取现金。划线支票就是在支票的票面划有两条平行的横向线条的支票，划线的目的是为了安全，因为它只能转账不能提现，就相当于转账支票，即使丢失被人冒领，也可以通过银行转账的线索追回票款。与划线支票相对而言的是既可以转账又可以提现的不划线支票或未划线支票（Uncrossed Cheque）。

此外，支票还有记名支票（Cheque Payable To Order）与不记名支票（Cheque Payable To Bearer）之分。记名支票是出票人在收款人栏中注明具体的收款人名称的支票，如注明“付给某人”“付给某人或其指定人”。这种支票在转让流通时需要持票人背书，取款时须由收款人在背面签字。不记名支票又称空白支票，其特点是出票人在收款人栏中不注明具体的收款人名称，而仅注明“付给来人”。这种支票不需要背书即可转让，取款时也无须在背面签字。



按照各国的票据法，支票可以由付款银行加签“保兑”字样，以表明付款银行将保证支票款项的兑付，这种支票称作保付支票（Certified Cheque），使用保付支票的目的在于避免出票人签发空头支票。有时候，银行也签发支票——A 银行在 B 银行开立支票账户并向 B 银行签发要求其向某人或某人指定的人或持票人付款的书面命令，这种支票叫银行支票（Banker's Cheque）。由于支票原本与汇票有共同之处，而银行支票和银行汇票又都是银行向银行签发的，因此，在实际工作中，这二者常常被视为同类性质的票据。如果深入分析，银行支票和银行汇票的区别主要在于：银行汇票是出票行命令其海外联行付款的票据，在这种情况下，两家银行之间是有通汇关系的；而银行支票是一家银行在海外的另一家银行开有往来账户并命令其付款的票据，在这里，两家银行之间的关系是存款行与账户行的关系。

## 三、本票

（一）本票的含义、当事人及内容

本票（Promissory Note）是一个人向另一个人签发的，保证即期或将来某个确定的时间，对某人或其指定的人或持票人无条件支付一定金额的书面承诺。本票的含义表明，本票涉及两个基本当事人："一个人"即出票人，也就是付款人；"另一个人"即受票人，也就是收款人。至于这里的"某人或其指定的人或持票人"则主要体现了本票的抬头即收款人称谓的不同说法。因此，更确切地讲，本票是由出票人签发并由出票人自己约定在一定的日期和地点无条件支付一定金额给收款人或持票人的书面承诺，其出票人一经签发本票，他就成为本票的主债务人，无须承兑，出票人对收款人或持票人有绝对的清偿责任，这就是本票不同于汇票和支票的性质所在，从这个意义上讲，任何票据只要它的出票人和付款人为同一个人，都属于带有本票性质的票据。

由于本票属于三种主要票据之一，因此，它具有票据的基本属性，这不仅包括除承兑外的票据行为，如出票、背书、付款行为等，也包括票据的基本特征如要式性等，这就要求本票必须具备某些项目。根据有关票据法的规定，本票必须载明的内容包括："本票"字样、无条件的付款承诺、确定的金额、收款人名称、出票日期、出票人签章。这些内容缺一不可，否则本票将不具效力。至于付款地、出票地等，本票也应该明确记载，但如果没有记载，本票的效力也不会受到影响。根据有关法律规定，本票未记载付款地和出票地时，可分别以付款人的营业地和出票人的营业地代之，这与法律对汇票的有关规定是一致的。

（二）本票与汇票的异同

本票与汇票的相同之处在于它们都是票据，具有票据的共同特征如设权性、无因性、要式性等，同时也都可以起到票据的作用，而且它们的有关当事人及其票据行为都受到法律的管辖、保护和规范。前面述及的关于汇票的出票、背书、保证、到期日、付款、追索权等原理也都适用于本票，它们都是以一定金额的货币表示的、以无条件的书面形式做成的，其付款期限也都可以是即期的或远期的，其收款人记载也均可以是记名的或不记名的。

另一方面，本票与汇票也有明显的区别：

1. 性质不同

本票与汇票的实质性内涵是不同的，汇票是出票人签发的要求付款的无条件支付命令，是命令式或委托式票据；本票是出票人做出的无条件付款的书面承诺，是承诺式票据。

2. 涉及的基本当事人不同

本票有两个当事人——出票人和收款人，汇票一般有三个当事人——出票人、受票人、收款人。本票与汇票的出票人和受票人的立场是不同的，汇票的出票人通常是债权方——有权利命令受票人付款的人，也就是说其受票人往往是债务方；而本票的出票人是债务方，受票人通常是债权方。在国际贸易结算中，汇票的出票人通常是出口人，本票的出票人通常是进口人，所以汇票用"Bill"，表示是债权凭证，本票用"Note"，表明付款承诺。

3. 出票人的责任及出票行为对付款人的约束力不同

汇票的出票人不是付款人，出票行为对付款人并无直接约束力，需要付款人认可，如远期汇票需要承兑，因此，在汇票的付款人认可承兑以前，汇票的出票人是主债务人，要保证受票人承兑和付款，承兑之后，承兑人就成为主债务人。本票是由付款人自己签发的，因此无须承兑，一经签发，付款人就受其约束，本票的出票人始终是绝对的主债务人。

此外，根据《英国票据法》规定，本票被拒付时不需要作成拒绝证书，而汇票被拒付时则需要作成拒绝证书。还有，与支票一样，本票只开一张，而不像汇票可以作成一套数张。

（三）本票的种类

根据不同的标准，本票可分为不同类型：

1. 即期本票（Sight Note）和远期本票（Time Note）

根据付款期限不同，本票分为即期本票和远期本票。即期本票是指见票或提示时就立即付款的本票，远期本票是指出票或见票后的将来某个特定日期或一定期限付款的本票。

2. 商业本票（Trader's Note）和银行本票（Banker's Note）

按照出票人不同，本票分为商业本票和银行本票。商业本票也叫一般本票，它是由工商企业或个人签发的本票，银行本票是由银行签发的。商业本票有即期和远期之分，银行本票则都是即期的，在国际贸易结算中使用的本票，大都是银行本票。

3. 本币本票（Domestic Money Note）和外币本票（Foreign Money Note）

这是根据所使用的货币不同而划分的，其中，本币本票是指票面金额以出票人本国货币表示的本票，外币本票则是指以非出票人本国货币表示票面金额的本票。



4. 国内本票（Domestic Note）和国际本票（International Note）

这是按照本票的两个基本当事人所在地是否为同一国家划分的，国内本票是指出票人和收款人所在地为同一国家的本票，国际本票是指出票人和收款人所在地不在同一国家的本票。

## 四、汇票、本票和支票比较

汇票、本票和支票三者之间既有相同点又有区别。

（一）汇票、本票和支票的相同之处

1. 三者都具有票据的基本性质

从票据法的意义上讲，汇票、本票和支票都是票据，因此都具有票据的基本性质，主要表现在：三者都是设权性有价证券，它们的持票人都需要凭票据上所记载的内容来证明自己的票据权利；三者都是要式性证券，其形式和记载事项都由法律做了严格的规定，不遵守有关规定，票据的效力将受到的影响；三者都是文义性证券，当事人的票据权利、义务等都以票据上记载的文字为准，不受票据上文字以外事项的影响；三者都是可以流通转让性证券，都可以经过背书或不做背书仅凭交付票据而自由转让与流通；三者都是无因性证券，权利人享有票据权利只以持有票据为条件，权利人在行使权利时无须陈述取得票据的原因和票据权利发生的原因。

2. 三者都具有相同的票据功能

汇票、本票和支票的票据功能主要表现为汇兑功能、信用功能和支付功能。凭借票据的汇兑功能可以解决两地之间现金支付在空间上的障碍，而其信用功能则可以解决现金支付在时间上的障碍，至于其支付功能则主要表现为可以解决现金支付在手续上的麻烦，通过背书转让，汇票、本票和支票在市场上可以成为一种流通、支付工具，这样就可以减少现金的使用，加速资金周转，提高资金的使用效益。

（二）汇票、本票和支票的区别

汇票、本票和支票的区别主要表现为三者的实质性内涵有所不同。在这一点上，汇票与本票是完全相反的，而支票却既相似于汇票，又相似于本票。一方面，本票是无条件的付款承诺，而汇票是无条件的支付命令，可见汇票与本票的内涵实质是根本不同的；另一方面，支票是无条件的支付命令，这与汇票相同，但同时支票的出票人又是实际上的付款人，是债务方（进口方），这又与本票相似但却不同于汇票，因为本票的出票人是债务方，而汇票的出票人通常是债权方。

此外，汇票、本票和支票的基本当事人、付款期限等方面也有一定的区别。一方面，本票有两个当事人，而支票和汇票一般都有三个基本当事人；另一方面，支票都是即期的，而汇票和本票却有即期和远期之分；再者，远期汇票需要承兑，而本票和支票不需要承兑。

## 第二节　国际贸易结算中的商业单据



随着货物单据化及象征性交货广泛运用，商业单据起着越来越重要的作用，它不仅作为贸易过程中的证明文件体现着商品交易各方面的情况，是履约的证明，而且有的单据直接就是代表货物、凭其提取货物并能流通转让的物权凭证。在各种商业单据中，出口商必须提供的基本单据包括商业发票、运输单据和运输保险单据。

### 一、商业发票

（一）商业发票的含义及作用

商业发票，常称发票，它是卖方向买方开立的、用于描述货物的名称、数量、单价、总值等情况的发货清单。在国际贸易中，商业发票起着非常重要的作用。

1. 交易的证明文件

商业发票是卖方向买方发运货物或说明履约情况的书面凭证，是出口商必须提供的基本单据之一，由于发票对所装运货物的情况做了详细、全面的描述，买方可以从商业发票上了解卖方所发运的货物是否符合合同要求及信用证条款的规定。

2. 记账凭证

世界各国的工商企业都以商业发票作为记账凭证，所以发票中通常都列有所装运货物价款的详细计算过程。

3. 报关纳税的依据

商业发票中关于货物的描述、货价、产地等各项记载，是世界上绝大部分国家海关确定税额、税率的依据。

4. 支付货款的凭证

在即期信用证或即期托收业务不要求提供汇票的交易中，发票还可以代替汇票作为收款凭证。如在征收印花税的国家，使用汇票往往要计征印花税，所以这些国家的进口商在信用证条款中通常订明不要求卖方提供汇票，而以发票代替汇票。

5. 索赔依据

由于商业发票例明了装运货物的项目详情，一旦货物发生损失，受损方就可以以发票作为依据之一，向有关方面提出索赔。

（二）商业发票的内容及缮制

发票没有统一的格式，但其内容大致相同。主要包括出票人名称和地址、“发票”字样、抬头人名称、发票号码、合同号码、信用证号码、开票日期、装运地点、目的港、唛头、货物的名称、规格、数量、包装方式、单价、总值等。在制作商业发票时，各主要项目的填写应注意以下问题：

1. 商业发票的出票人

商业发票的出票人通常是出口人，即信用证的受益人。在制作商业发票时，出口人一般把自己的名称与地址打印在商业发票的正上方中央。

2. 商业发票的名称、编号与日期（Name No. & Date）

在制作商业发票时，发票上必须清楚完整地注明“商业发票”（Commercial Invoice）字样，或至少注明“发票”（Invoice）字样，以便与其他单据相区别。商业发票的编号是由出票人自行编制的，可事先打印。商业发票的日期是指其签发日期，该日期应该是全套单据中最早的出单日期，发票的开立日期不得迟于信用证的有效期。



3. 抬头人（To…）

商业发票抬头人就是收货人，该项目应按信用证的规定进行填写。在信用证中未对抬头人做出规定的情况下，可以按惯例填写信用证上载明的开证申请人的名称。

4. 合同号码（S/C No.）、信用证号码与开证行名称（L/C No. … Issued By…）

合同号码填写买卖合同的编号，信用证号码与开证行名称根据来证填写，开证行名称要填写开证行全称。

5. 唛头（Marks）与起讫地点（From… To…）

唛头按照合同与信用证的有关规定和实际货物包装上刷印的唛头填写，对于无唛头的散装货与裸装货，可在该栏目内填写“No Mark”或“N/M”字样。起讫地点填写信用证规定的货物起运地及目的地的名称，在货物需要经由某一中转港转船的情况下，此项目中应该注明中转港的名称。

6. 品质、数量、包装等

商业发票中对商品名称、规格、数量、包装等的规定必须与信用证中的规定一致，如果要求列出载货船舶名称的，应与提单上的记载相一致。商品名称应填写商品的全称；商品的数量填写成交数量，包括具体数额与计量单位，如果采用的计量单位是重量单位，应说明计量方法，如果合同及信用证中规定有数量溢短装条款，此项目也应填写相应内容；包装的描述包装材料、包装方式等内容。

7. 单价与总额（Unit Price & Total Amount）

单价与总额栏目说明货物的成交价格及整批货物的总金额。在填写单价时要注意完整地表述计价数量单位、单位价格金额、计价货币与贸易术语，并应与信用证中的规定一致。“总值”要以大小写方式填写，并注明与单价相同的货币单位，总值金额不能超过信用证规定的最高金额。

8. 其他（Other Conditions）

通常情况下，商业发票上的“其他”栏目填写信用证规定的一些特殊内容。有些来证中要求出口方在发票上附加一些特别的说明性的文句，如“证明所列内容真实无误”或“货款已收讫”等，只要符合国家政策、法规有关规定的，出口企业可以照办。

9. 商业发票的份数

商业发票的份数应以合同或信用证规定的数目为准。如果信用证要求制作正本发票，应在所制作的发票上加盖“正本”印章。此外，还需要准备副本多份，除供出口企业本身留底备查，以及在出口地报关时使用外，进口商或中间商也常要求增加提供份数，以供其记账、存查等所需。

## 二、货物运输单据

货物运输单据是由承运人签发的、证明货物已经装船或发运或已由承运人接受监管的单据，在象征性交货方式下，它是卖方已履行交货责任的证明，也是买方支付货款的主要依据，有时还是物权凭证，因此它是国际贸易结算中重要的基本单据。根据运输方式的不同，货物运输单据分为海运提单、铁路运单、航空运单、邮包收据及多式联运单据等。

（一）海运提单

1. 海运提单的含义和作用

海运提单简称提单，它是由船方或其代理人收到货物后签发给托运人的、证明已接管货物并承诺将货物运至指定目的地交付给收货人的书面凭证。其主要作用在于：

（1）货物收据。提单是承运人或其代理人签发的货物收据，它证明船方已按提单所到内容收到货物。

（2）物权凭证。提单通常是一种货物所有权凭证或物权凭证，提单的合法持有人凭提单可以在目的港向轮船公司提取货物，也可以通过转让提单而转移货物所有权，或用提单向银行办理抵押贷款。

（3）契约证明。提单是托运人和船舶公司之间订立的运输契约的书面证明，双方的权利义务都列明在提单之内，因而在通常情况下，它是处理承运人与托运人在运输中的权利义务关系的依据。

提单是国际贸易及贸易结算中非常重要的运输单据，托运人在收到提单时必须仔细检查提单的有关内容，在检查过程中要注意以下几点：

第一，提单的种类是否符合信用证的规定，其中主要是审核收货人栏、装货港和最终目的港、货物栏有无批注等。

第二，被通知人的名称和地址是否详细、准确。

第三，提单的运费项目是否已按照信用证规定注明预付或到付。

第四，提单上应注明正本提单的份数，并在议付时向银行提供全套正本提单。

2. 海运提单的种类

据不同的标准，提单可分为不同的种类：

（1）已装船提单（On board B/L；Shipped B/L）和备运提单（Received for Shipment B/L）。

根据货物是否已经装船，提单分为已装船提单和备运提单。已装船提单是指货物装上指定船只后承运人向托运人签发的注明货物“已装某某船只”和装运时间的提单。这种提单在国际贸易中使用最为广泛。备运提单是指承运人在收到货物等待装运期间向托运人签发的提单。这种提单一般不注明载货船只的名称和装船日期，在货物装船后，托运人可持备运提单向承运人换取已装船提单，或由承运人在备运提单上加注“已装船”（Shipped on board）字样并注明载货船名和装船日期，并由承运人或其代表签字盖章，使之转变为已装船提单。

（2）清洁提单（Clean B/L）和不清洁提单（Unclean B/L；Foul B/L）。

根据提单上有无不良批注，提单分为清洁提单和不清洁提单。清洁提单是指承运人或其代表在签发提单时，对货物的表面状况没加批注从而表明货物表面状况良好——没有数量、包装残损的提单。在国际贸易结算中，银行一般要求出口商提供清洁提单。不清洁提单是指提单签发人在提单上对货物的表面状况加有不良批注的提单，如注明“货物表面破损”“包装不牢”等。不清洁提单不容易转让，一般也不为银行所接受。



（3）记名提单（Straight B/L）、不记名提单（Bearer B/L）和指示提单（Order B/L）。

根据提单的抬头不同，提单分为记名提单、不记名提单和指示提单。记名提单又称收货人抬头提单，是指在提单上的“收货人”栏目内填写特定的收货人名称的提单。采用记名提单时，只有提单指定的收货人才能提货，因此这种提单不能流通和转让。不记名提单又称来人提单，是指提单的“收货人”栏目没有填明特定的收货人名称而只注明“货交持有人”（To Bearer）字样的提单。采用不记名提单时，承运人可将货物交给持有提单的任何人，因此，不记名提单仅凭交付而无须背书就可以流通转让。指示提单指在提单的收货人栏目内填有“凭某人指示”（To Order of...）或“凭指示”（To Order）等字样的提单。前者称为记名指示提单，包括“凭托运人提示”（To Order of the Shipper）、“凭收货人指示”（To Order of the Consignee），“凭特定银行指示”（To Order of... Bank）等情况，后者称为不记名指示提单，俗称空白抬头提单。指示提单可以通过空白背书或记名背书的方式转让。空白背书指背书人在提单背面签字但不注明被背书人名称的背书方式；记名背书指背书人在提单背面签字并注明被背书人姓名的背书方式。

（4）直达提单（Direct B/L）、转船提单（Transhipment B/L）和联运提单

(Through B/L)。

根据运输方式不同，提单分为直达提单、转船提单和联运提单。直达提单又称直运提单，指承运人签发的、承诺将货物直接从装运港运达目的港而不在中途转船的提单。这种提单不可有“转船”或“在某处转船”之类的批注。由于货物直运有利于降低费用、减少风险及节省运输时间，因此进口商一般要求直运货物并出具直达提单。转船提单是在货物从装运港到目的港要经过一次或一次以上的转船的情况下由承运人签发的注有“转船”类字样的提单。转船提单一般在装运港与目的港之间无直达船只的情况下使用。联运提单是在采用联合运输的情况下由第一程承运人签发的、包括全程运输的、能在目的港凭以提货的提单。联合运输是两种或两种以上运输方式的联合，如海陆联运，海陆空联运等等。

（5）全式提单（Long Form B/L）和简式提单（Short Form B/L）。

根据内容繁简不同，提单分为全式提单和简式提单。全式提单又称繁式提单，是指除了提单正面内容外，还在背面列有承运人与托运人的权利、义务条款的提单，它是一种正规的运输单据。简式提单又称略式提单，是指只含提单正面内容而略去了提单背面条款的提单，这种提单与全式提单具有同等效力。

（6）班轮提单（Liner B/L）和租船提单（Charter Party B/L）。

根据货物是以班轮运输还是以租船运输，提单分为班轮提单和租船提单。班轮提单指货物是以班轮运输的情况下由班轮运输公司或其代理人向托运人签发的提单，这类提单通常是正反两面都列有详细条款的全式提单。租船提单是指货物是以租船运输的情况下由船方根据租船合同签发的提单。这类提单通常为略式提单，在凭租船提单议付时，银行一般要求随付租船合同副本。

（7）预借提单（Advanced B/L）、倒签提单（Anti-dated Bill of Lading）和过期提单（Stale B/L）。

预借提单和倒签提单是在货物未装船的情况下，为了在信用证有效期内交单议付，或者货物实际装船期迟于信用证规定的装运期，为了使单证相符，由托运人出具保函，向承运人预借提单或要求承运人倒签提单的做法。这实际上是一种弄虚作假的行为，一旦被发现其后果是相当严重的，货主可能会拒收货物，银行一般也会拒绝办理有关结算业务。过期提单提单是签发后未能在规定的时间内而是晚于规定时间提交给银行要求凭单议付的提单，对于此类提单，如果信用证没有特殊规定，银行将按惯例拒绝接受。此外，过期提单还指晚于货物到达目的港的提单，这类提单在近洋运输中经常出现，因此，在近洋运输情况下的贸易合同中通常订有“可以接受过期提单”的条款，这样，过期提单就可以当正常提单使用。

（二）其他运输单据

1. 铁路运单（Rail Transport Documents）

铁路运单是国际铁路运输的主要运输单据，它是由铁路承运人签发的证明托运人、收货人与铁路承运人之间合约关系的凭证。其基本运作程序是作成一式两份、记名抬头，正本随货物到达目的地交收货人作提货通知，货物到达目的地后由记名收货人出示身份证明后提取货物，副本交托运人作为收据向银行办理结算。因此铁路运单也是货物收据，但不是物权凭证，不得转让。

2. 航空运单（Air Transport Documents）

航空运输多用于运送鲜活、易变质的货物。航空运单是由承运人或机长或其代理人签发的，它的正面载有航线、日期、货物名称、数量、包装、价值、收货人名称与地址、运杂费等项目，背面则印有关于托运人和承运人之间权责关系的规定等内容。航空运单一律作成记名抬头，全套为3份正本9份副本，3份正本中的第一份交航空承运人，第二份随货同行，货到目的地后，由航空部门交收货人，第三份交给托运人作向银行结算之用。航空运单是空运承运人与托运人订立的民用航空货运凭证或运输契约，也是货物收据，但不是物权凭证，不得转让。此外，航空运单还可用作报关单据、运费账单、保险证书，海关只有在审查航空运单无误后，才会允许货物通关出口。对托运人来讲，它是已支付或将支付一定运费的凭证，对承运人而言，它是记账凭证。只要在航空运单上加列保险条款，该运单就可作为保险证书使用。

3. 邮包收据（Post Parcel Receipt）

邮寄不需要办理复杂的手续，非常方便，但邮资较高，且受邮袋容量的限制，因此只适用于少量小件物品的运输。邮包收据是邮寄货物的运输单据，它由寄件人填写寄件人和收件人的名称及地址、寄件物品名称、价格等内容，经邮局核实重量并收取费用后予以签发，作成记名抬头，一式两份，一份随同所寄物品一并发往目的地，然后由目的地邮局向收件人发出取件通知书，并凭身份证明取件，另一份则交寄件人用以向银行办理议付。邮包收据是运输契约——邮政局和寄件人间的运输合同证明，也是货物收据，表明邮局收到邮包收据所记载的货物，但不是物权凭证，不得转让。



## 三、运输保险单据

### （一）运输保险单据的含义和类别

运输保险单据（Insurance Documents）是证明货物运输保险情况的商业单据，是保险人与被保险人之间所签订的保险合同的证明，也是赔偿证明，一旦发生损失，运输保险单据将是被保险人凭以索赔的依据。

根据不同的标准，运输保险单据可以分为不同的类别：

1. 按照内容不同划分

根据内容不同，运输保险单分为保险单（Insurance Policy）、保险凭证（Insurance Certificate）、联合凭证（Combined Insurance Certificate）、批单等。保险单也叫大保单，它是正规的保险合同，其基本特点是内容完整全面，除正面内容外，还有完整的背面条款。保险凭证也称小保单，它是简化的保险合同，和大保单相比，小保单仅仅略去了背面条款。联合凭证也是一种承保证明，但它的内容比小保单更简略，它不是专门制作的保险单，而是由保险人在商业发票上加注承保险别、保险金额、保险编号等内容并签章后，由商业发票记载的内容与保险人在商业发票上加注的内容联合构成保险证据。批单是在保险单出立后投保人需要补充或变更其内容时，按保险公司的规定向保险公司申请获得的一种凭证，它的作用在于注明补充或更改的内容。这种用以补充或修改原保险单内容的凭证就是批单。批单一经出立，有关当事人就必须按其内容承担责任。

2. 按保险方式不同划分

根据保险方式不同，运输保险单分为预约保险单（Open Policy）、总括保险单（Blanket Policy）、流动保险单（Floating Policy）和定名保险单（Named Policy）。预约保险单是保险人与被保险人就一定业务范围预约签订的长期性保险合同，凡属预约保险范围内的货物，一经装船就自动获得预约保险单所列条款的保险。但一般而言，货物一经发运，被保险人应立即向保险人申报该批货物的具体情况，这个申报文件称为保险声明——在预约保险情况下，被保险人在预约保险范围内的某批货物发运后向保险人就该批货物的具体情况做出申明的书面文件。总括保险单是承保一定时期内多批货物运输的保险单据。流动保险单是在承保一批连续分批装运的货物的情况下签发的，而单独保险单是在一批货物一次装运的情况下签发的。

3. 按保险责任期间界定方式不同划分

按保险责任期间界定方式不同，保险单分为航程保险单（Voyage Policy）、期限保险单（Time Policy）和混合保单（Mixed Policy）。航程保险单是以航程为界，对保险标的物的保险责任只限于此航程始末，从货物起运地点至卸货地点这一段路程，对此间的损失负责赔偿；期限保险单是以一定时间期限为界，即一定期限内负责承担投保险别责任范围内的损失赔偿；混合保单是前二者的结合使用，基本做法是既保航程又保期限，即规定保险责任以一定时期和一定航程内的货物损失为限。



4. 按保险标的物价值的确定方式不同划分

根据保险标的物价值的确定方式不同，保险单分为定值保险单（Valued Policy）和不定值保险单（Unvalued Policy）。定值保险单是明确记载事先约定的投保标的物价值并以此作为赔偿依据而不需按损失当时的具体情况确定赔偿依据的保险单。不定值保险单则是没有事先确定保险标的物价值，而是在损失发生时按损失当时的市价来确定保险价值并以此为赔偿依据的保险单。

## 第三节　国际贸易结算的方式

通过金融票据的运作实现资金转移的债权债务清偿方式，就是现代国际贸易结算方式，这些方式分顺汇和逆汇两大类。顺汇是结算工具的传递方向和资金的流向相同的结算方式，由于它具有债务方主动支付款项的特点，因此又称汇付法。逆汇是结算工具的传递方向与资金流向相反的结算方式，由于它是由债权方出具票据索取款项，故又称出票法。



在国际贸易结算的实践中，较传统的结算方式主要有汇付、托收、信用证付款三种，其中，汇付属于典型的顺汇方式，而托收和信用证付款则属于典型的逆汇方式。

## 一、汇付

### （一）汇付概述

汇付又称汇款（Remittance）结算方式，它是付款人主动通过银行将款项汇交收款人的一种支付方式。在业务操作中，汇付有四个基本当事人，即付款人、收款人、汇出行和汇入行。付款人也就是债务人，是将款项交给银行、委托银行向外付款的人，因为他需要汇出款项，所以又称汇款人。在国际贸易结算中，付款人或汇款人通常是进口商。收款人是债权人，也就是接受汇款的人，因此又称受款人，在国际贸易结算中他通常是出口商。汇出行是受汇款人委托向外汇出款项的银行，一般是付款人所在地银行。汇入行是受汇出行委托解付汇款给收款人的银行，因此又称解付行，一般是收款人所在地银行。

在上述当事人之间，汇付方式运作的基本程序如图 9-1 所示。从图中可以看出，在汇付方式下，资金和支付工具的流向是相同的，因此汇付属于顺汇方式。

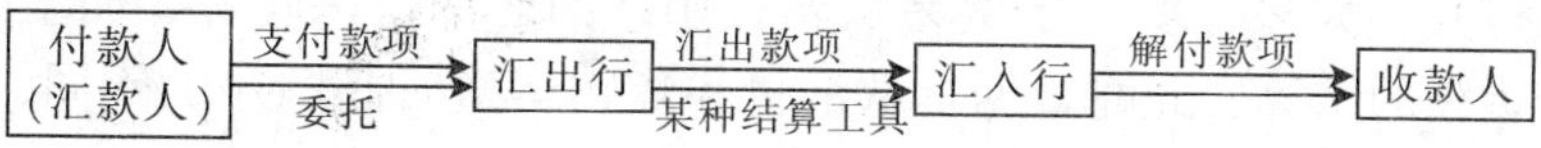


图 9-1　汇付方式运作的基本程序

### （二）汇付的种类

根据所使用的结算工具或汇付指示的传递方式不同，汇付分为电汇、信汇和票汇。电汇是汇出行应汇款人的申请，以拍发加押电报或电传的方式指示汇入行解付一定金额给收款人的汇款方式，它具有收款迅速、安全可靠的优点，但其费用相对较高。信汇是汇出行应汇款人的申请，用航空信函指示汇入行解付汇款给收款人的汇款方式。从根本上讲，信汇与电汇的运作原理基本相同，且都属于顺汇，不同之处在于其委托或支付通知书不是以电报、电传等电讯方式传递，而是用航空信件传递，同时，信汇具有费用较低的优点，但其速度较慢。此外，汇入行收到汇出行邮寄的信汇委托书后不再像电汇方式那样需要核对密押，而是凭汇出行的印签样本核对汇出行的签字或印鉴的真伪，证实无误后发出汇款通知书通知收款人领取款项。

票汇是以银行即期汇票作为支付工具的一种付款方式，其业务程序如图9-2所示。很显然，票汇仍然符合汇付的特点，属于顺汇。此外，与电汇和信汇相比较，票汇还具有以下特点：

（1）取款灵活。信汇和电汇需要凭证件向汇入行取款，而票汇的持票人可以向汇出行的任何一家代理行取款，只要代理行有汇出行的印鉴册，能核对汇票真伪即可。

（2）票汇的汇票可以背书转让，而信汇、电汇的委托通知是不可以转让的。

（3）票汇是汇款人自行将汇票寄交收款人，其票据传递不通过银行，因此票汇不需要银行通知收款人取款；而信汇、电汇则需要通过银行传递，因而信汇、电汇需要银行通知收款人取款。

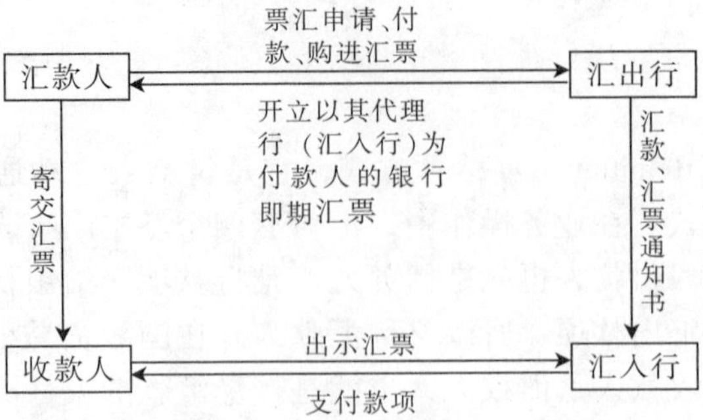


图 9-2 票汇的业务程序

（三）汇付在国际贸易中的运用

在国际贸易中，汇付可用于贸易结算，也可用于非贸易结算。虽然它有简便、灵活、快捷的特点，但它是建立在商业信用基础上的，因而当事人的风险较大，国际贸易中用得并不太多，多用于贸易从属费用，如运费、保险费、佣金等的结算。有时也用于货款的结算，此时根据货款汇付和货物运送时间顺序的不同，分为预付货款和货到付款两种。

预付货款（Payment in Advance）指买方（进口商）先将货款的全部或一部分通过银行汇交卖方（出口商），卖方收到货款后，再根据买卖双方事先签订的合同，在一定时间内或立即将货物运交进口商的结算方式。这种方式对进口商而言是预付货款，对出口商而言则是预收货款；对汇出行而言，预付货款属于汇出款项，对汇入行而言，预收货款属于汇入款项。在这种方式下，汇入行向出口商结汇后，出口商才将货物运出，所以又称“先结后出”。很显然，预付货款对出口商有利对进口商不利。

货到付款（Payment after Arrival of the Goods）指出口商先发货，进口商后付款的结算方式，也称“先出后结”，一般有售定和寄售两种情况。售定指买卖双方已谈妥成交条件并且已经签订了成交合同，因价格等已经确定，故称售定，一般是货到即付款或货到后若干天付款。寄售是由出口商先将货物运到国外，委托外国商人在当地市场代为销售，货物售出后，被委托人将货款扣出佣金后通过银行汇交出口商，此时双方先签订寄售协议，货物单据可通过银行传递也可直接由出口商寄给海外的被委托人。很显然，货到付款对买方有利对卖方不利。

（四）汇付的性质和特点

综合汇付的一般含义及其三种具体类别在国际贸易结算中的运作原理，汇付具有以下性质、特点：

（1）汇付是商业信用。汇付是以银行为中介的结算方式，但在汇付方式下银行只是以被委托人的身份办理款项的收付业务，而不是以银行信用为担保，银行不仅不承担保证付款的责任，甚至连单据的转移也不需代办，而是由付款人与收款人双方自行处理，例如在进出口中由出口人自行将单据转交给进口人。

（2）汇付是顺汇，其资金流向和支付工具的传递方向是相同的。

（3）汇付在总体上具有简便、灵活、快捷、费用低廉的优点，但汇付方式下当事人的资金负担是不平衡的，预付货款时买方的资金负担较重，而货到付款条件下卖方资金负担较重。

## 二、托收（Collection）

### （一）托收概述

托收又称银行托收，它是债权人开立汇票委托银行向债务人代为收取款项的结算方式。在托收业务中，有几个基本的当事人：委托人，也就是开立汇票委托银行向债务人代为收取款项的债权人，通常也是出票人；付款人即汇票中指定的付款人，也就是银行向其提示汇票和单据的债务人；托收行（Remitting Bank）即接受委托并通过国外联行或代理行完成托收业务的银行，一般是债权人所在地的银行；代收行（Collecting Bank）即受托收行委托代为向付款人收款的银行，通常是债务人所在地银行。此外还可能涉及提示行和需要时的代理。提示行（Presenting Bank）是受代收行委托向付款人提示单据的银行，通常是与付款人有往来账户的银行，一般是代收行的分支机构；需要时的代理是在发生拒付时代理委托人处理货物的存仓、转售或运回等事宜的进口地代理人，其权限应在托收委托书中写明。

在托收业务的当事人中，委托人与托收行以及托收行与代收行间的关系是委托与被委托的关系，委托人与付款人间的关系是债权债务关系，付款人与代收行间不存在直接的约束关系或契约关系，付款人是否对代收行付款取决于付款人与委托人的关系。



根据托收所用汇票不同——是否随附商业单据，托收分为光票托收（Clean Collection）和跟单托收（Documentary Bill for Collection）。光票托收是指使用不随附商业单据的汇票进行货款收付的托收业务，它多用于贸易从属费用的结算，有时也用于一些小额货款如样品费、货款尾数等的结算。

跟单托收是指使用随附有商业单据的汇票进行货款收付的托收业务，它是售定贸易项下常用的结算方式之一。按照交单条件不同，跟单托收又分为付款交单、承兑交单和付款交单凭信托收据借单。付款交单（Delivery of Documents against Payment，D/P）是指代收行必须在付款人付清货款后才能交付单据的跟单托收方式。根据付款期限不同，付款交单又分为即期付款交单和远期付款交单。即期付款交单是在使用即期汇票或不使用汇票的情况下，付款人在单据提示时如果审单无误就须立即付款赎单的D/P托收方式。远期付款交单是在使用远期汇票的情况下，付款人在单据提示时如果审单无误须立即承兑汇票并于汇票到期日付款赎单的D/P托收方式。承兑交单（Delivery of Documents against Acceptance，D/A）指使用远期汇票的情况下，付款人在单据提示时审单无误须立即承兑汇票，提示行在收回已承兑汇票后就交付商业单据，待汇票到期日再向付款人提示汇票收取票款的跟单托收方式。

### （二）托收的业务程序与特点

托收的业务程序（如图9-3所示）是比较简单明了的，从其基本的业务流程可以看出，托收业务中的结算工具是从委托人传递到付款人的，而资金则是从付款人传递到委托人的，二者的传递方向完全相反，因此托收是典型的逆汇方式，这是托收的显著特点之一。此外，从托收的业务程序及托收的当事人之间的关系来看，委托人与托收行及托收行与代收行间的关系仅仅是委托与被委托的关系，无论是托收行还是代收行对货物及收汇的安全性都只负有道义上的责任，银行不需要承担保证付款的责任。因此，托收是建立在商业信用基础上的结算方式。

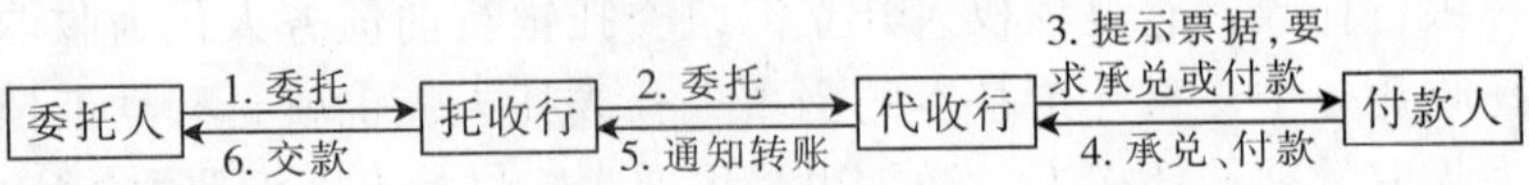


图 9-3　托收的业务程序

（三）国际贸易中的托收业务

在国际贸易中，托收方式下出口商的风险较大，而进口商却处于相对有利的地位，因此在出口贸易中，适当采用托收方式是有利于调动进口商的积极性，从而有利于提高出口商品竞争力的。

根据托收的一般原理，在商品进出口中，办理托收业务通常会涉及出口人、进口人、托收行和代收行，出口人是委托办理托收业务的委托人，进口人是托收业务中的付款人。在这四个当事人之间，进出口托收业务的基本流程如图 9-4 所示。

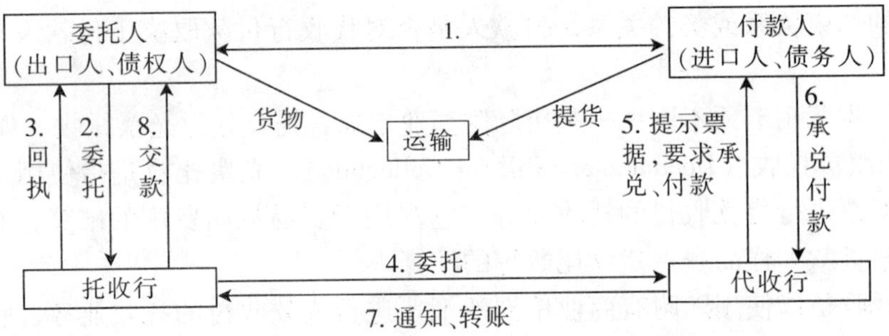


图 9-4　进出口托收业务的基本流程

（1）进出口双方在合同中规定采用托收方式，并说明托收的具体类别及交单条件。

（2）出口人按合同规定装运货物后，制作汇票及有关单据，填写出口托收申请书，并连同有关票据一起交托收行，委托它代为收取货款。出口托收申请书是出口商与托收行之间的委托代理合同，其内容一般包括国外代理行的名称和地址、申请人的名称和地址、付款人的名称和地址、托收的币种和金额、汇票的日期和期限、商务合同号码、单据的种类和份数、有关查收条款的指示、委托人的印鉴等。对托收委托书的各项内容，出口人必须将其完整、明确地记载于托收委托书上，否则可能会因为托收委托书内容不完整、明确而造成损失。

（3）托收行审核有关托收文件无误，签发回执。

（4）托收行根据托收申请书缮制托收委托书，连同汇票、货运单据等寄交代收行，委托代收行向进口商收取货款。在这里，托收行对文件的审核主要是核查托收申请书及汇票、货运单据等的各有关内容是否清楚、正确。

(5) 代收行审核有关单据，审核无误，提示票据要求进口人承兑或付款。

(6) 进口人审核有关单据，审核无误，承兑或付款。

(7) 代收行收款后通知托收行货款已收妥并转账。

(8) 托收行向委托人交付货款。

## 三、信用证付款

### (一) 信用证（Letter of Credit，L/C）的含义及基本当事人

信用证是银行开立的有条件的付款承诺，即银行应申请人的要求并按其指示向第三者开具的、载有一定金额、在一定期限内凭符合规定的单据付款的书面保证文件。这个开立信用证的银行通常称开证行（Issuing Bank），而这里的“条件”是指符合信用证条款，特别是指符合信用证规定的单据要求，只有在这个条件下银行才会付款。至于“付款承诺”，是指开证行做出的保证在符合条件的前提下向信用证项下的收款人——受益人付款的有条件的承诺。

由上述含义可知，开证行和受益人是信用证的两个基本当事人，此外，从其含义中还可直接看出另一个当事人，即申请开立信用证的人，通常叫作开证申请人(Applicant)。但在实际运作中，由于国际贸易结算的受益人和开证申请人分别处于不同的国家，由开证行直接将信用证寄交受益人显然有许多不便，因此，在信用证业务中还会涉及受益人所在地的银行，开证行总是通过受益人所在地的某个银行把信用证通知或转递给受益人，这家银行起通知、转递信用证的作用，因此叫作通知行。这样，信用证的基本当事人就包括受益人、申请人、开证行和通知行。



### (二) 信用证的基本类别

信用证有许多不同的类别，现择其主要的介绍如下：

1. 光票信用证与跟单信用证

根据信用证项下付款是否要求随附货运单据，信用证分为光票信用证与跟单信用证。光票信用证（Clean L/C）是仅凭汇票付款而不要求随附货运单据的信用证；跟单信用证（ Documentary L/C）是银行须凭受益人提供的跟单汇票或不带汇票的货运单据付款的信用证，它专用于货款结算，是当前国际贸易结算中使用最多的信用证。

2. 可撤销信用证和不可撤销信用证

根据开证行的保证责任不同，信用证分为可撤销信用证和不可撤销信用证。可撤销信用证（Revocable L/C）是开证行在开出信用证以后，不必征得有关当事人同意即可随时单方面撤销或修改的信用证。对出口商而言，可撤销信用证有收汇比托收快的优点，对进口商来讲则有开证费用比不可撤销信用证的费用低的好处。同时，一旦进口商在中途得知出口商装运的货物质量不好或不符合要求，进口商便可随时要求开证行撤销信用证。但是，由于在可撤销信用证项下出口商的收汇保障容易受到影响，出口商一般不愿接受可撤销信用证，所以在实务中这种信用证很少使用。

不可撤销信用证（Irrevocable L/C）是开证行开立并经受益人接受之后，在有效期内，若非得到信用证基本当事人的一致同意便不能单方面撤销或修改的信用证。不可撤销信用证构成了开证行对受益人确定的付款承诺，只要受益人能按照信用证的要求提交符合信用证规定的单据，开证行就必须履行付款义务。可见，不可撤销信用证以确定的银行付款承诺对出口商的收汇安全提供了保障，因此在国际贸易结算中使用的信用证一般都是不可撤销信用证。

3. 保兑信用证和非保兑信用证

根据是否有开证行之外的另一家银行担保付款，信用证分为保兑信用证和非保兑信用证。保兑信用证（Confirmed L/C）是有开证以外的另一家银行（称保兑行）应开证行请求和授权而以其自身信誉加具保兑的不可撤销信用证。保兑行一旦对信用证加以保兑，就承担着和开证行同等的付款责任，对受益人和其他被指定的代理银行而言，保兑信用证提供了双重的付款保障。非保兑信用证（Unconfirmed L/C）是指只有开证行的付款承诺，而没有开证行以外的其他银行加以保兑的信用证。由于可撤销信用证项下银行的付款承诺不够确定，而保兑信用证也只是在特别情况下才会使用，因此国际贸易结算中使用最多的是没有保兑的不可撤销信用证。

4. 即期付款信用证、延期付款信用证、承兑信用证和议付信用证

根据兑付方式不同，信用证分为即期付款信用证、延期付款信用证、承兑信用证和议付信用证。即期付款信用（Sight Payment L/C）是以即期付款方式为兑付方式的信用证。在该信用证项下，付款行在收到受益人提交的符合信用证条款的跟单汇票或不带汇票的单据后，就立即向受益人履行付款义务。



延期付款信用证（Deferred Payment L/C）是以不要汇票的远期付款方式为兑付方式的信用证。在延期付款信用证项下，付款行在收到符合信用证条款的不带汇票的单据后，于约定的付款到期日向受益人履行付款义务。

承兑信用证（Acceptance L/C）是以使用汇票的远期或假远期付款方式为兑付方式的信用证，其基本的运作程序是付款行在收到符合信用证条款的跟单汇票后，先办理汇票承兑手续，然后于约定的付款到期日向持票人履行汇票付款义务。实务中，承兑信用证一般用于远期付款交易，且具体分为卖方远期和买方远期两种不同性的信用证。卖方远期信用证（Seller's Usance L/C）是真正以远期付款方式为兑付方式的承兑信用证，而买方远期信用证（Buyer's Usance L/C）是以假远期付款方式为兑付方式的承兑信用证。按照UCP500的规定，承兑信用证项下的远期汇票必须以银行为付款人，即必须是“银行承兑信用证”（Banker's Acceptance Credit）。

议付信用证（Negotiation L/C）是以即期议付方式为兑付方式的信用证，在议付信用证项下，议付行在收到符合信用证条款的跟单汇票或不带汇票的单据后，应当立即向受益人履行议付义务。议付信用证一般需要汇票，这里的汇票可以是即期汇票，也可以是远期汇票。UCP500规定，议付信用证项下的汇票一般不应当以申请人为付款人，否则银行应将此汇票视为附加单据，因此实务中有时使用要求以申请人为付款人的远期汇票的议付信用证实质上相当于一个无汇票的议付信用证。根据是否限定议付银行，议付信用证分为自由议付信用证和限制议付信证。自由议付

信用证（Freely Negotiable L/C）也叫公开议付信用证（Open Negotiable L/C），它是授权出口地任何一家银行皆可议付的议付信用证，其交单地点和交单到期日均在出口地。限制议付信用证（Restricted Negotiable L/C）是限定在出口地某一家银行议付的议付信用证，其交单地点和交单到期日均是指定议付行所在地，通常情况下开证行开立这种信用证是为了把业务控制在自己的海外分行或代理行范围内。

（三）几种特殊的信用证

除了上述几种基本的类别，信用证还有一些特殊的类别，这些较特殊的信用证主要包括：

1. 可转让信用证（Transferable L/C）

可转让信用证是指开证行在信用证上明确注明有“可转让”（Transferable）字样，并授权其受益人（第一益人）可以要求该证的指定兑现银行作为“转证行”（Transferring Bank），或当信用证是自由议付时，可以要求该证的特别授权的转证行将该证全部或部分转让给一个或数个受益人（第二受益人）使用的不可撤销信用证。贸易实务中，使用可转让信用证的原因往往在于进口商委托中间商采购商品而中间商既不想泄露其贸易关系和所得利润，又想减轻另开信用证所需的押金及费用负担，或者是因为进口商向国外一家大公司订购大宗商品，而该公司需要由其分散在各口岸的分号或联号来分头交货。在可转让信用证项下，进口商因只与中间商打交道而并不了解实际供货商的情况，只要中间商能够提交符合信用证规定的单据，开证行就不能拒付，因此，对于进口商来说，信用证可转让比不可转让的风险要大，在通常情况下进口商应当慎开可转让信用证。



2. 对背信用证（Back to Back L/C）

对背信用证是银行应信用证受益人的申请，以原有的信用证为证而为之另行再开立一张以其为申请人、实际供货商为受益人的信用证，这张新开立的信用证就是原信用证的对背信用证。很显然，对背信用证的使用是以原证为不可撤销信用证为条件的，只有在原证为不可撤销信用证时银行才会同意用它作为担保而开立对背信用证。而且这种担保只是对背信用证开证行跟其申请人之间的约定，而与原证以及对背信用证的所有其他当事人均无关系，因此就其实质而言，对背信用证是一个独立于原证的新的信用证。此外，在使用对背信用证时，为了减少风险，对背信用证的开证行一般要求其申请人以原证作为对背信用证的开证抵押，有时还会要求提供其他抵押品或担保品。

3. 对开信用证（Reciprocal L/C）

对开信用证常用于易货贸易、补偿贸易、来料加工、来件装配业务，其基本特点是交易双方签订两份贸易合同，一份为原料或零配件贸易合同，一份为加工制成品贸易合同，在两份贸易合同的基础上，双方在互为开证申请人和受益人的情况下开立两份金额相等或大体相等的信用证。第一份信用证的开证申请人为第二份信用证的受益人，第二份信用证的开证申请人为第一份信用证的受益人，第一张信用证的通知行通常是第二张信用证的开证行。

4. 分期装运—支取信用证（Shipment and Drawing by Installment L/C）

这是一种严格规定了货物依次分批装运的数量和期限并可分期支取货款的信用证。在这种信用证项下，受益人只要中间有一批货物未按约装运，该信用证都会自动失效，而且其后的各批货物也不能再装运。在贸易实务中，使用分期装运—支取信用证是为了要求受益人严格按照信用证规定的批次、数量和期限依次装运和支取货款，而不允许受益人将不同批次的货物合并在一起装运，也不允许在中间漏装任何一个批次的货物。因此，在分期装运—支取信用证中，有关批次、期限等的规定必须准确严谨。

5. 循环信用证（Revolving L/C）

这是一种规定信用证的金额被全部或部分使用后仍可恢复到原来的金额再度使用，周而复始直至达到该证规定的次数或累计总金额用完为止的信用证。它一般适用于买卖双方签订了一个总金额很大，需要在长时期内定期分批均衡供应、分批结汇的长期合同。在这种情况下，进口商可以节省开证的手续和费用押金，有利于资金周转，出口商则可以减少逐批催证和审证手续。循环信用证一般需要明确规定信用证可以循环使用的次数及累计总金额。根据循环方式不同，循环信用证可分为按时间循环和按金额循环。

按时间循环信用证（Revolve in Relation to Time）是规定可以按一定的时间周期循环使用信用证上约定的金额，直至达到信用证约定的期限或总金额为止的循环信用证，它具体又分为非积累循环信用证和可积累循环信用证。非积累循环信用证（Non-cumulative Revolve in Relation to Time）指不能将上一个循环周期内未用完的信用证金额在下一个循环周期内累积使用的按时间循环信用证。可积累循环信用证（Cumulative Revolve in Relation to Time）指规定可以将上一个循环周期内未用完的信用证金额在下一个循环周期内积累使用的按时间循环信用证。

按金额循环信用证（Revolve in Relation to Amount）是指信用证每被使用一次之后可以恢复到原金额被再度循环使用多次，直至达到信用证约定的次数或总金额为止的循环信用证。它又分为自动循环信用证、半自动循环信用证和被动循环信用证三种。自动循环信用证指每使用一次之后指定的兑现银行可以立即自动将其恢复到原金额再度循环使用的按金额循环信用证；半自动循环信用证指每使用一次之后只要指定的兑现银行没有在约定期限内收到开证行发出撤销循环的指示即可自动将其恢复到原金额再度循环使用的按金额循环信用证。被动循环信用证指每使用一次之后指定的兑现银行必须在收到开证行发出允许循环的指示后才能将其恢复到原金额再度循环使用的按金额循环信用证。

6. 预支信用证（Anticipatory L/C）

预支信用证是允许出口商在收到信用证后装运交单前先开立光票支取全部或部分货款的信用证，由于最初授权预支信用证都被打成红色，所以又称之为红条款信用证（Red Clause L/C）。这种信用证一般用于出口商资金紧张而要求进口商为其提供融资便利的情况。由于预支信用证是凭受益人的光票和按时发货交单的保证付款的，属光票信用证，在性质上等于一般的预付货款，因此只有当受益人资信可靠时开证行才会开立可预支付用证，有时开证行也要求受益人提交货物仓单作抵押。

（四）信用证的内容

实践中，信用证的具体内容虽各不相同，但其必备的内容基本上是相似的。通常情况下，一张信用证应主要包括以下项目：

1. 信用证的必要条款

信用证的必要条款包括信用证是否可撤销、是否可以转让的说明，对信用证号码、开证日期和地址、受益人与开证申请人的名称与地址、信用证金额、信用证有效期和到期地点的说明，以及开证行的名称、签字和付款保证条款。

2. 汇票与跟单条款

主要说明信用证对汇票和单据的要求，包括单据的名称、内容、份数。如果信用证规定出口商应该提示汇票，就还包括汇票的出票人、付款人、汇票金额、付款期限及出票条款。

3. 商品条款及装运条款

包括对货物的具体要求、对装运港或接货地、目的港或卸货地、装运期、运输方式、是否可以转运等内容的说明。

4. 兑现方式

这是信用证的非常重要的一个条款，旨在说明信用证属于即期、迟期、承兑还是议付信用证。

5. 其他条款

其他条款包括开证行对通知行、议付行或付款行的指示。

在信用证的必备内容中，涉及几个时间概念，其中，装运期、议付期和有效期是三个特别重要的时间概念，特别是对受益人而言，对这几个概念稍有疏忽，就很容易逾期，造成单证不符，给安全收汇增加风险。因此当事人对于正确理解和把握这几个时间概念是十分重要的。

（五）国际贸易中的信用证结算业务

在国际贸易中，采用信用证结算方式，银行以其信用作为担保，这不仅有利于缓解买卖双方互不信任的矛盾，而且有利于进出口商的资金融通和周转，从而有利于国际贸易的发展。因此，信用证结算方式是国际贸易结算实务中较为主要的结算方式。在实务中，信用证结算方式的基本运作程序如图 9-5 所示。

（1）买方双方订立贸易合同，合同规定采用信用证收付款方式结算货款。

（2）进口人在买卖合同规定的期限内向所在地银行申请开立信用证。

（3）开证行开立并寄出信用证。

（4）通知行审核并通知信用证。

（5）出口商审证、改证、发货。

（6）出口商制单、交单议付或要求付款。

（7）议付行或付款行审单无误，在“单单一致、单证一致”的条件下向出口商垫支货款或付款。

（8）议付行或付款行向开证行寄单索汇或向偿付行索偿。

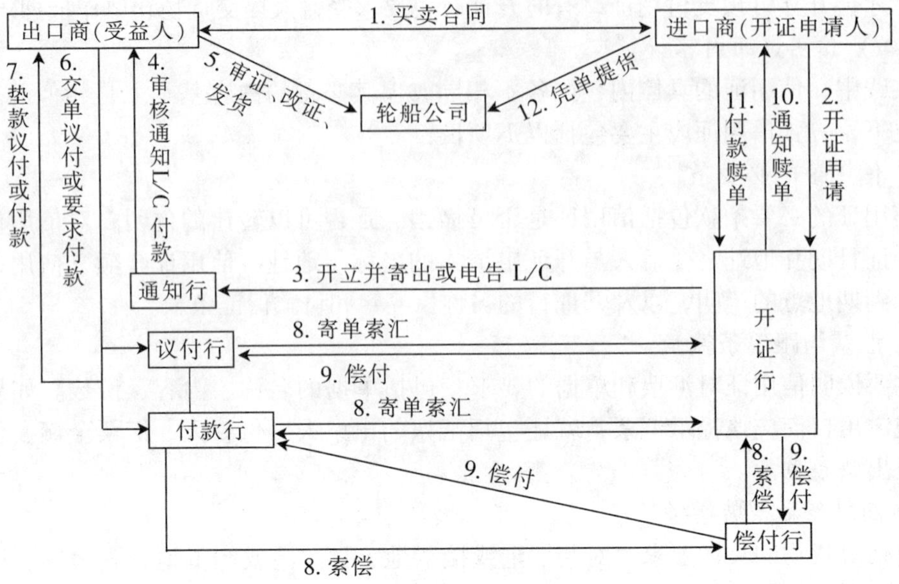


图 9-5 信用证结算方式的基本运作程序

（9）开证行和进口人审单无误后，由开证行向议付行或付款行偿付，或由偿付行偿付。

（10）开证行通知进口商赎单。

（11）进口商付款赎单。

（12）进口商凭单提货。

（六）信用证及信用证付款的性质和特点

综前所述，信用证及信用证付款有以下性质特点：

（1）信用证付款是银行信用，开证行负有第一性的付款责任，信用证是银行开立的有条件的付款承诺。

（2）信用证是一项独立的、自足的文件，虽然信用证是依据贸易合同开立的，但信用证各当事人办理信用证项下的业务，是不受贸易合同约束的。

（3）信用证付款处理的是单据，它严格遵守“单单一致，单证一致”的付款条件。

（4）信用证结算方式属于逆汇。

# 第十章
# 国际贸易融资

国际贸易融资是指为了使进出口贸易能够顺利进行而对进口商和出口商的信贷支持。在国际贸易的历史中，最初的国际贸易融资主要是国际贸易的一方向另一方提供的商业信用，如赊销等。但是，由于贸易商的资金实力有限，因而它们彼此提供的商业信用通常金额较小、期限较短，其融资作用也十分有限，特别是随着国际贸易迅速发展、贸易金额不断扩大，这种仅由贸易商相互提供的融资的局限性更是日益突出，为了满足国际贸易发展的需要，银行和其他金融机构开始对贸易商提供融资，从而产生了真正意义上的国际贸易融资。

从国际贸易融资的发展历程来看，古老的贸易融资行为可以追溯到五千年前的巴比伦时代，但作为银行行为的真正的国际贸易融资却起源于 19 世纪的欧洲和美国。此后，随着国际贸易和国际金融业务的发展，国际贸易融资业务也不断发展。目前，不仅传统结算方式下的各种贸易融资在国际贸易中起着重要作用，一些新型的、具有结算与融资功能的国际贸易结算与融资业务，如国际保理、包买票据等也得到了巨大发展。



## 第一节　传统结算方式下的国际贸易融资

就汇付、托收和信用证付款三种较传统的结算方式而言，汇付是缺乏融资手段的，只有托收和信用证支付方式有较多的融资手段，其中常见的有打包放款、押汇、贴现、信托收据、提货担保等。对于这些融资手段，可以按一定的方式进行归类。一般而言，按照结算方式不同可以将它们分为托收项下的融资渠道和信用证项下的融资渠道；按照融资涉及的对象不同又可以将它们分为对进口商的融资和对出口商的融资以及对中间商的融资。如果将前面两种方法结合起来，则可以将它们分为托收项下对进口商的融资和对出口商的融资，以及信用证项下对进口商的融资和对出口商的融资。在这里，重点从融资涉及的对象不同的角度分析对出口商的融资和对进口商的融资，即出口贸易融资和进口贸易融资。

### 一、出口贸易融资

在托收和信用证结算方式下，对出口商的贸易融资主要包括出口押汇、票据贴现、打包放款、预支信用证、承兑信用额度等。

（一）出口押汇与票据贴现

1. 出口押汇

出口押汇是出口地银行为解决出口商的资金周转困难而应出口商请求，以出口商提交的包括货运单据在内的全套出口单据作抵押向出口商预支部分或全部货款的融资活动。

根据结算方式的不同，出口押汇分为出口信用证押汇和出口托收押汇。出口信用证押汇是在信用证项下，由出口地银行以货运单据及汇票（若有汇票）为质押品向出口商提供资金融通的贸易融资方式。在这种方式下，出口商凭买方银行开来的信用证将货物发运后，按照信用证要求制作单据并以出口单据为抵押要求银行提供资金融通。通过这种行为，出口商可在货物尚未运出国境前就提前收到货款，这样可以加速出口商的资金周转，提高其经营效益。当然，由于是信用证项下的资金融通，因此要求出口商在使用出口信用证押汇时提交的单据必须符合“单证一致、单单一致”原则。

出口托收押汇是在采用托收结算方式的条件下，出口商在提交单据、委托银行代为向进口商收取款项的同时，要求托收行先行预支部分或全部货款，待托收款项收妥后再归还银行垫款的贸易融资方式。根据托收行预付的金额不同，出口托收押汇分为“净额押汇”和“部分押汇”，前者是托收行预支净额——汇票或发票金额扣除利息及有关费用后的余额的出口托收押汇，后者是托收行预支部分金额（汇票或发票金额的50%~80%）的贸易融资行为。



比较而言，出口托收押汇与出口信用证押汇的根本区别在于，出口信用证押汇有开证行的付款保证做后盾，属于银行信用，风险较小，而出口托收押汇则没有银行信用作保证，进口商付款与否完全取决于其信用状况，属于商业信用，风险较大。因此，尽管出口押汇在实践中（特别是在欧美国家）被广泛应用，但用得最多的、最具代表性的还是出口信用证押汇。如果银行要做出口托收押汇需要十分谨慎，一般应限于D/P交单条件，并且尽量不做“净额押汇”而宜采用“部分押汇”，同时还应了解出口商和进口商的资信情况和经营状况等是否良好。就我国的情况而言，往往把出口押汇看作结汇方式的一种，在过去相当长一段时间内，我国主要使用“收妥结汇”和“定期结汇”方式，目前是出口押汇、收妥结汇和定期结汇三者并存。

2. 票据贴现



票据贴现是收款人或持票人将未到期的承兑汇票向银行申请资金融通，银行按票面金额扣除一定的利息后将余额支付给收款人的一项融资业务。票据一经贴现便归贴现银行所有，贴现银行到期可凭票直接向承兑银行收取票款。所以，票据贴现实际上是银行购买未到期的已承兑汇票的票据买卖。和其他的融资业务一样，票据贴现业务也能为出口商快速变现手中未到期的票据，加速其资金周转，提高其资金利用效率，而且手续简便、融资成本较低。

很显然，票据贴现和出口押汇是两个容易混淆的概念，但事实上这二者是有区别的。一方面，二者对票据的要求是不同的，票据贴现要求必须有汇票，而出口押汇不一定要有汇票，没有汇票有货运单据也可以做出口押汇；同时，票据贴现的汇票必须是远期汇票，而出口押汇的汇票可以是即期汇票，也可以是远期汇票；并且，票据贴现的汇票必须是已承兑汇票，而出口押汇的汇票并不要求是已承兑汇票。另一方面，汇票贴现后，贴现者可以持有汇票，也可以在当地票据市场再贴现，但出口押汇并无二级市场，银行也不把汇票存在本行，而是送到国外去收取货款。此外，在票据贴现方式下，汇票的到期日在贴现时是可以计算出来的，而出口押汇时收款日只能大体估算出来。

### （二）打包放款与预支信用证

#### 1. 打包放款

打包放款是出口商以信用证为抵押向银行申请融资贷款的行为。由于信用证是银行的付款担保文件和依据，只要卖方交付符合信用证规定的单据，开证银行就承担第一性的付款责任。因此，如果开证行资信较好，出口商就可以将信用证用作抵押，向当地银行申请预支低于信用证金额（通常不超过信用证金额的90%）的贷款，用于购买货物，待货物装运后议付货款时，再扣除所借贷款的本息。可见，打包放款不是为了解决出口商品打包装运所需要的资金，而是为了解决出口备货所需要的资金。

打包放款和出口押汇一样，都是出口地银行对出口商的一种资金融通方式，但二者有明显的区别：

（1）垫款依据不同。在出口押汇条件下，银行是以出口商提交的包括货运单据在内的全套出口单据作为垫款的依据，而在打包放款方式下，银行则是凭出口商提交的国外信用证作为要求预付款项的凭证。

（2）行为时间不同。出口押汇的行为发生在货物装运以后，即在出口商交货后通过押汇提前取得资金，而打包放款则发生在货物装运之前，即出口商为了备货的需要而要求银行融通资金。

（3）融资金额不同。在押汇业务中，银行通常会付足全部金额，而在打包放款业务中，银行通常仅付信用证金额的一部分。

（4）手续繁简不同。出口押汇的手续比较复杂，办理出口押汇业务时，出口商需要填写总质权书和申请书，有时还需要另外寻找担保人填具担保书；打包放款的手续比较简单，在办理打包放款业务时，出口商只需提交信用证和订立一份合同。

#### 2. 预支信用证

前已述及，这种信用证的特点是开证人付款在先，出口商交单在后，即开证行在信用证中授权付款行在出口商交单前预付信用证的全部或部分金额。根据预支金额不同，预支信用证分为全额预支信用证和部分金额预付信用证。

全额预支信用证又称预付货款，其基本的运作方法是由出口商按全部货款开出光票或收据并随附保证书，承诺在信用证有效期内按时发货并提交全套合格单据，付款行在扣减利息后将款项垫付给出口商并收存出口商提交的正本信用证、背书议付金额并妥善保管，以备将来议付单据之用，预支垫款从往后收取的货款中扣还。

这种方式下，预付货款的风险是由进口商或开证行承担的，如果出口商将款项挪作他用或未交付合同约定的货物，进口商或开证行仍然需要向垫款行偿还垫款本息。

部分金额预付信用证依其预付条件的不同分为红条款信用证和绿条款信用证。红条款信用证起源于以预付款方式向澳洲购买羊毛的交易，当时为了醒目，信用证中预支条款以红墨笔书写，因此叫“红条款信用证”。红条款信用证预支的最高金额一般为信用证金额的30%～40%。在红条款信用证下，进口商的风险较大，除补偿贸易中有时采用外，目前已很少使用。绿条款信用证是比红条款信用证更为严格的一种部分金额预付信用证，它要求出口商将用预支资金所采购的货物于装运前以银行的名义存放于仓库并将仓单交银行持有，以保证该项预支金额依据信用证规定使用，以减少资金被挪用的风险，同时还要求进口商向银行提供担保，保证及时提交仓单等。

在实务中，预支信用证的垫款人可以是进口商、开证行或指定的代付银行，一般谁垫款就由谁收取利息，但是，由于预支款项而遭遇的损失是要由进口商来承担的。因此，预支信用证实际上属于进口商对出口商的一种融资方式。这种付款方式对出口商很有吸引力，它通常适用于短缺商品与紧俏商品的进口，当出口商因资金周转困难提出以预支信用证支付款项时，进口商以提供融资为由可以要求压低货价。

很显然，由于在预支信用证项下出口商也可以在收到信用证以后装运交单以前获得资金融通，因此预支信用证与打包放款有时容易被混为一谈，但二者实际上是有区别的。一方面，打包放款是一种融资方式，而预支信用证是一种具有融资功能的信用证；另一方面，在打包放款方式下，出口商必须在固定的日期内向银行付清款项并承担有关费用，出口商承担向贷款银行偿付贷款的责任，而预支信用证则使进口商承担了最终向银行偿付预付款的责任和承担有关费用。此外，打包放款广泛的运用于各种贸易，而预支信用证仅用于某些短缺商品与紧俏商品的贸易。

（三）为出口商承兑信用额度

为出口商承兑信用额度是出口商事先与托收银行订立承兑信用额度协议，从而在托收货款时利用融资汇票进行资金融通的一种方式。融资汇票是指出口商在托收货款时，用在途货物提单及商业汇票作抵押，专为融资而开立的一张以托收行为付款人、金额低于托收金额、期限略长于托收汇票期限的远期汇票。融资汇票是为融资而开立的信贷工具，而不是贸易结算的支付工具，此汇票经托收行承兑后就可以向贴现市场贴现以获得资金融通，托收行作为融资汇票的承兑人，将来以收到的托收款项来偿还融资汇票的票款，并在汇票到期时付款给持票人收回融资汇票。

## 二、进口贸易融资

在托收和信用证结算方式下，对进口商的贸易融资主要包括凭信托收据借单提货、提货担保、进口押汇等。

（一）凭信托收据借单提货

信托收据（Trust Receipt，T/R）是进口商在付款之前向银行借取商业单据时，开立的以代收行为信托人（Truster）、以自己为受托人（Trustee）的一种具有保证性质的书面收据，它是表明进口商以银行受托人身份代为提货、报关、存仓、保险、出售，货物所有权及所得销售款均归银行所有，并保证到期付款的书面保证文件。

凭信托收据借单提货是进口商获得资金融通的重要方法。在托收远期付款交单或信用证远期付款的交易方式中，有时会遇到货物先到而赎单日期未到或进口商无法按时赎单的情况，此时为防止货物滞留港口码头造成损失或罚款，或者为了缓解进口商的暂时困难，开证行或代收行允许进口商凭信托收据借单先行提货，然后再偿还款项正式赎单。在信用证项下凭信托收据借单提货，因为进口商申请开证时已交付了押金或提供了担保，因此风险较小，但其中的风险要完全由开证行承担。在远期付款交单凭信托收据借单的情况下，尽管信托人因为某项信托业务遭受损失时可以向受托人索赔，即使在受托人倒闭清理时信托人对该信托项下的货物及货款也有优先债权，但是信托人仍然要承担较大的风险，只有当进口商资信较好或能提供担保或者出口商在托收指示中明确表示因凭信托收据借单引起的所有风险由出口商承担时银行才愿意以此方式融资，否则银行一般是不愿意以此方式融资的。可见，在不同的信托收据业务中信托人的风险是不同的。

在托收方式下，信托收据业务分为委托方授权代收行向进口商提供凭信托收据借单业务和代收行自行向进口商提供凭信托收据借单业务两种情况。前者指远期 D/P 托收方式下，委托方在托收委托书中明确记载有“远期 D/P，可凭信托收据借单”字样情况下的信托收据业务，这是出口商（委托人）为解决货物可能先于远期 D/P 的付款到期日运达的矛盾，而主动向进口商提供的凭信托收据借单提货的便利，是出口商对进口商的资金融通，其中的风险由出口商承担，与银行无关。后者指远期 D/P 托收或即期 D/P 托收方式下，委托方没有明确授权可凭信托收据借单而是由代收行自行与进口商商定一个延期付款的期限，必要时由代收行先行垫付货款，进口商凭信托收据借单提货，待延期付款到期日再付清货款赎回信托收据的信托收据业务。这属于代收行对进口商的资金融通，其中的风险由代收行承担，与委托方无关。

（二）提货担保

提货担保是当货物已运抵目的地而提单尚未寄到时，进口商为了能及时提货，请求开证行签具提货担保书（Letter of Indemnity）并凭此向船舶公司换发小提单先行提货的贸易融资行为。提货担保书中声明，正本提单到达后即向船舶公司提示，且当船舶公司因担保提货而蒙受损失时，由进口商及开证行连带负责赔偿。此外，为了避免使银行卷入纠纷，进口商还应在提货担保申请书中注明，即使所附货运单据不符合信用证规定，银行也能根据该信用证签发的汇票付款。因此，一旦办理了担保提货，进口商原则上就不能挑剔文件而拒付或延迟付款，如果进口商借口单据瑕疵而拒付或延迟付款，出口商或银行可要求退单并向船舶公司索赔，而船舶公司则会凭开证行出具的提货担保书向开证行索赔，这样开证行就难免陷入麻烦。

在实务中，提货担保的基本程序是：进口商先向船舶公司索取空白提货担保书，在填写提货担保申请书后连同发票和进口许可证等一并交付开证行或代收行。银行收到进口商的提货担保申请书后，在核实进口商的货物及其申报价值与信用证项下货物相符，并要求进口商提供全部货款作为保证金，或在其有足够的信用额度的情况下加具银行担保，或签提货担保书或直接向船舶公司出具提单保函，以保证船舶公司凭此担保书交货后，如果发生任何索赔货款之事皆由银行负责。进口商凭提货担保书办理提货手续。当银行收到正本提单后，可凭交存的保证金办理赎单，并在提单背面注明“仅供赎回提货担保书”字样，经背书后交进口商凭以向船舶公司换回提货担保书，并交还银行注销。

提货担保一般多用于信用证项下的货物，进口商往往需先到码头看到货物情况，在确有需要时，才办理提货担保。如果在跟单托收项下进口商需要办理提货担保，则必须提交有关的交易单据，以便银行审查货物的归属和真实价值。通常情况下，银行仅对资信良好的贸易商提供跟单托收项下的提货担保。

（三）信用证开证额度及为进口商承兑信用额度

开证行在开立信用证时一般都要求开证申请人缴纳一定押金作为开立信用证的担保，但是，如果与开证申请人之间已经建立一定的业务关系，或者银行为了吸引资信较好的客户，银行往往根据客户的有关情况核定一个相应的开证额度，客户在额度内开证可以减收或免收保证金，这实际上也是银行对进口商提供的一种资金融通。在我国，凡是具有外贸业务经营资格，在银行有一定外贸结算业务，业务情况及收付汇情况良好，资信可靠，具备一定经济实力，能够向银行提供可靠担保、抵押、质押的贸易商，均可以向银行申请并由银行核定进口开证额度。

在实务中，开证额度通常分为普通开证额度和一次性开证额度。普通开证额度是可以循环使用的，额度确定后，客户可以在额度内无限次委托银行开立信用证，即用开证额度开立的信用证使用完毕，或在信用证注销、撤销，或在减额后，可相应自动恢复额度。一次性开证额度是由银行核准后一次有效、不能循环使用的开证额度，它通常是对于未取得银行普通开证额度的客户、非银行信贷客户办理单笔开证业务，或对于已在银行取得普通开证额度的客户、银行信贷客户办理某一特殊或大额开证业务而设立的开证额度。

为进口商承兑信用额度是进口商事先与银行订立承兑信用额度协议，从而在托收赎单时利用融资汇票来做资金融通的一种方式。这里的融资汇票是指进口商在托收提示时，用货物作抵押，专为融资而开立的一张以协议银行为付款人的远期汇票。融资汇票经协议银行承兑后即可向贴现市场贴现以便进口商付款赎单。进口商待融资汇票到期时再把票款偿付给承兑银行，并由承兑银行付款给持票人以收回该融资汇票。

（四）进口押汇

进口押汇是进口地银行接受包括货运单据在内的全套进口单据作为抵押为进口商垫付货款的融资行为。根据结算方式不同，进口押汇分为进口信用证押汇和进口托收押汇。

进口信用证押汇是信用证项下的进口押汇，其基本运作程序是在开证行收到单据并经审核无误后，由于开证申请人因资金周转困难而无法及时付款赎单，此时便以该信用证项下代表货权的单据为质押，并同时提供必要的抵押或其他担保，由银行先行代为付款，随后再由开证申请人归还银行垫款。

进口托收押汇是在付款交单的方式下，银行接受包括物权单据在内的托收单据为抵押向进口商提供的一种融资垫款。其基本运作程序是当进口方银行收到托收单据后，根据进口商的押汇申请先行垫付货款，同时按照押汇协议将单据交予进口商，让其先行提货，随后再归还银行的垫款。此时银行通常要根据进口商的资信情况和抵押品情况核定一个押汇额度供其周转使用。

总体上讲，进口押汇具有专款专用和逐笔申请、逐笔使用的特点，同时，进口押汇属于短期贸易融资，其融资期限一般不超过 90 天。

## 第二节　国际保理业务

### 一、国际保理的含义和业务范围

国际保理的全称是国际保付代理业务，简称保理。根据美国《商业律师》一书的解释："国际保理是在保理商与以赊销方式销售货物或提供服务的供货商之间存在的持续有效的安排。"根据此安排，保理商对通过销售货物或提供服务所产生的应收账款给予如下服务：现金收购所有应收账款、保留销售分户账并提供有关应收账款的其他账务服务、收取应收账款、承担因债务人清偿能力不足而产生的坏账损失。在我国，国际保理也叫承购应收账款业务，它是指保理商从其客户（出口商）手中购进通常以发票表示的对债务人的应收账款，并负责信用销售控制、销售分户账户管理和债权回收业务。也有观点认为保付代理是一项特殊的国际结算—融资业务，在该业务中，保理商经过资信调查，为短期赊销出口供货商提供信用管理、账务管理、坏账担保以及应收账款融资——在一定的信用额度内，用预付款方式向出口供货商购买经过核准的合格应收账款。



不论具体的文字表述怎样不同，各种解释都包含了国际保理的业务范围及其对出口商的重要作用：

（一）销售分户账管理（Maintenance of the Sales Ledger）

销售分户账管理的具体做法是：保理商收到出口商提交的销售发票后，在电脑中设立分户账，输入必要的信息及参考数据，如债务人、金额、支付方式、付款期限等，然后由电脑进行自动处理，诸如记账、催收、清算、计息、收费、统计报表的打印等工作，保理商可根据客户的要求，随时或定期提供各种数字和资料。由于保理商拥有完善的账户管理制度，先进的管理技术和丰富的管理经验，能够提供高效的社会化服务，因此，保理商对出口商销售分户账的管理是确保出口商正常经营和有利于出口商减少经营开支、提高经营效益的必要手段。

（二）债款回收（Collection from Debtors）

债款回收是一种技术性、法律性较强的工作，出口商往往因缺乏回收债款的技术而导致应收账款不能及时收回和资金周转不灵。而保理商则拥有专门的收债技术和知识，在保理业务项下，由保理商按照双方当事人事先商议的回收债款的方式、程序等代为回收债款，这有利于债款的及时回收，即使遇到了纷争，保理商也可以通过其专门的法律部门提供有效的服务。

（三）信用销售控制（Credit Control）

对出口商而言，信用管理是一项重要而困难的工作，而保理商则可以利用其独特的优势，如利用保理商联合会广泛的代理网络和官方或民间的咨询机构，通过现代化手段获取最新的动态资料，依据所掌握的客户资信情况的变化，对进口商的资信进行调查和评估，从而为出口商提供其客户的信用销售额度，进而将应收账款的风险降低到最低限度。

（四）坏账担保（Full Protection Against Bad Debts）

出口赊销中难免遇到进口商拒付货款或无力付款的情况，因此对出口商而言，保理商提供的坏账担保具有重要意义。不过，保理商并非无条件地提供100%的坏账担保，而只对已核准的应收账款提供100%的坏账担保。这就是说，只要供应商将销售控制在保理商核定的信用销售额度之内，就能有效地消除因买方信用而非产品的质量、服务水平、交货期等引起的贸易纠纷造成的坏账风险。

（五）贸易融资（Trade Financing）

保理商可以向出口商提供无追索权的贸易融资，而且手续方便，简单易行。出口商在发货或提供技术服务后，将发票通知保理商，即可获得不超过80%发票金额和无追索权的预付款融资，这样就可以基本解决信用销售的资金占用问题。此外，保理商还可以向出口商提供保留追索权的短期贸易融资。



可见，由于保理商的有关服务，出口商不仅可以规避收汇风险、减少营业开支、降低经营成本、增加利润收入，而且拥有对客户提供赊销等优惠付款的条件，这极有利于出口商增强竞争力和扩大出口规模。就其基本特点来讲，国际保理是在赊销（O/A）或承兑交单（D/A）条件下常用的集结算、管理、担保和融资为一体的综合性业务，同时它也是一种债权转让——应收账款转让。

另一方面，从进口商的角度讲，国际保理的积极作用也是十分突出的。在国际保理方式下，由于进口商能以赊账等方式与出口商达成交易，从而可以免交开证押金和有关的银行费用，并可以在收到货物甚至将货物出售后一定时间再行支付货款，这有利于进口商简化购货手续、规避货物风险、降低进口成本、加速资金周转和扩大经营规模。不过，从保理商的角度讲，承办国际保理业务的风险是较大的，如果万一遇到进口商拒付或因破产无力偿付，保理商又无法对出口商行使追索权，这样保理商就难免遭受损失。也正因为如此，所以国际保理的收费一般较高。

## 二、国际保理的当事人和种类

在国际保理业务中，基本的当事人有：出口商，即保理业务的委托人、被保理账款的债权人；进口商，即被保理账款的债务人；保理商，也就是保理业务的被委托人，是直接或间接地为出口商（委托人）提供保理服务的银行或其他金融机构，分为出口保理商和进口保理商。出口保理商是在出口国直接为出口商提供保理服务的保理商，进口保理商是在进口国直接为出口商提供保理服务或作为出口保理商在进口国的代理商间接为出口商提供保理服务的保理商。

根据当事人不同和其他因素，可以将国际保理分为不同的种类：

（一）单保理和双保理

根据是否涉及进出口两地的保理商，国际保理分为单保理和双保理。单保理也被称为单保理机制（Single Factor System），是指仅仅涉及一个进口保理商或出口保理商的为出口商提供保理服务的国际保理。双保理也叫双保理机制（Two-Factor System），是指涉及出口保理商和进口保理商，由出口保理商通过进口保理商共同为出口商提供保理服务的国际保理。

（二）公开保理和隐蔽保理

根据销售货款是否直接付给保理商，国际保理分为公开保理和隐蔽保理。公开保理（Disclosed Factoring）是指出口商必须以书面形式将保理商的参与通知给进口商，并指示进口商将货款直接付给保理商的保理方式。隐蔽保理（Undisclosed Factoring）是指不将保理商的参与通知给进口商，货款仍由进口商直接付给出口商的保理方式，在这种方式下，融资与有关费用的清算是在保理商和出口商之间进行的。目前，大多数的国际保理业务都属于公开保理。

（三）到期保理和预支保理

根据是否向出口商提供融资，国际保理分为到期保理和预支保理。到期保理（Maturity Factoring）是不提供融资的国际保理，它具体指保理商在票据到期后向出口商无追索权地支付货款的比较原始的保理方式。预支保理（Financed Factoring）也叫融资保理，是指保理商扣除融资利息和费用后立即以预付款方式无追索权地付给出口商80%左右的发票金额，其余20%于货款收妥后清算的比较典型的保理方式。



## 三、国际保理的业务程序

在不同的保理方式下，由于涉及的具体当事人和其他因素不同，国际保理的运作程序也不相同。这里仅以国际单保理和国际双保理为例，简要介绍国际保理的运作程序。

（一）国际单保理的业务程序

国际单保理的基本做法是：出口商首先和进口商签订保理方式下的贸易合同，然后向进口保理商申请资信调查，并与之签订保理协议，向其提交需要确定信用额度的进口商名单。在此基础上，进口保理商根据保付代理协议的要求对进口商进行资信调查，确定并向出口商通知信用额度；出口商在信用额度内发货并将有关发票和货运单据直接寄交进口商，然后将发票副本提交进口保理商或同时提出融资需求。进口保理商负责应收账款的管理和催收，并提供100%的买方信用风险担保。如果出口商有融资需求，进口保理商在收到发票副本后便以预付款方式提供不超过80%发票金额的无追索权短期贸易融资，剩余的20%发票金额待收到进口商付款并扣除融资额及有关费用后转入出口商的银行账户。如果出口商没有融资需求，进口保理商则在进口商于应收账款到期日付款后将全部款项扣除费用后的余额转入出口商银行账户。

根据国际单保理的基本做法，可以将其业务程序以框图表示如图 10-1 所示。

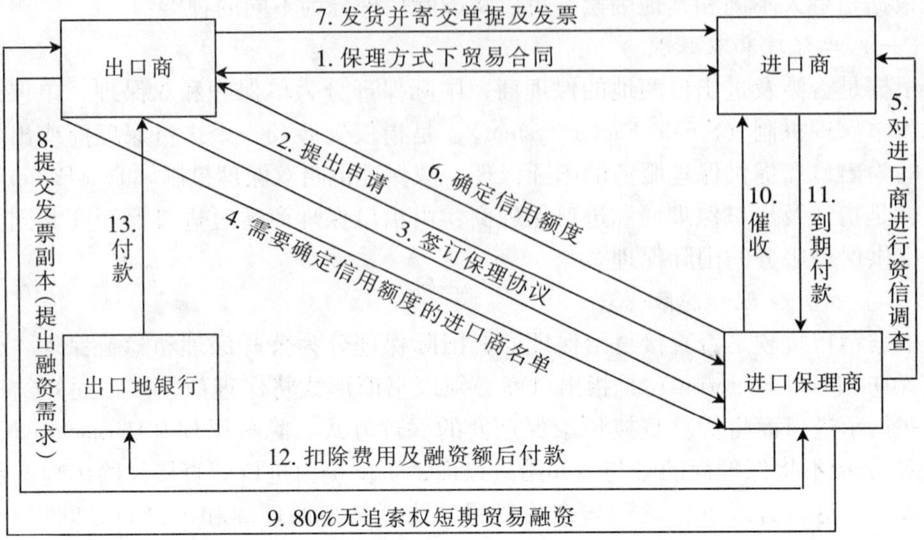


图 10-1　国际单保理的业务程序

（二）国际双保理的业务程序

国际双保理的业务程序如图 10-2 所示。



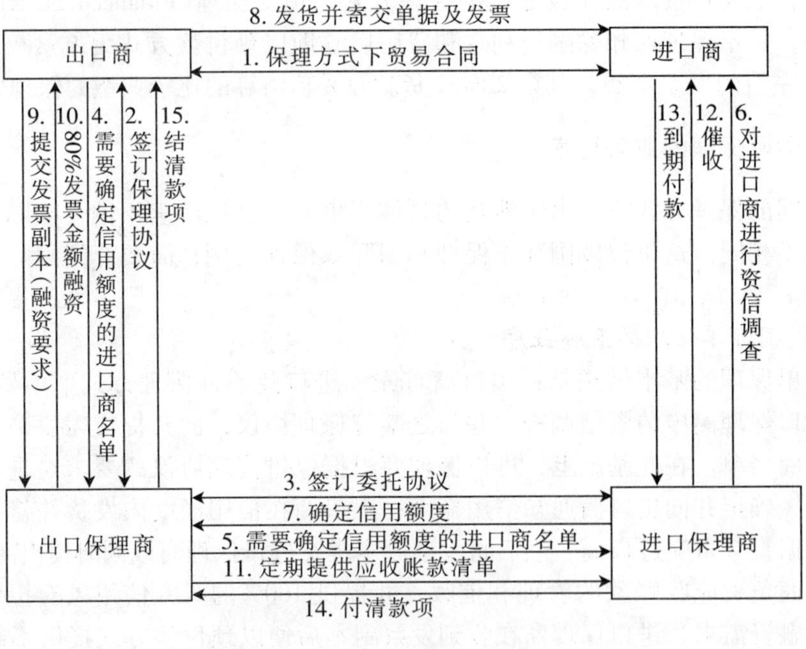


图 10-2　国际双保理的业务程序

（1）出口商和进口商签订保理方式下的贸易合同。

（2）出口商与出口保理商签订保理协议。

（3）出口保理商与进口保理商签订委托协议。

(4) 出口商将需要确定信用额度的进口商名单交给出口保理商。

(5) 出口保理商将需要确定信用额度的进口商名单传送给进口保理商。

(6) 进口保理商对各进口商进行资信调查，逐一核定相应的信用额度。

(7) 进口保理商通过出口保理商向出口商通知信用额度。

(8) 出口商发货并将发票和单据直接寄交进口商。

(9) 出口商向出口保理商提交发票副本或同时提出融资需求。

(10) 出口保理商以预付款方式向出口商提供不超过80%发票金额的无追索权短期贸易融资。

(11) 出口保理商向进口保理商定期提供应收账款清单，请其协助催收货款。

(12) 进口保理商向进口商催收货款。

(13) 进口商到期将全部货款付给进口保理商。

(14) 进口保理商将货款付给出口保理商。

(15) 出口保理商扣除融资额及有关费用后，将剩余货款付给出口商。

## 第三节　包买票据业务

### 一、包买票据的含义及主要当事人

包买票据（Forfaiting）也叫“福费廷”，它是一种以无追索权形式为出口商贴现远期票据的金融服务。提供这种金融服务的主体叫包买商（Forfaiter），通常是银行或其他金融机构。包买商是出口商所在国的银行及有中长期信贷能力的金融机构。当其与出口商达成包买业务协议并购入出口商转让的票据后，包买商便成为该项延期付款交易的信贷机构，同时又承担了向进口商分期收回货款及与之相关的风险。

除包买商外，出口商和进口商也是包买业务中的两个主要当事人，是包买票据项下的贸易主体。作为贸易的供货方，出口商以延期付款方式与进口商达成交易，当其需要资金支持时，便可以向包买商申请包买票据融资，并在向包买商支付贴息后提前收回货款。作为贸易的进货方，进口商是延期付款方式下票据的债务人，当作为正当持票人的包买商向其提出付款要求时，进口商应无条件地履行其在票据上的债务责任，按期归还货款。

基于规避风险的需要，包买商有时只愿购入经过担保的票据，在这种情况下，包买票据业务就会涉及担保人。很显然，担保人虽然不是包买票据业务所必需的当事人，但担保人的担保作用对包买业务的顺利开展有重要意义。当进口商不能按期偿还货款时，担保人负有代其偿还货款的责任，在代进口商偿还货款后，担保人有权向进口商追索。

### 二、包买票据的业务程序

从一般的业务流程来讲，包买票据主要包括以下环节：

（一）询价

为确保既能按时获得融资又不承担延期付款的利率损失，出口商必须在与进口商签订贸易合同之前就向包买商询价，以便在得到包买商的报价后将延期付款利率打入成本。在向银行询价时，出口商需要提供的资料包括：合同金额、期限、币种，出口商简介、注册资本、资信材料、签字印鉴等，进口商详细情况，货款支付方式及结算票据的有关情况，开证行或担保行名称及其资信状况等，出口商品名称、数量及发运情况，有关进口国家的进口许可和支付许可。

（二）报价

包买商接到出口商的询价后，首先要分析进口商所在国的政治风险、商业风险和外汇汇出风险，核定对该国的信用额度，然后审核担保人的资信情况、偿付能力、贸易的真实可靠性以及合同金额期限是否能够接受。在各方面条件可以接受的情况下，包买商应在根据国际包买票据市场的情况计算有关费用后做出报价。

（三）签订包买票据协议

出口商接受包买商的报价后，还需要与包买商正式签订包买票据协议，协议的内容主要包括：项目概况及债务凭证，贴现金额、货币、期限，贴现率及承担费率，有关当事人的责任与义务，违约事件及其处理等。

（四）签订贸易合同并发运货物

出口商在与包买商正式签订包买票据协议后，便可以和进口商签订贸易合同，并在合同中约定以包买票据项下的延期付款方式结算货款。签订贸易合同后，出口商按照合同规定向进口商发运货物，取得经过承兑或担保的远期票据。



（五）交单

出口商背书已承兑或担保的远期票据并注明“无追索权”字样，然后将其连同其他单据一起在承诺期内提交给包买商。一般情况下，出口商需要提交的单据包括远期票据或其他应收账款债权凭证、提单副本、发票副本、合同副本、信用证或保函副本、出口商对其签字及文件真实性的证明、出口商债权转让函等。

（六）审单付款及到期索偿

包买商审核出口商提交的单据，经审核单据无误后向出口商付款。包买商在贴现付款时，应该将贴现款项汇到出口商指定的银行账户上，并向出口商提供一份贴现清单，列明贴现票据面值、贴现率、期限、承担费以及贴现后的净额，同时抄送进口方银行一份作为存档文件，以便在到期日索偿时参考。付款之后，包买商将在票据付款到期日向票据付款人提示请求付款。

在实务中，由于包买票据涉及的当事人或其他因素不同，其具体的业务程序也有所不同，以下分别是不涉及担保人（图 10-3）、涉及担保人（图 10-4）和采用远期信用证（图 10-5）的包买票据业务的基本程序：

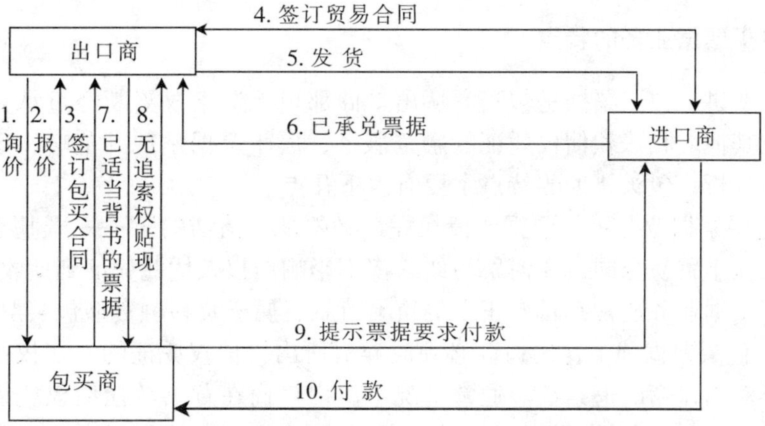


图 10–3 不涉及担保人的包买票据的基本程序

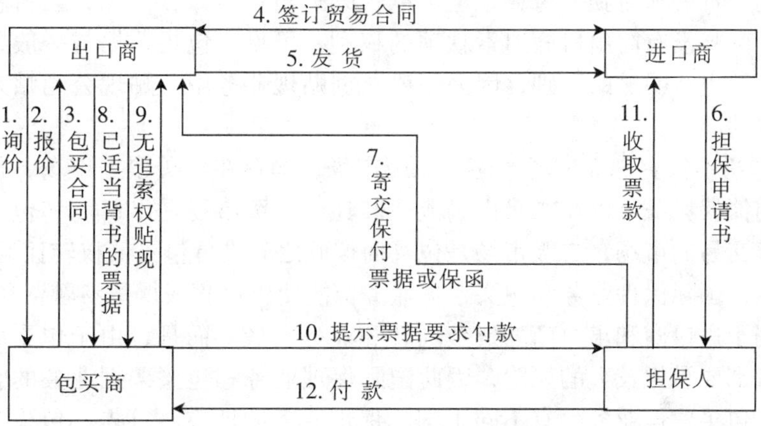


图 10–4 涉及担保人的包买票据的基本程序

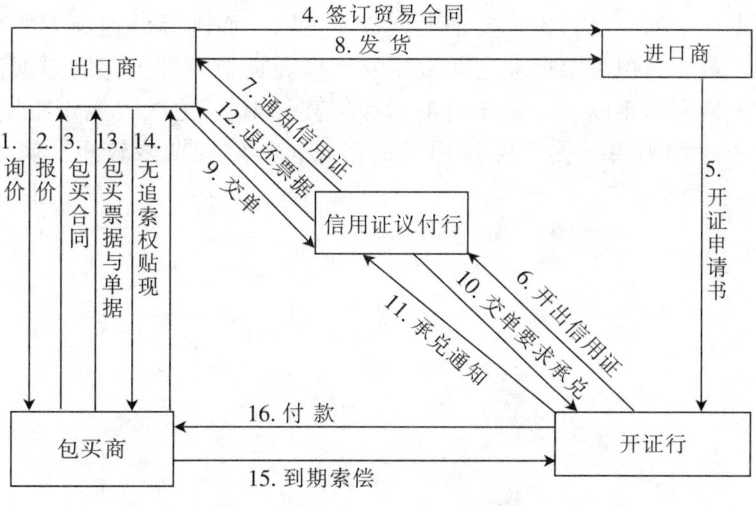


图 10–5 采用远期信用证的包买票据业务的基本程序

## 三、包买票据业务的特点

从根本上讲，包买票据是包买商从出口商那里无追索权买断经过承兑或担保的远期票据或其他应收账款债权凭证的融资服务，属于票据贴现的范畴，这是其本质所在。具体分析，包买票据的特点主要有以下几点：

（1）包买票据业务中的票据或债权凭证必须是“清洁的”——既基于正常的贸易合同又独立于贸易合同，任何贸易纠纷都不影响债权人凭此凭证到期收款的权利。因此，包买票据业务通常都具有正常的贸易背景，属于贸易融资型包买票据。

（2）在包买票据项下，出口商必须放弃对所出售债权凭证的一切权益，包买商也必须放弃对出口商的追索权。通常情况下，出口商在背书转让债权凭证时会加注“无追索权”字样，并将收取款项的全部风险和责任转嫁给包买商。因此，包买票据是无追索权的票据贴现，在将贴现净额支付给出口商后，包买商作为正当的持票人可以于到期日要求付款人付款，也可以将票据转售他人，但是，当付款人拒付票款时，包买商却没有向出口商追索款项的权利。可见，包买票据与一般票据贴现有共同之处，但也有明显的区别，因为一般票据贴现业务中，贴现公司贴入票据后是享有追索权的。

（3）包买不仅有一级市场，还有二级市场，即存在包买票据市场，包买商买下的出口商的债权凭证可以在二级市场流通转让。一级市场是出口商和包买商之间进行包买债权交易的市场，二级市场是包买商彼此之间进行包买债权转让的市场。

很显然，国际保理业务和包买票据业务都能使出口商获得贸易融资和转移风险，从而都有利于进口商和出口商的资金周转和业务发展。而且，由于包买商和保理商一样，二者都要承担较大的风险，因此国际保理业务和包买票据业务的收费都比较高。此外，包买票据业务也有不同于国际保理业务的地方。首先，包买票据是包买商从出口商那里无追索权的买断经过承兑或担保的远期票据或其他应收账款债权凭证的融资服务，而国际保理是集结算、管理、担保和融资为一体的综合性业务。其次，包买票据项下的交易对象主要是大型资本货物，而国际保理项下的交易对象多为普通货物。最后，包买票据业务通常需要出口商提交经过担保的票据，且其融资期限较长，一般在半年以上，最长的可达数年甚至10年之久，属于中期融资业务；国际保理业务通常不要求提交经过担保的票据，其融资期限较短，属于短期贸易融资。

# 第十一章
# 国际无形贸易

## 第一节　国际无形贸易概述

### 一、国际无形贸易的含义

国际无形贸易（International Invisible Trade）是指在国际范围内进行的以无形商品为交易对象的买卖。它由国际服务贸易和国际技术贸易两部分构成。与有形贸易相比较而言，无形贸易具有如下特征：

（1）无形贸易是一种具有特殊使用价值的活动，在交易中不是有形物与货币的交换，而是提供活劳动与货币的交换。

（2）在交易中无形商品的价值与使用价值分离，不发生同时转移。

（3）无形商品和消费是在生产中同时产生的。

（4）国际无形贸易的统计显示在各国国际收支平衡表中，但在各国海关进出口统计中不做显示。

### 二、国际服务贸易的含义和范围

服务是相对于有形产品的一种特殊形式的劳动产品，是以提供活劳动形式满足他人需求而取得报酬的活动。因此，国际服务贸易（International Trade in Service）反映的是国家与国家之间相互提供的作为服务活动的特殊使用价值。

由于服务涉及领域广，二战后尤其20世纪70年代后各国服务业都获得了很大发展，服务便成为国际经济领域的一个新兴而又有广大发展前景的课题。因此，有必要对国际服务贸易做出具体的定义与范围的规范。然而由于各国之间的服务贸易发展很不平衡，造成各国对其具体的定义与范围存在不同看法。在这一背景下，关贸总协定第八轮谈判第一次将服务贸易纳入其议题，经过充分谈判和讨论，达成了《服务贸易总协定》。该协定第一部分是对服务贸易的范围和所涉及的领域做出规定，第二部分是建立服务贸易新规则的框架。

由于服务业涉及面广且形式各异，难以对此做出具体的定义。在国际服务贸易总协定中主要是从服务贸易的范围来进行具体的规定，国际服务贸易涉及下列因素的交易：跨境交付、境外消费、商业存在、自然人流动。对这些交易的具体解释如下：

（1）跨境交付（Cross-Border Supply），是指一国向另一国提供服务时没有人员、物资和资金的流动，而是通过电讯、邮电、计算机联网实现的。例如，视听和国际金融活动。

（2）境外消费（Consumption Abroad），是指一国消费者到另一国消费而接受服务提供者提供的服务。例如，本国病人到外国就医，外国人到本国来旅游，本国学生到外国留学等。

（3）商业存在（Commercial Presence），是服务贸易活动中最主要的形式。它是指允许外国的企业和经济实体到本国开业，提供服务，包括投资设立合资、合作或独资企业。例如，外国公司到中国来开酒店，建立零售商店和开律师事务所等。

（4）自然人流动（Movement of Personnel），是指允许单独的个人入境来本国提供服务。例如，外国教授、高级工程师或医生来本国从事个体服务。

### 三、国际技术贸易（International Technology Trade）的含义

国际技术转让是技术供应方将某种内容的技术，通过各种方式跨越国界转让给技术接受方使用的一种行为。这种转让可以分为非商业性技术转让和商业性技术转让。前者以政府援助、交换技术情报、学术交流、技术考察等方式进行，通常是无偿转让；后者是指以一般商业性条件进行的转让，是有偿的。国际技术贸易正是属于后一种商业性技术转让。它通常按照商品交易的方式，根据签订的技术合同或协议来有偿提供技术。从内容上看，国际技术贸易主要包括专利、图纸、技术秘密和工艺技术知识等“软件技术”。此外，一些先进的机械设备、器材等也往往伴随软件技术而一同转让。

与国际商品贸易相比，国际技术贸易具有很大的不同：

（1）买卖标的物不同。一般国际商品贸易的标的物是有形商品，而国际技术贸易的买卖是无形的技术知识。虽然技术贸易还可能包括机器设备，但这些机器设备都必须包含技术知识。如果仅仅涉及实物买卖或只涉及货物出租的交易是不包括在技术贸易中的。

（2）买卖标的物所转移的权利不同。一般国际商品贸易一旦成交，则标的物的使用权和所有权通常一起转移；而国际技术贸易通常是转让使用权而所有权不做转让。因此，技术销售方一般可将此技术作多次出售。

（3）买卖双方的关系不同。一般商品贸易中买卖双方维系时间相对技术贸易短得多，通常不超过1年，即使是通过出口售货的一些商品贸易合同一般也不超过2~3年；而技术贸易双方当事人签订合同的履约期限通常较长，有的国家规定5~7年，甚至有的达10年。通常合同履约的开始即是双方合作的开始，而且在合同有效期内，双方当事人还有技术传授与使用等方面的多次合作。此外，在国际商品贸易中，买卖双方一般是互通有无，而国际技术贸易中，买卖双方既是当前合作者还有可能成为未来的竞争对手。

（4）买卖标的物的作价不同。这是因为两种标的物的生产成本和价格构成不

同。从生产成本看，在商品贸易中，每增加一个单位商品，将增加一个单位变动成本，而一项技术可以多次转让而不会增加其成本。从价格构成看，一般商品的价格等于生产成本加一定利润，而技术贸易通常根据该项技术使用后的经济效益，即其创造的利润大小作为其作价原则，通常创造利润的高低与技术使用费的高低成正比。在具体技术贸易中，技术的价格通常由三部分构成：直接费用，即技术买方在完成技术转让中实际消耗的费用；间接费用，即分摊一部分研究开发费用；利润补偿，即技术卖方从技术买方使用该技术的经济效益中分得的份额。

（5）所适用法律不同。一般商品贸易合同主要涉及国内外买卖法和合同法，而技术贸易合同除了涉及国内的买卖法和合同法外，还受工业产权法、专利权法、商标法、反托拉斯法、公平交易法等法律规范的制约。因此，技术贸易合同较商品贸易合同所涉及的法律更广泛、更为复杂。

## 第二节　国际服务贸易

### 一、国际服务贸易的分类

由于国际服务贸易涉及面广且形式多样，目前尚未形成统一的分类标准，许多经济学家和国际经济组织为了分析方便和研究的需要，对国际服务贸易进行不同角度的划分。下面我们将介绍几种较有代表性的分类：

（一）以部门为标准进行的划分

按这种方法划分，国际服务贸易可分为 14 大类。而在这些大类中，又可以服务在商品中的属性进行细分。

1. 商业性服务

商业性服务主要指在商业活动中涉及的服务交换活动。具体包括：①设备租赁服务；②不动产服务；③安装及装配工程服务（不包括建筑工程服务）；④设备的维修服务；⑤伴随生产活动的服务；⑥专业化（包括咨询）服务；⑦其它服务。

2. 通信服务

通信服务主要指所有有关信息产品、操作、储存、设备和软件功能等服务。具体包括：①邮电服务；②电讯服务；③视听服务；④其他服务。

3. 建筑服务

建筑服务主要指工程建筑物从设计、选址到施工的整个服务过程。具体包括：①选址服务；②建筑物的安装及装备工程；③工程项目施工建筑；④固定建筑物的维修服务。

4. 销售服务

销售服务主要指产品销售过程中的服务交换。具体包括：①商业销售；②零售服务；③与销售有关的代理费用及佣金等。

5. 教育服务

教育服务主要指各国在高等教育、中等教育、学前教育、继续教育、特殊教育和其他教育中的服务交往。

6. 金融服务

金融服务主要指保险业以外的金融服务活动。具体包括：①银行存款服务；②与金融市场运作管理有关的服务；③贷款服务；④其他贷款服务，其中包括个人贷款服务、抵押服务、信用卡及其他信贷服务等；⑤与债券市场有关的服务，主要是涉及经纪业、股票发行和注册管理、有价证券管理等；⑥附属于金融中介的其他服务，包括贷款经纪、金融咨询、外汇兑换服务等。

7. 保健服务

保健服务主要指个人保健服务、兽医服务等。

8. 旅游和饭店服务

旅游和饭店服务主要指旅馆、饭店提供的住宿、餐饮服务、膳食服务及相关的服务。

9. 保险服务

保险服务主要指国际间各种形式的保险服务。具体包括：①货物运输保险；②非货物运输保险；③附属于保险的服务；④再保险服务。

10. 个人服务

个人服务主要指非企业的个人范畴内的服务交换。其中包括：①房屋清洁及维修服务；②个人护理服务。

11. 文化、娱乐服务



文化、娱乐服务主要指不包括广播、电影、电视在内的一切文化、娱乐服务，如文化交流、文艺演出等。

12. 交通运输服务

交通运输服务具体包括：①货物运输服务；②客运服务；③船舶服务；④附属于交通运输的服务。

13. 动产的销售服务

14. 其他服务

（二）按经济用途及性质进行的划分

按这种方法划分，可以将服务贸易分为消费者服务、政府服务与生产服务。消费者服务是指通过消费者在市场上购买的服务，如金融、保险、交通、餐饮、娱乐、理发、教育等；政府服务是指那些免费提供的或对一般公众收取最低费用的服务，如教育、保健、国防与一般行政等；生产服务是生产者在市场上购买的被用作商品与其他服务的进一步生产的中间服务，如计算机运用、会计、广告、咨询、法律、工程、仓储、通信、保卫等。生产者服务在服务业中被认为最具经济增长潜力。

（三）以服务在贸易中“移动”的形式进行划分

按加拿大弗雷泽大学经济学教授赫伯特·G. 格鲁伯和弗雷泽研究所麦克尔·A. 沃克的建议，服务贸易可分为要素服务贸易、附带有人员和货物暂时移动的服务贸易及物化服务贸易三种。要素服务贸易主要是指对外投资（包括长期投资与短期投资）而带来的收入，这种生产要素投资而带来的收入是国际服务贸易收入的一项重要来源；附带有人员和货物暂时移动的服务贸易，是通过服务提供者或服务接受者穿越国境而进行的贸易，如运输、旅游、教育、医疗等种种服务；物化服务贸易是通过对外输出或输入服务物化在其中的物资材料来进行的，如工程、音乐、电影、会计、金融等均可采用物化方式进行。

（四）以是否伴随有形商品支出进行的划分

按这种方法划分，可将国际服务贸易划分为两种，即国际追加服务和国际核心服务。国际追加服务是随商品实体出口而提供的追加劳务。当今，随着市场竞争的加强，追加服务往往在很大程度上左右着消费者对所需商品核心效用的选择。因此，追加服务被广泛地应用到有形商品生产的各个阶段。在上游阶段，有形商品要求有先行的追加服务投入，包括可行性研究、风险资本筹资、市场调研、产品构思和设计等；在中游阶段，有形商品既要求与其生产融为一体的追加投入，也要求有与其生产平行的追加服务投入；在下游阶段，有形商品的生产要素投放的追加服务项目包括广告、运输、商品使用指导等。国际核心服务是指同有形商品的生产和服务无关，而作为消费者单独使用的，能为消费者提供核心效用的一种服务。按服务中生产者与消费者是否发生接触，可分为远距离服务和面对面服务。前者是指无须提供者与需求者的实际接触而跨越国界交易的服务，是一种“纯”的国际服务贸易；后者则需通过提供者和需求者双方正面接触才能实现的服务。

（五）以服务生产的不同阶段进行的划分

按这种方法划分，可将服务贸易分为生产前、生产中与生产后服务贸易。比如说可行性研究、市场调研、产品设计等属于生产前的服务贸易；生产中的服务贸易有财务会计、人事管理与培训、设备保养与维修等；生产后的服务贸易则包括提供的各种售后服务，诸如商品使用指导、退货索赔保证以及供应替换等。

（六）以各种生产要素在服务贸易中的密集程度进行划分

按这种方法划分，服务贸易可分为知识密集型服务、资本密集型服务、技术密集型服务和劳动密集型服务。

（1）知识密集型服务。这类服务要求提供者必须是具有某种技艺、技能知识的高级专业人才，如法律、咨询、会计服务、审计服务。

（2）资本密集型服务。这是需要大量资金投入才能实现的服务，如各种金融、通信服务。

（3）技术密集型服务。这是需要高新技术、现代科学技术才能提供的服务。在许多现代服务行业中，如国际银行业和金融业的服务、信息服务等都要依靠许多先进技术才能进行。

（4）劳动密集型服务。这主要是通过一般劳动力的提供而实现的服务，如国际工程承包等。

上述种种划分只是一种相对的划分，不少服务均存在着交叉，如银行业既是一种资本密集型服务，又是一种技术密集型服务。但这种划分方式仍具有重要意义。因为发展中国家在服务贸易中地位较低，其中一个重要因素是它们主要从事劳动密集型的服务，附加值较低；而发达国家则主要从事的是资本密集型或技术密集型的服务。发达国家正是从这些垄断性行业中获得了大量的服务收益。

## 二、国际服务贸易发展的现状和特点

二战后，国际经济领域最明显的变化之一，就是国际服务业的迅猛崛起。目前，国际服务贸易，已成为国际贸易关系中的一项重要内容。

从总量上看，国际服务贸易占世界贸易总额的比重在迅速增长。据国际货币基金组织的统计，1982 年，世界各国服务贸易出口额为 4 050 亿美元，到 1992 年上升到 1 万亿美元，10 年增长了 1.5 倍。虽然在此期间，世界各国的货物出口总额也增加了 1 倍，但是，国际服务贸易占世界贸易总额的比重已由 1982 年的 18%增至 1992 年的 22%。1993 年和 1994 年，国际服务贸易额分别为 1.02 万亿美元和 1.08 万亿美元，而同期国际货物贸易出口额分别为 3.63 万亿美元和 4.06 万亿美元。从增长速度上看，20 世纪 70 年代以来，国际服务贸易的增幅已超过货物贸易的增幅。国际货币基金组织发表的统计数字表明，1970—1980 年，国际服务贸易年均增长率为 18.7%，与同期货物贸易年均增长率大体持平，其中 1979 年超过了货物贸易的增长。1979 年服务贸易的增长率为 24%，而货物贸易的增长率为 21%。进入 20 世纪 80 年代后，服务贸易增长快速。1982—1992 年，世界服务贸易增长 1.5 倍，同期货物贸易仅增长 1 倍。其中商业服务贸易增长率最快，1982—1992 年，其平均增长率为 7.9%，而同期货物贸易平均增长率为 4.9%。1980 年商业服务贸易在世界贸易的份额为 17%，1993 年增加到 22%。另据世界贸易组织统计，1992 年、1993 年、1994 年三年的国际货物贸易增长率分别为 6%，-0.8%和 1.2%，而国际服务贸易年增长率分别为 12%、0.5%和 6.3%，均高于货物贸易的增长率。到 1999 年，国际服务贸易出口额已达到 26 750 亿美元。①



概括地说，当代国际服务贸易具有以下特点：

1. 国际服务贸易部门的外延日趋扩大

二战前，国际服务贸易的主要内容是劳动力的输出输入。由于科技水平限制，与货物运输相联系的电讯服务、交通运输服务、保险服务并不发达。

二战后，在第三次科技革命推动下，人们生活水平提高，服务贸易的种类也越来越丰富。传统的服务贸易如运输、金融、通信等随世界经济快速发展以及在高科技的支持下继续扩张。一些新兴的服务贸易也随科技进步及人们生活水平提高而不断涌现与发展。如信息服务业作为一种新兴的服务行业，其产生与发展完全是建立在计算机网络系统与光纤通信设施等高技术基础上的，是未来最具发展潜力的服务业。此外，像旅游业、家庭保健、法律咨询、远程教育等都随人们生活水平提高而得到快速发展。金融、保险、运输、旅游、信息处理与传递、设计与咨询、许可证贸易、租赁、航空与航天技术转让等已成为当代服务贸易的主要项目。据统计，跨国投资收支、国际运输、国际旅游已分别成为最大的三个国际服务贸易部门。

2. 国际服务贸易行业垄断现象日趋严重

一些关系国家主权与安全的行业，如邮电、民航、铁路、广播等不同程度为国



① 陈宪. 加速发展我国服务贸易业 [N]. 经济日报，2002-04-29 (2).

家垄断，尤其是在广大发展中国家更为明显，这些部门服务贸易自由化程度较低。发达国家则主要凭借它们在国际服务贸易领域的明显优势，进行行业垄断，尤其是在以技术服务为核心的专业服务领域，几乎完全被几个发达国家控制。例如美国凭借其在金融服务、保险、数据处理和电讯等领域所处的绝对优势地位，在世界各地形成了一批垄断性很强的跨国服务公司。根据《关税与贸易总协定》的有关统计，六大会计师事务所几乎掌握了全球的会计事务；来自三个发达国家的保险公司占了世界保险市场的30%；而国际影视服务则为“美洲动画片协会卡特尔”独家垄断。这些行业垄断给发展中国家进入国际贸易市场造成了严重困难，使尚处于初期阶段的发展中国家的国际服务贸易业面临着激烈的竞争和垄断的挑战。

3. 各国在国际服务贸易中发展很不平衡，总体上发达国家在国际服务贸易中占绝对优势

1993 年和 1994 年，服务贸易前 30 位出口国（或地区）的出口分别占世界出口总额的 86.4%和 84.1%。前 30 位进口国（或地区）的进口额分别占进口总额的 88.2%和 86.7%。在世界服务贸易总额中，15 个主要发达国家约占 3/4，而其中的美、法、意、德、日五国的服务出口就占世界服务出口总额的 50%以上。美国是当今世界上最大的服务产品出口国，1994 年，其服务产品出口额为 1 600 亿美元，占同期世界服务贸易总额的 13%。发展中国家和地区，在国际服务贸易中地位落后，而且发展很不平衡，主要集中在少数国家和地区。中国在 20 世纪 80 年代以后，对外服务贸易发展迅速。1994 年，中国在国际服务贸易进出口中的比重均为 1.2%，居世界服务贸易第 22 位。



发达国家的服务商品出口大都是技术密集型、资本密集型产业的高附加值产品，如主要集中在银行业、保险业、建筑工程业、咨询业、信息处理业等。而发展中国家出口的服务产品大多以劳动密集型产业的低附加值产品为主。因此，发达国家多是服务贸易的主要出口国和顺差国，而发展中国家除少部分工业化国家在某些服务项目上可与发达国家相抗衡外，大量落后的发展中国家则为服务贸易的“纯进口国”，服务贸易逆差巨大。

4. 国际服务贸易市场呈多元化分布趋势

20 世纪 70 年代以前，国际服务贸易主要集中在西方发达国家。20 世纪 70 年代以后，中东几个主要产油国凭借其丰富的石油资源，成为最大的国际服务输入市场。进入 20 世纪 80 年代，随着亚洲经济的崛起，亚洲服务贸易迅速发展，成为最具潜力的新兴市场。其中尤以亚洲“四小龙”、东南亚一些国家吸引大量国际资本，发展其经济，服务贸易增长迅猛。可以说，进入 20 世纪 90 年代后，世界服务贸易市场已呈现多元化的格局，不同经济发展水平、不同社会制度的国家都积极加入这个市场中来。

5. 国际服务业全球化趋势增强

在信息革命浪潮的推动下，国际服务业正在迅速向全球化迈进。最显著的标志是，近十几年来，发达国家国外直接投资的结构发生重大变化，服务业投资比重日趋提高。与此同时，一大批服务业跨国公司纷纷崛起。

20世纪80年代以前，发达国家国外直接投资多集中于农业、矿业和制造业。20世纪80年代以后，这种投资开始移向广告、旅游和出版业、会计师事务所、银行、保险业等。据联合国统计，在1986—1990年，日本、欧共体、美国以及一些发展中国家投入在全球服务业上的资本为9 250亿美元，占同期全球总投资额的45%，而在20世纪50年代后5年仅为22%。近年来，跨国性的高科技服务业异军突起，跨国公司的崛起成为服务全球化的重要方面。

### 三、国际服务贸易迅速发展的原因

虽然传统的服务贸易如运输、国际结算、国际劳务输出入等在资本主义生产方式发展的早期就已形成并发展，但国际服务贸易真正得以迅速发展是在二战后，尤其是在20世纪70年代后期才得到迅猛发展，其原因如下：

（1）二战后的第三次科技革命是推动服务贸易快速发展的内在因素。它主要体现在以下三个方面：

①产业革命带来各国产业结构的急剧变化，为发展中国家对外贸易提供了雄厚的基础。人类社会生产力的发展，已完成由游牧业向农业和由农业向工业发展的两次大飞跃，现在正处于由工业化经济向服务化经济转变的过程。在这个过程中，农业一直呈现相对缩小的趋势，工业也维持相对较低的发展速度，而服务业即第三产业增长最快，在国民经济中的比重不断提高。对世界发达国家来说，服务业已构成国民经济中最大的经济产业。生产力的发展促使物质生产领域中非直接生产服务的增加、专业人员和“白领”人员增加。随着工业生产自动化和产品技术的复杂化，在流水线上作业的工人日益减少，更多人力物力资源被用于计算机程序的编制、机器人的设计，以及发展研究、计划管理、销售、信息收集与处理。产业结构的这种变化，使服务业的从业人员增加，而技术水平的提高为扩大国际服务贸易提供了可能，构成国际服务贸易发展的基础。

②产业革命使国际分工不断深化，国际商品交换空前活跃，带动了国际服务贸易的发展。二战后，随着世界各国社会生产力的发展和科学技术的进步，国际分工日益细化。除了二战前存在的、以自然资源为基础的、工农业原料生产的国际分工进一步细化外，还形成以科学技术为基础的工业部门内部国际分工的格局。各国根据自身经济发展的特点以及资源和技术的不同优势，在工业内部促成了产品专业化和工艺专业化的分工。

随着企业生产越来越向专业化发展，原先从属于工业部门并纳入工业部门的生产服务也逐步从第二产业中脱离出来，成为独立的服务经济部门。比如在生产上游阶段已有可行性研究、风险资本、产品设计、市场研究等专业化服务；中游阶段出现设备租赁、质量控制、会计等专业化服务；下游阶段有广告、运输、人员培训等专业化服务。由于国际分工的深入发展，作为国际分工的桥梁和纽带的国际商品贸易受到推动而规模日益扩大。这就增加了对各种商品贸易服务的劳务或服务的需求，促进了货物运输、金融保险、通信信息、法律咨询服务等服务行业的发展。

③科技进步扩大了服务贸易的对象。首先，二战后日新月异的科技革命，如新

的发明和发现、新技术、新工艺不断出现。软件开发咨询，技术服务，现场技术指导等已形成独立的技术贸易部门。其次，高科技的出现形成了新的服务部门。如在计算机和通信技术基础上发展起来的情报信息业，以信息资料的收集、贮存、整理、交换为主要服务内容，其规模和应用范围越来越大。信息部门已成为服务业中重大的分支，在国际服务贸易中将占有越来越多的份额。最后，新技术的广泛应用，使许多原先“不可贸易”的服务，由于有新技术的支持，而转化为“可贸易”的服务。如一些传统教育服务、健康服务一向被称为“不可贸易”的服务，现今已进入录像片中或通过计算机系统进行买卖。国际互联网络的发展，使得许多原先不便进行的跨国服务在瞬间完成。又如随着全球通信技术的发展，银行、保险、商品零售服务可以在全球快捷开展服务。

（2）生产的国际化，特别是跨国公司直接投资的发展，是服务贸易发展的又一源泉。

生产的国际化在区域贸易自由化浪潮中得到发展，这种发展往往推动服务贸易自由化的发展。例如，区域贸易自由化趋势与双边自由贸易协定的签订，多涉及服务贸易。1988 年达成的《美加自由贸易协定》也包含服务贸易条款。区域贸易协定中的服务贸易条款，既包含扩大区域内服务贸易发展的可能性，也为服务生产的国际化和文化生活的国际化带来了契机。无疑，服务生产的国际化极大地刺激各国文化生活的国际化。例如，开展国际旅游，欣赏外国电影、电视、球赛、音乐和舞蹈等，这些因素均极大地促进服务贸易的发展。



由跨国公司主导的对外直接投资构成国际服务发展的不可忽视的力量。20 世纪 80 年代初，发达国家平均每 200 家大型跨国公司就有 83 家公司的 50%以上收入来自服务销售。据估计，跨国公司对服务出口的贡献大约占服务出口的 2/5～1/2。20 世纪 80 年代中期，服务业的直接投资已占外国直接投资的 40%，并占 20 世纪 80 年代前半期新增投资的 50%以上。此外，由于现代通信技术和信息网络能够使跨国公司同时掌握世界市场的各种变化，跨国公司不断加强综合性服务活动。例如，将以往分开的银行业、保险业、交易所和经纪人服务合并为现代金融服务业等。非服务型跨国公司也通过其全球营销战略加强对服务业的投资，带动跨国公司内部的服务贸易，使服务贸易出现内部化趋势。

（3）国际竞争的激烈，使得服务业尤其是高技术、高知识含量的服务业迅速发展。

在当今激烈的国际市场竞争中，为了能在世界市场占据优势，各国更加重视在高技术含量产业中的投入。一方面，这些具有高知识含量的技术能为它们获得更多的剩余价值；另一方面，高知识含量的产业也是 21 世纪各国产业竞争的制高点。当前，发达国家如日、美、德等的产业结构，逐渐向电子、航空技术及生物工程等高科技产业转移。一些发展中国家也正在努力增加在这些方面的科技投入。

（4）各国经济的发展，特别是发达国家居民收入的增加，使得其对服务的需求越来越大。

随着人们收入水平的提高和休闲时间的增加，消费支出模式发生改变，对物质的需求相对减少，对服务的要求不断增加，家庭把越来越多的开支用在服务的消费上。收入增加，加上工作日的减少和教育文化水平的提高，通信及交通运输的发展，这一切都使得为生活服务的国际旅游业、文化娱乐、体育活动、医疗、家庭服务等行业兴旺起来，成为国际服务贸易的一个重要组成部分。

## 第三节　国际技术贸易

### 一、国际技术贸易发展现状与原因

二战后，国际技术贸易空前发展，国际技术贸易规模迅速扩大。尤其是近年来，随着信息革命的到来，世界经济正朝着国际化、全球化方向迈进。西方发达资本主义国家，在经济体制和经济结构方面发生着一系列的变化，促进经济以强劲的势头迅速发展，从而更加扩大了对外经济和技术贸易的规模。发展中国家为了缩小与发达国家的差距，尽可能地利用西方国家资本与技术，促进自身的发展，力图赶上先进国家。因而，在国际技术领域内，世界各国为了自身的利益，展开了激烈的竞争，促使现代国际技术贸易高速发展。

从总量上看，全世界技术贸易在20世纪50年代仅为5亿~6亿美元，20世纪60年代中期也仅为25亿美元，到20世纪70年代中期已增至110亿美元，而到20世纪80年代中期又猛增到500亿美元，1975—1985年平均年增长率为16.3%。据UNESCO统计，1984—1994年世界技术贸易市场以年均21%的速度增长，到20世纪90年代中期则高达2 500亿美元。



目前，国际技术贸易主要集中在发达国家之间进行，越是工业化程度高的国家，输出输入技术也越多。发达国家之间成交的技术贸易总额占世界技术贸易总额的80%以上，发达国家与发展中国家之间的技术贸易总额只占世界技术贸易总额的10%，而发展中国家之间成交的技术贸易额则占的比重更小，不足10%。20世纪70年代中期以来，美、日、欧盟在国际技术贸易市场上形成三足鼎立的局面。20世纪80年代以来，形势发生变化，美国地位日益减弱，日本、欧盟的地位日益增强，但美国仍是当前技术出口大国，占世界技术商品供应量的60%。另一方面，发展中国家也在积极发展技术贸易，但主要是通过引进发达国家的先进技术为主。近年来发展中国家相互之间成交的技术贸易也日益增多。

从技术要素流动上看，当前国际技术的要素流动也十分不合理。发达国家之间的进出口商品以资金密集型和技术密集型为主；发达国家与发展中国家之间的技术贸易，出口以资金密集型和技术密集型产品为主，进口以初级产品和劳动密集型产品为主；发展中国家之间的进出口商品以初级产品和劳动密集型产品为主。



从贸易方式看，随着国际贸易的深入进行和广泛开展，技术贸易方式也更加灵活多样。不仅适合于许可贸易、技术咨询、也适合于补偿贸易、特许经营；不仅适应于技术商品交易，也适应于技术商品与资本转移相结合、机械设备与技术软件相结合的交易。交易对象的内容也日趋交融，互相渗透，不再是20世纪80年代纯粹生产线的输出或引进和单项专利的买卖，而是硬件技术与软件技术相结合、专利技术与专有技术相结合的整套买卖。因此，现代国际技术贸易逐渐趋于各种交易方式、对象和条件相结合的一揽子工程。

当前国际技术贸易途径主要是通过跨国公司来实现。跨国公司凭借其经济实力雄厚，科技力量强大，在发达国家之间和发达国家与发展中国家之间的技术输出和输入方面发挥着主导作用。

二战后，国际技术贸易迅速发展的原因是：

第一，第三产业革命为技术贸易的迅速发展奠定了基础。

二战后，随着数学、物理、化学等基础学科的突破性进展，以工业发达国家为主体的科技革命创新了许多新产品、新工艺。近几十年来，科技的发展和发现比过去两千年的总和还多。高科技极大地促进了生产力的发展，“科技立国”已成为世界各国的共识。为了争夺技术优势，近几年来，各国政府迅速调整科技政策，如美国于 1993 年放弃了“星球大战”计划，大力发展与市场相结合的科技项目；日本政府于 1995 提出了“新技术立国”计划；欧盟在 20 世纪 80 年代实施“尤里卡”计划的基础上，1995 年通过了“第四个科研发展框架计划”；其他发达国家和发展中国家也都纷纷制订和实施了相应的科研发展规划。一系列的调整和改革，大大促进了世界科技的发展，科技成果层出不穷，技术商品品种繁多。但另一方面，这些新技术在各国发展很不平衡，新技术的发展主要集中于那些先进的发达国家。随着生产国际化程度的不断提高和国际分工的深化，各国之间的联系日益紧密，国际经济技术交流不断扩大。这一切必然大大促进国际技术贸易的发展。



第二，通过技术贸易可以为技术输出国带来更多的经济利益。

这是因为通过出售技术和出售技术使用权，输出国由此获得的收入不仅可以弥补技术创新支出，而且还可能从输入方销售中获得一定利益。同时，在当前各国存在的种种关税和非关税壁垒的情况下，一国通过输出技术的方式，可绕过东道国的贸易壁垒，通过输出这种技术吸引国外消费者，从而扩大本国的出口市场。此外，当今科技发展突飞猛进，产品转换周期日趋缩短。据美国波音飞机公司技术中心研测，20 世纪 80 年代以来，科学技术（包括各种发明创造）以平均 5 年翻一番的速度在发展。产品技术平均更新周期由 20 世纪 70 年代的 5~6 年缩短至 20 世纪 80 年代的 4~5 年，而 20 世纪 90 年代只有 2 年，甚至 1 年。一项新技术产品问世后，很快就会更新，被更先进的产品代替。因此，技术带来的巨大经济利益具有较强的实效性，面对技术淘汰率提高，技术创新活跃，一些发达国家一方面在努力创新技术，一方面又把已淘汰的或即将淘汰的技术继续输出到国外，以延长其生命周期，获取利润。

第三，发展中国家为了发展本国经济，也在加速技术引进工作。

通过引进技术来发展一国经济是发达国家与新兴工业国的成功经验。通过引进国外先进技术可以节约时间、成本和研制费用，弥补本国科研力量的不足。发展中国家大多处于技术相对落后、外汇资金相对紧张的局面，面对国际上已成熟的技术，如果进行大规模的科技投入，进行自行开发研究显然不是明智之举。通过引进技术，再对其加以吸收、消化和创新，才有可能实现其后发制人的优势。此外，通过引进技术可以带动设备投资的扩大，有利于本国改进技术，改进工艺，提高劳动生产率水平，降低生产成本，从而提高本国产品的国际竞争力。

第四，各国产业经济结构的调整推动了国际技术贸易不断扩展。

二战后，新技术革命的发展，促使许多发达国家积极进行国内产业结构调整。它们把劳动密集型产业向一些新兴工业化国家和发展中国家转移，本国则致力于资本、技术密集型产业的发展。同样，新兴工业化国家随着本国经济发展，也逐步集中发展资本密集型产业，把从发达国家转移过来的劳动密集型产业再向其他发展中国家转移。显然，每一次发达国家产业结构的调整，都带来技术贸易的一次扩展。面对信息时代的到来，以美国为首的发达资本主义国家开始掀起以高知识、高技术含量为特征的信息产业的发展热点。为了能更好、更迅速地抢占这一产业的国际竞争制高点，美国、日本等发达国家开始纷纷调整产业结构，把许多制造业技术向新兴工业化国家和发展中国家转移。在这种情况下，新兴工业化国家和许多发展中国家也不失时机地抓住这一机遇，大力引进国外先进技术，实现本国产业结构的升级换代。

## 二、国际技术贸易的内容

技术贸易主要包括专利技术、商标及专有技术，其中专利技术与商标属于工业产权，在一定时间、一定地点受各有关国家的法律保护；专有技术属非工业产权即不受国家专门法律保护。



### （一）专利（Patent）

#### 1. 专利的概念

专利是一国政府的主管部门（通常是政府专利局）根据发明人就某项技术发明所提出的申请，经审查认为其符合法律规定的条件，授予发明申请人在一定时间（一般是15~20年）的一种专有权利。在这种专有权利下，专利通常只能在专利持有人的授权下才能予以利用（制造、使用、出售等）。由此可见，专利所有人具有独占权、转让权与禁止权。独占权就是发明者在一定时间内，对其发明拥有独占使用的权利；转让权就是发明者既可自行使用其发明创造，也可将其转让给他人使用；他人未经授权擅自使用该发明创造，专利所有人有权禁止其使用该项发明，并通过法律得到保护。

#### 2. 专利权的地域性和时间性



专利权具有严格的地域性。一般而言，各国专利权均由各国自己授予认可，仅在本国领土有效，在授予国外地域时就没有效力。如果发明人希望在其他国家享有独占该项技术的权利，就必须向有关国家提出专利申请。专利权又是一种有时限性的权利。各国专利法律对专利权的有效期均有明确规定，发达国家一般在15~20年，发展中国家一般在5~10年，我国为15年。保护期限满后，专利权失去法律效力，专利技术的内容就由专利局向全社会公开。

专利一般包括三种类型：发明专利、实用新型专利和外观设计专利。

（1）发明专利（Invention Patent）。发明是一种解决技术问题的新方案，包括产品发明和方法发明。产品发明是指创新一种新产品，如机器、设备装置等；方法发明是指制造某种产品的方法发明和使用产品的方法发明，如机械制造法、化学制造法、修理方法等。

（2）实用新型（Utility Model）专利，是指关于机械、工具等构造和形状及其组合的革新设备，具有新颖性和实用性。

（3）外观设计（Design）专利，是指商品的外形、图案、色彩及它们相互结合的设计具有的独占性，别人不能仿造使用。

（二）商标（Trade Mark）

商标是生产和销售者为了识别其生产和销售的商品而在商品和商品包装上使用文字、图形或其组合所做的一种标记。商标所有人申请商标注册，经核准注册后取得商标使用权。商标使用权可以进行转让。

商标权的取得在各国遵守不同的法律，大致有以下三种方式：

（1）使用在先取得商标所有权的原则。根据这一原则，只有最先使用的人获得商标权，如英、美、法便是采用这一原则。

（2）注册在先取得商标所有权的原则。也就是最先申请注册人才拥有商标权。目前大多数国家，如日本、德国、意大利、比利时、丹麦、荷兰、卢森堡和中国均采用这一原则。

（3）在规定期内无人指控所得商标所有权的原则。根据这一原则，商标权原则上先授予先注册者，如在规定期限内（如西班牙为 3 年，英国为 7 年），先使用人提出异议，如异议成立，则已授予先注册人的商标权即被撤销而授予先使用人。但是超过这一规定期限无人提出异议，则商标权属于优先注册人。目前，英国、美国、印度、加拿大、西班牙等国家采用这一原则。

除了以上三种方式外，还有的国家实行先授予先注册商标人，又保留先使用人继续使用商标权利。先使用人并不拥有商标权，但拥有商标连同企业一同转让的转让权。如目前的斯里兰卡、沙特阿拉伯、冰岛等国就使用这一原则。

同专利权一样，商标权也是一种地域性权利，只有在获得商标权的国家或地区才受其保护。同时，商标权具有时间性，有效期滞后，可办理延长手续。

（三）专有技术（Know-How）

专有技术有时又称作为技术诀窍、技术秘密。当前国际上尚无一个统一严格的定义。根据联合国世界知识产权组织联合国际局 1972 年制定的《发展中国家保护发明示范法》中认为："所谓专有技术，是指有关使用和运用工业技术的制造方法和知识。"国际商会（ICC）在其《关于保护专有技术的标准条款草案》中对专有技术的定义是："为实施某种为达到工业生产目的所必需的，具有秘密性质的技术知识经验或其积累。"

由此可见，专有技术是一种在完善工艺流程，提高产品质量，解决生产关键以及包括提供经营技巧和工商财务管理等方面的特殊技能。显然，专有技术具有如下特点：

（1）知识性。这种技术知识可以语言、公式、配方、记录、操作手册、实验报告等形式表现。

（2）实用性。这种专有技术一定是能带来实际价值的。

（3）可传授性或可转让性。这种技术知识可以言传身教，也可以用纸、配方等文字形式进行传授。

（4）保密性。这是专有技术与专利的明显区别。只有具有秘密性，才使其有贸易的可能性。保密是专有技术保有其价值的前提，一旦丧失秘密，专有技术所有人就丧失其专有性，专有技术也就成了公开技术。

## 三、国际技术贸易的方式

在人们长期的技术贸易实践中，出现了多种技术贸易方式，其中主要有：许可证贸易、技术咨询服务、技术协助、工程承包、合作生产、补偿贸易等几种方式。

### （一）许可证贸易（Licensing）

许可贸易是国际技术贸易的主要方式。许可证贸易是技术所有者即许可方（Licensor），通过签订许可合同向被许可方（Licensee）授予某项权利，允许被许可方使用这项技术进行制造及销售产品，并向其支付一定数额的报酬。

从许可贸易的对象看，许可证贸易包括专利许可、商标许可、专有许可和混合许可。其中混合许可指专利技术、商标、专有许可方式中的两种或两种以上的组合。

从许可协议双方权限上划分，常见的有以下五种形式：



（1）普通许可（Simple license），又称一般许可，指在规定的地区和时间内，许可人可以同一个以上的被许可人签订许可合同转让技术，同时自己仍保留有该项技术的使用权。

（2）独占许可（Exclusive License），即在规定的时间和地域内，只有被许可人独家使用该项技术的权利，其他人包括许可人都不得使用。显然，在这种情况下被许可人拥有最大权利，许可费通常也较高。

（3）排他许可（Sole License），指在规定时间、地点内，许可人只能允许一家被许可人使用该项技术，而不得再向第三方授权使用该项技术。因此除许可人外，只有一家有使用该项技术的权利。

（4）分许可（Sub-License），又称可转让许可，指在原许可合同签订有分许可的授权条款下，被许可人可以把该项技术再向第三者转让。

（5）交叉许可（Cross License），当许可协议双方都拥有对方所需使用的技术时，往往通过签订许可合同相互交换各自的技术。

以上几种不同类型的许可，其当事人的权利是不同的，列表说明如下（见表11-1）。

表 11-1　　许可证贸易方式下各方的权利

| 许可种类 | 各方权利 | | |
|---|---|---|---|
| | 被许可方 | 许可方 | 第三方 |
| 排他许可 | 有使用权 | 保留使用权 | 不能获得使用权 |
| 独占许可 | 有独占使用权 | 无使用权 | 不能获得使用权 |
| 普通许可 | 有使用权 | 保留使用权及转让权 | 能从供方获得使用权 |
| 分许可 | 有使用权及转让权 | 保留使用权及转让权 | 供受双方都可获得使用权 |
| 交叉许可 | 有使用权 | 有使用权并可交换技术使用权 | |

不同类型的许可合同，由于许可权限不同，许可方向被许可方索取的使用费也不同。一般来说，同一种技术的转让，采用独占许可的方式比排他许可的方式价格要高，可转让许可则价格更高，普通许可价格最低。在实际业务中，具体采用哪一种合同方式，取决于两点因素：一是价格。如果没有特殊需要，被许可方就不会出高价签订独占许可或排他许可，只签订普通许可就可以了。二是市场情况。一般认为，容量不大的市场独占许可比较合适，因为在市场容量不大的情况下，如果签订普通许可合同，必然形成多家竞争，使产品价格下跌，从而影响许可合同的报酬。如果市场容量大，则可以签订普通许可合同。

（二）技术咨询服务（Technical Consulting Services）

技术咨询是指咨询公司应委托方所提出的技术课题，提供建议和解决方案，并收取一定金额的咨询费用。技术咨询的内容广泛，包括编制计划、项目的可行性研究、效益分析、工程设计、施工、监督、设备的订购、竣工验收、运输指导等方面。在国际上，技术咨询多由行业团体进行，它们通常掌握着非常丰富的知识、经验和技术情报，可以帮助委托方选择先进适用的技术，并确定其合理的价格和其他交换条件。对于一些技术比较落后的国家，由于科技力量不足，或对解决某些技术课题缺少经验，通过聘请外国工程咨询公司提供咨询服务，可以少走弯路，还可节省资金。

（三）技术协助（Technical Assistant）

技术协助是指一方受另一方委托，运用自己掌握的技术知识和经验，协助另一方完成某项经济、技术任务。在技术转让中，不仅包括转让公开的技术知识，而且还可转让秘密技术知识和经验。这些知识与经验是很难用书面资料表达出来的，必须辅以语言、示范等方式。因此，技术协助是技术转让中必不可少的环节。技术协助的方式，可包括在技术转让合同中，也可单独签订。技术协助的方式既可以是技术受方派出自己的技术人员和工人到技术供方学习，也可以是供方派出专家或技术人员到受方处指导，选择何种方式可根据双方的具体情况而定。

（四）工程承包（Engineering Contracting）

工程承包又称交钥匙项目，是工程所有人委托工程承包人承诺按规定条件包干完成某项任务，完工后交付给工程所有人。通常工程承包人要求承担工程设计、土建施工，提供机器设备、负责安装，提供原材料、技术，培训人员，提供投产试车及质量管理全过程的设备与技术。国际承包的过程一般包括招标、投标、开标、评标、中标、签订承包合同、组织工程施工、竣工验收等。工程承包是一种综合性的国际经济合作方式，其中包括大量的技术转让内容，因此成为国际技术贸易的一种常见方式。

（五）合作生产（Co-Production）

合作生产是指不同国家之间两个以上的当事人（企业），根据所签订的合同相互配合、共同合作生产某种产品，或合作研究某个项目，或联合设计某种产品的一种经济合作和技术转让相结合的综合形式。合作生产包括共同制订生产计划、转让生产技术、双方人员共同研制以及相互提供零部件等。合作生产作为技术转让的一种方式，可以使双方各自发挥其技术优势。通常在合作生产中，技术较强的一方提供生产该产品的技术，另一方按技术生产出符合标准的产品。合作生产中所需要的原材料、加工设备费用、劳动工资、技术服务等，都按国际市场价格计算成本，互相结算。

国际上，合作生产的方式多种多样，并且是不断变化的，合作生产的方式取决于合作者的政治、经济、技术条件和彼此的愿望，其基本形式有以下几种：①提供零部件的合作生产。它可以是一方提供零部件，另一方组装，也可以是双方相互提供各自生产的零部件给对方分别组装。②一方提供技术或生产设备，即一方向对方提供机器设备和技术，由接受方长期为供方制造某些零部件或某些制成品。③专业化生产。根据产品的型号、规格或产品部件的种类实行分工，分别由各方制造，相互交换。



（六）补偿贸易（Compensation Trade）

补偿贸易是指贸易的一方向另一方提供技术、机器设备、原材料、技术服务等，在一段时间内，由另一方用进口的技术、设备和原材料所生产的产品，或者所得的利益进行偿还的一种贸易方式。显然，补偿贸易带动两种内容不同的贸易：一种是技术贸易，另一种是商品贸易。补偿贸易是在20世纪60年代初期开始出现的一种特殊的国际贸易形式，是技术转让与信贷业务相结合的方式。补偿贸易为许多国家所采用，如美、日、西欧等国同东欧及发展中国家有大量的应用实例。其范围已由最初的成套设备、机器设备项目等扩大到专利、专有转让、联合开发研究、商品出售和服务等方面。

补偿贸易的具体形式很多，主要有以下几种：

（1）直接补偿贸易，又称产品返销（Product Buy Back）。它是指引进方用引进的技术和设备所生产出来的产品去抵偿输出方的技术和设备费用。该形式占补偿贸易的30%以上。

（2）间接补偿贸易，又称无关产品补偿，也称互购贸易（Counter Purchase Trade），即引进方不是直接用其生产的产品去抵偿输出方的费用，而是使用双方商定好的其他产品或劳务来返还该款项。

（3）综合补偿，是指进口方一部分用设备生产的产品，一部分用间接产品来偿还货款，或者全部用事先商定的其他商品来偿还货款。

## 四、国际技术贸易的作价和付费

由于技术贸易标的特殊性和多样性，因此确定技术交易的价格和支付方法较一般商品贸易复杂。

### （一）技术价格的含义和特点

技术的价格是指技术受让方为取得技术使用权所愿支付的、供应方可以接受的使用费的货币表现。也可以从供、受双方所处的不同立场和所提供的技术内容出发，把技术的价格称为：补偿（Compensation）、酬金（Remuneration）、收入（Income）、收益（Profit）、提成费（Royalty）、使用费（Fee）、服务费（Service Fee）等。技术价格的高低是以利用该技术所能带来的经济效益大小来决定的，利用该技术所产生的经济效益越大，其价格也就越高；相反，所产生的经济效益越小，其价格也就越低。

由于技术是一种特殊商品，因此技术的价格也有不同于其他商品的特点：

（1）从价格的内容来看，技术价格不是技术所有权的转让费，而是技术使 用权的转让费。

（2）从价格形成来看，技术价格形成的基础取决于技术本身的特殊价值。

（3）从价格构成来看，技术价格构成的主要部分在于盈利，而不在于成本。

### （二）技术价格的构成及其影响因素

技术价格基本上是由三部分构成：进行技术转让交易所发生的直接费用（人员往来、准备资料等）、分摊的部分技术研制费和期望得到的利润。

在具体确定技术的使用费时，要综合考虑各种因素主要有以下几方面：

（1）直接费用，即供方为达成技术转让交易和完成技术转让过程所实际支出的费用。其内容包括：合同签订之前进行准备工作的费用、派遣谈判人员费用、资料费、接待技术考察费用等。

（2）技术供方所期望得到的利润。

（3）使用费高低受技术生命周期和技术所处生命周期阶段的影响。对生命周期短的技术，技术供方索取的使用费高，反之索取的使用费低。在技术的生命周期内，技术经过三个不同的阶段，即发展阶段、成熟阶段和衰老阶段。处于发展阶段和衰老阶段的技术，其技术价值低，索取使用费也低。转让成熟阶段的技术，其技术价值高，索取使用费也高。

（4）需要技术供方提供技术协助数量。

（5）技术用于何种目的及范围。技术供方对仅将技术用于某一种特定目的，或拟将技术用于一切目的的两种不同要求，索取不同的使用费。一般来说，后者的技术使用费将高于前者。

（6）技术受方对使用技术独占性的要求程度。如要求独占使用，即排除第三者及技术供方本身对该技术使用和销售产品的权利，技术供方要求的使用费高；如仅排除第三者，仍允许技术供方利用该技术制造和销售产品，使用费亦相应低些；如允许技术供方把该技术同时转让给第三者，且其自身仍保留制造和销售的权利，使用费最低。

（7）技术供方承担的担保责任与技术受方对技术的吸收能力。

（8）技术供方之间的竞争。

（9）利用技术带来的经济效益。

（10）技术受方国家的政治情况和法律保护是技术转让顺利进行的前提，也是技术供方所担心的主要问题之一。

影响技术使用费的因素多种多样，其中技术供给方因技术转让的直接费用以及其最低预期利润，和技术受让方因引进技术可能获取的最低经济收益是两个最重要的因素，也是技术使用费数额的上下限，最终确定的技术使用费将处于两者之间。

不论影响技术价格的因素有多少，确定技术价格有一条基本原则：利润分成原则，即使用费应是“技术受方收入或利润的一部分”，应从受方的总收入中支付，国际上通称为“LSLP”（Licensor's Share on Licensee's Profit）原则。

$$\text{LSLP}（\%）=\frac{\text{技术许可方得到的费用}}{\text{被许可方的利润}}\times 100\%$$

其中，技术许可方得到的费用，即提成费，即：

$$\text{技术价格}=\text{被许可方的利润}\times\text{LSLP}（\%）$$



（三）技术转让交易的支付方式

技术转让交易的支付方式基本分为两类：①对具有工业产权或不具有工业产权的专有技术，通常使用总付或提成费支付或入门费与提成费结合方式；②对于技术专家的服务或技术协助，通常按提供服务的每人或每一单元时间支付固定的金额。但是各种支付方式可以单独使用，也可以适当结合。

1. 总付（Lump-sum Payment）

总付，又称一次总算，是指技术供应方与技术受让方谈妥一笔固定的金额，由技术受让方一次或分期付清。总付金额不随技术受方收益多寡而变动，不论其利用引进技术的效果如何，规定的金额都得照付。因此，技术受方承担了引进技术是否适用的全部风险，同时还会有技术许可方提供技术协助不积极等问题。对于技术供方来说，其收益有较确定的保证。

一般来说，在转让的技术不是尖端的技术，不需要技术许可方不断提供有关的技术服务，同时许可技术可以在短时间内全部转移给被许可方，并能为被许可方全部接受等条件满足时，技术贸易的支付方式才采用总付方式。

2. 提成费支付（Royalty）

提成费支付方式是指技术受让方利用引进技术开始生产之后，以经济上的使用或效果（产量、销售额、利润等）作为函数予以确定，按期连续支付的方法。这种支付方式的特点是：双方在签订技术转让合同时，只规定提成的比例和提成的基础，不固定合同期间技术受让方应支付的技术使用费总额。只有当技术受让方利用供方技术取得实际经济效果时，才根据合同规定计算提成费，按期支付给技术方。在提成支付方式下，首先应该确定三个基本参数：

（1）提成基础，一般选产品产量、产品的销售价格或利润作为提成基础。

（2）提成率，是技术许可方在被许可方新增利润中所占份额以百分数形式表示的比率。提成率一般按照以下的计算公式计算：

$$提成率=许可方在被许可方利润中的份额\times\frac{受方的销售利润}{受方产品销售价}$$

例如：技术许可方欲得到被许可方利润的15%，利用许可技术所生产的产品价格为15美元，估计每销售一件产品，被许可方可以得到净利润4美元，则可得：

提成率 = 15/100×（4/15）= 4%

实际中，也有些采用更灵活的提成方式，在初期规定较低的提成比率，在项目盈利丰厚的后期，确定较高的提成比率；或者随着被许可方产品销量的增加，提成率逐步降低等的方法。

（3）提成的期限，指许可方提成使用费的年限。提成年限的长短关系到技术被许可方支付使用费总量的多少，一般有三种方式：提成期限较合同期短、与合同期限相等、长于合同期限。实际中，多采用较合同有效期短的提成期限。

3. 入门费与提成费结合方式（Down Payment Plus Royalty）

入门费与提成费相结合的方式是指许可方和被许可订约后若干天内或被许可方收到第一批资料后若干天内先支付一笔约定的金额，这笔金额称为入门费或初付费，以后再按规定的办法支付提成费。入门费与总付是完全不同的概念，总付是支付技术使用费的全部金额，而入门费仅为技术使用费的一小部分。

许可方要求入门费主要是为了尽快收回技术转让交易支出的费用，以及补偿需要提供的专门技术协助的费用等。目前，国际上要求的入门费日趋减少。

# 第十二章
# 电子商务

20 世纪 90 年代以来，计算机网络化和经济全球化成为不可抗拒的世界潮流，应运而生的电子商务以前所未有之势在全球范围内迅速发展普及。作为一种新兴的商务模式，电子商务代表着未来商务的发展方向。

电子商务源于英文 Electronic Commerce（简写为 EC），是指在技术、经济高度发达的现代社会里，掌握信息技术和商务规则的人，系统化运用电子工具，高效率、低成本地从事以商品交换为中心的各种活动的过程。具体来讲，电子商务包括了两方面的内容：一是商务活动所利用的电子手段，或者说进行商务活动的电子平台；二是商务活动的具体内容。

从贸易活动的角度分析，电子商务可以在多个环节实现，由此也可以将电子商务分为两个层次，较低层次的电子商务如电子商情、电子贸易、电子合同等；最完整的也是最高级的电子商务应该是利用互联网进行全部的贸易活动，即在网上将信息流、商流、资金流和部分的物流完整地实现，即从寻找客户开始，一直到洽谈、订货、在线付（收）款、开具电子发票乃至到电子报关、电子纳税等通过互联网一气呵成。

本章主要介绍电子商务在国际贸易与结算中的应用。

## 第一节 电子商务体系

### 一、电子商务运行体系

电子商务运行体系是指构成电子商务顺利运行的基本框架，也是电子商务解决方案的核心问题，具体来说，主要包括以下四个方面：

1. 网络基础平台

电子商务存在的前提是几项关键技术，最重要的技术是互联网。互联网是电子商务的运行平台，因此，网络基础的好坏直接影响电子商务系统的质量。对一个电子商务运行环境来说，网络系统应具有较强的路由和交换能力来支持广域连接和虚拟网络的划分。网络应能够支撑各种应用软件，除能够处理一般数据的传送与交换外，还应具有部分图形、图像、音频等多媒体信息的交换传送能力。在广域上应能具有与各大网络系统互连互通以及进行数据采集、信息交换的功能。此外，除了计算机的处理速度要满足商务处理的基本要求外，网络的带宽、扩张的可靠性及稳定性也是影响电子商务系统整体性能的重要因素。因为宽带传输系统可以传输图像信息，并进行高速数据传输，可以极大提高电子商务系统的运行效率。我国也已经开始在频带上网的基础之上推广宽带上网了。

2. 安全基础结构

互联网是个开放的网络，向世界各地的所有客户开放是通过互联网来进行电子商务的重要特点。可是，在互联网上进行安全的电子商务活动就显得勉为其难了。安全问题始终是电子商务的一个难点和重点。安全问题得不到妥善解决，对电子商务应用的打击将是致命的。具体来说，电子商务在进行过程中可能会受到数据被非法截获、读取或修改、冒名顶替和否认、未经授权非法访问网络等方面的安全威胁。电子商务活动需要有一个安全的环境基础，以保证数据的保密性、完整性和不可抵赖性。为实现安全的电子商务活动，在网络基础平台之上，需要增加一些安全技术措施，如防火墙、加密、数字签名、身份认证等技术。利用先进的安全技术，保障电子商务活动安全、顺利地进行。

3. 支付体系

电子商务的出现，造成了对传统支付结算模式的巨大冲击。传统的支付结算系统效率低下、成本高的缺陷使其已经不能适应当今快速发展的国际经贸关系。电子商务中的支付结算系统借助互联网获得了快速、便捷、低成本、全球连通性等诸多优点，但是也引发了安全及信用方面的问题。安全是支付的保证，支付体系必须架构在安全基础结构之上。此外，由于电子商务支付工具、支付过程的虚拟化，需要建立 CA（Certification Author）身份认证体系，以确保虚拟的网络中存在的真实信用关系，这也是支付得以进行的基础。这种支付体系主要采用电子货币、基于 SET 标准卡的支付方式，也包括符合其他标准的各种电子支付手段。因此，电子商务中的支付体系应该是集购物流程、支付工具、安全技术、认证体系、信用体系以及现代金融体系为一体的综合大系统。



4. 电子商务业务系统

电子商务的业务系统是指建立在电子商务的基础框架（网络基础、安全体系、支付体系）上的应用和服务，包括所有利用信息系统和网络进行的一切商务活动。在企业与客户这两类基本市场因素之间，商务活动无外乎三种：①直销和销售（B to C）；②供应链集成（B to B）；③企业采购（B to B）。所有这些内容不仅在电子商务中要体现出来，而且还必须进行合理的整合，使得电子商务提供的内容能够支持企业全部业务过程和提供完整的管理手段。

## 二、电子商务模式

电子商务的模式是基于电子商务市场环境以及技术环境等多因素的分析后得出的。按照电子商务交易主体之间的差异，最典型的业务模式有三类：

1. 企业对企业模式（B to B 模式）

企业与企业之间的电子商务（Business to Business），一般被简称为 B2B。它是一个将买方、卖方以及服务于它们的中间商（如金融机构）之间的信息交换和交易行为集成到一起的电子运作方式。其应用主要是以“增值链”为核心实施对信息链的管理。具体地说，对处于生产领域的生产企业来说，电子商务可以在以下几个环节提高生产企业的商业效率：加速收缩供货链，实现零库存，加快运输过程，使信息流通更快、更便宜。对处于流通领域的商贸企业来说，由于它没有生产环节，电子商务活动几乎覆盖了整个企业的经营管理活动，因此电子商务在商贸企业中的运用更为广泛。通过电子商务，商业企业可以更及时地获取消费者信息，从而准确订货、减少库存，并通过网络促进销售，以提高效率、降低成本，获取更大的利益。

B2B 电子商务以电子数据交换 EDI（俗称“无纸贸易”）的应用最为广泛。EDI 是指一个企业把标准格式的、计算机可读的数据传输到另一个企业。EDI 的应用领域很广泛，主要包括贸易中供应商与客户的文件交换、运输文件交换、报关、订货、零售分配中心、电子竞标等。由于其巨额的开销，EDI 只能是大的企业、大的银行以及大的合作伙伴之间的专利。互联网的出现将电子商务从专业网扩展到互联网。互联网同 EDI 技术的结合，以及各种网络支付手段的建立和完善使得中小型企业进入这一领域成为现实。从发展趋势看，随着电子商务的扩大，中小企业将成为企业间电子商务活动的主要增长力量。

2. 企业对消费者模式（B to C 模式）

企业与消费者之间的电子商务（Business to Consumer，B to C）是以互联网为手段，面向公众提供消费及服务，并保证与其相关的付款方式的电子化。传统的商务模式采用的是制造商—批发商—中间商—零售商—消费者的物流方式，然而许多企业都希望直接将商品送到消费者手里，互联网的出现使得企业可以为消费者提供一个新兴的购物环境——网上商店，消费者通过网络在网上购物，在网上支付，也可以将这种模式的电子商务看作是一种电子化的零售。目前，在互联网上遍布各种类型的商业中心，提供从鲜花、书本、汽车、住房、到订票订座、旅游、转账等多种商品和服务。这种模式免除了流通的中间环节，使企业直接面对消费者，不仅大大提高了双方的交易效率、降低成本，并为企业开拓了一个庞大的市场。随着电子结算、安全系统的发展，B to C 这种全新的商务模式将更方便、更快捷、更实用，在未来很有发展潜力。

3. 企业对政府模式（B to G 模式）

企业与政府之间的电子商务（Business to Government，B to G）包含的内容比较广泛，政府与企业之间的各项事务都可以涵盖在此模式中，包括政府电子化采购、电子税收、电子商检、电子工商行政管理系统、中小企业电子化服务等。

这种模式强调的是政府对电子商务的介入。政府在这种电子商务模式中扮演两种角色：一是使用电子商务进行购买活动，属于商业行为，主要是指政府电子化采购，即政府通过网络面向全球范围发布政府采购商品和服务的各种信息，企业通过电子方式进行投标报价。这就为国内外企业提供了平等的机会，特别是广大中小企业可以借此参与政府的采购，赢得更多发展机会。另一种是政府通过网络对企业的行政事务实施管理，如进出口配额许可证的网上发放，在网上进行税务登记、申报，海关报关手续的网上办理以及网上结汇等。从 1998 年政府网上工程启动至今，我国以“金关工程”为代表的电子商务取得了重大进展。

在发达国家，电子商务的发展主要依靠企业的参与和投资，政府主要是为电子商务活动提供一个透明、简捷、一致的法律环境；相对于发达国家来说，发展中国家的企业规模偏小，信息技术落后，依靠自身发展电子商务难免缺乏实力，发展中国家更需要政府的直接参与和帮助，而且由于历史和管理模式的不同，许多发展中国家的信息产业都处在政府垄断经营或政府高度管制之下，没有政府的积极参与和帮助，这些国家将很难快速地发展电子商务。

### 三、B2B 的基本经营模式

就目前看来，电子商务最热心的推动者是企业。从国际电子商务发展的实践和潮流看，B2B 业务占据绝对的主导地位。在全球电子商务销售额中，B2B 业务高达 80%~90%。在可以预见的将来，B2B 业务在国际电子商务发展中仍将是最有潜力的。目前国际 B2B 的环境中，大致有五种主要的经营模式：以买家为中心的买方市场模式、以供应商为中心的卖方市场模式、采购入口网站模式、供货入口网站模式、独立第三方市场模式。

买方市场模式（Buyside），它是以买家为中心，一般由买方自己投资建设的专为自己设计的采购型网站。买方在网站上提供在线采购机制，通过网络公布采购与招标信息、采购程序，向卖方企业提供必要的帮助；卖方企业登录网站，确定所能提供的产品、数量、价格。买方通过市场竞价和比货决定出最适当的供应厂商，在宝贵的采购预算内，获取最适用的资源，并发挥最大的经济效益。此类模式的企业例如英特尔、沃尔玛、IBM、通用汽车、戴尔电脑等。

卖方市场模式（Sellside），它是以供应商为中心，由供应商自己投资建设的推广型网站。供应商在网站上进行在线营销，通过网络提供完整的产品信息目录，提供企业客户快速、便利、安全的产品在线搜索及在线下订单服务，再由客户及供应商双方自行决定付款及送货方式。通过网站推广，有效简化营销业务流程，提升企业品牌形象，为企业带来更多商机。

采购入口网站模式（Procurement Portal），它一般是由几家大买家共同构建的用来联合采购的网站，投资者希望通过联合买家的议价力量得到价格上的优惠。这类网站最适合的是企业里的非直接性物料采购，例如办公室文具等，或者是大型工业制造的原料，如汽车、钢铁、化工等等。但这类网站比较偏向于为买家提供服务，而不会更多兼顾到供应商的利益。如 World Wide Retail Exchange（零售业交换市场）就是大约有 27 家零售商联合创办的。再如三大汽车厂通用、福特、克莱斯勒共同的采购网站 Covisint 等。不过，由于联合买家之间本身就存在着同业的竞争，因此这类网站在运作上不太容易，目前已经有许多家网站开始解散。

供货入口网站模式（Distribution Portal），亦称为分销门户网站，它是以供应商为中心，集合几家大型的供应商，供应给多家买家。这实际上是一种联盟供应链管理。生产的专业化使得单一的供应商不可能满足买家的全部需求，几家大的供应商联合，实现优势互补，形成业务关系紧密的行业供应链，共同向市场提供商品和服务来完成单个企业不能承担的市场功能，可以最有效的利用整体资源来适应社会化大生产的竞争环境，共同增强市场竞争实力。这类网站的显著特征是比较偏向于为供应商提供服务，而不会更多兼顾到买家的利益。例如第一商务（Commerce One）、艾瑞巴（Ariba）、甲骨文（Oracle）等就是这种类型的网站。

独立第三方市场模式（Independent Marketplace），它是一种既非买方也非卖方投资而自行建立起来的中立的网上市场交易中枢，它既不偏向买家也不偏向于供应商。这类网站力图弥补买方或卖方市场模式的不足，在这类网站上，买家能寻找新的产品及供应商，而供应商能向全球买家推介自己的产品及生产能力。著名的B2B企业，如 Plastic Net、Purchase Pro 以及环球资源（Global Sources）等都属于这种类型。独立第三方市场模式成功的关键在于：如何拥有牢固的买家和供应商社群，并以此建立确实有效的商业市场。这的确是迈向真正交易、实现电子贸易巨大挑战的必经阶段。商业信息的积累是一个漫长的过程，环球资源在国际贸易领域经过了30年的努力，才创立了广泛的买家及供应商社群。环球资源生存和盈利的事实证明，这种经营模式大有发展前途。

### 四、电子商务的层次和实现阶段

电子商务的展开需要循序渐进地进行。电子商务的工作流程与传统商业系统很好地融合在一起使得人们做贸易的顺序并没有改变，电子商务的交易过程也分为三个阶段：交易前、交易中和交易后。

1. 支持交易前的系统

支持交易前（Pro-Trade or Pro-Transaction）的电子商务系统主要支持商务信息交流和贸易磋商，主要指交易各方在交易合同签订前的活动，包括在各种商务网络和Internet上发布和寻找交易机会，通过交换信息来比较价格和条件，了解对方国家的贸易政策，选择交易对象等。这类系统只向供需双方提供沟通信息的机会，不涉及任何安全保密问题，是整个企业间电子商务业务中技术要求最低的一种。目前我国针对企业的各类电子商务应用系统大都是这一类。

2. 支持交易中的系统

支持交易中（Trade or Transaction）的电子商务系统主要支持企业间商务活动过程中的各种业务文件或单证的交换。主要指合同签订后的贸易交易过程，涉及银行、运输、税务、海关等方面的电子单证交换。这类系统一般对数据交换的可靠性会有很高的要求。在技术上必须有两点要保证：一是数据交换的准确性；二是单证报文记录的法律效力，这一点通常是通过制定相应的法律和应用系统的安全性来保证。这类业务常常发生在一些买卖交易频繁、买卖关系相对比较固定的同行业企业业务中。

3. 支持交易后的系统

支持交易后（Post-Trade or Post-Transaction）的电子商务系统主要涉及银行、金融机构和支付问题，所以对数据交换的可靠性和安全保密性都有很高的要求。在交易双方办完各种手续后，商品交付运输公司起运，可以通过电子商务跟踪货物；银行按照合同，依据提供的单证支付资金，出具相应的银行单证，实现整个交易过程。要完成整个电子商务交易的过程，不仅需要企业应用电子商务系统，还需要有与商务活动相关的企业和服务机构提供电子商务服务应用，如银行提供网上银行服务、电子商务中心提供认证服务等，它是一个系统性、社会性工程。

## 第二节　电子商务在国际贸易中的应用

根据企业间商务业务类型分类，企业间电子商务系统可分为针对国际贸易业务的国际电子商贸系统，针对一般商务过程的电子商务系统和针对支付与清算过程的电子银行系统。目前，针对国际贸易业务的国际电子商贸系统国际上主要采用 EDI 方式。

EDI 是英文 Electronic Data Interchange 的缩写，又称作电子数据交换或“无纸贸易”。它是指按照协议，把具有一定结构特征的经济信息，通过电子数据通信网络，在商业贸易伙伴的计算机系统之间进行自动交换和自动处理。从贸易的角度看，EDI 是利用存储转发方式将企业贸易过程中的订货单、发票、提货单、海关申报单、进出口许可证、货运单等数据以标准化格式，通过计算机和通信网络在国与国之间、国家与地区之间、企业与企业之间进行传递、交换、处理，并自动完成以贸易为中心的全部业务过程。EDI 具有信息标准化、电子传输化、计算机处理等特点，它代替了贸易、运输、保险、银行、海关、商检等行业间人工处理信息、邮递互换单证的方式，使交易行为更加快速、安全和高效。正因为如此，它才在制造、运输、保险、特别是国际贸易中得到了广泛的运用。EDI 已成为国际贸易未来的必然趋势和事实上的新的交易标准，无纸贸易时代已经到来。

### 一、EDI 在进出口贸易中的应用

EDI 在进出口贸易领域中的应用效果是最明显的。用传统方式处理业务时，一笔国际贸易业务中有 46 种不同的单证，连同正副本一共有 360 份以上，它们要在 20 多个部门间进行传递，有 70%的信息将重复出现，有 30%的信息重复达到 20 次以上，如果靠手工来逐份处理的话，那将是极其烦琐的。而且还有一个关键的问题就是在进出口贸易业务中，对单证的正确性要求是极其严格的，哪怕是一份单证出现了一点格式错误，都可能导致整笔业务的失败，故需要有专人负责审单。如果使用 EDI 技术传递单证的话一举就可解决这两个问题。EDI 网络上有专门的翻译软件，可将输入的内容自动翻译成所要求的单证形式、语言形式，而且可以根据需要做成不同份数组合，并保证自动传递到有关部门，同时追踪结果，这一过程在十几秒就可完成。由于这种软件在开发时就已遵循有关协议中规定的标准单证格式，因而不会出现单证不符的情况。

EDI 在进出口贸易领域的应用，目前已达到比较成熟的阶段。贸易商可以通过

EDI 来发出订单、接受订单、询问有关商品信息、办理海关手续，也可通过 EDI 来办理货物运输和银行结算等事项。总之，和国际贸易有关的各种手续都可以在不使用纸质单据文件的条件下完成。例如，一家生产企业如果已经与贸易商、海关、商检、银行、运输等有关部门都联上 EDI 网络，那么它在网络上收到一份订单时，系统可以自动地处理这份订单，检查其是否符合要求，向订货方发送确认报文。同时，通知企业内部管理系统安排生产，向交通部门预定货运集装箱，向海关、商检等部门办理出口手续，然后通知银行结算并开具 EDI 发票。甚至可以做到，位于西半球一家连锁店的柜台上刚售出一件衬衫，通过 EDI 使设在东半球生产厂家的流水线上即刻会安排多生产一件。

具体说来，国际电子商务涉及以下部门：双方国家的海关、商检、金融机构、保险公司、承运商、物流公司等。国际电子商务业务运作流程可以分为以下的环节：

（1）交易前的准备：供给方通过网络把自己的产品等信息资源上网，需求方通过网络获得国际市场商情，双方共同完成商品信息的供需实现。这种交流方式的速度和效率是传统的贸易方式无法比拟的。

（2）贸易磋商过程：首先向权威的认证机构申请认证，证明企业的合法地位和实力；其次双方通过 E-Mail 或 WEB-EDI 的方式进行发盘和还盘；在网络环境下，传统贸易磋商中的单证交换过程可以演变为电子化的记录、文件或报文在网络中的传输过程。各种商贸单证、文件（如价目表）、报价单、询价单、发盘、还盘、订单、订购单应答、订购单变更要求、运输说明、发货通知、付款通知、发票等在网络贸易中都成为标准的报文形式，规范了整个贸易流程。

（3）签订合同与办理手续：交易谈妥，签订合同明确双方的权利和责任。对购买商品的种类、数量、价格、交货地点、交货期、交易方式和运输方式、违约和索赔等合同条款，全部以电子交易合同形式做出全面详细的规定，并且通过认证机构获得的秘匙进行加密传输，例如通过电子（或数字）签名、或电子（或数字）日期确保文件的真实性和完整性。

（4）支付：首先必须到提供网上支付的银行申请电子账号，向银行提供传统开户所必要的证件、材料，在相关手续齐全的情况下，网上银行提供电子账号。在企业需要对外收款时只需向对方提供电子账号，对方就可以直接把资金通过对方银行划拨到企业账户里；如果企业进行对外付款时，只需上到该网上银行的主页，通过验证口令密码等进行付款。而且，目前各大银行都能提供电子信用证服务，这种电子信用证不再是物理的单证，不仅在形式上发生了变化，而且传输利用电子数据方式，大大缩短了传统信用证的通知时间，便利了企业备货和履行合同。

此外，国际电子商务业务运作流程还包括运输、商检与报关等环节，这些将在下文作详细介绍。

### 二、EDI 在外贸运输中的应用

电子商务的运用也使得国际贸易运输发生了不小的变化。在 EDI 普及的情况下，国际贸易运输不再是单一方式的运输，而必须将仓储、运输、交通等密切结合起来，形成电子商务下的国际贸易综合物流。通过EDI对整个国际贸易运输过程进行综合管理，可以经济使用运输资源、减少贸易运输空间、降低运输成本、缩短运输时间，提高综合物流每一个环节的效率和服务水平。

从国际贸易的一般业务角度来看，国际物流表现为，实现国际商品交易的最终目的的过程，即实现卖方交付单证、货物和收取货款，而买方接受单证、支付货款和收取货物的贸易对流条件。国际货物运输是国际物流系统的核心。国际货物运输主要包括运输方式的选择、运输单据的处理以及投保等有关方面。

EDI在国际运输业务中的简单运作流程如下（以CIF为例）：

（1）发货方通过EDI向专业物流公司发送运输询价单，询问运输商品的有关事宜。物流公司接到运输询价单后，向发货方发运输确认单或称运输报价单，告知有关事项。发货方收到报价单，若不满意，可按自己所需再次制作运输询价单，开始新一轮谈判。双方对条件都满意后，由发货方向物流公司发货运委托书。

（2）发货方把运送货物的清单及运送时间安排等信息通过EDI发送给物流公司和收货方，以便物流公司预先制订运送计划和收货方制订货物接收计划。

（3）发货方向物流公司下达运输指示单，同时给物流公司出库码头授权。发货方分拣配货、打印出物流条形码的货物标签（即SCM标签，Shipping Carton Marking）并贴在货物包装箱上，同时把运送货物品种、数量、包装等信息通过EDI发送给物流公司和收货方。

（4）物流公司在向发货方取运货物时，利用扫描读数仪读取货物标签的物流条形码，并与先前收到的货物运输数据进行核对，确认运送货物。

（5）物流公司在物流中心对货物进行整理、集装、作成送货清单并通过EDI向收货方发送发货信息，并要求给予入库码头的授权。得到双方的委托权后，就可进行运输，在货物运送的同时进行货物跟踪管理，并在货物交纳给收货方之后，通过EDI向发货方发送完成运送业务信息和运费请示信息。

（6）收货方在货物到达时，利用扫描读数仪读取货物标签的物流条形码，并与先前收到的货物运输数据进行核对确认，开出收货发票，货物入库。同时通过EDI向物流公司和发货方发送收货确认信息。最后，买卖双方取消物流公司对各自码头的运输权限。

通过专门的物流公司运输货物，可以将网上虚拟交易和商品实物运输区别开来，保证了网上交易的可信度。在电子商务中，交易双方可以通过网上查找、联系合适的运输公司或保险公司。各主要运输公司和保险公司都和主要B2B平台建有战略联盟关系，可以直接在B2B平台上订立运输合同，办理货物的运输保险过程。目前，中国保险公司已经开通网上在线办理出口货物保险单等业务。

### 三、EDI在进出口商品检验中的应用

商品检验是各国对外贸易业务的一个重要环节。凡属国家规定或合同规定必须由商检机构检验出证的商品，只有取得商检机构核发的检验合格证书，海关才准放行；凡经检验不合格的商品，一律不得进出口。而在商检过程中会涉及各种单据、

信息的频繁交换与传递而且传递时间长、手续复杂。如果在进出口商检业务中应用EDI，就可以大大缩短传递处理单据、信息的时间，提高精度，推动进出口业务的顺利进行。

商品检验的基本步骤包括报验、商检和出证，因此，商品检验系统EDI的应用主要在以下两方面：

（1）申报原产地证明书。

采用EDI形式申报原产地证明书，企业不用派专门人员到商检局进行申报，只需在办公室内便可完成。在企业的计算机中安装一套EDI客户端制单软件后，将制作好的电子产地证通过EDI贸易网络中心发往商检局，商检局在计算机前通过审签端的软件对申报进行审核，立即通过EDI贸易网络中心返回审签结果；如果申报中出现错误，企业只需进行修改，然后重新发送，直到正确为止。最后，用户直接到商检局领取已打印，并盖好章的原产地证明书。

（2）办理EDI报检报验。

企业发送报检报验申请单、随附单据到EDI贸易网络中心，并将这些单据转发到商检局。在商检局的EDI通信服务器收到这些单据并经EDI软件翻译后，还原出报检报验申请单、样机随附单据，并送回执到EDI中心，通知企业已经收到报检报验数据。商检局检务处对这些数据进行第一次审核，对于合格的报检报验数据，发送回执并通知企业，商检局已经受理该项报检报验业务，同时打印纸面上的报检报验申请单，并通知检验处。检验处进行第二次审核，确定检验方式以后，给出不同的回执。如果是“认可”回执，通知检务处打印“放行单”；如果是“自验”形式，企业和商检局协商检验时间。



对于企业，根据收到的不同回执，相应地采取不同的措施。如果是有错误的回执，应对报检报验的数据进行相应的修改；对于“认可”方式，企业带齐纸面单据，到商检局领取“放行单”并交上纸面单据；对于“自验”方式，企业带齐纸面单据，在工厂检验时，交给商检局的检验员，并领取“放行单”。中国国际电子商务中心目前可以提供此类的全套服务，企业可以完全委托中心代理进行报关、商检等服务。

### 四、EDI在海关的应用

除复杂的商检问题外，国际贸易中还存在着复杂的通关手续。在传统贸易方式的海关报关过程中，出现过大量利用假报关单骗汇的犯罪行为，为了减少骗汇的可乘之机，需要对来往于银行和海关之间的纸质报关单进行二次核对。在本地核对至少需三天，异地核对就要近一个月，这在很大程度上影响了正常进出口业务的贸易效率。因此，急需利用电子化的报关手段来堵住这些管理上的漏洞，解决海关业务在安全与效率上的问题。随着贸易自由化进程的推进，以及信息技术的发展，各国都在积极实施各种贸易便利化措施，并运用各种新的技术手段，简化海关手续。一个明显的趋势是，国际贸易中的海关障碍正在逐步减少。



海关报关系统以Internet/Intranet技术为基础，采用EDI服务，使广大进出口企业电脑终端可以按一定的格式直接向海关递交进出口货物的报关单，来料加工企业可以直接向主管海关申报来料加工合同、来料和出口成品的货物清单。根据企业的申报内容，海关可以将每份单据的审核结果直接返还到企业的电子信箱，把过去人工处理需要数小时至数天的业务缩短为几分钟。具体的报关过程可以描述为：申报（申报企业可以通过 EDI 系统将报单报给海关报关控制中心）、存证、转发（转发给申报企业的主管海关）、审单（主管海关审核收到的报单）、返还（主管海关将审批结果返还给申报企业）。

我国也积极地将 EDI 应用于建设和实施海关报关系统。1995 年 1 月，中国海关完成了 EDI 海关系统的全部开发工作，高起点地制定了 EDI 海关系统所需的 15 个 EDI FACT 标准报文子集，设计了普通货物进出口和快递物品海关软件，开通了北京、天津、上海、广州、九龙、拱北、杭州、宁波、厦门等 EDI 海关系统。EDI 海关系统用户已达 400 多家，EDI 海关系统日平均处理的普通货物报关单 6 000 余份，占全国总数的 15%，快递 EDI 海关系统处理的快递物品占全国的 80%以上。EDI 海关系统的成功开发与应用，为 EDI 技术在我国的应用起到了推动与示范的作用。

## 第三节　电子单据及其结算

### 一、电子提单



近年来，国际运输领域已经通过 EDI 系统用电子提单代替传统的提单来实现运输途中货物所有权的转移。这不仅对国际运输，乃至对整个国际贸易领域都是一场深刻变革。

（一）电子提单的定义及优点

电子提单（Electronic Bill of Lading，EBL）是电子数据交换（EDI）技术与传统纸面提单（Paper Bill of Lading）相结合的产物，是将传统纸面提单项下的内容（包括纸面提单正面的全部条款及背面与提单关系人有利害关系的条款）通过 EDI 系统以数据形式进行传送的、有关海上货物运输合同的电子数据。通过计算机，提单信息被转换为数字信号后在电信网络中高速传递，最后由接受方计算机处理还原为原信息。提单的编制、修改、流转、储存等一切过程都在计算机内进行。因此，严格地说，电子提单并不是一种书面单证，而是一组电子信息。

我们知道提单是货物所有权的凭证，因此长期以来的国际贸易实践形成了通过背书来实现货物所有权的转让，而电子提单则是利用 EDI 系统根据特定密码使用计算机进行的。因此它具有许多传统提单无法比拟的优点：

第一，所有权快速、准确地转移。EDI 是一种高度现代化的通信方式，可利用计算机操纵、监督运输活动，使所有权快速、准确地转移。在近海运输中，常常出现船货到港而提单未到的情况，电子提单的使用，使这个问题迎刃而解。

第二，可防冒领和避免误交。由于计算机科技的使用使整个过程具有高度的保密性，能大大减少提单欺诈案件的发生。一方面承运人可通过 EDI 系统监视提单内容，以防止托运人涂改，欺骗收货人与银行；另一方面，托运人、银行或收货人可以监视承运人行踪，以避免船舶失踪。两方面的互相监督使双方对整个过程都心中有数。另外，只有当某收货人付款后，银行才通告货物所有权的转移。

第三，可以减少费用。根据国际商会的资料显示，纸面单据在贸易过程中消耗大量人力物力，其费用为货价的约10%，若改用计算机操作在费用上可以削减50%左右。

（二）电子提单的流转过程

在电子提单的流转过程中，承运人起着核心作用，各有关方（卖方、发货人或托运人、银行、海关、商检、卫生检验、动植物检疫、保险公司、买方和收货人）均以承运人为中心，完成货物运输所需要的各项环节的工作。在完成此类货物运输中，通常情况下不出现任何书面文件，如收货人提货，只要出示有效证件证明其身份，由船舶代理验明即可。电子提单的转移或转让需通过专有计算机密码才能实现。其完整的流转过程如下：

第一，托运人通过EDI系统向承运人发送订舱电信（Booking Message），进行订舱。在订舱电信中应包含传统海运单证中的主要内容，例如托运人名称、收货人名称、货物名称、重量、尺码、件数、包装形式、标志及号码、装卸港、装卸期限、结汇日期、能否分批装运、对运输的要求以及对签发提单的要求等。

第二，承运人在收到托运人发送过来的订舱电信以后，如果同意订舱，即可向托运人发送接收订舱的电信以及有关运输合同条件的EDI电讯，托运人收到承运人发来的接收订舱的电信以后加以确认，并将货物运交给承运人。



第三，托运人的终端系统向“一关三检”（海关、商检、卫检、动植物检疫）的终端系统发送申请出口证书，进行电子申报，经确认后传送有关电讯给承运人的终端系统批准放行。

第四，承运人收到货物后，即应向托运人发送收货电讯（Receipt Message）。收货电讯的内容其实就是来源于传统海运单证中的收货单（亦称大副收据），包括：托运人的名称、货物的说明、对货物状况所做的保留（批注），收货的时间与地点、船名、航次、其他关于船舶的情况，以及此后与托运人进行通信联系的密码，以保证电讯的鉴定和完整。托运人的终端系统一经确认，托运人便成为电子提单的准持有人。（因电子提单尚未被签发，此时电子提单还无法转让。）

这里所指的“保留”是诸如“货物的品质、数量是由卖方提供的，承运人对具体情况不明”之类的保留。如实际品质、数量与所提供不符，应由卖方承担后果。另外，“密码”（Private Code）可以是一组数码，也可以是一组字母。



第五，货物实际装船后，承运人应向托运人发送装船电讯同时给托运人一更新的通信密码（即电子签名），经托运人确认（包括时间和地点的确定），托运人就对货物具有了支配权，电子提单签发完毕。

第六，托运人在收到承运人发来的装船电讯后，向议付银行（即负责结汇的银行）发送电子发票、电子保单及电子提单，得到确认完成信用证结汇。

第七，托运人发送电讯通知承运人，该结汇电信发出以后，货物的支配权已转移至银行。此时承运人可以销毁与托运人通信的密码，并向银行确认和提供给银行一个新的通信密码，银行成为电子提单的质押持有人。

第八，收货人通过电子付款形式向银行付款赎单后，取得对货物的支配权。为此，银行向承运人发送货物支配权转移至收货人的电信，承运人据此销毁与银行之间的通信密码。

第九，承运人的终端系统向收货人的终端系统发送电讯，确认其控制着货物，并传送电子提单及一更新的通信密码，由收货人的终端系统加以确认。承运人还应货物的说明、船舶的情况等通知收货人，由收货人加以确认。

第十，在货物运抵目的港之前，承运人须向目的港代理人发送电讯，将船舶情况、货物说明以及收货人名称通知代理人，并由代理人在船舶抵达目的港之后，向收货人发出到货通知电讯。

第十一，收货人在收到到货通知电讯以后，向目的港承运人的代理人发送密码，经该代理人的终端系统确认后回复提货时间和地点。收货人可以凭借该通知和身份证明，向承运人在该港的代理人换取提货单并提取货物。

需要说明的一点是，电子提单流转过程中货物支配权的转移是以密码鉴定的通知来实施的。但是货物的支配权不是根据密码的转移而转移的，密码只是对拥有货物支配权一方的保障手段，它具有独立、专有和不可转移三个特点：独立是指它应与众不同，专有即应视其为专利，而不可转移是指其保密性。

（三）《国际海事委员会电子提单规则》

1990 年 6 月，国际海事委员会 34 届大会上审议通过了《国际海事委员会电子提单规则》（简称《电子提单规则》）、《电子提单规则》起着约束 EDI 系统操作过程的作用。如在操作过程中出现了过失、故障和纠纷，相关方可依《电子提单规则》进行判别和调解。

该规则回答了如下问题：

第一，传统提单的背面条款可被视为电子提单的组成部分。

第二，适用于传统提单的国际公约或国内法同样适用于电子提单。

第三，通过电讯传送的电子数据可视为合同的书面形式。

第四，在电子提单的传送过程中，同样可以转移货物的支配权。

## 二、电子货币及结算

电子支付（Electronic Payment）指的是电子交易的当事人，包括消费者、厂商和金融机构，使用安全电子支付手段通过网络进行的货币支付或资金流转。电子支付使用的是电子货币，电子货币是一种通过电子处理方式实现交易的电子化钱币，其应用广泛，可应用于生产、交换、分配和消费领域，集储蓄、信贷和非现金结算等多功能为一体。电子货币具有使用简便、安全、迅速、可靠的特征，并具有多种功能：储蓄功能，使用电子货币存款和取款；转账结算功能，直接消费结算，代替现金转账；兑现功能，异地使用货币时，进行货币汇兑；消费贷款功能，在一定条件下，先向银行贷款，提前使用货币。

电子货币的出现将国际商务带入电子结算时代。在电子商务环境下，电子货币系统主要包括：银行卡、电子钱包、电子现金、电子支票和网上银行等。

1. 银行卡支付手段

银行卡是由银行发行的，是银行提供电子支付服务的一种手段。信用卡（Credit Card）是一种常见的银行卡，是网络银行的重要支付工具，也是全世界最早使用的电子货币。信用卡从根本上改变了银行的支付方式、结算方式，从根本上改变了人们的消费方式和消费观念，是目前电子支付中最常用的工具。

信用卡电子货币的种类很多，不同的电子货币在结算程序上各有特点，但基本流程是类似的，以网上信用卡为例的步骤如下：

第一，客户预先通过互联网下载电子货币专用软件，并通过该软件向信用卡信息中心注册登记自己的信用卡信息，只要一次注册登记，以后即可直接在网上交易和支付。

第二，客户向商家发送订单信息，内容包括购物清单及通过电子货币软件生成的加密支付信息（信用卡号和密码）。

第三，商家收到订单信息和支付信息后，初步确认客户的交易意图，在对客户身份认证完成后，将两种信息发往信用卡信息中心进行确认并申请授权。

第四，经支付网关检查过的合法支付指令被传送到信用卡信息中心进行联机实时处理，经过卡的真实性、持卡人身份合法性以及信用额度的确认后，信用卡信息中心决定是否授权，并产生结果传回商家服务器。

第五，接到信用卡授权后，商家向客户发送货物，并向客户索取交易完成的标志。在此，客户用信用卡实现了“先消费、后付款”的功能，其中银行提供的信用是交易顺利进行的保障。

第六，信用卡信息中心将信用卡授权产生的转账结算数据传往收单行进行账务处理。时间可在当日、次日或约定的一定时间间隔内。

第七，收单行将转账数据及相关信息传往发卡行进行认证（在信用卡信息中心的认证基础之上的再认证，充分保证支付系统的安全性）。

第八，转账业务经发卡行认证传回收单行。同时，发卡行将客户的消费金额记入其消费信贷账户中，并开始计息；收单行则把商家的货款收入记入其存款账户中。至此，转账过程结束。

第九，转账结果再分别由发卡行和收单行传往信用卡信息中心，以便它更新数据库，从而方便商家和客户的查询。

信用卡几乎集中了全部的金融服务功能，包括存款、贷款、消费、转账结算、汇兑储蓄等，在结算手段、结算容量、结算速度、结算质量等方面具有传统货币无法比拟的优点。当然，使用信用卡也存在着一些问题，其中最主要的就是安全问题，很多人都担心因密码被泄露而导致信用卡被盗用。不过，现在全球范围内正推行一种新型的安全交易模式——安全电子交易（SET）协议，它的一项重要功能就是保证信用卡交易的安全性。

2. 电子现金支付手段

目前，商务活动中的零星小额支付多采用信用卡方式，包括网上信用卡方式。但信用卡不像现金那样具有匿名性，也不能在个人之间随意流通，这种局限性促使了电子现金的出现。电子现金是以数字化形式存在的，以数字形式流通的隐形货币，它可以存贮在个人微机内，也可以存贮于专门的 IC 卡中。

在介绍电子现金之前我们有必要先来介绍电子钱包，因为电子现金需要通过电子钱包来进行管理。

（1）电子钱包。

电子钱包是专门针对小额支付而设计的一种应用软件，通常设置在用户端的计算机上，通过网络银行的电子钱包服务系统来对自己账户上的各种电子货币上的数据进行更有效的管理以及用于网上支付。电子钱包可以用来存放信用卡、电子现金、所有者个人资料（如电子认证资料、信用卡号、到期日）等。

电子钱包主要用来解决两个问题：一是将所有者信息放入电子钱包可以避免在线购物时重复填写送货地址和结算信息，这样可以加速订购过程，提高网上采购的效率；二是为信用卡资料和电子现金提供一个安全的存储之所。例如，持卡人在使用银行卡进行网上购物时，卡户信息及支付指令可以通过电子钱包软件进行加密传送和有效性验证。其运作机制是：使用电子钱包的顾客通常在银行里都开有账户，使用电子钱包时，利用电子钱包服务系统将持卡者的信用资料加密后传至商家的服务器中，而商家收到加密的资料后，则将确认信息也加密至此信用卡资料中，再传到相关的银行网络上。在这一操作过程中，商家的服务器中只会保留订单与信用卡类型。因此电子钱包的出现除了让消费者在线上购物能更方便外，也提供了更多的安全保障。



综上所述，电子钱包具有如下功能：

第一，电子货币账户的管理，即管理信用卡、电子现金等账户的数据资料。

第二，数字证书的管理，包括数字证书的下载、存储、删除等。

第三，安全电子交易，即进行 SET 交易时认证持卡人和商户的身份并发送交易信息。

第四，交易记录的保存，即保存每一笔交易记录，查询订单状态。

（2）电子现金。

电子现金，又称为数字现金，是纸币现金的电子化。因此，数字现金同时拥有现金和电子化两者的优点，具有匿名性、不可跟踪性、节省交易费用、节省传输费用、持有风险小、支付灵活方便、防伪造性等优点。

网上电子现金结算程序如下：

第一，客户预先在银行开户、存款，向银行提出申请电子现金，并从开户行中下载电子现金专用软件。

第二，银行在验证了客户的身份后，从客户的真实账户中扣款，利用电子现金专用软件生成同等金额的电子现金，并将等值的电子现金存入客户端计算机上的电子钱包。

第三，客户通过网络从商家处选购商品或取得劳务，并同时利用装在自己计算机中的电子钱包支付电子现金，电子钱包开始激活管理功能，将所列的电子现金转移支付给商家的电子钱包中。

第四，商家在收到客户送来的电子现金后，就会传送到银行去验证这笔电子现金是否为银行发行的合法电子现金。如果验证无误的话，银行就会通知商家验证成功，并将电子现金转成相应的真实现金金额存入商家的账户完成交易支付。

第五，商家预先也必须在受理电子现金的银行开户存款，并使用电子现金软件。商家收到的电子现金也可继续用来支付。当需要兑现时，可通过网络向开户行返回电子现金，开户行对返回的电子现金认证确认后，即增加商家的实体现金。

第六，商家向客户发送商品或提供劳务。

在电子现金使用过程中，并不需要银行的直接介入，发行银行只认证电子现金，而不跟踪现金的流向。如果电子现金的转移是在个人之间发生，可能表现为电子现金直接从一个人的电子钱包转移到另一个人的电子钱包，银行根本无法像普通信用卡那样把消费者的姓名等身份信息与所领电子现金联系起来。也就是说如果对电子现金不加以控制的话，可能造成对金融领域的冲击。所以对电子现金的发行与管理应该是十分谨慎的。

电子现金的安全使用也是一个重要的问题。在公共网络中，必须保证电子现金的传送和存储是安全可靠的，即电子现金应该安全、完整地送到另一端，而不会被窃取、篡改，也不会丢失或重复接受。一旦电子现金丢失，就意味着用户的货币确实丢失了。所以从技术上加强对电子现金传送和存储的保护是十分必要的。



因此，电子现金适用于金额较小的业务支付，并且在目前我国应用不多。

3. 电子支票支付手段

在传统的汇票、本票、支票等结算方式中，其最终结果实际上只是交易双方的存款发生了移动，并没有实体货币的物理流动，而这种结算方式又非常适合在计算机网络上应用。因此，电子支票系统应运而生，它也是其中正在发展的典型服务内容之一。

电子支票系统提供发出支票、处理支票的网上服务，是纸质支票的电子化延伸。类似于纸质支票是经付款人签名的载有相关数据的凭证，电子支票则是一个经付款人私钥加密的写有相关信息的电子文件。它由客户计算机内的专用软件生成，一般应包括支付数据（支付人、支付金额、支付起因等）、支票数据（出票人、收款人、付款人、到期日等）、客户的数字签名、CA 证书、开户行证明文件等内容。



其业务流程如下：

第一，客户到银行开设支票存款账户并存款，申请电子支票的使用权。

第二，客户开户行审核申请人资信状况（如存款是否充足、有无欺诈记录等），决定是否给予使用电子支票的权利。通过发放开户行统一开发的电子支票生成软件来标志使用权的赋予，电子支票的生成软件是多家银行通用的，其中某个开户行的授权信息只是作为电子支票生成的一个参数。这种系统对消息的认证性、安全性的要求也更高，是一种较为成熟的电子支票支付体系。

第三，双方签订买卖协议电子合同，经双方数字签名后，由买方向商家发送电子支票。

第四，商家将电子支票信息通过支付网关发往收单行请求验证，收单行将通过金融网络验证后的信息传回商家。其中收单行做验证记录并据以为商家入账，客户开户行做出确认记录以便据以转账，或为了防止欺诈和其他商业纠纷，可暂时“冻结”此笔款项。

第五，支票有效，商家向买方送货。

第六，在支票到期日前，商家将支票向收单行背书请示，请求兑付。商家可以积累一定数量的电子支票进行批量处理。背书的过程中会生成“数字时间戳”以及其他背书标志，以防止商家利用支票复制本多次背书欺诈。收单行根据上一步的验证信息确定是否接受背书，背书成功则发送完成消息返回商家。

电子支票支付系统十分适合 B2B 模式中的货款支付。由于电子支票的即时认证能加快交易的速度，减少了处理纸质支票的时间成本与财务成本，并在一定程度上保障交易的安全性，对支票丢失或被盗的挂失处理也方便有效。而且，大量的电子支票还可以经票据交换所进行清分，即通过票据交换组织，使银行之间互相抵消各自应收应付的票据金额，只进行最终轧差金额的转账。由于整个过程的自动化程度很高，即使交易额很少，这种方式也是经济划算的。

4. 网上银行

网上银行是依托互联网的发展而兴起的一种新型银行服务手段，它无时空限制、快捷方便、成本低廉，是今后网上支付的一个发展趋势。用户通过拨号登录网上银行，在严格的安全控制下完成有关操作，如企业在线理财（账务查询、内部转账、资金划拨、代收代付、国际收支申报等业务活动）、个人网上购物活动、网上银行转账等。但与网上银行相关的技术、法律、管理等都有待进一步完善。



## 三、电子商务安全

电子商务安全是电子交易进行的基础，是为了保证电子商务的保密性、完整性、认证性和不可抵赖性的重要方面。电子商务的安全性分为三个方面：安全技术手段、内部管理、相应的法律法规。对于电子商务的安全，在此着重从安全技术手段方面介绍电子商务的加密技术、数字证书和安全协议。

1. 加密技术

电子商务安全内容一个最重要的方面就是对信息隐私的保密性。为了保证电子商务的安全，在网络中广泛应用了加密技术。

所谓网络加密技术，就是在互联网中采用数字方法对原始信息（通常称为“明文”）进行再组织，使得非法接收者无法识别在网络中公开传播的加密信息（通常称为“密文”），而合法的接受者则可以通过密钥解密过程，获得正确的原始数据。在这一加密解密的过程中有两个基本的元素——算法和密钥。算法是加密过程中所用到的，是将“明文”与一串数字（密钥）相结合，从而使有效信息形成“密文”的过程。密文是相对安全的，因此非法使用者在无法得知密钥（解密方法）的时候，无法将“密文”转换为“明文”，即保持了信息的安全性。一般来说，设计一种算法是一项非常复杂的工作，而且算法一般是公开的，因此密钥成为解密的关键。

（1）密钥。

一般按加密密钥和解密密钥是否相同，分为对称密钥加密（Secret key encryption，又称秘密密钥加密）和非对称密钥加密（Public key encryption，又称公开密钥加密）。

对称密钥加密的发送和接收双方采用相同的密钥，双方都可以用密钥进行加解密。这种密钥虽然非常简单，易于推广和使用，但是却有一些缺点。

第一，密钥管理中对每一个用户均需采用不同的密钥，这样在用户过多的网络交易中，使密钥的管理难度加大。而如果有用户间采用相同的密钥的话，更会无法识别用户的真实性了。

第二，由于在使用环境中不可避免的经常更换密钥，则会影响密钥的发布和管理，而不能满足使用的要求，产生密钥发布和交换过程中的困难。

非对称密钥加密基于一对密钥技术。发送者采用一个密钥（可以是公共密钥，也可以是秘密密钥）加密，只有接收者的另一个密钥（秘密密钥）才能解密。非对称密钥加密方法兼容了对称密钥加密方法，同时可采用公开密钥发布信息。在发送者针对大量用户时，只需要对每一个用户复制一个公开密钥的拷贝即可，简化了密钥的管理和发布。同时不同的用户在使用私人秘密密钥解密的时候，也可以通过秘密密钥认证用户的真实性，保证网络信息传递的安全性。



（2）算法。

随着具有高速运算能力的电子计算机的发展和普及，人们对加密算法的要求也越来越高。至今使用得最多的两种加密算法是 DES 算法和 RSA 算法。

DES 算法是 1977 年 1 月由 IBM 公司提出的加密算法方案，被美国国家标准局正式确定为美国统一数据加密标准（Data Encryption Standard，DES）。作为典型的对称密钥加密方法，DES 具有其缺点，而且它还有一个最大的弱点就是它的密钥加密长度仅为 56 比特，这使得穷举搜索法破译 DES 成为可能。因此出现了众多代替 DES 的算法。如 LUCIFER 算法、NewDES 算法、REDOC 算法、IDEA 算法、SKIPJACK 算法、RC2 算法、RC4 算法等。

RSA 算法则是公开密钥加密方法中成熟的算法。RSA 算法是建立在“大数分解和素数检测”的理论基础上，由美国麻省理工学院的 Rivest、Shamir 和 Adleman 三人提出的。它的最大特点是加密和解密可以采用不同的密钥，因此在实际应用和操作中大大简化了密钥管理的难度，而被广泛应用。

2. 数字认证

数字认证是当前最常用的安全认证手段，主要包含数字信封、数字签名和数字时间戳、数字证书等。

（1）数字信封：运用在电子邮件中的一种混合对称密钥算法和非对称密钥算法实现的信息保密传送技术。规定只有合法收信人持有密钥才可以打开并阅读该信的内容，并在每次会话过程中都会使用不同的会话密钥，大大减少了密钥使用次数，提高了密钥的安全性。

（2）数字签名和数字时间戳：是针对使用公开密钥加密方法速度慢，而推出的一种快速产生短少信息来代表用户身份或电子文件发表时间的机制，称为报文摘要（Message Digest），被加密后就成了数字签名（Digital Signature）或数字时间戳。数字签名和数字时间戳都是用户先将文件或加时间的文件用 Hash 编码加密形成摘要，然后将该摘要连同密文一起传送给接收方。加密算法的构造保证如果接收方不知道私钥的话，无法打开报文摘要和密文。数字签名和数字时间戳能验证信息传输者的确凿身份，并可以检验数据是否在传输过程中被修改。

（3）数字证书：是用电子手段来证实用户身份及其对网络资源访问权限。它包括了以下几种类型：

第一，客户证书：是针对某一个用户所提供的数字证书，有固定和不固定用户两种。由金融机构签发，不易被第三方更改。

第二，商家证书：是针对商家客户提供。由商家银行签发，是商家进行信用卡交易的资格凭证。在 SET 中，商家可持有一个或多个数字证书。

第三，网关证书：通常由支付或转账银行负责认证，收款机构持有，提供客户对账号等信息加密的密码。

数字证书就是记录用户或商家客户的公开密钥和身份信息的一系列资料文档，它不仅包括用户姓名、身份、地址、用户公开密钥、签发数字证书的机构、证书有效期、类别和号码等，还可以包括用户的指纹、声音、DNA 信息、视网膜扫描等生理特征。

此外，数字证书有专门的管理机构，即证书管理机构（CA）。它是一个公认的第三方认证机构，通常由分布在各国的各级、各类 CA 机构（如 RCA、BCA、GCA、CCA、MCA、PCA 等）多个机构组成。CA 的主要职能有：接受用户、客户注册请求、批准/拒绝请求、颁发证书。CA 接受用户注册请求并批准请求后，会向用户颁发一个经过 CA 私有密钥签名的 CA 证书。在网上交易的过程中，交易双方即可通过 CA 对对方的身份进行认证，在 CA 认证后，会将包含对方资料的公开密钥证书传给另一方，这样另一方就可以确认对方身份的真实性，从而诚信的进行交易了。

3. 安全协议

现在的电子商务应用过程中，最常采用的安全协议有两种：SSL（Security Socket Layer，安全套接层）协议和 SET（Secure Electronic Transaction，安全电子交易）协议。

SET 协议是由 VISA 和 Master Card 两大信用卡公司于 1997 年 5 月联合推出的，并被微软、网景、IBM、Oracle、GTE、SAIC、TERISA、RSA 等多家大型网络公司认可。SET 是通过互联网，从信用卡结算出发，为商家和客户端以及结算银行传输结算信息时提供的一种电子付款的系统规范和安全保证。SET 协议的目标有三个方面：网络安全性、用户商户身份资料管理和认证、异质系统兼容性。

（1）网络安全性是 SET 能够保证信息在网络传输中的安全性和完整性。

（2）由于用户的账户资料与订单信息相互隔离，商户无法得知用户的账户资料，因此通过对商户和用户资料的身份认证就可以了解用户商户身份的合法性和真实性。

（3）对于不同的应用系统和软件，SET要求遵循相同的协议和消息格式，因此可以在不同的操作平台和硬件环境下运行。

SET协议的内容包含：加密算法、证书信息及格式、购买信息及格式、认可信息及格式、划账信息及格式、实体之间消息的传输协议六大部分。其协议内容涉及电子交易的全过程。下面以一个完整的电子购买过程为例介绍SET协议的交易流程。（前提是结算银行及商家用户端均采用SET协议。）

第一步，用户持有银行的电子支付卡，到商家网站浏览并选择购买商品。

第二步，用户接受或与商家协商价格后，详细填写购买商品订单的各项内容，选择电子付款的方式，并把订单发回商家服务器。

第三步，SET对订单和付款指令执行双重签名技术保证，商家无法得知用户任何账户资料。

第四步，商家接受订单后向银行申请支付认可。银行批准支付后，向商家发回确认信息。

第五步，商家把订单确认信息发回给用户，并请示银行结算或转账。

第六步，商家收到银行划款后，备货发货给用户，交易结束。

在处理过程中，SET协议规定了通信协议、请求信息格式、数据类型定义等，并通过CA安全认证中心来验证交易各方的身份，确保各方身份的真实性。



SET安全协议为电子交易提供了更大的信任度，更完整的交易信息，更高的安全性和更少受欺诈的可能性，正如VISA和万事达公司公开声明的一样，“提出SET的目的是为消费者和商家提供一个统一的解决方法，以便他们可用它在网络上进行结算”。

# 第十三章
# 国际贸易争端的解决

在当前国际贸易中，交易双方常常会因彼此间的权利与义务等问题而产生争议，并由此导致索赔。为迅速、公正地解决当事人之间的争议，维护其合法利益以及进一步加强各方的经济往来，促进国际贸易的健康发展，由此产生了协商、调解、仲裁和诉讼等一系列解决争议的方式。由于贸易双方分处于不同的国家或地区，双方因而会经常受到各国或地区的传统文化、法制观念以及经济利益等影响。所以，交易双方须深入了解以上方式各自的特点，并根据争议的实际情况灵活选择，从而达到快速、公平、合理地解决争议的目的。

## 第一节　争 议



争议（Disputes）是指签订合同的一方认为另一方未能全部或部分履行合同约定的义务或承担相应的责任而引起合同当事人之间的纠纷。在国际贸易中，合同双方产生争议是屡见不鲜的，其中争议的绝大部分产生于国际货物贸易买卖中。

### 一、争议的种类

争议可分为如下几类：

(1) 货物买卖双方之间的争议。这种争议在国际贸易争议中最为常见。

一是买方违约，即买方不履行或不完全按照合同约定履行其应该承担的义务。比如在信用证支付方式下，买方不申请开证或不按期开证，买方无理拒收货物、不按合同约定付款赎单，或者在买方自办运输情形下，不依照合同约定按期派船接货或不办理、延迟办理托运手续等。

二是卖方违约，即卖方不履行或不完全按照合同约定履行其应该承担的义务。比如卖方不按照合同约定的期限交货，或所交货物的品质、规格、数量及包装等与合同约定不符，或提交的单据不齐、单据不符、单据份数不够等。

再者就是合同中所订立的条款不明确，对买卖双方各自的权利与义务约定不详细，导致双方对合同条款与内容的理解不一致，导致各方从自身利益出发而各执一词。比如条款中订立的“立即装运”“即期装运”等字样。

(2) 卖方与银行之间的争议。卖方已经按照合同约定，制备全套单证并按时交给议付行，但议付行由于一时大意，丢失部分文件，导致开证行拒绝付款，从而引起卖方与议付行之间的争议。

(3) 卖方与承运方之间的争议。比如卖方向轮船公司预订舱位后，到交付运输时却因无舱位而未能按时交货引起双方之间的纠纷。在航空运输方式下，商品在以FOB价格条件成交时，买卖双方约定运费采用货到付款。而货物到达后，买方认为运费高昂而拒绝提货，航空公司转而向卖方收取运费而引起的双方之间的纠纷。

(4) 卖方与保险公司之间的争议。比如卖方向保险公司投保海运险后，由于买方拒收已运至其所在地的货物，货物在返回的途中因船遇险沉没，保险公司拒绝理赔而引起的双方之间的争议。

## 二、争议产生的原因

在国际贸易实务中，产生争议的原因有多种：

(1) 买方违约。比如在信用证支付方式下，买方不申请开证或不按期开证；买方无理拒收货物、不按合同约定付款赎单；在买方自办运输情形下，不依照合同约定按期派船接货或不办理、延迟办理托运手续等。

(2) 卖方违约。拒绝交货，不按时交货，或不按合同约定的品质、规格、数量及包装交货，或提交的单据不齐、单据不符等。

(3) 买卖双方对不可抗力的范围及其后果有着不同的观点而各执一词，或者在履约过程中产生了双方不能控制的因素，导致合同无法履行、无法按时履行，但双方对是否可以解除合同或延迟履约持有不同的看法而引起的争议。

(4) 合同条款约定不明确，导致双方对条款的理解不同。

(5) 合同是否成立，或由于双方引用的法律和国际贸易惯例不同而规定不一，或双方对法律、国际贸易惯例的理解不同而引起的争议。

## 三、解决争议的途径

### (一) 协商 (Consultation)

协商是指发生争议的当事人在自愿的基础上，按照有关法律、法规及合同条款的规定，直接进行磋商或谈判，相互谅解达成一致协议，从而消除纠纷、解决争议的一种处理方式。这种方式的最大特点是没有第三者介入，全凭当事人自己解决。争议能否解决取决于当事人之间是否能达成一致。

协商在解决当事人之间的争议上具有许多优点。首先，协商的进行始终都是建立在自愿的基础上。因此，当事人一般都能自觉遵守已达成的协议；其次，协商的进行没有仲裁或诉讼那样严格而复杂的程序，同时避免了裁决或判决在外国的承认和执行这一烦琐且充满不确定性的过程，从而提高了解决争议的效率；再次，当事人可以灵活解决争议，无须援引哪一国家的规则或适用哪一国家的实体法，只要当事人不违背法律的基本原则即可；最后，协商可以增进当事人之间的了解，促进当事人合作关系的进一步发展。

因此，在争议发生时，双方一般应首选协商的方式解决争议。许多国家的法律，包括我国的法律，也都规定了发生争议时应尽量通过友好协商解决。

（二）调解（Conciliation）

调解是指发生争议的当事人自愿将他们之间的争议交付给他们信任的第三人，由第三人以适当的方式促进双方当事人协商和解的一种争议解决方式。自愿原则是调解方式的基础，任何人不能强迫当事人接受调解。在调解过程中，第三人除听取各当事人的意见外，一般还就当事人所持意见分别与之进行讨论，确定当事人和解的最低条件，从而迅速为当事人提出解决争议的方案。

采用调解方式解决当事人之间的争议具有如下优点：首先，调解可以快捷地解决争议。和协商一样，调解的进行没有仲裁或诉讼那样严格而复杂的程序。调解人不必遵循刻板的规则或模式，当事人也不必在程序上耗费过多的时间，从而提高解决争议的效率。其次，调解人的专业技术有利于争议解决的可能性。调解人一般都是在某一行业具有专门知识或实际经验的人士，他们以其专门知识和技能说服当事人互谅互让，来消除当事人之间的抵触情绪，从而增加了和解的可能性。再次，调解人制作成的调解书对当事人具有约束力。各方当事人通过调解人的调解达成了和解协议的，可以说在一定程度上解决了他们之间的争议。当事人之间的和解协议成为他们之间新的契约关系。一方当事人在签署和解协议之后拒不履行的，另一方当事人可指控其违约。在法律许可的情况下，如果调解人依据和解协议做成的调解书有可以强制执行的效力的话，则争议通过成功的调解可以获得彻底的解决。最后，调解是在双方都自愿接受调解的前提下进行的。因此，不管调解最后是否能解决争议，都不会有损当事人之间的关系。



（三）仲裁（Arbitration）

仲裁是指双方当事人达成书面协议或在合同中订立仲裁条款，自愿将他们之间已经发生的争议或者可能发生的争议交给双方当事人都同意的第三者进行审理和裁决的一种解决争议方式。仲裁是依照法律规定的仲裁程序进行，因此裁决结果对争议双方均具有法律约束力，双方都必须遵守。

当事人意思自治是仲裁的最基本、最重要的原则，就是说当事人之间可以通过仲裁协议自行约定仲裁地点、仲裁机构、仲裁程序以及适用的法律等。这种方式具有解决争议时间短、费用低、能为当事人保密、气氛友好等优点；而且裁决一般是终局性的，任何一方无权就裁决结果另行起诉。如今，在国际贸易实践中，该种方式已为越来越多的当事人所选择和采用。

（四）诉讼（Litigation）

在双方争议激烈或者不能采取协商、调解、仲裁等方式下时，一方当事人可以通过向法院提起诉讼，通过司法程序来解决彼此争议。

强制管辖是诉讼的基本原则，即除非当事人订有明确而有效的仲裁协议以排除法院的管辖权外，法院可以按管辖权限受理任何类型的争议，而不管任何一方当事人是否愿意接受法院管辖。这种特点决定了诉讼方式可以作为当事人在协商和调解方式下无法解决争议的情况时作为解决争议的最终手段。

在采用诉讼方式下，起诉人只能向有管辖权的某一国法院提出诉讼请求。由于在国际贸易实践中，诉讼管辖权的行使涉及一国主权和利益以及对当事人利益的保护，而各国的政治与经济利益又不完全相同，所以国际上至今也没有形成统一的诉讼管辖权制度。各国对涉外诉讼管辖权都十分重视，在本国民事诉讼法或民法中对管辖权都有相应的规定。

各国以及国际条约中对管辖权有多种分类，最常见的有：属地管辖权与属人管辖权、专属管辖权与选择管辖权、注定管辖权与协议管辖权。在国际贸易实践中，较为常见的是属地管辖，又称地域管辖，它是根据当事人的居住地、被告财产所在地、契约成立地或履行地，以及侵权行为地等诉讼原因发生地来确定法院的管辖权。在国际贸易诉讼中，由于法院的管辖权是一个重要而复杂的问题，因此双方当事人在订立合同时，应就法院的管辖权在合同中做出明确规定。

在采用诉讼方式解决国际贸易争议时，当事人需关注的一个问题就是一国法院的判决能否得到外国法院的承认和执行。因为，任何国家法院的判决都是一国司法机关代表其主权国家针对特定的争议而做出的，原则上只能在本国领域内生效。如果没有相关国家的明确承认，任何外国法院的判决在别国领域内就不会产生任何法律效力。外国的任何机关或个人都不能在别国领域内强制执行其所属国法院所做出的任何判决。而且，法院判决的承认和执行作为一国司法机关代表其国家行使司法主权的一种重要形式，只能由本国法院来实施。根据各国立法的普遍规定，外国法院判决的承认和执行一律由承认和执行地国家的法院来协助进行。因此，任何国家的内国立法在它们参与缔结的有关国际条约中都明确规定了承认和执行外国法院判决时应该遵循的条件。包括：①原判决国法院必须具备合法的管辖权；②原判决国法院应该进行公正的诉讼程序；③外国法院判决必须是确定和合法的判决；④做出判决的外国法院应该适用被请求国冲突规范内所指定的准据法；⑤有关外国法院判决的承认和执行不能与内国的公共政策相抵触；⑥国家之间一般应存在互惠关系。



采用诉讼方式解决争议一般耗时长、程序复杂、诉讼费用高，而且容易恶化双方当事人之间的关系，影响当事人以后的贸易往来。

## 第二节　索赔

索赔（Claim）是指当签订合同的一方违反合同约定时，遭受损害的另一方向违约方提出损害赔偿的要求和行为。在国际贸易实践中，索赔通常来自三个方面：①由货物买卖引起的索赔；②由运输公司引起的运输索赔；③由保险公司引起的保险索赔。



### 一、货物买卖索赔的原因、内容与程序

货物买卖索赔（Trade Claim）是指合同签订后，当事人中的一方由于未能按照合同约定履行自己的义务而使另一方因此遭受损失，遭受损失一方向违约方提出索赔的要求。它是建立在买卖双方已经成立且有效的合同基础上。

（一）货物买卖索赔的原因

在国际贸易实践中，引起货物买卖索赔的原因一般有以下三种：

第一，买方违约。如买方在签订合同后没有按照合同规定的期限开立信用证，或者不按照相关的要求开立信用证；在 FOB 条件下，买方没有按照合同约定的期限派船接收货物；买方不按照约定期限付款，甚至拒绝付款以及无理拒收货物。

第二，卖方违约。如卖方未按合同约定的期限交货，甚至拒绝交货；卖方所交货物的品质、名称、数量、包装与合同规定不符，如货物品质不良或与样品不符，所交货物出现短装、溢装以及漏装，卖方未按要求包装货物；卖方未按合同约定履行交货方式（包括不按合同约定的运输方式或地点交货、擅自中途转运货物或分批装运货物等），以及在卖方投保的条件下，卖方没有按照合同约定对货物进行投保。

第三，合同约定不明确导致双方当事人对合同产生不同的理解。比如合同中所订立的条款不明确，条款中订立的“立即装运”“即期装运”等字样，或者对买卖双方各自的权利与义务约定不详细。

（二）货物买卖索赔的内容

第一，卖方索赔的内容。当买方违约时，卖方要求索赔的内容一般有以下三种：①卖方要求赔偿损失。如果买方因违约给卖方带来了一定的损失，卖方只要能充分说明理由，举出证据，就可以向买方要求赔偿损失。②卖方要求偿还货款。当买方无正当理由拒绝付款，卖方就有权要求买方偿付货款及其相应利息。③卖方要求解除合同。如果买方无正当理由拒不开证，或者在 FOB 条件下，买方一直不派船接货，那么卖方就有权要求解除双方交易合同，并且可以要求买方赔偿相应的损失。



第二，买方索赔的内容。当卖方违约时，买方要求赔偿的内容一般有以下几种：①买方要求赔偿损失。如果卖方因违约给买方带来了一定的损失，买方只要能充分说明理由，举出证据，就可以向卖方要求赔偿损失。②买方要求补运货物。当卖方所交货物数量少于合同约定时，买方可以要求卖方在一定期限内补足数量，并且可以要求卖方赔偿相应的损失。③当情况更糟糕时，买方可以要求减价或换货，甚至拒收货物。

（三）货物索赔的程序

以买方对卖方提出的索赔为例，简要说明货物买卖索赔的程序。

首先，买方发出索赔通知。当买方发现所收到的货物与合同规定不符时，应立即向卖方发出索赔通知。其次，尽快备好索赔依据。双方的货物买卖合同最为重要，必不可少。同时准备好货物检验证书，最好是有一定知名度的机构做出的，以及准备好其他单据，如发票、保险单、提单副本等等。列明索赔清单，包括索赔的具体项目、索赔金额以及该金额的计算方式。最后，向卖方正式提出索赔。

买方在索赔时，应该在约定的索赔期限内主张自己的权利，发出索赔函，并附上索赔依据。根据《联合国国际货物销售合同公约》的规定，买方行使索赔权的最长期限为从实际收到货物起不超过两年。

## 二、运输索赔的原因与程序、内容

运输索赔（Transportation Claim）是指建立在双方已经成立且有效的运输合同基

础上，对货物承运人违反货物运输合同的行为提出的索赔，货物承运人在其责任范围内承担赔偿责任。比如，有一批运往瑞典的蜡烛，按 CIF 方式成交，货物在装船前经过检验，其品质完全符合合同规定，但货物到达瑞典时，买方发现部分蜡烛呈现弯曲现象，因而向卖方提出索赔。事后查明，造成蜡烛弯曲的原因是货物交给承运人后，承运人把该批货物装在靠近机房的船舱内，由于船舱内温度过高而造成。因此，该货物损失的原因是属于承运人的责任，与卖方无关，买方可凭提单向承运人索赔。

（一）运输索赔的原因

运输索赔的原因一般有以下几种情况：提单是清洁提单，但非意外事故，而是由运输方造成的货物损失，包括被运货物短卸、破损等；无故绕航、延迟开船、违反合同约定中途转运货物或分批装运货物等；运输方的实际过失或私谋，或者其代理人、雇佣人员的过失或疏忽造成的损失。

（二）运输索赔的程序

货物运输索赔的基本程序与货物买卖索赔相同，只是在个别细节上有所差异。具体步骤如下：

首先，发出索赔通知。货主在目的地提货时，若发现货物损失，应立即向运输方发出索赔通知，并要求运输方签发货损货差证明。如果在提货后发现货物损失时，一般应于提货之日起三天内发出索赔通知。在发出索赔通知的同时，还应向保险人发出损失通知。按照《汉堡规则》第 19 条第 1 款规定："除非收货人在不迟于货物移交给他之后第一个工作日内将灭失或损害书面通知送交承运人，叙明灭失或损害的一般性质，否则此种移交应作为承运人交付运输单据所述货物的初步证据，或如未签发这种单据，则应作为完好无损地交付货物的初步证据。"第 2 款规定："遇有不明显的灭失或损害，在货物交付收货人之日后连续 15 天内未送交书面通知，则相应地适用本条第 1 款的规定。"第 5 款规定："除非在货物交给收货人之后 60 个连续日内已书面通知承运人，对延迟交付造成的损失不予赔偿。"

其次，提请相关人联合检验。货主发现损失时，应立即提请公证行、运输方以及保险公司等派人会同检验，并在检验报告上签字为证。

再次，备齐索赔依据。需要的索赔依据主要有索赔清单、提单副本、发票、包装单（重量单）、检验报告以及货损货差证明。

最后，向运输方正式提出索赔。

货主应在规定的索赔期限内向运输方发出索赔函，并附上相关索赔依据，提出正式索赔。按照《海牙规则》（*Hague Rules*），即《统一提单若干法律规定的国际公约》（*International Convention for the Unification of Certain Rules of Law Relating to Bill of Lading*）和中国远洋运输公司的规定，向船公司索赔的有效期，应在货物到达目的港交货后一年之内提出索赔，逾期无效，但运输方可以和货主在运输合同中协议延长。

### 三、保险索赔的原因、程序与保险赔款的计算

保险索赔（Insurance Claim）是指被保险人的货物遭受承保责任范围内的风险

损失时，被保险人向保险人提出的索赔要求。比如，在CIF方式下，货物在运输途中因轮船触礁，船舱进水，致使货物中的大部分遭到水浸损失。这种情况应属于保险中基本险的承保范围，卖方将保险单在议付货款时交给买方，买方就可以凭该保险单向保险公司索赔。

（一）保险索赔的原因

保险货物在遭受承保范围内的损失主要有以下两种情况：

第一，自然灾害、意外事故的发生使货物遭受损失，且在保险人承保责任范围之内的。

第二，承运人不予赔偿或赔偿额不足以抵补货物损失的部分，且在保险人承保范围之内的。

（二）保险索赔的程序

保险索赔主要有以下四个基本程序：

首先，发出损失通知（Notice of Loss）。被保险人在发现保险货物已遭受承保责任范围内的损失时，应立即向保险人发出损失通知，并尽可能保留现场。由保险人会同有关方面进行检验，调查损失原因，确定损失性质和责任。否则，保险人将很可能对货物遭受损失的部分不负赔偿责任。

其次，采取必要、合理的施救措施。保险货物受损后，被保险人有责任采取可能的、合理的施救措施，已防止损失扩大。因抢救、阻止、减少货物损失而支付的合理费用，保险人负责赔偿。被保险人能够施救而不履行施救义务，保险人对因此而扩大的损失甚至全部损失有权拒绝赔偿。

再次，向承运人提出索赔。如果被保险货物是由于运输方的原因遭受损失的，应先向运输方索赔，不足部分才能再向保险人索赔。

最后，备齐索赔依据，在规定期限内向保险人提出索赔。向保险人索赔时，应备妥的依据主要有保险单（Insurance Policy）或保险凭证（Insurance Certificate）正本、运输单据、商业发票、重量单和装箱单、检验报告、货损证明、残损证明等，以及向运输方或有关责任方追偿的函电或其他证明文件，必要时还需要提供海事报告、索赔清单（包括赔偿金额及其计算依据、有关费用项目和用途）。

按照国际保险业的惯例，保险索赔的时效为自货物在最后卸货地卸离运输工具时起算，最多不超过两年。

（三）保险赔款的计算

保险索赔经保险人鉴定后确认承保范围内的，保险人予以赔偿。保险索赔的计算方式如下：

1. 货物全损的索赔（包括实际全损或推定全损）

$$\text{索赔金额}=\text{保险金额}$$

2. 货物部分损失索赔

（1）货物数量短少的索赔。

$$\text{索赔金额}=\text{保险金额}\times\frac{\text{损失货物的数量}}{\text{保险货物的数量}}$$

（2）货物质量受损的索赔。

$$索赔金额=保险金额\times\frac{(完好货物现行市价-受损部分现行市价)}{完好货物现行市价}$$

在计算现行市价时，一般按损失当时目的地未损坏货物的正常市价计算。

3. 费用损失

只要属于保险人承保责任范围内的费用损失，均可与货物损失合在一起，全部由保险人负责赔偿，但全部赔偿额不能超过货物的保险金额；对于合理的损害防止费用，则可以在保险金额以外由保险人负责赔付，但损害防止费用最高不能超过一个保险金额。

此外，在计算保险索赔金额时，要注意保险条款中是否有免赔规定，即规定一定的免赔率或者规定不论损失程度均予以赔偿。

保险人对易碎、易损、易耗的保险货物，通常规定一定的免赔率（一般情况下定为0.5%~5%），以免除一部分赔偿责任。免赔率分为相对免赔率（Franchise）和绝对免赔率（Deductible Franchise）。如果损失额不超过免赔率，保险人不予以赔偿；超过免赔率，如果是相对免赔率则按照实际损失全部赔偿，如果是绝对免赔率则扣除免赔额后的剩余部分进行予以赔偿。免赔额的计算如下：

$$免赔额=保险金额\times免赔率$$



保险人对于共同海损及由于船舶搁浅、碰撞、沉没、火灾而发生的损失，则不论损失程度如何均予以赔偿。

## 四、合同中的索赔条款

合同中的索赔条款，主要有两种规定办法：

（一）异议和索赔条款（Discrepancy and Claim Clause）

这一索赔条款，除明确规定一方违反合同时，另一方有权提出索赔外，其主要内容还包括：

1. 索赔期限

索赔期限亦称索赔时效，是指一方可向另一方提出索赔的有效时限。对于针对卖方交货的品质、数量或包装的索赔，规定索赔期限就显得更为重要。索赔期限应根据不同的货物、不同的情况加以合理规定，不宜过长也不宜过短，过长则卖方承担的风险较大，过短则买方很难行使索赔的权利。

2. 索赔依据

主要规定索赔时须提交的证据以及出证机构。如果提交的证据不全、不足、不清，或者出证机构不符要求，对方可不予受理。

3. 索赔内容

通常不做具体规定。如果需要，买卖双方也可按不同情况商定具体的索赔内容。

异议和索赔条款举例如下：

“索赔：买方对于卖方所交货物的任何索赔，应在货到目的港后××天内提出，并须同时提交经双方同意的公证机构出具的公证报告。”（Claim：The claim by the buyers regarding to the goods shipped，if any，shall be lodged within… days after the arrival of the goods at the port of destination and based on a survey report issued by a surveyor approved by both the buyers and the sellers.）

（二）罚金条款（Penalty Clause）

这一索赔条款规定一方未履行或未完全履行合同义务时，必须向另一方支付一定数额的罚金，罚金数额大小视违约时间的长短而定，但有一个最高限额。这一条款主要是针对卖方延期交货，或者买方延期开证、延期接货等情况而订立的。违约方支付罚金后，仍需继续履行合同义务。

值得注意的是，在德国、法国等大陆法系国家，罚金条款一般都能得到承认和保护；在英国、美国、澳大利亚、新西兰等英美法系国家，要区别罚金是属于损害赔偿性质还是惩罚性质，如果属于后者，法律是不予承认的。

罚金条款举例如下：

“罚则：如果卖方延期交货，每延误一天必须向买方支付合同金额的 0.03%。罚金总额不得超过合同金额的 3%。卖方支付罚金后仍需继续履行合同义务。延期超过 100 天时，买方有权撤销合同。”（Penalty：In case of delayed delivery，the sellers shall pay to the buyers a penalty of 0.03% of the contracted amount for every day of delay. The penalty，however，shall not exceed 3% of the contracted amount. The sellers shall not thereby be exempted from the execution of this contract. Should the sellers fail to make delivery 100 days later the time of shipment stipulated in this contract；the buyers shall have the right to cancel this contract.）



# 第三节　不可抗力

## 一、不可抗力的含义

不可抗力（Force Majeure）是指双方当事人签订合同后，发生的不是由于任何一方的过失或疏忽而造成的，却是任何一方无法预见和避免的自然灾害或意外事故，以致合同不能履行或不能如期履行。遭受不可抗力事件的一方，可以据此免除履行合同或推迟履行合同，对方无权要求赔偿。

不可抗力通常包括两种情况：一种是自然原因引起的，即自然灾害如水灾、火灾、冰灾、旱灾、暴风雪、暴风雨、地震等，比如我国 1976 年发生的唐山大地震和 1998 年发生的长江洪水就属于不可抗力事件；另一种是社会原因引起的，即意外事故如社会动乱、敌对行为、战争、封锁、禁运等，比如在美国纽约发生的“9·11”事件。但是双方当事人在合同签订后货物价格发生涨落以及货币发生的升贬值不属于不可抗力，它们是交易的正常现象，是交易双方应该承担的正常的贸易风险。

由于不可抗力不但是国际货物买卖合同中的一项条款，而且也是一项法律原则，对此，国际公约和各国的法律、法规对不可抗力有不同的定义和规定。

《联合国国际货物买卖合同公约》第79条第1款中，将不可抗力定义为："当事人不履行义务，不负责任，如果他能证明此种不履行义务，是由于某种非他所能控制的障碍，而且对于这种障碍，没有理由预期他在订立合同时能考虑到或能避免或克服它或它的后果。"

大陆法系国家按"情势变迁原则"，将不可抗力归结为合同成立后，由于非当事人的原因，使合同履行的基础情势发生变迁，以致按原合同履行会产生显失公平的结果。英美法系国家把不可抗力归结于"合同落空"（Frustration of Contract）的理论之中。其含义是合同签订后，不是由于双方当事人自身的原因和过失，而是由于事后发生了双方当事人意想不到的变化，致使合同不能履行，或对原来的法律效力需做相应的变更。这种理论对不可抗力的规定更狭窄、更严厉。

因此，在不同的法律体系中，对不可抗力有着不同的理解和限定，世界各国对此并没有统一的解释。在国际贸易实践中，对于由自然灾害引起的不可抗力事件，世界各国认识比较一致；对于由社会原因引起的不可抗力事件，世界各国对此没有做出统一的解释。如有的国家把罢工、政府干预、市场变化等认定为不可抗力，而其他国家则没有将其规定在范围内。一方面，社会现象比较复杂，解释起来有相当的困难；另一方面，由于不可抗力是一种免责条款，买卖双方经常援引该条款来解除或减少自己承担的违约责任与义务。而这种援引在多数情况下是夸大了不可抗力的范围。为避免合同双方对不可抗力存在的不同理解，双方当事人应在合同的不可抗力条款中约定哪些意外事故应视作不可抗力。当合同中就不可抗力事件的范围具体列明时，法院或仲裁机构根据意思自治原则，一般都予以支持和维护。但如果合同对此未做规定或规定不明确时，则依据法律适用原则来确定，就会给一方当事人造成很不利的后果。



虽然国家贸易公约和各国的法律、法规对不可抗力的理解和解释不一致，但基本要件相同，主要包括以下三方面：第一，它是合同签订以后发生的；第二，事故的发生是当事人无法预见、无法控制、无法避免和不可克服的；第三，它不是由于当事人的故意或过失行为而造成的。

### 二、不可抗力事故的法律意义

发生不可抗力事件后，一般根据不可抗力事件对当事人一方履行合同能力的影响大小，将不可抗力的法律意义分为三种情况：

（1）部分免责。当不可抗力事件发生后，如果遭受不可抗力事件的一方仍有部分履约能力，或者可以用其他方式代偿时，只要不损害对方利益，那么遭受不可抗力事件的一方对于能够履行合同的部分就负有继续履行的义务，对于不能履行合同的部分义务可以予以免除，而且不需承担不履行合同的责任。

（2）解除合同。如果在合同履行期间一方因遭受不可抗力事件而使其在履行合同受到根本性的损害，导致履约成为不可能，这时，该方可以解除合同，并不承担不能履行合同的违约责任。当然，至于在什么情况下可以解除合同，应视事故的性质、规模和对当事人履行合同影响的大小具体对待。为了避免在不可抗力事件后当事人是否可就该不可抗力以解除合同发生争议，双方当事人应就不可抗力的具体情况在合同中规定。

（3）延期履行合同。如果在合同履行时，当事人一方遭受不可抗力事件，导致无法在合同规定的期限内履行合同，这时法律允许其推迟其履行合同的义务，并免除延期履行合同的责任。不可抗力事件一旦消除，当事人仍要继续履行合同。

### 三、合同中的不可抗力条款

合同中的不可抗力条款，其主要内容包括：不可抗力事故的范围；不可抗力事故的法律后果；发生不可抗力事故的通知期限、通知方式；出具事故证明文件的机构。

在订立不可抗力条款时，应当注意：

#### （一）明确规定不可抗力事故的范围

不可抗力事故的范围，对买卖双方（尤其是卖方）的利害关系很大，是买卖双方在磋商交易时经常发生争执的问题。在合同中对不可抗力事故范围的表达应明确具体，防止因笼统含糊而造成理解上的分歧，产生争议。

关于不可抗力事故的范围，通常有以下三种规定方法：

（1）概括式规定，即在合同中不具体订明哪些现象属于不可抗力事故，而只作笼统概括地规定。例如：“由于公认的不可抗力原因（Owing to the generally recognized Force Majeure causes）致使卖方不能交货或延期交货，卖方不负责任。”这种规定比较笼统含糊，对不可抗力事故范围的解释易产生纠纷，除非双方有固定的业务关系，对其已取得较一致的解释，一般不宜采用。



（2）列举式规定，即在合同中逐一订明哪些现象属于不可抗力事故。凡未订明的，均不能视为不可抗力事故加以援引。例如：“由于战争、水灾、火灾、雪灾、地震、海啸的原因致使合同一方不能履行合同规定义务，可不负责任。”这种规定虽然明确具体，但由于不可抗力事故不胜枚举，一旦发生未列举的其他事故，就无法引用不可抗力条款，双方仍有可能发生争执。

（3）综合式规定，即将概括式规定与列举式规定并用，在订明双方已取得一致意见的各种不可抗力事故的同时，加入“以及双方当事人同意的其他人力不可抗拒事故”。这样，除了已列明的不可抗力事故外，如发生其他意外事故，可由双方协商求得合理的解决办法，这种规定既明确、具体又具有一定的灵活性，弥补了前两种方式的不足。

#### （二）合理确定不可抗力事故的法律后果

如前所述，不可抗力事故的法律后果有两种，一是解除合同，一是延迟履行合同。并不是一发生不可抗力事故，遭受事故的一方就可以免除履行合同的责任。对于在什么情况下可以解除合同，什么情况下只能延迟合同的履行，买卖双方应在合同中加以合理确定。常见的规定办法有以下两种：

（1）将不可抗力事故按其性质及对履行合同的影响程度，分为两类：一是使合同无法履行的不可抗力事故，二是推迟了合同履行的不可抗力事故。规定在前一种情况下，可以解除合同；在后一种情况下，可以将合同的履行期延长一定期限。

（2）规定在不可抗力事故发生后，可根据实际情况延迟履行合同××天。如果到时合同仍无法履行，双方可再就合同是否要履行问题进行协商。

（三）明确规定发生不可抗力事故通知对方的期限、方式以及出具事故证明文件的机构

按国际惯例，当事人一方因发生不可抗力事故而影响合同履行时，必须及时通知对方，对方也必须予以及时答复。但为明确起见，最好能在合同中规定一方发生事故后通知对方的期限和方式。同时还应明确要求免责的一方向对方提交证明文件以及出具证明的机构（通常是当地政府、商会或合法的公证机构）。例如："由于……致使任何一方不能履行合同时，遭受上述不可抗力事故的一方应立即以电报或电传通知对方，并应在十五天内以航空挂号信提供事故的详情以及当地政府机关或商会出具的事故证明。"

合同中的不可抗力条款举例如下：

"人力不可抗拒：由于战争、罢工、地震、水灾、火灾、雪灾、台风以及双方同意的其他人力不可抗拒事故，致使卖方不能按期装运或延迟装运合同货物，卖方不负责任。但卖方应立即以电报通知买方，并应在事故发生后 15 天内以航空挂号信向买方提交有关当局出具的证明文件，以证明此类事故的存在。如因遭受不可抗力事故引起的延误超过 60 天时，买方有权撤销合同。"（Force Majeure：The sellers shall not be liable for any failure or delay in shipment of the goods under this contract due to war，strike，earthquake，flood，fire，heavy snow，typhoon and/or other force majeure events agreed upon by both the sellers and the buyers. However，in such case，the sellers shall notify the buyers of the occurrence without any delay and within 15 days thereafter send by registered airmail to the buyers a certificate issued by the relevant authorities as evidence thereof. in case the delay caused by any force majeure event continues for more than 60 days，the buyers shall have the right to cancel this contract.）



## 第四节 仲裁

仲裁（Arbitration）又称公断，是指双方当事人达成书面协议或在合同中订立仲裁条款，自愿将他们之间发生的争议或者可能发生的争议交给各方当事人都同意的第三者进行审理和裁决的一种解决争议的方式。由于仲裁是依据法律所规定的仲裁程序裁定争端，因此该裁决结果对双方当事人均具有法律约束力，双方当事人必须遵守并执行该裁决。

在大多数国家中，如果双方当事人在合同中订立了仲裁条款，那么在发生争议后，就无须再订立仲裁协议；而在少数国家，即使双方当事人事先在合同中订有仲裁条款，但在发生争议后，仍需达成书面仲裁协议，才能将争议提交仲裁机构裁决。

从长期的国际贸易实践来看，国际贸易的争议不能通过友好协商与调解解决时，

一般都习惯于采用仲裁的方式解决。

## 一、仲裁机构

国际商事仲裁机构（International Commercial Arbitration Agency），它是双方当事人基于意思自治而自主选择出来，以解决当事人之间已经发生或可能发生争议的一种民间机构。在国际商事仲裁实践中，国际商事仲裁机构有临时仲裁机构和常设仲裁机构。当事人在选择仲裁方式解决争议时，可以任意选择其中的一种仲裁机构，但是当事人必须在合同条款或事后达成的仲裁协议中明确规定。

1. 常设仲裁机构（Permanent Arbitration Agency）

该机构是依据国际条约和一国国内法而设立的，它是具有固定组织、固定地点和固定仲裁程序规则的永久性机构，一般都备有仲裁员名册供当事人选择。如今，常设仲裁机构在地域范围上几乎遍及全球各个国家，在业务范围上也已涉及国际商事法律关系的很多领域。以下对国际社会上有较大影响的几个常设仲裁机构做些简单的介绍：

（1）国际商会仲裁院（The International Court of Arbitration of International Chamber of Commerce）。

在国际商事仲裁领域，国际商会仲裁院是最具影响的仲裁机构，现有会员国家60多个。该仲裁院1923年成立于法国巴黎，属于国际商会的一部分，其宗旨是通过处理国际性商事争议，促进国际商事的合作与发展。国际商会仲裁院总部设在巴黎，尽管它是根据法国法律设立的，但与任何国家没有关系。国际商会仲裁院的委员来自40多个国家，他们都具有法律背景和国际商事法律及争议解决的专业经验。仲裁院在国际商会的主持下制定有一套完整的国际商事仲裁程序规则，规则已获得了全球多数国家的承认，如今为世界各国所广泛采用和遵守。

国际商会仲裁院具有非常广泛的管辖范围。任何国家的当事人，即使当事人所属国家不是国际商会成员国的成员，也可以将有关争议通过仲裁协议或合同中订立的仲裁条款提请到国际商会仲裁院以仲裁。同时，当事人可在该仲裁院中自由选择仲裁员，以及仲裁进行的地点、使用的语言和适用的法律。仲裁院审理案件时由仲裁院指定或确认的仲裁员组成的仲裁庭进行。仲裁庭有权自行决定其管辖权，有权确定或确认或在必要时改变当事人选择的仲裁地点。仲裁庭在审理裁决某一争议事项时，必须适用当事人选择的法律，在当事人未做该项选择时可适用仲裁地法。仲裁庭做出的裁决具有终局效力，有关当事人可以此请求有关国家的法院协助执行。

从全球范围看，各国法院对仲裁裁决越来越持宽松、支持的态度。因此，国际商会仲裁院做出的仲裁裁决，各国法院基本上都能承认和执行，尤其是欧洲和美洲的法院。但在某些亚洲国家，仍然存在一些问题，主要是国家法院的决定干预了未决的案件。

（2）解决投资争议的国际中心（ICSID）。

该机构专门为解决国家契约——国家与外国私人投资者签订的“特许协议”或“经济开发协议”所产生的争议问题而设。该中心是专门性国际组织，具有国际法人地位。它与世界银行关系密切。该中心仲裁有完全自治的管辖体制，不受制于内国法律和内国法院。在该体制中，缔约国对本国国民和另一缔约国根据公约已同意交付仲裁的协议不得给予外交保护或提出国际要求。内国法院仅限于为做出的裁决提供便利和给予司法协助。

（3）瑞典斯德哥尔摩仲裁院（The Arbitration Institute of the Stockholm Chamber of Commerce）。

斯德哥尔摩商会成立于1917年，其仲裁机构组织设立于1949年。仲裁院设立的目的在于解决工业、贸易和运输领域的争议。它是瑞典斯德哥尔摩商会下的一个专门处理商事争议的独立机构，其总部设在瑞典的斯德哥尔摩。斯德哥尔摩商会仲裁院解决国际争议的优势在于其国家的中立地位，为公平裁决提供了很好的保障。仲裁院除自身有一整套适用于国际范围的完整规则外，还根据《联合国国际贸易法委员会仲裁规则》等其他任何仲裁规则来审理裁决有关当事人提交的任何商事争议。因此，瑞典斯德哥尔摩仲裁院的公正裁决享有很高的国际声誉，特别以解决涉及远东的争议而著称。该院与我国国际经济贸易仲裁委员会有业务联系。我国对外经济贸易促进委员会建议，我国当事人在选择第三国仲裁机构时，可优先考虑该仲裁院。

（4）美国仲裁协会（American Arbitration Association）。

美国仲裁协会成立于1926年，是一个非营利性的为公众服务的机构。由全美工商界及各社会团体选举组成的理事会领导，总部设在纽约，并在全美24个主要城市设有分支机构。20世纪90年代，美国仲裁协会成立亚太争议中心。近年来，美国仲裁协会又开始发展欧洲业务，并在欧洲设立了分部。美国仲裁协会的仲裁员来自很多国家，当事人可以在其仲裁员名册之外指定仲裁员。美国仲裁协会制定有《商事仲裁规则》，受理全美各地以及外国当事人提交的任何商事争议。美国仲裁协会的惯例是，每当协会指定审理案件的地点时，有关的仲裁庭在双方当事人没有合意选择法律的情况下，几乎都是自动地选择该地的法律作为仲裁所依据的法律。而且，如果双方当事人就仲裁地点的选择难以达成一致，通常都是由协会指定在纽约市进行仲裁，从而根据纽约市的现行法律对有关争议事项进行仲裁审理，并做出实质性裁决。

美国仲裁协会的受案范围比较广泛，从国际经贸纠纷，到劳动争议、消费者争议、证券纠纷等无所不包。与此相应，美国仲裁协会有各种类型的仲裁规则，分别适用于不同种类的纠纷。美国仲裁协会的受案量是世界第一，其中劳动争议等美国国内案件占绝大部分，并且该协会受理的案件多数为美国当事人与外国当事人之间的争议。

（5）伦敦国际仲裁院（The London Court of International Arbitration）。

英国伦敦仲裁院成立于1892年，是国际社会成立最早、影响最大的常设仲裁机构之一，仲裁院由伦敦市政府、伦敦商会和女王特许仲裁协会共同组成的联合委员会管理。该仲裁院的海事仲裁在国际社会享有很高声望，世界各国的大多数海事争议都诉诸该院仲裁。伦敦仲裁院受理提交给它的任何性质的国际争议。该仲裁院备有供当事人选择的仲裁员名单，而且为了适应国际性仲裁的需要，又于1978年又设立了“伦敦国际仲裁员名单”。名单上的人员由来自30多个国家具有丰富经验的仲裁员组成。有关商事争议的当事人决定将其争议提交伦敦仲裁院仲裁以后，有关的仲裁程序即由双方当事人合意选择的仲裁员组成的仲裁庭来主持进行。该仲裁庭通常是按照其自身制定的仲裁规则来进行仲裁，并适用英国法作为有关契约的准据法，以对有关争议进行实质性裁决。

（6）香港国际仲裁中心（The Hong Kong International Arbitration Center）。

香港国际仲裁中心成立于1985年，机构设在中国香港。虽然成立较晚，但其借助于香港区位优势很快发展为亚洲领先的国际仲裁中心。该中心没有自己的国际商事仲裁规则，因而在仲裁实践中，依《联合国国际贸易法委员会仲裁规则》进行操作。香港国际仲裁中心还设有调解机构，调解包括家庭纠纷在内的各种争议。

近年来，香港国际仲裁中心的地位受到其他仲裁机构的挑战。随着中国内地经济的发展和加入世贸组织，香港仲裁中心开始致力于在中国内地推广其仲裁业务，争取更多的内地公司到香港国际仲裁中心仲裁案件。

（7）中国国际经济贸易仲裁委员会（Chinese International Economic and Trade Arbitration Commission）。

中国国际经济贸易仲裁委员会成立于1956年4月，前身为“对外贸易仲裁会”及“对外经济贸易仲裁委员会”，1988年正式更名为“中国国际经济贸易仲裁委员会”，总部设在北京。该委员会是中国国际商会的常设仲裁机构，其主要职责是以仲裁方式公正、独立地解决各种契约性或非契约性商事纠纷，组织仲裁案件程序管理并提供相应服务。2000年，该委员会启用新名称——中国国际商会仲裁院，并于2000年9月5日通过了新仲裁规则，同年10月1日正式实施。该仲裁委员会受案范围目前为一切国内、国际仲裁，在国际上享有较高声誉。

该仲裁委员会在国内有深圳和上海两个分会，以及在大连、长沙、重庆、成都、福州等地设有办事处。在国际上，该委员会先后与瑞典斯德哥尔摩仲裁院、伦敦国际仲裁中心、埃及开罗地区仲裁中心、俄罗斯工商会、蒙古工商会、克罗地亚商会仲裁院、英国皇家御准仲裁员协会等机构签订了仲裁合作协议。

在1994年《中华人民共和国仲裁法》颁布前，所有的涉外经贸仲裁案件均由该仲裁委员会受理。现在，虽然国内其他仲裁委员会也可以据当事人协议受理一些涉外案件，但绝大多数的涉外案件仍然由当事人提交到中国国际经济贸易仲裁委员会审理并裁决。该仲裁委员会的仲裁裁决可在世界140多个国家和地区得到承认和执行。随着该仲裁委员会2000年版《仲裁规则》的颁布和实施，其受案范围进一步扩大到当事人意愿提交仲裁的其他国内案件。这将为国内企业提供更多的选择具有国际水平仲裁机构的机会。

除此之外，国际上主要的常设仲裁机构还有新加坡国际仲裁中心、日本国际商事仲裁协会、意大利仲裁协会、苏黎世商会仲裁院、巴黎国际商会仲裁院等等。

2. 临时仲裁机构（Ad Hoc Arbitration Agency）

临时仲裁机构是指根据双方当事人的仲裁协议，在争议发生后由双方当事人选定的仲裁员临时组成的，负责审理当事人之间的有关争议，并在审理终结做出裁决后即自行解散的临时性仲裁机构。临时仲裁机构没有固定的组织、章程、规则和地点。采用临时仲裁机构来审理国际商事案件具有极大的灵活性，双方当事人可以协商确定临时仲裁机构的组成及其活动规则、仲裁程序、法律适用、仲裁地点、裁决方式甚至仲裁费用等。

## 二、仲裁程序

仲裁程序（Arbitrtration Procedure）是双方当事人将所发生的争议根据仲裁协议的规定提交仲裁时所需进行的各项手续、步骤和方法。仲裁程序主要是为当事人和仲裁员提供进行仲裁的准则，以便仲裁进行有所遵循。各国常设仲裁机构一般都有自己的仲裁程序规定，如我国现行的仲裁程序是依据《中国国际经济贸易仲裁委员会仲裁规则》。根据国际仲裁的一般做法，原则上采用仲裁所在地的仲裁规则，也就是说，规定在哪个国家的仲裁机构进行仲裁，就采用哪个国家的仲裁机构的仲裁规则进行仲裁。但是，国际惯例和有些仲裁机构也允许当事人之间约定采用仲裁地点以外的其他仲裁地点的仲裁规则进行仲裁。比如，瑞典斯德哥尔摩商会仲裁院受理仲裁案件时，允许当事人选择按联合国国际贸易法委员会制定的仲裁规则进行仲裁。仲裁程序一般包括提出仲裁申请和受理、组织仲裁庭、仲裁审理和仲裁裁决四个基本环节。

### （一）仲裁申请和受理



仲裁申请是指有关仲裁协议中所约定的争议事项发生以后，一方当事人依据该项协议将有关争议提交给他们所约定的仲裁机构，请求对争议事项进行仲裁审理。提出仲裁申请是仲裁程序的最初步骤。仲裁申请的提出必须以书面形式进行，由提出申请的一方当事人，即仲裁程序中的申请人按规定提交仲裁申请书，同时预缴一定数额的仲裁费。仲裁申请书一般包含以下方面的内容：

（1）申请人和被申请人的名称和地址。

（2）请求仲裁的争议事项以及提出请求的理由和依据。

（3）按规定指定仲裁员，如果委托有关仲裁机构指定仲裁员，申请人应做出明确授权。

（4）指明常设仲裁机构的名称或临时仲裁机构的组成方式。

（5）应依法附上有关的文件，如合同、仲裁协议、双方往来函电以及其他有关文件。

有关仲裁机构在收到申请人提交的仲裁申请书以后，应立即进行初步审查。如果仲裁机构具有仲裁管辖权，而申请人又没有违反仲裁立法中的时效规定，即正式受理该有关仲裁案件，并将仲裁申请书及其副本及时送交给有关被申请人和申请人所选定的仲裁员。同时还应将有关的仲裁规则及仲裁员名册送交被申请人，并通知被申请人依法提出答辩书，并选出应由他选定的仲裁员，或提交请求有关仲裁机构代为指定仲裁员的委托书。如果被申请人有反诉，则应在一定期限内向仲裁机构提出，并按规定预缴仲裁费。

根据各国仲裁立法的规定，无论是申请人，还是被申请人都有权委托代理人代为进行有关的仲裁活动。但接受委托的代理人应该向有关的仲裁机构提交授权委托书。

（二）组织仲裁庭

仲裁庭是指具体负责对某项已交付仲裁的争议进行仲裁审理，并最终就该争议做出实质性裁决的组织。双方当事人选择某临时仲裁机构审理有关争议时，该临时仲裁机构可以直接作为仲裁庭审理裁决案件。如果双方当事人将有关争议合意提交常设仲裁机构审理，则应该由在该常设仲裁机构内组织的仲裁庭来进行，因为常设仲裁机构本身并不具体负责案件的仲裁审理。

仲裁庭由双方当事人合意选定或由有关仲裁机构基于当事人的授权或依职权指定的仲裁员组成。在目前的国际商事仲裁实践中，一般都基于组成仲裁庭人数的不同，将仲裁庭区分为独任仲裁庭和合议仲裁庭。独任仲裁庭由一名仲裁员组成；合议仲裁庭由两名或两名以上的仲裁员组成。至于某一具体的国际商事仲裁案件应由哪种类型的仲裁庭来审理，则完全取决于双方当事人的意见。只有在双方当事人没有就仲裁庭的类型和人数做出约定时，才由有关的仲裁机构依法做出裁定。

依照我国《中华人民共和国仲裁法》规定，仲裁庭可以由三名仲裁员或者一名仲裁员组成，由三名仲裁员组成的仲裁庭要设首席仲裁员。

（三）仲裁审理

仲裁审理是指仲裁庭成立以后，采取一定的方式和程序调取审核证据，查询证人、调查事实，对争议事项进行全面的审查动。仲裁审理是仲裁程序中一个重要的环节，是裁决争议事项的基础。

仲裁审理有口头审理和书面审理两种方式，在采取口头审理方式审理争议事项时，仲裁庭应首先确定审理日期，并将具体的开庭日期、时间和地点在每次开庭前的适当时期通知双方当事人及有关人员，便于他们做好出庭准备工作。当事人可以亲自出庭参与仲裁，也可以委托代理人代为办理有关仲裁事宜。通常情况下，仲裁庭不公开进行开庭审理，以便于对双方当事人的保密。如果双方当事人要求公开，由仲裁庭做出决定。开庭地点一般是仲裁委员会所在地，但经过仲裁委员会主席批准，也可以选择其他地方。在采取书面审理方式审理争议事项时，由仲裁员直接根据仲裁当事人、证人或有关专家、鉴定人等提供的仲裁申请书、答辩书、证明、证据等有关书面材料对有关争议事项进行审理。

（四）仲裁裁决

仲裁裁决是指仲裁庭对当事人提交的争议事项进行审理以后做出的终局性裁决。仲裁裁决作为仲裁程序的最后环节一经做出，整个仲裁程序即宣告终结。仲裁庭必须遵循以下原则做出裁决：当事人意思自治原则，即依据双方当事人约定的仲裁程序和相关法律对争议事项进行仲裁；多数裁决原则，即仲裁庭对争议事项的裁决必须由仲裁庭多数成员的意见做出；依照仲裁协议规定进行裁决，即仲裁庭裁决有关争议事项时不能超越仲裁协议所规定事项的范围；依法裁决原则。

仲裁庭在仲裁过程中可以基于当事人的请求，在必要时就有关争议事项做出部分裁决、中间裁决或临时裁决，然后在仲裁程序终结时，再对整个争议事项做出终局裁决。仲裁裁决都必须以书面形式做出，并且由仲裁庭全体仲裁员签名。裁决书应注明双方当事人和仲裁员的相关情况以及裁决的准确日期和地点，并简述争议事项的背景情况，以及当事人的仲裁请求及其提出请求的理由和依据；同时，裁决书应注明仲裁庭对争议事项的评价和做出裁决的理由，以及裁决所认定各方当事人的权利与义务，仲裁费用的分摊也在裁决书中注明。

由于裁决时间的长短直接影响到双方当事人的经济利益以及仲裁机构审理的费用和成本，因此各国仲裁法和仲裁规则都对仲裁庭做出仲裁裁决的时间有明确的规定。《国际商会调解与仲裁规则》第18条规定仲裁裁决在仲裁程序正式开始后6个月内做出；《中华人民共和国国际经济贸易仲裁委员会仲裁规则》第52条规定，仲裁庭应在组庭后9个月内做出仲裁裁决书。同时规定，在适用简易程序时，开庭审理的案件，仲裁庭应在开庭审理之日起30天内做出裁决书；书面审理的案件，仲裁庭应当在仲裁庭成立之日起30天内做出仲裁裁决书。

多数国家都规定仲裁是终局性的，规定各方当事人都必须依照执行，而且任何一方当事人不得向法院起诉，也不得向其他机构提出变更仲裁裁决的要求。如果一方当事人对裁决不服而向法院起诉，法院也只能审查仲裁程序，即仲裁裁决在法律上是否手续完备，而不能就裁决结果进行审查。在审查时，如果法院认为裁决在程序上不完备，可以有权裁定该裁决无效。如果一方当事人不自觉执行仲裁裁决，其他当事人可以依照仲裁裁决请求相关法院强制执行。



### 三、仲裁裁决的执行

仲裁的执行是指司法机关根据当事人的申请，依法强制另一方当事人执行裁决的结果。仲裁裁决的执行应当以当事人自觉履行为原则，只有当有关当事人拒不履行有关裁决所确定的义务时，才由对方当事人依法向有关国家的法院提出申请，请求法院协助予以强制执行。由于各有关国家在社会、政治、经济利益方面的冲突以及法律制度方面的差异，一般都对内国仲裁裁决和外国仲裁裁决分别采取不同的态度，对于外国仲裁裁决的承认和执行规定有比内国仲裁裁决的承认和执行更为严格的条件。

#### （一）内国裁决的执行

内国裁决的执行涉及两个方面：一方面是内国裁决在内国境内的执行，另一方面是内国裁决在外国境内的执行。

各国仲裁立法和仲裁规则以及民事诉讼法都普遍承认已经发生法律效力的内国仲裁裁决在内国境内具有与内国法院做出的判决和裁定同等的法律效力，并且都明确规定内国法院或其他有执行权的机构可以基于仲裁一方当事人的请求，按照与执行内国法院确定判决同样或类似的方式和程序予以强制执行。

当内国仲裁裁决需要到国外执行时，根据各国有关立法的规定，一般都授权有管辖权的法院或允许有关当事人直接向与本国存在条约关系或互惠关系的国家的法院提出申请，要求予以强制执行的协助。

（二）外国裁决的执行

外国仲裁裁决的执行除涉及双方当事人的经济利益以外，它还关系到各国政治、经济、文化、法律等方面。因此，世界各国都在授权内国法院或其他有权机构执行外国仲裁裁决的同时，又对外国裁决的执行规定了一定的条件和程序。

第一，执行外国仲裁裁决的条件。根据各国仲裁立法和民事诉讼法的规定，某一外国仲裁裁决要在一个国家境内得到执行，一般都得具备以下要件：

（1）必须存在有效的仲裁协议。

（2）有关裁决是有关仲裁庭在管辖权范围内做出的裁决。

（3）做出有关裁决所依据的仲裁程序符合有关当事人之间订立的仲裁协议的规定，或在没有这种仲裁协议的规定时，不违反原裁决国的法律。

（4）有关的仲裁程序为被执行人提供了适当的辩护机会。

（5）请求承认与执行的仲裁裁决应该是确定的裁决。

（6）有关国家之间存在互惠关系。

（7）有关外国仲裁裁决的承认和执行不与内国的公共政策相抵触。

第二，执行外国仲裁裁决的程序。外国仲裁裁决要在一个国家境内得到执行，按照国际商事仲裁实践中的做法，一般由相关当事人向执行地国家的法院或其他有执行权的机构提出书面申请，由其进行审查。确认有关外国仲裁裁决符合本国法所规定的条件以后，发给执行令，然后由本国法院或有关主管机构按照执行本国仲裁裁决同样的方式和程序予以执行。

由于申请外国法院强制执行比较困难，为便于裁决在外国的承认与执行，各国除签订了大量的双边条约外，还制定了多边性的国际公约。1958 年 6 月，联合国国际商事仲裁会议签订了《承认与执行外国仲裁裁决公约》，简称《纽约公约》。该公约强调了两点：一是承认双方当事人所签订的仲裁协议有效；二是根据仲裁协议所做出的仲裁裁决，缔约国应承认其效力并有义务执行。我国于 1986 年加入该公约，并同时声明：中国只在互惠的基础上对在另一缔约国领土内做出的仲裁裁决的承认和执行适用该公约，中国只对根据中国法律认定为属于契约性和非契约性商事法律关系所引起的争议适用该公约。



**四、合同中的仲裁条款**

合同中的仲裁条款，其主要内容包括：

（一）仲裁地点

仲裁地点的选择关系到仲裁所适用的程序法（仲裁规则），以及合同所适用的实体法。除非合同另有规定，在哪个国家仲裁，往往就要用那个国家的实体法确定合同当事人的权利义务关系。

因此，仲裁地点的选择对于买卖双方来说都至为重要。买卖双方通常都会争取在本国仲裁，如果无法达成协议，则可规定在双方同意的第三国仲裁。

（二）仲裁机构

国际商务仲裁机构有常设仲裁机构与临时仲裁机构两种。

常设仲裁机构可分成三类：

（1）国际性或区域性的仲裁机构，如国际商会仲裁院；

（2）全国性的仲裁机构，如英国伦敦仲裁院、美国仲裁协会、日本国际商事仲裁协会、意大利仲裁协会、瑞士苏黎世商会仲裁院、瑞典斯德哥尔摩商会仲裁院、中国国际贸易促进委员会对外经济贸易仲裁委员会等；

（3）专业性的仲裁机构，如伦敦谷物商业协会、伦敦油籽协会等附设于特定行业组织内的仲裁机构。

临时仲裁机构是为了解决特定的争议，由当事人双方指定仲裁员自行组成的仲裁庭，在争议处理完毕后即自动解散。

如果买卖双方选择常设仲裁机构解决争议，应在仲裁条款中订明仲裁机构的具体名称，常设仲裁机构中通常都备有仲裁人员名册，双方在争议发生后可加以选择以组成仲裁庭；如果买卖双方采取临时仲裁机构解决争议，应在仲裁条款中订明仲裁员人数、指定办法以及关于仲裁庭组成的主要事项。

（三）仲裁规则

仲裁规则主要是规定进行仲裁的具体步骤、手续与做法，包括仲裁的申请、仲裁员的指定、仲裁案件的审理、仲裁裁决的执行、仲裁费用的支付等内容。各国常设仲裁机构一般都有自己的仲裁规则，国际性的仲裁规则有国际商会商事仲裁规则、联合国国际贸易法委员会仲裁规则等。

按照国际仲裁惯例，原则上应采用仲裁所在地的仲裁规则，但买卖双方也可另行约定其他的仲裁规则。

（四）仲裁裁决的效力

为明确起见，一般都应在仲裁条款中规定：仲裁裁决是终局的，对双方均具有约束力。

（五）仲裁费用的负担

合同中的仲裁条款举例如下：

“仲裁：因执行本合同所产生的或与本合同有关的任何争议，双方应友好协商解决。如协商不能解决，应提交××国××地仲裁机构，按照该仲裁机构的仲裁规则进行仲裁。仲裁裁决是终局的，对双方均具有约束力。除仲裁机构另有裁决外，仲裁费用由败诉方负担。”（Arbitration：Any dispute arising from the execution of，or in connection with this contract，shall be settled through friendly negotiations between both parties. Should no settlement be reached，the dispute shall be submitted to the arbitration organization of… for arbitration in accordance with its arbitration regulations. The arbitral award shall be final and binding upon both parties. The arbitration fee shall be borne by the losing party unless otherwise awarded by the arbitration organization.）

# 参考文献


［1］中国国际商会中国国家委员会. 2000年国际贸易术语解释通则［M］. 北京：中信出版社，2000.

［2］尹忠明. 国际贸易理论与实务［M］. 成都：西南财经大学出版社，2002.

［3］黎孝先. 国际贸易实务［M］. 2版. 北京：对外经贸大学出版社，2001.

［4］彭福永. 国际贸易实务教程［M］. 修订版. 上海：上海财经大学出版社，2000.

［5］吴百福. 进出口贸易实务教程［M］. 修订本. 上海：上海人民出版社，2000.

［6］张卿. 进出口贸易实务［M］. 北京：对外经济贸易大学出版社，2001.

［7］贾建华，阚宏. 国际贸易理论与实务［M］. 3版. 北京：首都经济贸易大学出版社，2002.

［8］孙丽云，王立群. 国际贸易［M］. 3版. 上海：上海财经大学出版社，2003.

［9］张坚. 国际商务实用手册［M］. 北京：中国纺织出版社，2004.

［10］沈瑞年，尹继红，庞红. 国际结算［M］. 北京：中国人民大学出版社，1999.

［11］屈韬，徐印州. 国际贸易业务与结算操作［M］. 广州：广东经济出版社，2001.

［12］林德特，王新奎. 国际贸易［M］. 上海：上海人民出版社，2003.

［13］秦定，邱斌. 国际结算与贸易融资实践教程［M］. 南京：东南大学出版社，2002.

［14］对外经济贸易合作部世界贸易组织公司. 中国加入世界贸易组织法律文件［M］. 北京：法律出版社，2002.

［15］石广生. 中国加入世界贸易组织知识读本［M］. 北京：人民出版社，2002.

［16］中华人民共和国商务部. 国别贸易投资环境报告［M］. 北京：人民出版社，2004.